HEYNE

DIANA PRESTON

In den eisigen Tod

Robert F. Scotts
letzte Fahrt zum Südpol

Aus dem Englischen von Dr. Sylvia Höfer

WILHELM HEYNE VERLAG
MÜNCHEN

HEYNE SACHBUCH
19/793

Titel der englischen Originalausgabe:
A FIRST RATE TRAGEDY
Erschienen 1997 bei Constable & Co. Ltd., London

Meinem Mann Michael

Umwelthinweis:
Dieses Buch wurde auf chlor- und
säurefreiem Papier gedruckt.

Taschenbucherstausgabe 02/2002
Copyright © 1997 by Diana Preston
Copyright © 2000 by Deutsche Verlags-Anstalt, Stuttgart München
Wilhelm Heyne Verlag GmbH & Co. KG, München
http://www.heyne.de
Printed in Germany 2002
Umschlagillustration: akg-images, Berlin/
Royal Geographical Society, London
Umschlaggestaltung: Hauptmann und Kampa Werbeagentur, CH-Zug
Herstellung: Udo Brenner
Satz: Schaber Satz- und Datentechnik, Wels
Druck und Verarbeitung: Ebner Ulm

ISBN 3-453-19713-5

»Wir müssen bis zum Ende durchhalten,
aber natürlich werden wir schwächer,
und das Ende kann nicht mehr fern sein.
Es ist schade, aber ich glaube nicht,
dass ich weiterschreiben kann.«

Robert F. Scotts letzter Tagebucheintrag,
26. März 1912

INHALT

Die Geburt eines Helden

»Geschafft! Wir haben gefunden, wonach wir suchten! Mein Gott, was für eine Wendung des Schicksals.« Mit diesen Worten schilderte der junge Norweger Tryggve Gran die grauenhafte Entdeckung, die eine Suchmannschaft am 12. November 1912 auf ihrem Treck über das blendende Weiß des antarktischen Ross-Schelfeises machte. Sie hatten das schneebeladene Zelt mit den Leichen von Kapitän Scott und seinen beiden Gefährten, Edward Wilson und Henry »Birdie« Bowers, entdeckt. Sie waren in einer Entfernung von nur 20 Kilometern von dem Lebensmittel- und Brennstofflager gestorben, das sie hätte retten können. Von den beiden anderen Mitgliedern der Polarexpedition, Rittmeister »Titus« Oates und Unteroffizier Edgar Evans, fehlte jede Spur. Doch Scotts Tagebücher und Briefe, die bei seiner Leiche gefunden wurden, berichteten von ihrem schrecklichen Schicksal. Es war eine Geschichte, die um die ganze Welt gehen und sie alle zu Helden machen sollte.

Scott und seine vier Kameraden waren über ein Jahr zuvor von Cape Evans am McMurdo Sound aufgebrochen, um die britische Fahne am Südpol zu hissen, und hätten spätestens Anfang April 1912 zurückkehren sollen. Auch einige Wochen danach war die bei Cape Evans zurückgebliebene Gruppe noch immer voller Hoffnung. In Antarktika spielen seltsame Lichteffekte den Augen bisweilen üble Streiche. Manchmal glaubten die Beobachter, am Horizont kleine Punkte erkennen zu können, Männer mit Schlitten, die sich vorwärts bewegten, nur um dann festzustellen zu müssen, dass es sich um eine Luftspiegelung gehandelt hatte oder um ein paar Seehunde, die über das Eis robbten. Mitunter fingen die Schlittenhunde wie zur Begrüßung an zu jaulen, und die Männer stürzten ins Freie, riefen dem Koch zu, er solle sich in Bewegung setzen, die Polarexpedition sei zurück, und jemand solle zum Grammophon gehen und die Platte mit der Nationalhymne auflegen. Aber am 24. April senkte sich der sonnenlose antarktische Winter mit seiner »albtraumhaften Dunkelheit«[1] herab und begrub all die sehnlichen Hoffnungen unter sich.

Nun erhob sich die Frage, wie Scott und seine Begleiter umgekommen waren. Hatten sie überhaupt den Pol erreicht? Waren sie in eine Spalte gestürzt und hatten ihre Geheimnisse mit in den Tod genommen? Als die Sonne wiederkehrte, hielten die übrigen Mitglieder der Expedition es für ihre Pflicht, die Wahrheit herauszufinden. Die Suchmannschaft fand die Antwort nur 275 Kilometer von ihrer Basis entfernt. Ein dunkler Fleck erwies sich als die Spitze eines Zelts. Es dauerte einige Zeit, bis sie es über sich brachten hineinzusehen. Diese Aufgabe fiel dem ranghöchsten Offizier zu, Dr. Atkinson. Ihm bot sich eine Szene dar, die an die Ritter der Artusrunde erinnerte. Der tote Held, Kapitän Scott, lag erfroren in seinem Schlafsack aus Rentierfell, den Arm über Wilson gestreckt, als suche er bei ihm Trost. Bowers und Wilson lagen wie treue Gefolgsleute an Scotts Seite.

Doch im November 1912 ahnte die Welt noch nichts von dieser Katastrophe. Die einzige Möglichkeit der Expedition, mit der Außenwelt Kontakt aufzunehmen, bot ihr Schiff, die *Terra Nova*, doch sie war im März in Richtung Neuseeland gesegelt, also noch ehe es einen Grund zur Sorge gab. Was die Welt jedoch wusste, war, dass der norwegische Forscher Roald Amundsen den Südpol als Erster erreicht und Scott geschlagen hatte. Die Nachricht, dass Scott und seine vier Gefährten ebenfalls den Pol erreicht hatten, aber auf ihrer Rückreise umgekommen waren, verbreitete sich erst Anfang Februar 1913.

Zu diesem Zeitpunkt befand sich Scotts Frau Kathleen auf dem Weg nach Neuseeland, wo sie mit ihrem Mann zusammentreffen wollte, ohne, wie die Zeitungen eilends erklärten, auch nur zu ahnen, dass sie schon seit beinahe einem Jahr Witwe war. Sie wusste also auch nichts von dem großen Gedenkgottesdienst am 14. Februar in der St. Paul's Cathedral, nur zwei Tage nachdem die Nachricht bekanntgegeben worden war. Unzählige Menschen schlossen sich der Trauergemeinde an, die der König persönlich anführte.

Die Tragödie hatte tief greifende Auswirkungen. Aus Scott wurde sofort ein viel größerer Held, als wenn er überlebt hätte, und er blieb es auch. Warum? Was hatte der Mann vollbracht, dass er die britische Seele so sehr in Bann schlug, obwohl er sein ganzes Leben lang das Gefühl gehabt hatte, in einer »fein mahlenden« Maschine gefangen zu sein[2], obwohl er sich nie völlig als Herr seines Schicksals gefühlt und von sich selbst geglaubt hatte, von Geburt an vom Pech verfolgt zu sein, und obwohl er letzten Endes scheiterte?

Zum Teil lag es natürlich daran, dass Helden, die auf dem Zenit ihrer Leistung sterben, wie Lord Nelson oder General Wolfe, nicht mehr durch ihr späteres Verhalten in Ungnade fallen können. Zum anderen haben die Briten immer schon – auch bereits zu Scotts Lebzeiten – eine Vorliebe für tapfere Verlierer und heroische Versager gehegt.

Doch einer der wichtigsten Gründe war die historische Situation. Es war eine Zeit, in der alte und neue Ideen mit voller Wucht aufeinander prallten. Im Parlament hatte sich die Liberal Party in einen Kampf mit den Lords verbissen. Armee und Marine waren jeweils in selbstquälerische Streitereien darüber verstrickt, wie ihre Methoden und ihre Ausrüstung zu modernisieren seien. Andere heikle Probleme überschatteten die Szene – die Frage der Selbstbestimmung für Irland, Konfrontationen zwischen Gewerkschaften und Unternehmern sowie der immer stürmischere Kampf der Suffragetten. Die moralischen Werte und die etablierte soziale Ordnung wurden immer mehr infrage gestellt, während sich die Gewissheiten von Königin Victorias Goldenem Zeitalter allmählich auflösten. Immer häufiger wurden Vergleiche zwischen dem Niedergang des Römischen Reiches und der Situation Großbritanniens angestellt.

Großbritanniens Gefühl der Selbstsicherheit und seine Fähigkeit, seine herausragende Stellung in der Welt zu behaupten, geriet angesichts neuer Bedrohungen und Herausforderungen ins Wanken. Am größten war dabei die Gefahr eines Krieges mit Deutschland. Ehe Scott 1910 in See stach, fragte er den Herausgeber der *Daily Mail*, wann seiner Meinung nach der Krieg ausbrechen werde. Mit erstaunlicher Präzision riet dieser Scott, seine Expedition vor August 1914 zu beenden!

Vor diesem Hintergrund war an Scotts Antarktis-Odyssee vieles beruhigend. Es war tapfer und verwegen, sich auf einen unbekannten Kontinent vorzuwagen, wo britische Männer beweisen würden, dass die alten Werte wie Mut in der Not, Heiterkeit, Ausdauer, Treue und Selbstaufopferung noch nicht ausgestorben waren. Scotts Briefe und Tagebücher wurden schon deshalb mit tiefer Rührung aufgenommen, weil sie zeigten, dass er und seine Kollegen diesen Idealen bis zum Ende treu geblieben waren. »Meine Gefährten sind unendlich vergnügt«, schrieb er, »aber wir alle stehen im Begriff, uns schwere Erfrierungen zuzuziehen, und obwohl wir ständig davon reden, Kurs zu halten, glaubte meiner Meinung nach wohl keiner von uns in seinem Innersten daran.«

Allein schon die Sprache, in der sie abgefasst waren – Scott hatte beachtliches literarisches Talent –, musste ans Herz einer Nation rühren, die dabei war, ihr Vertrauen in sich selbst zu verlieren. »Hätten wir überlebt, hätte ich eine Geschichte zu erzählen gehabt… die das Herz jedes Engländers gerührt hätte.« Der Bericht über Rittmeister Oates, der trotz der Qualen seiner Erfrierungen in den Schneesturm hinaustaumelte, um seine Freunde zu retten, und dazu den lapidaren Kommentar lieferte, er werde vielleicht »für einige Zeit« verschwinden, hätte direkt aus einem Jungenbuch stammen können. Hier präsentierte sich der Inbegriff des englischen Offiziers und Gentleman, der ohne Aufhebens seine Pflicht tut.

Abgesehen vom Heldentum gab es auch das menschliche Interesse. Mithilfe von Scotts Tagebüchern konnte die Öffentlichkeit, damals wie heute, bewegende Ereignisse in allen Einzelheiten so miterleben, wie sie sich zutrugen. Die Leser konnten die schreckliche Enttäuschung und die psychische Wirkung mit ihm teilen, den Pol zwar zu erreichen, aber dann feststellen zu müssen, dass Amundsen ihm zuvorgekommen war; die Frustration über das widrige Wetter, das die Gruppe daran hinderte, sich in Sicherheit zu bringen; der Schock angesichts des Kräfteverlusts des wohl robustesten Mitglieds der Gruppe, ihres ersten Toten, Unteroffizier Edgar Evans; die Bestürzung, als sie herausfanden, dass einige der lebensnotwendigen und sorgfältig gelagerten Treibstoffvorräte verdunstet waren; die Qualen, die ihnen nagender Hunger und erfrorene Glieder bereiteten; die schmerzliche Verschlechterung des Zustands von Rittmeister Oates; das quälende Wissen, dass sie mit ihrem letzten Camp nur 20 Kilometer von einem großen Lager mit Lebensmittel- und Brennstoffvorräten entfernt waren, dieses aber wegen heftiger Schneestürme nicht erreichen konnten; die wehmütige Hoffnung, dass eine Suchmannschaft sie rechtzeitig finden würde; das Bild von Männern, die hilflos in ihrem Zelt lagen und hofften, durch das Toben des Schneesturms hindurch das Bellen der Schlittenhunde zu hören, das Rettung bedeuten würde; ihr starker Wunsch zu überleben, verbunden mit der Erkenntnis, dass es ihnen nicht gelingen würde. Wären Scott und seine Mannschaft spurlos verschwunden und hätte es keine Tagebücher und Nachrichten gegeben, wäre die Erinnerung an ihn wohl verblasst.

Ein anderer wichtiger Faktor der Heroisierung Scotts war Amundsen. Er war damals in den Augen vieler der Schurke und Gegenspieler des britischen Helden. Als Nicht-Engländer, Eindringling und Rivale war er der Mann, der sich aus Norwegen herausgeschlichen hatte, und zwar auf der *Fram*, »dem Wikingerschiff des 20. Jahrhunderts«, wie ein anderer norwegischer Forschungsreisender, Borchgrevink, das Schiff genannt hatte, und der seine Absicht verheimlicht hatte, nach Süden und nicht nach Norden zu fahren, bis Scott bereits auf seinem Weg zur Antarktis war. Er war der Mann, der das Ziel, den Südpol zu erreichen, in ein Wettrennen verwandelte; er war der »Profi«, der dank überlegener Technik, mit Skiern und Hunden, mit mehr Glück und besserer Vorbereitung den »begabten Amateur« Scott knapp vor dem Ziel schlug und ihm den Preis stahl. Tatsächlich bezeichnete Amundsen selbst seine Reise als »sportliches Kunststück«.

Amundsen galt als einer, der sich nicht an die Spielregeln hält, und seine Leistung schien weniger ehrenhaft und männlich als die Scotts, weil er sich beim Schlittenziehen nicht auf seine eigenen Kräfte verlassen hatte. Scott hatte zehn Jahre zuvor geschrieben: »Keine Reise, die je mit Hunden unternommen wurde, kann dem Gipfel jener schönen Vorstellung nahe kommen, die erreicht wird, wenn eine Gruppe von Männern loszieht, um sich aus eigener Kraft und ohne fremde Hilfe Entbehrungen, Gefahren und Schwierigkeiten zu stellen, und die Tage und Wochen schwerer physischer Plackerei damit beendet, dass einige Probleme des großen Unbekannten gelöst werden.«[3]

Auch der geheimnisvolle Nimbus Antarktikas, der »letzten Grenze«, spielte eine Rolle. Als die Erforschung der südlichen Regionen um die Jahrhundertwende an Tempo gewonnen hatte, war die Phantasie der Massen gefesselt durch Beschreibungen eines Ortes von unvergleichlicher Schönheit, Unergründlichkeit und Gefahr. Die Berichte sowohl über Scotts Expeditionen als auch über die anderer Forscher klangen schwärmerisch und sensationell. Tryggve Gran schilderte es so: »Es kam uns vor, als lebten wir in einem gigantischen, wunderbaren Märchen; als wären wir über einen Ozean gefahren, wo in der nächtlichen Luft Tausende von weißen Lilien kleine Wellen bildeten. Und als die Sonne aufging, färbten sich die weißen Lilien violett, und das ganze Märchenland war in ein rosiges Licht getaucht.«[4]

Und dann gab es auch noch die Tiere. Scotts Leute hinterließen wunderschöne Erzählungen über solche Kuriositäten wie die kleinen Adéliepinguine. So schrieb Apsley Cherry-Garrard:

»Das Leben eines Adéliepinguins ist eines der unchristlichsten und erfolgreichsten auf dieser Welt... Etwa

50 oder 60 aufgeregte Vögel versammeln sich auf der Eisscholle, schielen über den Rand, unterhalten sich darüber, wie schön es wäre und was für ein gutes Abendessen sie haben würden. Aber das ist alles Theater: In Wirklichkeit haben sie Angst, weil sie den schrecklichen Verdacht haben, dass eine Weddellrobbe nur darauf wartet, den Ersten von ihnen, der ins Wasser taucht, zu verspeisen... Tatsächlich versuchen sie dann einen Gefährten mit schwächerem Naturell zu überreden, sich ins Wasser zu werfen: Wenn ihnen das nicht gelingt, verhängen sie in aller Eile ein Todesurteil und stoßen ihn hinein. Und dann – ein Plumps, und alle übrigen stürzen sich kopfüber ins Wasser.«[5]

Ein solcher Anthropomorphismus war typisch für ein sentimentales Zeitalter, das das *Dschungelbuch* hervorbrachte. Indem sie vorgaben, die geordnete Welt der Tiere spiegele die der Menschen wider, schlossen die Edwardianer die Möglichkeit aus, dass niedere, »animalische Instinkte« zu menschlichem Handeln anleiten könnten. Selbst wenn Darwins Theorie, wonach der Mensch vom Tier abstammte, zunehmend akzeptiert wurde, konnten Freuds Theorien über die menschliche Seele und ihre Abgründe keinesfalls richtig sein. Scott und seine Gefährten schienen die edlere Seite des Menschen zu verkörpern, indem sie Selbstaufopferung für andere, Treue bis in den Tod und die Dominanz menschlicher Wissbegierde bewiesen. Halb erfroren und halb verhungert hatten sie auf ihrer Rückkehr vom Pol weiter »geologisiert« und ihre schweren Gesteinsproben bis zum Ende mit sich geschleppt.

Nach dem Ersten Weltkrieg erreichte Scotts Heroismus sogar noch größere Bekanntheit. Sein Opfer in der reinen, sauberen Wildnis der Antarktis blieb auf tröstliche Weise unbefleckt inmitten der Zweifel darüber, was mit dem Morast, dem Leid und dem Elend in Flandern erreicht worden war.

Der geheimnisvolle Nimbus und die andauernde Faszination von Scotts letzter Antarktisexpedition lässt sich mit all diesen Dingen erklären. Natürlich fühlt sich unsere heutige Zeit mit Helden weniger wohl und ist zynisch darauf erpicht, ihre hohen Ansprüche und ihre Skepsis dadurch zu beweisen, dass sie alles umwühlt, um die tönernen Füße der Helden zu finden. In den letzten Jahren ist viel über die Tragweite von Scotts Leistung diskutiert worden, und man hat ihn auch zu seinen Ungunsten mit Amundsen verglichen. Es ist natürlich möglich, die Geschichte auf nüchterne Debatten über die Logistik zu beschränken, auf eine Diskussion über die Transportmöglichkeiten, die Vorteile von Hunden gegenüber Ponys, die Qualität der Rationen, die Effektivität der Planung, die Routen, die gewählt, und die Risiken, die eingegangen wurden. Doch bei aller Berechtigung dieser Untersuchungen besteht die Gefahr, dass man dabei die grundlegende Menschlichkeit dessen aus den Augen verliert, was da draußen geschah, in dieser einsamen Welt der Stille.

Es ist wichtig, die beschönigenden Erzählungen wegzulassen, die sich um Helden ranken und die wahren, unter dieser Schicht liegenden Charaktere freizulegen. Doch wenn man glaubt, Scott und seine Gefährten hätten etwas Heroisches geleistet, heißt das nicht, dass sie vollkommen waren. Helden brauchen nicht vollkommen zu sein. Scott hat zweifellos Fehler gemacht. Er konnte schwierig, ungeduldig und aufbrausend sein. Er litt unter Vertrauenskrisen und zeitweilig unter Zerstreutheit, aber das tut seiner Größe keinen Abbruch. Die Geschichte der Südpolexpedition von 1910 wirkt immer noch faszinierend und inspirierend, aber sie ist nicht ohne Licht und

Schatten. Es ist eine Geschichte der Beharrlichkeit und des unauslöschlichen Geistes angesichts einer grauenhaften Übermacht, und es ist auch eine Geschichte über Sturheit und Sentimentalität und über Männer, die tiefgründiger und komplexer waren, als wir es ihnen manchmal zugestehen. Sie waren Helden, aber eben auch Menschen.

KAPITEL 1

Anläufe zum großen Wettrennen

Die Geschichte der Antarktisforschung ist eine merkwürdige Folge von Phasen der Aktivität und des Desinteresses. Der Mensch drang nur langsam in die Geheimnisse Antarktikas ein. Die Wikinger durchkreuzten bereits die vereisten Gewässer der Arktis, aber als Wellington bei Waterloo kämpfte, gab es im Süden der Erdkugel immer noch einen unentdeckten Kontinent. Erst 1820 warf zum ersten Mal ein Mensch einen Blick auf das antarktische Festland. Als Scott 1901 mit der *Discovery* zu seiner ersten Expedition aufbrach, war über die Antarktis weniger bekannt als über den Mond vor der Landung im Jahre 1969.

Antarktika ist noch immer der am wenigsten bekannte aller Kontinente, der unwirtlichste und der gefährlichste – er ist kälter, höher und isolierter als irgendein anderes Gebiet auf der Erde. Eine ungefähr 13 Millionen Quadratkilometer große Landmasse, die aber mit Ausnahme von zwei Prozent von einem riesigen Eisschild bedeckt ist, das im Durchschnitt 1800 Meter misst. Vom Weltall aus gesehen, leuchtet die Eiskappe wie eine große weiße Lampe. Über 90 Prozent des Schnees und des Eises der Welt befinden sich in oder um Antarktika. Am Pol selbst erhebt sich die Sonne während des sechs Monate dauernden antarktischen Winters nicht über den Horizont. Auf dem Polarplateau sind Temperaturen von bis zu minus 90 Grad gemessen worden. Rund um den Pol liegt die Jahresdurchschnittstemperatur um minus 55 Grad. Winde von Orkanstärke peitschen über seine Fläche und verursachen dichte, heftige Schneetreiben. Doch auf jeden, der einmal in Antarktika auch nur hineingeschnuppert hat, übt der Kontinent eine starke Anziehungskraft aus. In allen Tagebüchern der Entdecker und Forscher wird er als eine Welt von zauberhafter Schönheit, aber auch als ein Ort von solch grauenhafter Einsamkeit und Melancholie beschrieben, dass ein Mensch dort durchaus dem Wahnsinn verfallen kann.

Jahrhundertelang ist allein schon die Existenz Antarktikas bezweifelt und bestritten worden, obschon die Vorstellung von einem Erdteil im tiefen Süden uralt war. Schon Aristoteles glaubte, dass die Erde eine Kugel sei und dass es ein Gegengewicht zu den arktischen Gegenden geben müsse, aber die kirchliche Gelehrsamkeit des Mittelalters verwarf diesen Gedanken.

Die Überquerung des Äquators durch Lopo Gonçalves im 15. Jahrhundert weckte Interesse an der Idee, im Süden gebe es ein reiches, üppiges Königreich. Eine Zeit lang – bis Bartolomeu Diaz das Kap umschiffte und 1487 in den Indischen Ozean nach Osten segelte, zehn Jahre später gefolgt von Vasco da Gama – glaubten manche, dass es sich bei den Küsten Südwestafrikas um die nördliche Spitze des großen Südkontinents handeln könnte. Als die Aufmerksamkeit sich nach Südamerika verlagerte, meinten viele, dass Antarktika sich unmittelbar daran anschließe, und andere, dass Feuerland die nördliche Spitze einer großen Landmasse im Süden bilde.

Mit diesen Vorstellungen räumte Francis Drake auf, der mit seiner großen Umsegelung von 1577 bis 1580 bewies, dass sich an Südamerika kein südlicher Erdteil anschloss und dass »der Atlantische Ozean und die Südsee in einem weiten und freien Raum aufeinander treffen«.[1] Doch der Glaube an einen gemäßigten Südkontinent, der sich weit nach Norden erstreckte, hielt sich noch zwei weitere Jahrhunderte, trotz stichhaltiger Beweise des Gegenteils durch die Kaperfahrten von Männern wie Bartholomew Sharpe und William Dampier, die mit ihren Schiffen ungeniert über das hinwegsegelten, was, den Karten zufolge, trockene Landmasse hätte sein müssen.

Die im 18. Jahrhundert wachsende Begeisterung für die koloniale Expansion hatte zur Folge, dass die Regierungen Forschungsreisen für strategisch zu wichtig hielten, um sie nur am Handel interessierten Abenteurern und anderen, die auf eigene Faust reisten, zu überlassen. Großbritannien, Frankreich und Russland entsandten Expeditionen. Für Großbritannien machte Kapitän James Cook den Anfang. Cook entschied sich für flachgehende Schiffe, die imstande waren, in Küstennähe zu segeln, und mit denen auch die ersten hydrographischen Messungen in Antarktika durchgeführt werden konnten. Die Wissenschaft entwickelte sich wie der Imperialismus zu einer mächtigen Antriebsfeder für die Forschung.

Cooks Leistungen waren außerordentlich. Am 17. Januar 1773 überquerte sein kleines 460-Tonnen-Schiff, die *Resolution*, als Erstes den südlichen Polarkreis. Cooks 1777 veröffentlichte *Voyage towards the South Pole and around the World* enthielt die ersten Beschreibungen der reichen und prächtigen Tierwelt der Antarktis, der großen Wale, der hoch in der Luft schwebenden Albatrosse und der anmutigen Sturmvögel. Cook drang in das große Packeis vor, das Antarktika umgibt, das sich zurückzieht und wieder ausbreitet, und überquerte im Lauf von zwei antarktischen Sommern den Polarkreis insgesamt dreimal. Bei der dritten Gelegenheit wurde Cook schließlich von dem unerbittlichen Packeis gebremst.

Jetzt wirkten sich die Strapazen auf die Besatzung des Schiffes aus, und Cook trat mit großer Erleichterung die Rückreise an. Nachdem er diese feindliche Welt gestreift hatte, war er davon überzeugt, dass »sich dieses Eis bis zum Pol erstreckte« und dass kein Kontinent in diesem Ozean zu finden sei, sondern dass das, was so weit im Süden liegen müsse, wegen des Eises vollkommen unzugänglich sei. »Sollte irgendjemand die Entschlossenheit und die Stärke besitzen, diesen Punkt klären zu wollen, indem er doch noch weiter nach Süden vordringt als ich, so werde ich ihm den Ruhm seiner Entdeckung nicht neiden, sondern ich erlaube mir festzustellen, dass die Welt daraus keinen Nutzen ziehen wird.«

Fast ein halbes Jahrhundert später sollte ihm jemand folgen. 1819 umsegelte William Smith das Kap Horn. Die Stürme, für die Kap Horn berüchtigt ist, trieben ihn zwischen Inseln mit schneebedeckten Bergen nach Süden. Er kehrte im darauffolgenden Jahr zurück, um diese Inseln für Großbritannien zu reklamieren, und nannte sie South Shetland Islands. Seine Berichte von großen Robbenkolonien machten Eindruck auf industrielle Finanziers, die seine erneute Rückkehr als Kapitän und als Lotse für Edward Bransfield ermöglichten, der die Inseln vermessen sollte. Schlechte Wetterbedingungen trieben sie durch dichten Nebel sogar noch weiter nach Süden. Als es wieder aufklarte, waren sie überrascht, weiter südwestlich Land vor sich liegen zu sehen. Es war ein ziemlich trister Anblick, aber was sie aufmunterte, war die Hoffnung, dass es sich tatsächlich um den lange gesuchten südlichen Erdteil handeln könnte. Sie hatten Recht. Was sie sehen konnten, war die Nordspitze der Antarktischen Halbinsel.

Doch ob sie wirklich die Ersten waren, die Antarktika sichteten, entwickelte sich zu einer Streitfrage. Nur drei Tage zuvor hatte Kapitän Baron Fabian Gottlieb von Bellingshausen von der Kaiserlich Russischen Flotte über 3000 Kilometer südöstlich bei dem Versuch, Antarktika zu umfahren, einen festen Streifen Eis geortet, der sich vom Osten über Süden nach Westen erstreckte. Einige behaupten, Bellingshausen habe als erster Mensch Antarktika erforscht, obschon er den Kontinent nicht erkannt hatte. Wie auch immer – er setzte seine Reise fort und erreichte die South Shetland Islands in dem glücklichen, aber irrigen Glauben, sie entdeckt zu haben.

Erst jetzt wurden britische Robbenfänger, die Berichte über einen großen Reichtum an Seehunden und Walen zu diesen Inseln gelockt hatten, zu Pionieren der Antarktikaforschung; es waren Männer wie James Weddell, John Biscoe und John Balleny. Wie Scott selbst voller Bwunderung schrieb: »In den kleinsten und unglaublichsten Schiffen stürzten sie sich kühn in stürmische, eisübersäte Gewässer und schrammten immer wieder an einer Katastrophe vorbei; ihre Schiffe waren ramponiert und strapaziert und hatten üble Lecks; ihre Mannschaften waren erschöpft von unablässigen Plackereien und durch Skorbut dezimiert.«[2] 1823 stieß Weddell 400 Kilometer weiter nach Süden vor als Cook.

1839 brach James Clark Ross, ein schneidiger britischer Marineoffizier, der als Erster den nördlichen Magnetpol erreicht hatte, auf der Suche nach dem südlichen Magnetpol zur größten Antarktisexpedition des 19. Jahrhunderts auf. Während der Reisevorbereitungen in Tasmanien hörte er beunruhigende Nachrichten über eine amerikanische Expedition unter Oberleutnant zur See John Wilkes sowie über eine Gruppe unter dem französischen Forscher Dumont d'Urville. Beide waren offensichtlich emsig in der Region tätig, in der der südliche Magnetpol vermutet wurde. Ross war »beeindruckt von dem Gefühl, dass England auf dem Weg der Entdeckungen immer geführt habe«, und beschloss, »jede Einmischung in ihre Entdeckungen« zu vermeiden und eine weiter östlich verlaufende Route nach Süden zu wählen. Diese Entscheidung war viel bedeutsamer, als er ahnte. Sie sollte zu den bemerkenswertesten Entdeckungen führen, die je in Antarktika gemacht wurden, und den Weg zur Erforschung des Festlandes durch Scott, Shackleton und Amundsen bereiten.

Ross schlug sich vier Tage lang durch das Packeis in jene Gewässer vor, die heute unter dem Namen Ross-Meer bekannt sind. Seine beiden Schiffe, die *Erebus* und die *Terror*, waren mit riesigen Spanten verstärkt worden, damit sie sich ihren Weg durch das Packeis bahnen konnten, wo ein leichteres Schiff wie eine Nuss hätte zermalmt werden können. Am 10. Januar 1841 stieß der wachhabende Offizier einen aufgeregten Schrei aus. Am Horizont, vielleicht in einer Entfernung von 150 Kilometern, lag dort, wo man kein Land vermutet hatte, Land, nämlich eine gezackte, mächtige Kette schneebedeckter Gipfel. Dies berührte Ross so tief, dass er eine schwärmerische Beschreibung »eines überaus zauberhaften Anblicks« lieferte, und von »hohen Gipfeln, vollkommen bedeckt mit ewigem Eis…« sprach. Er benannte die einzelnen geographischen Merkmale und taufte als Erstes das eindrucksvolle, nördlichste Kap nach Viscount Adare, der für Glamorganshire im Parlament saß.

In einiger Entfernung von Cape Adare traf Ross eine weitere wichtige Entscheidung, die sich als folgenreich erweisen sollte. Er beschloss, die neue Küste im Süden zu erforschen. Es war eine magische, unheimliche Reise zwischen hoch aufragenden Bergen und weißglänzenden Gletschern. Er setzte die politisch zweifellos heikle und die Phantasie strapazierende Arbeit fort, in dieser eigenartigen neuen Welt einer Landmarke nach der anderen einen Namen zu geben. So taufte er von zwei Bergketten die eine nach der Royal Society und die andere nach der British Association; einzelne Berge in jeder Kette wurden nach illustren Mitgliedern der jeweiligen Gremien benannt. Auch Premierminister Melbourne erhielt einen Berg. Auf der kleinen felsigen Possession Island wurde eine Zeremonie abgehalten, in deren Verlauf auf diese Neuentdeckungen im Namen der jungen Queen Victoria Anspruch erhoben wurde.

Auf seiner Reise nach Süden sichtete Ross am 28. Januar 1841, einem klaren, strahlenden Tag, auf der Insel, die heute seinen Namen trägt, zwei Vulkane, die für die Polarforscher zu vertrauten Wahrzeichen werden sollten. Den 3794 Meter hohen tätigen Vulkan nannte er Mount Erebus und den 3313 Meter hohen erloschenen Vulkankegel Mount Terror. Die Weite und die Entlegenheit dieser Gegend flößten Ross und seinen Leuten ein Gefühl der Ehrfurcht und ihrer eigenen Bedeutungslosigkeit und Hilflosigkeit ein. Dieses Gefühl verstärkte sich, als sich ihnen auf ihrem Weg nach Süden ein weiterer verblüffender Anblick bot – »ein senkrechtes Kliff aus Eis zwischen 45 und 65 Metern über Meereshöhe, oben vollkommen flach und plan an der Spitze und ohne irgendwelche Spalten oder Vorgebirge auf der zur See gewandten Seite«, wie Ross es beschrieb. Die Oberfläche dessen, was heute als Ross-Schelfeis oder Große Eisbarriere bekannt ist, erschien ihm völlig glatt und wie eine riesige Fläche aus überfrorenem Silber. Was jenseits davon lag, konnte er nur vermuten. Sein Weg nach Süden war so nachhaltig blockiert, als würden sich, wie er bedauernd schrieb, die Klippen von Dover vor ihm auftürmen. Doch ohne es zu wissen, hatte er den Weg gewiesen. Mit seinen Forschungen hatte er den Nachweis geliefert, dass das Eis im Ross-Meer während des antarktischen Sommers rascher schmolz als irgendwo sonst. Er hatte auch die Ross-Insel mit ihrer geschützten Meerenge entdeckt, die er nach dem Kapitänleutnant der *Terror*, Archibald McMurdo, nannte.

Ross verließ Antarktika schließlich im Jahr 1843, nachdem er im Februar 1842 einen neuen Rekord auf dem Weg nach Süden aufgestellt hatte. Und wieder herrschte Stille. Es war klar, dass die einzige Möglichkeit, auf das Festland vorzudringen, darin bestand, auf dem Eis zu landen. Es schien ein riskantes und wenig verlockendes Unterfangen, und in den folgenden 50 Jahren konzentrierte sich die Aufmerksamkeit auf die Arktis. Die *Erebus* und die *Terror* sollten schon bald mit Sir John Franklin zu ihrer verhängnisvollen Suche nach der Nordwestpassage aufbrechen und nie mehr in südliche Gewässer zurückkehren.

Das Interesse am Süden erwachte erst wieder gegen Ende des 19. Jahrhunderts. 1895 fuhr ein junger Norweger, der seit seiner Kindheit mit Roald Amundsen befreundet war, Carsten Borchgrevink, mit einer Expedition, die von dem Erfinder der Harpunenkanone finanziert wurde, nach Süden. Zweck der Reise war die Suche nach neuen Walfanggründen. Am 24. Januar 1895 unternahmen Borchgrevink und seine Begleiter als Erste eine Landung auf dem Festland. Sie landeten unterhalb von Cape Adare, wo die relativ geschützte Lage und der für den Winter ausreichende Pinguinbestand Borchgrevink auf den Gedanken brachten, dass es möglich sein könnte, an diesem trostlosen Ort zu überwintern.

Er brauchte drei Jahre, um genügend Mittel aufzutreiben. In der Zwischenzeit hatte eine belgische Expedition unter der Leitung von Adrien de Gerlache auf dem Robbenfänger *Belgica* das Grahamland erforscht. Doch das Schiff war in der Eismasse des Bellingshausen-Meeres stecken geblieben. Die Besatzung hatte eine traurige und beängstigende Zeit durchlebt – einige wurden geisteskrank, während andere dem Skorbut zum Opfer fielen. Am Ende musste die *Belgica* aus dem Eis herausgesägt werden. Aber sie war das erste Schiff, das in Antarktika überwinterte. Der Zweite Offizier an Bord hieß – Roald Amundsen.

Unterdessen war Sir George Newnes, der wohlhabende Verleger der Wochenzeitschrift *Tit-Bits* und des illustrierten *Strand Magazine,* Borchgrevinks Mentor geworden und hatte 35 000 Pfund bereitgestellt, unter der Bedingung, dass das Unternehmen als »Die britische Antarktis-Expedition« segelte. Dies war die Reise des Walfängers *Southern Cross,* der im Februar 1899 Cape Adare erreichte und dort zehn Mann und 70 Hunde einem ungewissen Schicksal auslieferte. Es muss ein Gefühl gewesen sein, als würde man auf dem Mond ausgesetzt. Die Männer wussten nicht, was sie zu erwarten hatten, und ihr Unbehagen wurde durch die unheimlichen Lichteffekte verstärkt, die entstanden, wenn das Polarlicht über ihnen am Himmel tanzte. Besorgt, aber entschlossen bauten sie eine Holzhütte mit einem Dach aus Segeltuch und Seehundfellen, das sie mit Kohlensäcken beschwerten, und richteten meteorologische und erdmagnetische Observatorien ein.

Zu einem sonnenlosen südlichen Winter mit bitterkalten Temperaturen und heftigen Stürmen verurteilt zu sein stellt das körperliche und geistige Durchhaltevermögen auf eine gewaltige Probe. Die Männer verfielen bald in Depressionen und gingen immer ungeduldiger miteinander um. »Die Stille dröhnt in den Ohren. Es sind Jahrhunderte von aufeinandergehäufter Einsamkeit«, schrieb Borchgrevink niedergeschlagen.[3] Nicht alle überlebten. Im Oktober war einer aus der Gruppe, der Naturforscher Nikolai Hanson, gestorben. Doch als das Licht wiederkehrte, brachen sie zu Schlittenexpeditionen auf, obwohl sie wegen der aus Bergen und Gletschern bestehenden Barriere rund um das Kap nicht weit vordringen konnten. Als die *Southern Cross* im Januar 1900 zurückkehrte, brachte sie die Gruppe weiter nach Süden, zur Ross Island und zum Ross-Schelfeis, und hier fuhr Borchgrevink mit dem Schlitten fast

20 Kilometer in Richtung Pol. Der Startschuss für den Wettlauf zum Südpol war gefallen.

Alle diese Aktivitäten waren mit wachsender Sorge von Sir Clements Markham beobachtet worden, dem Mann, der in Scotts Leben und, wie manche sagen würden, auch bei seinem Tod, eine so beherrschende Rolle spielen sollte. Markham drängte leidenschaftlich darauf, eine britische Antarktisexpedition auf die Beine zu stellen, und hatte bereits präzise Vorstellungen. Einen Wettlauf zum Pol wollte er nicht. Und er glaubte auch nicht, dass dies der Wunsch der britischen Wissenschaftler sei. Er war vielmehr davon überzeugt, dass das Beste eine zuverlässige, kontinuierliche, mühsame und systematische Erforschung der ganzen südlichen Region sei und dass diese Forschungsarbeiten die Königlich Britische Marine ausführen sollte. Doch indirekt stand fest, dass die Briten, sollte es zu einem Gerangel um den Pol kommen, diesen als Erste erreichen sollten.

Markham wurde 1830 geboren, nur vier Tage nach der Gründung der Royal Geographical Society, die er später mit Befehlen, Schikanen und mit guten Worten zur Förderung seines Vorhabens bewegen sollte. Er wurde ein Marineoffizier, an dem ein Forscher verloren gegangen war. 1851 fuhr er als junger Midshipman auf einer Expedition mit, die nach Franklin suchte, und schloss eine schwärmerische Freundschaft mit Leopold McClintock, einem Pionier in jenen Schlittentechniken, die später von Scott angewandt werden sollten. McClintock war überzeugt, dass vor größeren Schlittenexkursionen Vorratslager eingerichtet werden sollten. Er glaubte auch fest daran, dass gesunde, gut trainierte Männer zuverlässigere Zugtiere seien als Hunde. Menschen waren seiner Meinung nach zum Ziehen der Fahrzeuge am besten geeignet.

Der Expedition gelang es nicht, Franklins grausiges Schicksal aufzuklären. Dieses Rätsel sollte McClintock erst ein paar Jahre später lösen, als Markham bereits aus der Marine ausgeschieden war, um sich auf Forschungsarbeiten in Peru zu stürzen. Als sein Vater starb und ihn mittellos zurückließ, musste er seine Pläne ändern. Es gelang ihm, von einem langweiligen Bürojob im Finanzamt in jene Behörde überzuwechseln, aus der später das India Office werden sollte. Er setzte sich bei seinen Vorgesetzten dafür ein, den peruanischen Cinchonabaum, dessen Rinde Chinin enthält, nach Indien einzuführen. Schon bald befand er sich wieder auf Reisen, sammelte Sämlinge und half beim Aufbau einer erfolgreichen Chinin-Industrie.

Als Nächstes wurde er als Geograph an die britische Militärexpedition, die den Kaiser von Abyssinien in Magdala besiegte, »ausgeliehen«. Er wurde auch zum Mitglied der Royal Geographic Society berufen. Diese war für einen Mann mit seinen Talenten und Interessen genau der richtige Tummelplatz. Die Vortragssäle der Gesellschaft waren gerammelt voll mit Leuten, die die neuesten Berichte der Reisenden hören wollten, und Markham wurde zu einer herausragenden Figur. Dem Bibliothekar der Gesellschaft zufolge »herrschte in den frühen 90er Jahren des 19. Jahrhunderts in der Königlichen Geographischen Gesellschaft ein überreiches Leben... Sir Clements Markham..., der wie ein kleiner Junge vor Begeisterung überschäumte, veranstaltete eine Reihe glänzender Abende, an denen er an die Großtaten Prinz Heinrichs des Seefahrers, Kolumbus', Franklins und anderer erinnerte.«[4]

Besonders hinter seiner romantischen Schwärmerei für die Heldentaten der Seefahrer verbargen sich eiserne Entschlossenheit, Beharrlichkeit und Trotz. Viele fanden diese Kombination von Eigenschaften enervierend, aber sie halfen ihm, sein großes Ziel zu erreichen. Unmittelbar nach seiner Wahl zum Präsidenten der Gesellschaft 1893 gab er bekannt, dass die Entsendung einer Antarktisexpedition das wichtigste Ziel seiner Amtszeit sein werde, und er setzte einen Antarktisausschuss ein, dessen Vorsitz er natürlich selbst übernahm. Auf diesen Augenblick hatte er sich seit Jahren vorbereitet und war nun sehr darauf bedacht, keine Zeit zu verlieren. Eine Verzögerung würde nur ausländischen Rivalen die Möglichkeit eröffnen, Großbritannien den Ruhm zu stehlen.

Rivalen vom Schlage eines Borchgrevink. Der Norweger wurde – wegen seiner Bescheidenheit oder wegen seines Taktgefühls – nicht richtig wahrgenommen, aber er hatte sich 1895 in London an den Internationalen Geographenkongress gewandt, voller Stolz auf die Leistungen seiner ersten Antarktisreise verwiesen und seine Absicht erklärt, eine weitere Expedition zu organisieren. Markham fühlte sich, als habe er ihm den Fehdehandschuh hingeworfen. Es war ein herber Schlag für ihn, als Sir George Newnes sich bereit erklärte, 1898 Borchgrevinks zweite Expedition zu finanzieren.

Doch 1895 hatte der Geographenkongress einstimmig beschlossen, der Antarktisforschung höchste Priorität einzuräumen. Auf diese Weise ermutigt, bestürmte Markham das Finanzministerium und die Admiralität wegen der Finanzierung. Als er dort nicht zum Ziel kam, wandte er sich an seine eigene Gesellschaft und überredete sie, 5000 Pfund zu bewilligen und einen Appell an die Öffentlichkeit zu richten. Als geschickter Organisator hatte Markham schon einige Zeit zuvor bemerkt, dass es mehr als nur patriotischen Eifers bedurfte, um sich die Unterstützung zu sichern, die er benötigte. Er musste das wissenschaftliche Establishment auf seiner Seite haben, und dafür reichte die Royal Geographical Society nicht aus. Er brauchte das noch hehrere Gremium der Royal Society. Mit honigsüßen Worten beschwor er diese, dem Unternehmen ihren »großen Namen« zu leihen, wozu sie sich im Februar 1898 gnädig bereit erklärte.

Obwohl Markham dies mit Genugtuung erfüllte, hatte er bis März 1899 erst 14000 Pfund gesammelt. Er brauchte selbst einen Sir George Newnes, und er fand ihn. Die Rettung kam in Gestalt des reichen Geschäftsmannes Llewellyn Longstaff, der 25000 Pfund bereitstellte. Markham war begeistert. Nun sagte auch das Finanzministerium 40000 Pfund zu, falls von Privatleuten eine gleich hohe Summe beigesteuert werde. Markham hatte Erfolg und konnte jetzt seine Aufmerksamkeit der wichtigen Frage zuwenden, wer die Expedition leiten sollte. Markham hatte ganz bestimmte Vorstellungen. Trotz des Engagements der Royal Society stand für ihn fest, dass der Leiter kein Wissenschaftler sein sollte, sondern ein Offizier mit der Nüchternheit und Disziplin, wie sie nur eine Ausbildung bei der Marine vermitteln konnte. Obwohl der wissenschaftliche Fortschritt ein wichtiger Aspekt des Unternehmens war, war das, worauf es Markham wirklich ankam, die geographische Erforschung der Antarktis und die Chance für junge Marineoffiziere, sich dabei einen Namen zu machen.

Denn der Expeditionsleiter musste jung sein. Markham glaubte fest, dass dies eine Aufgabe war, die physische Kraftreserven und Mut, aber auch die geistige Flexibilität der Jugend erfordere. Wer würde sich der Herausforderung als würdig erweisen? Er hatte sich immer zutiefst und vielleicht in unangemessener Weise für junge Marineoffiziere und -kadetten und ihre Karrieren interessiert und ihre Tauglichkeit unter dem Blickwinkel seines großen Projektes abgeschätzt. Kapitän Wilson Barker, Kommodore der *Worcester*, des Ausbildungsschiffes der Handelsmarine, untersagte es seinen jungen Leuten, Markhams Einladungen zu sich nach Hause anzunehmen. Was auch immer Markhams Beweggründe gewesen sein mögen, die er sich vielleicht nicht einmal selbst ganz ehrlich eingestand – er hatte sicherlich ausreichend Gelegenheit, die aufsteigenden Sterne der Marine zu begutachten. Markham berichtet in seinem nach Scotts Tod veröffentlichten Buch *The Lands of Silence*, wie er Scott auswählte. Sein Vetter Albert Markham war Kommodore des Ausbildungsgeschwaders der Königlich Britischen Marine, das im März 1887 in den glitzernden Gewässern der Karibik unterwegs war; in seiner Begleitung befand sich unter anderem auch Sir Clements.

Im strahlenden Sonnenschein Westindiens war eine Gruppe junger Seeoffiziersanwärter gerade mit den letzten Vorbereitungen für ein Wettrennen ihrer Kutter über die Bay von St. Kitts beschäftigt. Es war genau die Art von Wettbewerben, die dem 57jährigen Sir Clements gefielen, und er sah von der Brücke der HMS *Active* voll gespannter Ungeduld zu. Die Herausforderung für die jungen Offiziere bestand darin, ihre Kutter in Fahrt zu bringen, unter Segel zu gehen, über eine Seemeile gegen den Wind aufzukreuzen, eine Tonne zu umsegeln, dann den Mast umzulegen, die Segel einzuholen und zurückzurudern. Es war ein aufregender Wettbewerb, bei dem drei junge Männer um den Sieg kämpften – Tommy Smyth von der *Active*, Hyde Parker von der *Volage* und ein Achtzehnjähriger von der *Rover*, Robert Falcon Scott. Eine Zeit lang stand es zwischen Scott und Hyde Parker auf des Messers Schneide, aber schließlich gewann Scott.

Wahrscheinlich nach entsprechender Intervention von Sir Clements lud der Kommodore Scott vier Tage später zum Abendessen ein – »ein charmanter Junge« notierte Markham in sein Tagebuch. Sir Clements sprach mit dem jungen Midshipman und geriet in seinen Bann. Einer seiner Kollegen sollte später über Scott bemerken, dass nie-

32

mand charmanter sein konnte als er, wenn er es wollte. Mit seinen ernsthaften blauen Augen, die Intelligenz und Energie ausstrahlten, machte er offensichtlich einen tiefen Eindruck auf den Älteren. Markham schrieb später in seinem Buch, er sei in diesem Augenblick zu dem Schluss gekommen, dass Scott dazu bestimmt sei, die Antarktisexpedition zu leiten. Doch das war eine romantische Verklärung im Nachhinein. Markham hatte sein Auge auch auf einige andere hoffnungsvolle junge Offiziere geworfen, und die Entscheidung fiel keinesfalls so eindeutig aus. Auch das Schicksal sollte eine Rolle spielen, das Scott Markham noch bei zwei anderen Gelegenheiten über den Weg laufen ließ.

Markham sah Scott zunächst in Vigo wieder. Zu jener Zeit war Scott Torpedo-Offiziersanwärter auf der *Empress of India*. Markham fand seine früheren Eindrücke bestätigt. Mehr denn je war er von Scotts »offenkundiger Berufung« für ein solches Kommando beeindruckt.[5] Doch zur entscheidenden Begegnung kam es 1899. An einem warmen Junitag befand er sich auf Urlaub in London, und »als ich eines Tages die Buckingham Palace Road hinunterging, erspähte ich Sir Clements auf dem Gehsteig gegenüber; natürlich überquerte ich die Straße, und ebenso natürlich kehrte ich um und begleitete ihn zu seinem Haus. An diesem Nachmittag hörte ich zum ersten Mal, dass es so etwas wie eine künftige Antarktisexpedition gab; zwei Tage später bewarb ich mich um ihre Leitung.«

Zwar hegte Scott keine besondere Vorliebe für die Polarforschung, doch er hatte andere Ziele, die er vielleicht mithilfe dieses Abenteuers erreichen konnte. Der Träumer und der Mann der Tat, diese beiden Seiten seines komplexen Wesens konnten auf dem unbekannten Kontinent möglicherweise ihre Erfüllung finden. Außerdem glaubte Scott an das Schicksal.

Kapitel 2

Scotts frühe Jahre

Jeder der fünf Männer, die zum Südpol reisen und auf dem Ross-Schelfeis umkommen sollten, hatte einen komplizierten Charakter, aber keiner war komplexer als der von Robert Falcon Scott. Er war keine geborene Führungspersönlichkeit. Obwohl er viele hervorragende Eigenschaften besaß, bedeutete für ihn die Aufgabe, eine Expedition zu leiten und für so viele Leben Verantwortung zu tragen, keine geringe Last. Ihn quälte die Angst, »unter pari« zu sein. Er gehörte auch zu den größten Kritikern seiner selbst und gestand, den sicheren Tod vor Augen, in seinem Abschiedsbrief an seine Frau: »Das ererbte Laster von meiner Seite der Familie ist Trägheit... Ich musste mich dazu zwingen, energisch zu sein.« Er empfahl ihr dringend, ihren gemeinsamen Sohn vor den Gefahren der Trägheit zu schützen. Es war eine Warnung, die von Herzen kam, und ist ein bewegendes Zeugnis für seinen Kampf mit den widersprüchlichen Seiten seines Charakters. Schon zu Beginn ihrer Beziehung vertraute er seiner späteren Frau an, dass »ich niemals ganz in mein vorgegebenes Schema passen werde«.[1]

Schon als kleiner Junge erwies sich Scott als seltsame Mischung. Sein Vater nannte ihn »Old Mooney«, weil er so verträumt war. Er war zart gebaut und ein Spätentwickler mit Furcht vor Blut und einem Hang zum Einzelgängertum. Andererseits war er auch der Erste, der sich für seinen Bruder und seine Schwestern gewagte Spiele ausdachte, unter anderem so beunruhigende Kunststücke wie über eine Veranda und das Glasdach zu klettern und sich aus ungefähr vier Metern Höhe auf den Boden fallen zu lassen; ein Ausrutscher hätte einen verhängnisvollen Sturz durch das Glas und auf den darunter liegenden Steinfußboden bedeutet. Er konnte launisch und schwierig sein, neigte zu heftigen Wutausbrüchen und war ein schlechter Verlierer. Doch er war auch warmherzig und liebevoll, verfügte über eine gehörige Portion Charme und blieb seiner großen Familie sein Leben lang zutiefst verbunden.

Scott wurde am 6. Juni 1868 in Devonport in eine Mittelschichtfamilie mit starker Vorliebe für die Marine hineingeboren. Zunächst kamen zwei Töchter, Ettie und Rose, zur Welt, dann folgte Robert Falcon. Nach ihm kamen eine weitere Tochter, Grace, ein Bruder namens Archie und schließlich Katherine. Scott verlebte eine glückliche, unbeschwerte Kindheit. Die Geschwister sorgten für ihre eigenen Belustigungen, denn sie wohnten zwar in einem geräumigen Haus mit vielen Bediensteten, doch an Bargeld herrschte Mangel. Das große alljährliche Vergnügen bestand darin, sich im Theater von Plymouth Pantomimen anzusehen. Scott liebte das Geheimnisvolle und das Dramatische am Theater, und die Magie jener alljährlichen Ausflüge vergaß er sein Leben lang nicht.

Hannah Scott, die Mutter, widmete einen Großteil ihrer Zeit der Pflege ihrer betagten Eltern, und John Scott war zwar ein liebevoller, aber nicht gerade energiegeladener Vater. So konnten die Kinder weitgehend tun, was sie wollten, und Kindermädchen und Gouvernanten mit Leichtigkeit ausmanövrieren. Sie veranstalteten waghalsige Klettertouren über hohe, verschlossene Tore, die zum Süßigkeitenladen des Dorfes führten, und erlebten herrliche Abenteuer, wenn sie sich in einem Trog einen Bach hinuntertreiben ließen. Mit acht Jahren erklärte sich Scott offensichtlich zum »Admiral«, erfand eine Art Schießpulver und katapultierte seinen Feind, die *Terror of Devon* (in Wirklichkeit ein einfaches Holzbrett), aus dem Wasser hinaus. Eines Tages kippte »Cons« Trog um, und er und sein entzückender, aber unpraktischer schwarzer Samtanzug wurden patschnass. Seine Schwester erinnerte sich daran, wie sein von einem Lachanfall geschüttelter Vater ihn beim Hosenboden packte, während der kleine Scott sich die Augen ausheulte.

Es gab noch andere Missgeschicke. Einmal schnitt sich der siebenjährige Scott, als er mit seinem ersten Taschenmesser spielte. Statt ein großes Tamtam zu veranstalten, steckte er seine verletzte Hand in die Hosentasche und ging davon, als sei nichts geschehen. Diese Geschichte wird oft zitiert, und zwar in dem Sinne, dass Helden »Besserungsgeschichten« aus ihrer Jugend angeheftet werden als früher Hinweis auf ihr späteres heroisches Schicksal; damit verbunden wurde die Geschichte seines Onkels, der, von einem Tiger übel zugerichtet, seine Wunde mit imperialer Kaltblütigkeit selbst verätzte. Auch wenn der kleine Scott hier ein beachtliches Maß an Selbstbeherrschung an den Tag legte, so hatte sein Verhalten wahrscheinlich eher praktische als heroische Gründe – hätte er viel Aufhebens gemacht, hätte man ihm das Messer weggenommen. Außerdem pflegte er beim Anblick von Blut in Ohnmacht zu fallen.

Es gibt noch andere sympathische Einblicke in das Leben auf Outlands, dem Familiengut – die Ausflüge in die nahe gelegene Pfarrkirche St. Mark's, bei denen Scott in seinem Eton-Anzug mit weißem Kragen herumzappelte; als er im Alter von acht Jahren der Gouvernante seiner Schwester entwachsen war und jeden Tag auf seinem Pony Beppo zur Schule in Stoke Damerel ritt; seine Liebe zu Tieren – seien es der stämmige kleine Beppo, die Hunde der Familie oder der Pfau, der auf dem Rasen kreischte und umherstolzierte. Eines Tages wurde er, als er im Trab von der Schule nach Hause ritt, von einem besonders eindrucksvollen Ausblick abgelenkt. Er stieg ab, um zu einem besseren Aussichtspunkt zu gelangen, und ließ Beppo einfach davonlaufen. Später kam eine kleine, niedergeschlagene Gestalt den Weg heraufgetrottet und hatte die unangenehme Aufgabe, seinen Eltern die Sache zu erklären. Doch er hatte jeder Polizeistation, an der er vorbeikam, eine Beschreibung von Beppo gegeben und bewies damit, dass der Träumer auch eine sehr praktische Seite hatte.

Dennoch bereitete der junge Con seinen Eltern allmählich Sorgen. Seine Anfälle träumerischer Geistesabwesenheit schienen sich sogar noch zu häufen, und in der Schule schien er hinter seinem jüngeren Bruder, dem tatkräftigen und fröhlichen Archie, zurückzubleiben. Er wurde ins Internat der Foster's Naval Preparatory School geschickt, damit er sich dort auf die Aufnahmeprüfung für einen Platz als Marinekadett vorbereiten konnte, und in den Ferien sorgte sein Vater dafür, dass er ordentlich büffelte. Was Scott davon hielt, kann nur vermutet werden. Bekannt ist, dass er seine Initialen in eine der langen Schulbänke schnitzte, ganz gute, aber keine sensationellen Fortschritte machte, beliebt war und – von der Initialenschnitzerei einmal abgesehen – angeblich zu den Jungen mit dem besten Benehmen gehörte, die diese Schule je besuchten.

Am Vorabend seines 13. Geburtstags bestand Scott die Kadettenprüfung und tauschte am 15. Juli 1881 Outlands gegen die strikte Disziplin auf der HMS *Britannia*, dem Kadettenschulschiff der Marine, das im Fluss Dart vor Anker lag. Er machte sich gleich an die Arbeit und begriff rasch, dass er die sensible, einzelgängerische Seite seines Wesens verbergen musste. Es gibt ein Foto, das ihn als Marinekadett zeigt – ein junger Mann mit ernsten Gesichtszügen und fein säuberlich gebürsteten Haaren unter der Mütze, der mit einem ganz zarten Anflug eines Lächelns in die Kamera blickt. Mit 150 weiteren Kadetten zusammengepfercht, war er einem Regime unterworfen, das Pünktlichkeit, Präzision und Geistesgegenwart verlangte. Die Strafen für diejenigen, die nachlässig waren und sich nicht konzentrieren oder anpassen konnten, waren streng. Er lernte, in einer Hängematte zu schlafen, und wurde in die Geheimnisse der Seefahrt, einschließlich Navigation, Astronomie, Physik und Geometrie, eingeweiht. Auch die körperlichen Kräfte waren gefordert. Von Jungen in der ersten Klasse wurde erwartet, zur Fockmastspitze hinaufzuklettern, in der zweiten Klasse mussten sie ihren Schneid dadurch beweisen, dass sie Schwindel erregende 36 Meter über Deck zu klettern hatten.

Scott fand die Reserven, um sich zu konzentrieren, und kam gut voran, trotz der leidigen Entdeckung, dass er, genau wie Lord Nelson und Kapitän Hornblower, unter der Seekrankheit litt – was ihm sein ganzes Leben Kummer bereiten sollte. Die Familie war entzückt, als er seine Prüfungen bestand und nunmehr als Midshipman eingestuft wurde. Im August 1883 trat er seinen Dienst auf der *Boadicea*, dem Flaggschiff des Kap-Geschwaders, an.

So zierlich, zart und zurückhaltend wie er war – bevor er nach Stubbington House ging, hatte der Hausarzt prophezeit, dass er für die Marine zu schmale Schultern habe und zu schmalbrüstig sei –, erschien ihm das Leben an Bord der *Boadicea* mit ihrer fast 450köpfigen Besatzung wahrscheinlich als ziemlich strapaziös. Mit Sicherheit war es ein schweres Leben. Die wenig verlockende Kost bestand unter anderem aus gepökeltem Rindfleisch, gesalzenem Schweinefleisch, Erbsensuppe, Kohl und Kartoffeln sowie Kakao und harten Keksen.

Als Midshipman verbrachte Scott den größten Teil seiner Zeit damit, Dinge zu erlernen, die für das Kommando eines Kriegsschiffes benötigt wurden. Er hielt auf dem Achterdeck Wache, half die Männer während des Drills zu leiten und war verantwortlich für die Mannschaften, die an Land gingen. Er tat sich schwer mit dem Kommandieren. Auch im späteren Leben sollte ihm die nonchalante Selbstsicherheit seines Rivalen Shackleton abgehen. Für ihn als jungen Offiziersanwärter muss es schwer gewesen sein herauszufinden, wie er sich am besten durchsetzen konnte. Das Bild, das wir von ihm haben, ist das eines ängstlichen und eifrigen jungen Mannes, der seine Schüchternheit und Unsicherheit, so gut er konnte, verheimlichte. Die Marine war nicht gerade der Ort, an dem Schwäche toleriert wurde. Nüchterne Selbstsicherheit und Entschlossenheit waren das Rezept für eine erfolgreiche Laufbahn, und deshalb musste Scott die introspektive Seite seines Charakters verleugnen. Vielleicht begann er aus diesem Grund auch, als junger Mann ein Tagebuch zu führen. Es war ein Sicherheitsventil, das ihm erlaubte, seine Zweifel und Ängste auszusprechen, ohne sich der Lächerlichkeit oder dem Mitgefühl anderer preiszugeben, was er beides verabscheut und womit er sich seine Karrierechancen verdorben hätte. Mit Sicherheit blieb ihm weder Zeit noch Raum zum Träumen.

Wieder überwand er die Hindernisse in seinem Innersten, und sein Kapitän bezeugte, Scott habe »mit Ernsthaftigkeit und zu meiner vollen Zufriedenheit« gedient. Diese Ansicht wurde von seinem nächsten Kommandeur auf der Brigg *Liberty* geteilt, der ihn als »eifrig und gewissenhaft« bezeichnete. Auf seinem nächsten Schiff, dem Schlachtschiff HMS *Monarch*, wurde er als »vielversprechend« eingestuft, und Ende 1886, dem Jahr, in dem er auf die HMS *Rover* des Ausbildungsgeschwaders ging, lautete das Urteil »intelligent und fähig«. All das eröffnete ihm die Aussicht auf eine ordentliche, wenn nicht sogar eine glänzende Laufbahn. Doch Scott musste sich einen Namen machen, weil seine Familie kaum Beziehungen hatte, die seine Karriere hätten beschleunigen können, und weil er auch nur über geringe private Einkünfte verfügte. Als ehrgeiziger junger Mann wusste er, dass er seine Laufbahn auf seiner Leistung aufbauen musste.

Nach der *Rover* – und seiner Begegnung mit Sir Clements Markham – studierte Scott am Royal Naval College, bestand seine Prüfungen mit Leichtigkeit und wurde 1888 zum Leutnant zur See befördert. Gegen Ende des Jahres befand er sich auf dem Weg zum Kreuzer *Amphion* in Esquimault, British Columbia. Die letzte Etappe seiner Reise geriet zum Albtraum, aber Berichte darüber zeigen Scott von seiner besten Seite. In San Francisco ging er an Bord eines Trampdampfers, der nach Norden, in Richtung Alaska, fuhr. Ein heftiger Sturm brach aus, der fast den ganzen Rest der Reise andauern sollte. Ein anderer Engländer und Mitreisender, Sir Courtauld Thompson, schilderte später, was passierte. Das Schiff war voll gepackt mit Bergarbeitern und ihren Frauen, von denen viele bald sehr verängstigt waren und krank wurden. Frauen lagen mit ihren Kindern am Boden des Salons, während die Männer – soweit es das auf den Wellen taumelnde Schiff erlaubte – soffen und stritten. Die Besatzung kämpfte um das Schiff, und so nahm der junge Scott die Sache in die Hand:

»Obwohl er zu dieser Zeit noch ein Junge war, übernahm er praktisch das Kommando über die Passagiere und wurde von ihnen für den Rest der Reise sofort als ihr Boss akzeptiert. Mit einer kleinen Gruppe Freiwilliger kleidete er… die Mütter an, wusch die Kinder, fütterte die Babys, wischte die Böden auf und kümmerte sich um die Kranken… Auf Deck schlichtete er die Streitereien und stellte entweder aufgrund seiner Persönlichkeit oder, wenn nötig, unter Einsatz seiner Fäuste die Ordnung wieder her.«

Zur gleichen Zeit gelang es ihm offensichtlich, fröhlich zu bleiben – ein Charakteristikum, das er auf seinen Polarreisen an anderen so schätzte: »Tag und Nacht arbeitete er für das gemeinsame Wohl, ohne sich selbst je zu schonen, und mit seinem ansteckenden Lächeln gab er uns allen nach und nach das Gefühl, das Ganze sei ein Riesenspaß.«[2]

Der Bericht über einen selbstsicheren, fähigen jungen Mann steht in seltsamem Widerspruch zu einem Eintrag in seinem Tagebuch:

»Nur uns kalten, langsam geschaffenen Wesen ist es gegeben, diese triste, entsetzliche Verkrampfung des Herzens, diese schleichende Krankheit zu spüren, die einen wochenlang im Griff hat. Wie kann ich es ertragen? Ich schreibe von der Zukunft; von den Hoffnungen, einmal würdiger zu sein; aber werde ich es je sein? Kann ich allein, der schwache arme Schlucker, der ich bin, gegen all das aufkommen? Der tägliche Trott, der kleine Verdruss, das Unwohlsein, die Herzbeschwerden... Wie, wie nur kann man gegen all das ankämpfen? Niemand wird je diese Worte sehen, deshalb darf ich freimütig schreiben – ›wozu soll das alles gut sein?‹«[3]

Selbst wenn man einräumt, dass junge Leute zu Beginn ihres Erwachsenendaseins oft unsicher sind, ist dies eine trostlose Sichtweise. Scott gehörte zu jenen Menschen, die in einer Krise zur Höchstform auflaufen, weil es dann heißt, etwas tun zu müssen. Er brauchte Ablenkungen von den Unsicherheiten, mit denen ein Agnostiker wie er zu leben hat. »Manchmal hat es den Anschein, als wäre harte Arbeit für mich ein Heilmittel gegen sämtliche Übel – seien sie moralischer oder physischer Natur«, schrieb er später.[4]

Scott trat pflichtgemäß auf der *Amphion*, einem Kreuzer zweiter Klasse, seinen Dienst an und wurde im August 1889 zum Oberleutnant zur See befördert. Auf der Karriereleiter der Marine kam er recht ordentlich voran, aber Jahre des Wachegehens, endlosen Drills und endloser Übungen lagen noch vor ihm, ehe er erwarten konnte, das Kommando über ein eigenes Schiff zu übernehmen. Deshalb beschloss Scott, eine Fachausbildung zu absolvieren, und bewarb sich um eine Schulung als Torpedospezialist. Sein Kapitän beschrieb ihn als »einen vielversprechenden jungen Offizier, der im Umgang mit Menschen Taktgefühl und Geduld an den Tag legt. Er ist ruhig und intelligent und meines Erachtens auch imstande, sich zu einem brauchbaren Torpedooffizier zu entwickeln.« Mit dieser hilfreichen Empfehlung ging Scott 1891 auf die *Vernon*, das in Portsmouth liegende Torpedoschulschiff.

Robert Falcon Scott genoss das Leben auf diesem alten, aus Holz gebauten Schiff und war von den Möglichkeiten des selbstangetriebenen Torpedos fasziniert, einer Waffe, die die Marine ernst zu nehmen erst jetzt begonnen hatte. Während des letzten Jahrzehnts hatte die Marine eine Flotte mit mehr als 200 Torpedobooten aufgebaut. Scott lernte jetzt etwas über Torpedos und über die elektrische und mechanische Ausrüstung eines Kriegsschiffes mit Ausnahme des Antriebs. Er befand sich nun auch wieder in der Nähe seines geliebten Zuhauses und seiner Familie. Archie war inzwischen in die Königlich Britische Artillerie eingetreten, und so konnten die beiden Brüder miteinander Urlaub nehmen. Diese Jahre gehörten zu den unbeschwertesten in Scotts Leben, da sie Tennis und Golf spielten, ausritten und mit ihren Schwestern segelten. Sonst arbeitete er schwer und konnte seinem Vater berichten: »Ich betrachte mich jetzt als einen Experten in der einzigen modernen Methode, ein Minenfeld zu verlegen und in ähnlichen Übungen.«[5]

Als Scott jedoch 1894 an Weihnachten nach Outlands kam, bekam er katastrophale Neuigkeiten zu hören. Sein Vater hatte einige Jahre zuvor die Brauerei verkauft und vom Erlös gelebt, aber das Geld war entweder unsinnig ausgegeben oder unsinnig angelegt worden, jedenfalls war die Familie ruiniert. Scott war tief beunruhigt und bekümmert. Er stellte die Gedanken an seine eigene Karriere zurück, um seinem 63 Jahre alten Vater über die Krise hinwegzuhelfen. Auch Archie leistete seinen Beitrag, indem er seine Laufbahn als Offizier bei der Königlichen Artillerie aufgab und sich zu einem Haussa-Regiment in Nigeria meldete, wo die Bezahlung höher und die Ausgaben niedriger waren. Scott, der nie verschwenderisch gewesen war, musste jetzt sein ohnedies mageres Oberleutnantsgehalt noch weiter strecken.

Um das Beste aus der Situation zu machen, bewarb er sich um eine Versetzung auf die HMS *Defiance*, das zweite der beiden Torpedoschulschiffe der Marine, das seinen Stützpunkt in Devonport hatte; so konnte er seiner Familie näher sein. Outlands wurde an einen Textilkaufmann vermietet, und John Scott fand eine Anstellung in Somerset, wo er eine Brauerei leitete. Auch wenn die praktischen Dinge schon bald geregelt waren, muss die Trennung vom Familiensitz sehr schmerzlich gewesen sein. Scott besuchte das Anwesen in späteren Jahren und verlor niemals seine Liebe zu dem alten Zuhause, und er schnitt dort seine Initialen in einen Baum. Aber aller Wehmut zum Trotz war dies für seine Familie eine Gelegenheit, aus ihrer kleinen Welt auszubrechen. Drei Wochen nach der Pleite nahm Rose eine Stelle als Kindermädchen an. Die gut aussehende, lebhafte Ettie, ein Star des örtlichen Amateurtheaters, beschloss, zur Bühne zu gehen und sich einem Tourneetheater anzuschließen. Scott, den es ebenfalls stark zum Theater zog, feuerte sie an und beruhigte seine Mutter, die befürchtete, dass dieser Weg nicht ganz schicklich sei.

Sobald seine Familie wieder fest im Sattel saß, bewarb sich Scott auf ein hochseetüchtiges Schiff. 1896 wurde er zum Torpedo-Oberleutnant auf dem Schlachtschiff *Empress of India* befördert, und um diese Zeit herum traf er – in Vigo – zum ersten Mal nach neun Jahren wieder mit Markham zusammen. Der Eindruck, den er auf den älteren Mann gemacht hatte, wurde bestätigt, auch wenn sich Scott des starken Interesses Markhams nicht bewusst war. 1897 wechselte er zum Schlachtschiff *Majestic*. Die *Majestic* war erst zwei Jahre alt, hatte nahezu eine Million Pfund gekostet, und zu ihrer Ausrüstung gehörten vier der neuen Zwölfpfünder-Kanonen. Sie war das Flaggschiff der Kanalflotte und Scotts letzter Arbeitsplatz bei der Marine, bevor Markham ihn auf den langen Weg nach Süden lenkte.

Nur vier Monate nachdem Scott seinen Dienst auf der *Majestic* angetreten hatte, starb sein Vater an einer Herzkrankheit und an der Wassersucht und hinterließ wenig mehr als 1500 Pfund. Scott und Archie einigten sich mit der für sie charakteristischen Schnelligkeit und Großzügigkeit. Archie konnte von seinem Sold der Haussa-Truppe auf 200 Pfund im Jahr verzichten. Scotts gesamtes Jahresgehalt lag kaum darüber, aber es gelang ihm, 70 Pfund pro Jahr zusammenzukratzen, um zum Unterhalt seiner Mutter beizutragen. Sie zog mit ihren Töchtern Grace und Katherine, die sich als Schneiderinnen selbständig gemacht und die sich, noch kühner, in den Kopf gesetzt hatten, nach Paris zu gehen, um Mode zu studieren, nach London und mietete eine Wohnung über einem Putzmachergeschäft in Chelsea. Scott schrieb seiner Mutter beifällig:

»Ich glaube aufrichtig, dass wir eines Tages dem Schicksal dafür dankbar sein sollten, dass es uns aus unserer ›verschlafenen Mulde‹ des alten Lebens in Plymouth herausgeholt hat.«[6] Seine Gefühle für Hannah grenzten an Verehrung: »Wenn jemals Kinder Grund hatten, ihre Mutter anzubeten…«[7]

Allerdings schlossen ihn die Opfer, die er jetzt für Mutter und Schwestern brachte, von allen gesellschaftlichen Vergnügungen aus. Er musste sich genau überlegen, ob er sich auch nur ein Glas Sherry genehmigte – oder eines annahm, denn die Einladung hätte er nicht erwidern können. Eine Frau zum Abendessen auszuführen war unmöglich, was für einen Mann, der einige jugendliche Schwärmereien hatte und hübsche und kluge Frauen mochte, sehr misslich gewesen sein muss. Er konnte nur dafür sorgen, dass seine Uniform stets adrett aussah. Sein Freund J. M. Barrie, der geistige Vater von *Peter Pan*, behauptete später, die Goldtressen auf seiner Uniform seien stumpf geworden und er habe wahrscheinlich auch seine Socken stopfen müssen. Mit Sicherheit war allein schon der Verdruss, sich ständig mit Geldsorgen herumplagen zu müssen, etwas, was ihm nie aus dem Kopf ging. Der Träumer, der Schwärmer und der Idealist mussten dem Pragmatiker Platz machen. Zweifel mussten zurückgestellt, unlösbare philosophische Fragen vermieden und Unsicherheiten gemeistert werden. Und es drohte noch größeres Unheil. 1898 kam Archie auf Urlaub nach Hause, »so sprudelnd vor Leben«, wie Scott der Mutter schrieb.[8] Einen Monat später ging er nach Hythe zum Golfspielen, erkrankte an Typhus und starb. Nun lastete eine noch größere Bürde auf Scott, obwohl Ettie inzwischen einen Herrn William Ellison-Macartney, der für South Antrim im Parlament saß, geheiratet hatte und dieser großzügig anbot, etwas zu Hannahs Unterhalt beizutragen.

So standen die Dinge, als Scott nur ein paar Monate nach Archies Tod auf der Buckingham Palace Road zufällig Sir Clements Markham begegnete. Die Schicksalsschläge hatten in ihm die Entschlossenheit genährt, jede Chance zu ergreifen, um die ausgetretenen Pfade zu verlassen. Mit seinem Ehrgeiz zielte er sogar noch höher hinaus, aber er glaubte inzwischen, »Pech zu haben«, als würde ihn ein böses Schicksal verfolgen. Er hatte das Gefühl, Widerstand leisten zu müssen oder unterzugehen. Als Sir Clements ihm von der Expedition erzählte, war er fest entschlossen, ihre Leitung zu übernehmen.

KAPITEL 3

Die erste Fahrt in die Antarktis

Und damit war das große Abenteuer angestoßen. Sir Clements Markhams Träume konkretisierten sich und schienen in dem 31jährigen Scott Gestalt anzunehmen, der vom Scheitel bis zur Sohle wie eine Führungspersönlichkeit wirkte. Er war zwar nicht groß, aber kräftig gebaut, hatte breite Schultern, eine schlanke Taille und schmale Hüften. Und er strahlte gelassene Professionalität aus.

Außerdem war Markham ebenso schicksalsgläubig wie Scott und meinte, es sei die Vorsehung gewesen, die Scott aus der Victoria Station heraus direkt in seine Arme habe laufen lassen. Scott hatte sicherlich bemerkt, wie merkwürdig das alles war: »Was für seltsame Wendungen der Lauf eines Lebens nehmen kann!«, schrieb er. Als Scott sich zwei Tage nach ihrer Begegnung um die Leitung der Expedition bewarb, unterstützte ihn Markham, obschon er behutsam vorging. Schließlich handelte es sich um sein Lebenswerk, und trotz des Eindrucks, den er in *The Lands of Silence* vermittelte, hatte er durchaus auch andere mögliche Expeditionsleiter in Betracht gezogen. Er beriet sich mit Scotts Kapitän auf der *Majestic*, George Egerton, einem Mann, der Erfahrung in der Arktisforschung hatte und der Scott uneingeschränkt empfahl. Er zog auch Spitzenleute der Marine, einschließlich des Ersten Seelords der Admiralität, zu Rate. Ihr Urteil fiel gleichermaßen positiv aus.

Doch nun folgte das, was Markham »lange und lästige« Rangeleien nannte. Das Problem bestand in dem gemischten Ausschuss, den die Royal Society und die Royal Geographical Society eingerichtet hatten, um die Expedition auf die Beine zu stellen. Die Mitglieder der Royal Society waren ihren Kollegen von der Geographischen Gesellschaft zahlenmäßig leicht überlegen. Wichtiger aber war, dass sie ganz unterschiedlicher Meinung waren. Den Wissenschaftlern von der Royal Society zufolge sollte die Expedition in erster Linie wissenschaftliche Zwecke verfolgen. Für Markhams Kollegen bestand das Ziel in geographischen Entdeckungen, während Markham selbst seine jungen Marineoffiziere fördern musste. Scott geriet schon bald in den Brennpunkt der Auseinandersetzung. Wie Markham bissig schrieb: »Der Traum von Professoren und Pedanten, wonach ein Unternehmen am besten von einer debattierenden Gesellschaft auserwählter Neunmalkluger geleitet werde, übt eine nicht enden wollende Faszination aus, ist aber nur ein Traum.«[1]

Ein zunehmend reizbarer Markham verlangte, dass der Expeditionsleiter ein junger Marineoffizier im regulären Dienst sein müsse – ein Mann der Tat, der Disziplin und der Ausdauer und ein Mann mit Sinn für Takt und Diskretion. Er erinnerte seine Kritiker auch daran, dass die Royal Navy seit Cooks Tagen eine beherrschende Rolle in der Polarforschung gespielt hatte. Doch die Royal Society war unzufrieden. Warum konnte nicht ein Wissenschaftler die Verantwortung übernehmen? Die Admiralität ihrerseits wünschte sich einen Vermesser von der Marine. Schließlich taten sich die beiden verstimmten Gremien zusammen und machten gemeinsam gegen Markham Front. Die Aussichten für Scott, der sich inzwischen mit dem Kanalgeschwader wieder auf See befand, waren gering. Doch mit vor Empörung bebendem Schnurrbart wehrte Markham die Verschwörungen und Gegenverschwörungen ab, bis er im Juni 1900 endlich Scotts Ernennungsurkunde unterschreiben konnte. Am 30. Juni wurde Scott zum Korvettenkapitän befördert.

Aber es drohte noch eine letzte Gefahr. Im Februar 1900, auf dem Höhepunkt des Gerangels, war ein renommierter Geologe, John Gregory, zum Leiter des wissenschaftlichen Stabes ernannt worden. Er war nicht der Typ, der Markham irgendwie gefallen konnte, da er »ein kleiner Mann mit ganz leiser Stimme war und immer nervös an seinem Schnurrbart zupfte«.[2] Von der Universität Melbourne kommend, traf er im Dezember 1900 in dem irrigen Glauben in England ein, dass Scott vielleicht das Schiff befehligen, er aber die an Land gehende Gruppe leiten sollte. Sir Clements klärte ihn auf, und das führte zu einem unerquicklichen Gezänk zwischen den prominentesten Vertretern von Forschung und Wissenschaft, die das Land hatte. Es erübrigt sich festzustellen, dass Markham, der alte Kämpe, seinen Willen durchsetzte. Gregory wurde aufgefordert, unter Scott zu dienen, lehnte ab und trat zurück.

Vom Zeitpunkt seiner Ernennung an blieb Scott nur ein knappes Jahr, um vor der Abreise der Expedition, die für ihn den ersten unabhängigen Posten mit sich brachte, sämtliche Vorbereitungen zu treffen. Die Probleme erschienen geradezu Ehrfurcht gebietend. Er brauchte Verpflegung, Kleider und Ausrüstung für die feindlichsten Lebensbedingungen auf Erden, die er zudem nicht aus eigener Erfahrung kannte. Er war ein echter Pionier. Wie die *Times* im Mai 1900 ziemlich spitz vermerkte: »Da Jugend eine unabdingbare Voraussetzung war, musste man sich für jemanden ohne wirkliche Polarerfahrung entscheiden.« Scott musste auch seine Männer auswählen und sich über Polarreisen im Allgemeinen und die Verwendung von Schlitten im Besonderen informieren. Wie er selbst zugab, wusste er nichts darüber, und das Schicksal der *Belgica*, die unlängst im Eis festgefahren war und nur vom Eis weitergetrieben wurde, wobei einige ihrer Matrosen den Verstand verloren, muss ihn bedrückt haben.

Er bekam ein kleines Büro im Burlington House, das sich zum Zentrum seines Projekts entwickelte und vollgestopft war mit merkwürdigen Gegenständen, angefangen bei Socken aus Menschenhaar bis hin zu Wolfsfellen. Anfang Oktober fuhr er nach Norwegen, um den berühmten Arktisforscher Fritjof Nansen aufzusuchen. Nansens untertassenförmiges Schiff, die *Fram*, hatte eine Fahrt gemacht, die es an Tollkühnheit mit jedem Wikingerschiff hätte aufnehmen können. Nansen hatte sich mit der Polarströmung über die Arktis treiben lassen und auf diese Weise nachgewiesen, dass es sich bei der arktischen Region um einen Ozean und nicht um einen Erdteil handelte. Nansen, der groß, kräftig und blond war und auf die Vierzig zuging, war vom Ernst und dem trockenen Humor des jungen Korvettenkapitäns beeindruckt und versorgte ihn großzügig mit guten Ratschlägen. Vor allem wies er Scott darauf hin, dass es unerlässlich sei, sich die richtigen Vorräte und die richtige Ausrüstung zu beschaffen. Er legte ihm auch dringend nahe, Schlittenhunde mitzunehmen; Scott befolgte seinen Rat und besorgte sich seine Hunde aus Russland.

Von Norwegen aus reiste Scott nach Berlin, um Professor Erich von Drygalski zu konsultieren, der eine deutsche Antarktisexpedition zur Erforschung der Gegend westlich des Wilkeslandes leiten sollte. Die deutsche Regierung hatte sich bereit erklärt, sämtliche Kosten der Expedition zu tragen. Scott fand, dass Drygalski und sein Team, die sich nicht um Mittel sorgen mussten, ausgezeichnete Fortschritte machten. Scott hielt fest, dass man ihm »mit der größten Freundlichkeit und Rücksicht« begegnete und dass »die Ausrüstungsarbeiten in vollem Gange [waren]: Proviant und Vorräte waren bereits bestellt, die Kleider anprobiert, Spezialinstrumente wurden vorbereitet, die Mitglieder der Expedition waren ausgewählt und bereits tätig, und die *Gauss* [das Schiff der Expedition] stand kurz vor der endgültigen Fertigstellung. Ich musste erkennen, dass sich dies alles in deutlichem Gegensatz zum Stand der Dinge in England befand, und eilte ziemlich beunruhigt nach Hause. Wie ich erwartet hatte, musste ich feststellen, dass alle die Vorbereitungen, die in Deutschland mit so großem Eifer getroffen wurden, in England praktisch zum Stillstand gekommen waren; ja, viele waren noch nicht einmal in Betracht gezogen worden.«[3] Scott war entschlossen, seine Pläne in die Tat umzusetzen. Dazu brauchte er eine freie Hand, und Markham half ihm, einige Unterausschüsse auszuschalten, sodass er die Arbeiten vorantreiben konnte.

Scott musste die Zeit finden, das Schiff der Expedition, die *Discovery*, zu besichtigen, mit dessen Bau im März 1900 begonnen worden war. Sie war seit Halleys *Paramore* aus dem Jahr 1694 das erste Schiff, das in Großbritannien eigens zu Zwecken der wissenschaftlichen Forschung gebaut wurde. Sie war auch eines der letzten dreimastigen Segelschiffe aus Holz, die in Großbritannien vom Stapel liefen. Der Name *Discovery* verwies auf eine Reihe illustrer Vorgänger – andere Forscher, wie Baffin, Hudson und Cook, waren auf Schiffen dieses Namens gesegelt, und einer Überlieferung zufolge war er ein Glücksbringer. Für Scott war sie jedenfalls eines der schönsten schwimmenden Fahrzeuge. Die Schiffbauer hatten sich von den traditionsreichen britischen Walfängern inspirieren lassen, denn dort waren Modelle entwickelt worden, die Eis aufbrechen und durch Eis hindurchfahren konnten.

Die *Discovery* war aus Holz gebaut – eine Kunst, die bereits im Aussterben begriffen war. Ihr Gerippe bestand aus solider englischer Eiche und ihre Auskleidung aus

Waldkiefernholz. Sie hatte keine Seitenfenster oder Seitenlichter, und das Tageslicht drang durch zentrale Oberlichter und kleine runde Deckslichter in die Aufenthaltsräume. Ihre Wände waren 66 Zentimeter dick, und ihr verlängerter Bug war mit Stahlplatten verstärkt, die ihr helfen sollten, sich den Weg durch das Packeis zu bahnen und dem Druck standzuhalten. Ihr Heck war abgerundet und überhängend, um das Steuerruder zu schützen – eine Neuerung, die Nansen zum ersten Mal erfolgreich auf der *Fram* eingesetzt hatte. Die *Discovery* war mit Segeln und mit einer Dampfmaschine ausgerüstet. Sie verfügte über ein Observatorium zur Messung erdmagnetischer Phänomene. Damit es effizient arbeiten konnte, durften sich innerhalb eines Radius von neun Metern weder Eisen- noch Stahlteile befinden. Die Instrumente der Expedition wurden von der Admiralität ausgeliehen; dazu zählten die Ausrüstung für astronomische, erdmagnetische und meteorologische Beobachtungen und Seismographen sowie Geräte zur Tiefenmessung und Schleppnetze.

Die Marine hatte sich bereit erklärt, aus ihren Reihen den kleinen harten Kern der Mannschaft beizusteuern. Scott wollte Männer mit einem Sinn für Disziplin, wie sie in der Marine erlernt wird, und zweifelte offen daran, dass er mit irgendwelchen andersgearteten Leuten umgehen könne. Er war deshalb erfreut, drei Marineoffiziere zu seiner Mannschaft zählen zu können. Oberleutnant Charles Royds wurde zu Scotts Erstem Wachoffizier und Meteorologen ernannt, und außerdem konnte Scott zwei seiner Tischgenossen von der *Majestic* willkommen heißen: Reginald Skelton wurde als Ingenieuroffizier eingestellt, während der fröhliche Michael Barne zum Leutnant zur See ernannt wurde und die Verantwortung für die Tiefseeausrüstung übernahm.

Doch um einen stellvertretenden Leiter zu finden, musste Markham sich an die Handelsmarine wenden. Er fand ihn in dem 36 Jahre alten Albert Armitage. Armitage verfügte über Erfahrungen aus der Arktisforschung, denn er hatte von 1894 bis 1897 in der Jackson-Harmsworth-Expedition nach Franz-Joseph-Land als Navigator gedient – eine Meisterleistung, für die die Royal Geographical Society ihm eine Auszeichnung verliehen hatte. Er hatte erwartet, dass man ihm die Leitung der Expedition anbieten würde, und wollte das Angebot ablehnen, als Stellvertreter mitzufahren. Doch Sir Clements umgarnte ihn mit honigsüßer Stimme. »Sprechen Sie mit Scott, bevor Sie absagen«, bat er ihn eindringlich.[4]

Ein Abend mit Scott in Chelsea, wo dieser mit seiner Mutter und seinen Schwestern wohnte, überzeugte Armitage: »Ich war vom ersten Augenblick an von ihm bezaubert. Er sagte zu mir: ›Sie kommen mit mir, nicht wahr? Ich brauche Sie unbedingt.‹«[5] Scott konnte, wenn er wollte, unwiderstehlich sein, und Armitage konnte nicht nein sagen, obwohl er sich bereits in der Rolle der Kindergärtnerin für den weniger erfahrenen Mann sah. Offensichtlich knüpfte er einige Bedingungen an seine Zustimmung; so forderte er, dass seine Stellung unabhängig von Scott sein sollte, wenn auch unter seinem Kommando, und dass er mit einem Team und mit Vorräten für zwei Jahre an Land abgesetzt werden sollte. Er verlangte auch, dass seine Bezahlung um nicht weniger als 50 Pfund im Jahr unter der von Scott liegen dürfe. In seinen späteren, desillusionierten Jahren behauptete er, einzig und allein die Zusage bezüglich der Bezahlung sei eingehalten worden. Er sagte, Scott habe ihn, sobald sie die Antarktis erreicht hatten, dringend gebeten, auf die anderen Zusagen zu verzichten, und zwar mit der Begründung, er könne ihn nicht entbehren.

Doch damals war Armitage beunruhigt, weil er sich im Brennpunkt einiger Machtkämpfe wiederfand und die wissenschaftlichen Gesellschaften die Sache weiter verschleppten. Man wandte sich inoffiziell an ihn, um herauszufinden, ob er die Leitung übernehmen würde, wenn Scott zurücktrete, und zu seiner Ehre muss gesagt werden, dass er dies ablehnte. Die Krise löste sich, und Armitage konnte seine Aufmerksamkeit dem Erwerb von Schlittenausrüstung und Kleidung zuwenden. Aber es gelang ihm nicht, Scott und die Berater der Expedition davon zu überzeugen, dass es besser wäre, weniger Menschen und mehr Hunde mitzunehmen. Dieser Mangel an »gesundem Menschenverstand«, wie er es nannte, bereitete ihm Sorgen.[6]

Scott wandte sich auf der Suche nach einem leitenden Assistenten ebenfalls an die Handelsmarine, und nun betrat ein sympathischer und von Ehrgeiz brennender Anglo-Ire namens Ernest Henry Shackleton die Bühne. Aus Scotts Sicht sollte er sich als eine Art trojanisches Pferd erweisen, aber in der *Voyage of the ›Discovery‹*, Scotts gewissenhaftem und bewegendem Bericht über seine erste Antarktisexpedition, beschrieb er ihn als »stets vor Begeisterung und Kameradschaft sprühend«. Shackleton hatte das Dulwich College besucht, wo er den Unterricht langweilig fand und gewöhnlich zu den Schlusslichtern der Klasse zählte, auch wenn er ein Meister im Vermeiden von Strafen war. Nachdem er die Schule verlassen hatte, beschloss er, nicht seinem Vater zu folgen, der Mediziner war. Für ihn bot die See das richtige Leben. Da Shackletons Vater seine Ausbildung als Marinekadett nicht bezahlen konnte, begann er sein Leben auf See als Lehrling auf einem Handelsschiff. Es war eine schwere und schmutzige Arbeit und »ein komisches und riskantes Leben«, wie er einem Freund anvertraute.[7] Sein Kapitän fand ihn stur und widerspenstig, aber er kam mit den Männern gut zurecht, weil er unbeschwert war von irgendwelchen gesellschaftlichen Barrieren, die ihn, den künftigen Offizier, davon hätten abhalten können, sich mit einfachen Matrosen anzufreunden.

Mit 25 war Shackleton Offizier der Handelsmarine, ein selbstsicherer, gesprächiger Mann mit einem Faible für den Dichter Browning, den er *ad infinitum* zitieren konnte. Seine Offizierskollegen mochten ihn, obwohl sie in ihm einen untypischen Offizier sahen. Da er eine Chance witterte, Ruhm und möglicherweise auch das Vermögen zu erwerben, das ihm helfen könnte, Emily Dorman zu gewinnen, die Frau, an die er sein Herz gehängt hatte, bewarb er sich bei Scotts Expedition, obwohl er keinen besonderen Wunsch hegte, in die Antarktis zu fahren, und sich auch kaum für die wissenschaftliche Forschung interessierte. Zunächst wurde seine Bewerbung abgelehnt. Doch er verfügte in sogar noch höherem Maß als Scott über die Fähigkeit, andere Menschen zu bezaubern, und befreundete sich mit Cedric Longstaff, dem Sohn des stillen und freundlichen Sponsors der Expedition. Das Ergebnis war, dass Longstaff senior anfragte, ob für diesen charismatischen Offizier eine Stelle gefunden werden könnte. Armitage stellte einige Nachforschungen an; die Antwort fiel allgemein positiv aus, und Shackleton hatte es geschafft. In Hochstimmung nahm er Urlaub und meldete sich bereit.

Shackleton sollte auf der Suche nach dem Südpol eine entscheidende Rolle spielen, aber er gehörte niemals zu Scotts engstem Kreis. Ganz anders dagegen Edward Adrian Wilson, der Mann, der über ein Jahrzehnt später an der Seite Scotts sterben sollte, in »seinen Augen einen tröstenden blauen Hoffnungsblick«.[8] Im Laufe der Jahre ist Wilson wahrscheinlich der am wenigsten kritisierte und am meisten bewunderte der Männer gewesen, die den Südpol erreichten. Er wurde 1872 in Cheltenham in eine Familie hineingeboren, deren Stammbaum auf väterlicher Seite viele Quäker aufweist. Das Motto der Familie lautete *res non verba*, »Taten, nicht Worte« – eine Einstellung, die er von ganzem Herzen guthieß. Er war Abstinenzler mit einer angeborenen Abneigung gegen Rohheit und Vulgarität, aber kein Musterknabe. Er besaß ein feines Gespür für das Lächerliche und eine stille Kraft, die die Menschen anzog. Er wurde von vielen seiner Kameraden als Freund und Mentor betrachtet. Er verabscheute Selbstmitleid, reagierte aber auf die wirklichen Probleme anderer paradoxerweise immer mit Sympathie und Verständnis. Er war ein entschiedener Asket, was sich in seiner großen, schlanken, adlergleichen Gestalt widerspiegelte, die ein Freund sogar mit der eines Vollblutpferdes verglich.

Von seiner Mutter als das klügste und lustigste ihrer Kinder beschrieben, legte er schon im Alter von drei Jahren ein ungewöhnliches Zeichentalent an den Tag. Mit sieben entwarf und zeichnete er Weihnachtskarten, was er ein Leben lang beibehielt. Sein frühestes Sammelalbum enthielt Bilder von Arktisforschern, und aus orangefarbenem Papier fertigte er seine eigene Mitternachtssonne an. Seine andere Leidenschaft galt dem Sammeln – er hortete Muscheln und Fossilien, Schmetterlinge und getrocknete Blumen und verkündete als Neunjähriger, dass er Naturforscher werden würde. Er kaufte sich Instrumente zum Enthäuten und Ausstopfen von Tieren.

Es machte ihm großen Spaß, sich in der Natur aufzuhalten, die ihn in eine Art spiritueller Verzückung versetzte. Manchmal lag er, in eine Pferdedecke eingewickelt, unter dem Sternenhimmel und lauschte dem Gesang der Vögel. Später, als er in der antarktischen Ödnis an Schneeblindheit litt, erinnerte ihn das Geräusch seiner durch den Schnee zischenden Skier daran, wie er in seinem geliebten Gloucestershire durch die fetten, saftigen Wiesen mit den

Glockenblumen streifte. So groß war seine Passion für die Natur, dass er als Medizinstudent in London seine Zimmer mit Weiden-, Haselnuss-, Erlen-, Tannen- und Birkenzweigen ausschmückte. Von seinem Vater ermuntert, gewöhnte er sich an, alles, was er sah, zu beobachten, zu notieren und zu skizzieren, und er verfügte wirklich über eine scharfe Beobachtungsgabe.

Im Cheltenham College, wo er wegen seiner roten Haare »Ginger« genannt wurde, war er ein guter Sportler. Er war zwar kein glänzender Schüler, aber fasziniert von den Naturwissenschaften, und er kam gut genug voran, um mit einem Stipendium an das Gonville and Caius College in Cambridge zu gehen und sich dort auf das Bachelor-Examen in Naturwissenschaften und die medizinischen Prüfungen vorzubereiten. Als hätte er vorausgeahnt, welche Rolle er auf den Antarktisexpeditionen spielen sollte, fand er sich oft als Vermittler zwischen den ungestümen und schwierigen Studenten seines Jahrgangs wieder. Die Folge war, dass er wenig Zeit für sich selbst hatte, obschon er, trotz seiner Zuneigung zu seinen Freunden, die Einsamkeit liebte. Was er wirklich verabscheute, war »die Gesellschaft«, und Zeit seines Lebens gingen ihm feierliche Anlässe, Partys mit unbekannten Leuten, das nichtssagende Gerede auf Feten und Empfängen auf die Nerven, und seine strahlenden blauen Augen verrieten dann Panik. Bisweilen musste er Beruhigungsmittel nehmen, um die Tortur zu ertragen. Tatsächlich war er immer bestrebt, seine Schwächen zu meistern und Selbstbeherrschung zu üben, ja, bis zur Selbstdemütigung zu gehen. Wie sein Biograph George Seaver es ausdrückte: »Er ergriff ungewöhnliche Maßnahmen, um sich mit der Erfahrung des Schmerzes vertraut zu machen, und machte sich mit Entschiedenheit die christliche Askese [zum] Ideal.«[9] Doch trotz dieser strengen Seite seines Charakters war Wilson auch ein großer Spieler, und er stand, stocknüchtern, immer dort im Mittelpunkt, wo es hoch her ging. Er setzte sich unbekümmert über weniger wichtige Vorschriften hinweg, was dazu führte, dass er für einige Tage relegiert wurde, nachdem er sich eines Morgens aus dem College geschlichen hatte, um eine Forelle zu fangen.

Wilson machte 1894 seinen Bachelor und gab 1895 das auf, was er seine akademische Schmetterlingsexistenz nannte, um ans St. George's Hospital in London zu gehen. Er stürzte sich auf seine Arbeit, aber alles versetzte ihn in Aufregung, vor allem London, wo er sich, wie er sagte, wie eine Sodaflasche in einem Ofen vorkam – begeistert von seinem neuen Leben und bereit zu explodieren. Er war immer noch gern in der freien Natur und legte sich mit Semmel- und Schokoladenproviant im Wimbledon Common auf die Lauer, um den Nachtigallen zuzuhören. Er verbrachte so viel Zeit wie möglich mit der Arbeit an der Caius College Mission in den Slums von Battersea, nur um sich dort mit Tuberkulose anzustecken. Zur Erholung wurde er in die Schweiz und nach Norwegen geschickt und war so schwach, dass einer seiner Mitpatienten später meinte, die Tatsache, dass Wilson es bis zum Südpol geschafft habe, sei das größte aller Wunder gewesen. Er galt noch nicht einmal als stark genug zum Schlittenfahren. Komischerweise beweisen seine Briefe, dass ihm die Kälte zuwider war: »Grässlich, grässlich, ich kann den Schnee nicht ausstehen!«[10]

Wilson verlobte sich im Oktober 1899 mit einer besonnenen und gebildeten jungen Frau, Oriana Souper, und promovierte im darauffolgenden Jahr in Medizin. Etwa um diese Zeit erfuhr er, dass für die National Antarctic Expedition ein jüngerer Marinearzt und Zoologe gesucht wurde. Seine angeborene Bescheidenheit hielt ihn von einer Bewerbung ab, obwohl er brennend interessiert war. 1897 hatte er Nansen über die Arktis sprechen hören und war von seinem Bericht darüber tief bewegt gewesen, dass die Hunde der Expedition erschossen werden mussten. Zu seinem Glück nahm sein Onkel, Sir Charles Wilson, Einfluss auf Markham, der sich von Wilsons beträchtlichem künstlerischen Talent beeindruckt zeigte. Scott traf sofort mit ihm zusammen und akzeptierte ihn auf der Stelle, obwohl er seinen Arm in einer Schlinge trug. Bei seiner nachfolgenden Befragung durch den Gesundheitsausschuss gab er mit der für ihn typischen Aufrichtigkeit zu, dass er Tuberkulose gehabt hatte, und, wie vorherzusehen war, lehnte der Ausschuss ihn ab. Aber jetzt bestand Scott darauf, dass er an der Expedition teilnahm. Wilson verfügte nicht nur über eine seltene Kombination von medizinischen und künstlerischen Fertigkeiten, sondern auch über etwas weniger Fassbares, was auf Scott anziehend wirkte.

In vielerlei Hinsicht war Wilson das glatte Gegenteil von Scott – optimistisch und umgänglich, während Scott pessimistisch und reserviert war; tolerant, während Scott ungeduldig und kritisch sein konnte; fröhlich, während Scott aufbrausend und launisch war. Er glaubte auch, dass die Dinge sich am Ende stets in die Richtung entwickelten, für die sie bestimmt waren – die Folge eines tiefen und tröstlichen Glaubens. Seine Einstellung war, für den Tag zu leben und sich keine Sorgen um die Zukunft zu machen. Er schrieb: »Es ist keine Sünde, sich nach dem Tod zu sehnen; die Sünde liegt darin, dass wir es nicht Gott überlassen, uns so lange hier zu lassen, wie es Ihm beliebt.«[11] Dies steht im Widerspruch zu einigen Darstellungen von Wilson als einem geborenen Märtyrer, einem fast heiligmäßigen, ziemlich passiven Menschen, der nur allzu bereit war, den Tod zu akzeptieren. Er hatte eine große Liebe zum Leben und die Überzeugung, dass Gott über den Zeitpunkt, an dem das Leben endet, entscheiden sollte. Dies erlangte auf der Rückkehr vom Südpol eine grauenhafte Bedeutung, als seine verzweifelten Gefährten Wilson zwangen, seinen Vorrat an Opiumtabletten herauszugeben, damit sie sich, wenn sie es wünschten, das Leben nehmen konnten. Er war auch so etwas wie ein Pazifist. Berichte über Ereignisse im Burenkrieg ließen ihn weinen wie ein kleines Kind, und er behauptete, er würde viel lieber sich selbst erschießen als jemanden anderen. Er glaubte, »die abscheulichsten aller Sünden« würden als »die Ruhmestaten des Imperialismus« getarnt.

Der Agnostiker Scott litt seinerseits unter schweren Krisen, sowohl im Hinblick auf sich selbst als auch auf das Leben im Allgemeinen. Düstere Stimmungen und Zweifel an Sinn und Zweck des Lebens überfielen ihn von einer Sekunde auf die andere. Wilsons Gelassenheit und Zielstrebigkeit waren für ihn wie ein Anker im Sturm. Scott beschrieb ihn später als »Leben und Seele der Gruppe, der alle Vergnügen auf die Beine stellte, der stets Verträgliche und Fröhliche, der findige Mensch, der alle Schwierigkeiten umschiffen konnte«. Andererseits fühlte sich Wilson von Scotts Aufrichtigkeit und Gerechtigkeitsliebe angezogen. Wilson war entzückt über seine Ernennung und tat fröhlich kund, dass es sich um eine Sache handele, die entweder den Tod oder die Heilung bringe, und war schon bald in die Vorbereitungen vertieft.

Der Expeditionsarzt Reginald Koettlitz oder »Cutlets«, wie sein Spitzname lautete, war noch vor Scott berufen worden. Er war 39 Jahre alt, ziemlich groß und schlaksig, und Markham hielt ihn für eine »gute, ehrliche Haut«, aber für humorlos und »außerordentlich arm an gesundem Menschenverstand«.[12] Koettlitz' Ansichten über Skorbut waren die für seine Zeit üblichen – nämlich, dass die Krankheit durch Gift aus verdorbener Nahrung verursacht werde und dass man sich nur vor ihr schützen könne, indem man das Essen rein und die Dosen luftdicht verschlossen hielt. Er glaubte fest, dass es so etwas wie Anti-Skorbut-Mittel nicht gebe, und ignorierte eine aufkommende, allerdings noch nicht bewiesene Meinung, wonach die Krankheit nicht durch Verdorbenes, sondern durch das Fehlen eines wesentlichen Elementes ausgelöst werde. Es sollten noch weitere 15 Jahre vergehen, ehe die wahre Ursache, der Mangel an Vitamin C, richtig begriffen wurde.

Eine andere wissenschaftliche Stelle wurde dem fleißigen Thomas Vere Hodgson, dem Direktor der Meeresbiologischen Laboratorien in Plymouth, überlassen, der zum Naturforscher der Expedition wurde. Den Posten des Geologen erhielt Hartley Ferrar, ein 22jähriger Cambridge-Absolvent. Markhams Urteil über ihn lautete, dass er »überhaupt noch nicht flügge und ziemlich faul« sei, aber vielleicht zu »einem Mann gemacht werden« könnte.[13] Louis Bernacchi, ein anderer junger Mann, wurde mit 25 zum Expeditionsphysiker ernannt. Trotz seines jugendlichen Alters war dieser Tasmanier das einzige Mitglied der Expedition, das Erfahrungen in der Antarktis selbst, also nicht in der Arktis, gesammelt hatte, denn er hatte auf Cape Adare in Borchgrevinks Hütte überwintert. Markham hielt ihn für jemanden, der »immer schon erwachsen« war, und war bereit, über seine Verbindung zu Borchgrevink hinwegzusehen.[14]

Die Unteroffiziere und Mannschaften wurden von der Marine übernommen, nachdem man die Admiralität bedrängt hatte, nicht knausrig zu sein und drei Deckoffiziere und sechs Unteroffiziere zur Verfügung zu stellen. Zu den Unteroffizieren gehörte ein hoch gewachsener Waliser mit unverwüstlichem Humor, Edgar Evans, der, zusammen mit Scott und Wilson, an der letzten, verhängnisvollen Reise teilnehmen sollte. Er hatte mit Scott bereits auf der *Majestic* gedient.

Evans war eine warmherzige, lebhafte Persönlichkeit und verfügte über einen unerschöpflichen Vorrat an Anekdoten. Er las gern Dumas oder »Dum Ass«, wie er ihn nannte, aber mit Sicherheit nicht Kipling oder Dickens. Er war nicht dieser schattenhafte, mit Fehlern behaftete Riese vom Unterdeck, als der er so oft dargestellt wird. Evans wurde 1876 in Rhosili im schönen Gower geboren. Er sprach selbst nicht Walisisch, obwohl er den weichen, singenden Dialekt von Gower kannte. Sein Vater war ein »Capehorner«, also ein Seemann, der von Swansea über den Atlantik und um das Kap Horn zur Westküste Südamerikas gesegelt war, um dort nach Kupfererz zu suchen. Seine Mutter war die Tochter des mit Schankerlaubnis arbeitenden Inhabers des Ship Inn im hübschen kleinen Weiler Middleton.

Als Evans sieben Jahre alt war, zog die Familie nach Swansea, und er wuchs zu »einem sehr abenteuerlustigen Jungen« heran, der sich, seiner Mutter zufolge, niemals über irgendetwas beklagte.[15] Ein 1893 aufgenommenes Foto mit seiner Schwester Annie zeigt einen kräftigen Jungen mit breitem Gesicht und entschlossenem Ausdruck. Er verließ die Schule mit 13 und arbeitete eine Zeit lang im Castle Hotel, in dem die Kapitäne der Kupfererz-Barken abstiegen. Vielleicht waren es ihre Geschichten und die Erzählungen seines Vaters, die sein Interesse an einem Leben auf See weckten. Seine Mutter versuchte, es ihm auszureden, denn sie hatte erlebt, wie ihr Mann schwer verletzt wurde, als eine Frachtladung auf ihn fiel, und sein Bein amputiert werden musste.

Aber Evans ließ sich nicht abschrecken. Mit der Ungeduld der Jugend konnte er nicht einmal abwarten, bis er das richtige Alter erreicht hatte, und versuchte schon mit 14 anzuheuern, aber er wurde wieder weggeschickt. Beim zweiten Mal wurde er beinahe abgewiesen, weil er einen faulen Zahn mehr hatte, als offiziell erlaubt war. Er begann seine Ausbildung auf der HMS *Ganges*, einem solide gebauten, alten Schiff in Falmouth, und ein Jahr später, im April 1892, wurde er zum Decksjungen Erster Klasse ernannt. Er machte gute Fortschritte, wobei ihm seine ungewöhnliche Kraft zugute kam, und er diente auch eine Zeit lang als Sportlehrer. 1899 trat er seinen zweijährigen Dienst auf der HMS *Majestic* an, wo Scott ihn entdeckte.

Der Mann, der im Juli 1901 als einer der beiden Unteroffiziere Zweiter Klasse bei Scott anheuerte, war also ein beeindruckender Mensch, den ein Jahrzehnt Dienst in der Marine abgehärtet hatte. Er war über 1.80 Meter groß, wog etwas über 80 Kilogramm und war »von robuster Konstitution«. Mit seinen 25 Jahren erfüllte er die wichtigste Bedingung für Polarreisen – Jugend.

Scott rekrutierte seine Mannschaften, indem er sich schriftlich an seine Kollegen im Kanalgeschwader wandte und Freiwillige suchte, und die Auswahl war groß. Unter den Heizern, die er anheuerte, befand sich der 33jährige William Lashly, ein kräftig gebauter Mann, der weder trank noch rauchte, ein zurückhaltender, ja kontaktscheuer Mensch, der aber stets bereit war, einem Kameraden zu helfen, und den Markham als »den besten Mann im Maschinenraum« bezeichnete.[16] Er wählte auch Frank Wild aus, der später Shackleton auf seinen Expeditionen begleiten sollte. Im großen und ganzen war er sehr zufrieden. Obwohl die *Discovery* nicht der Disziplinarordnung der Königlich Britischen Marine unterworfen sein würde, wollte er sein Schiff so nahe wie möglich in Übereinstimmung mit den Vorschriften der Marine leiten, und jetzt hatte er die Männer, die ihm helfen würden, diese strengen Maßstäbe einzuhalten.

Er konnte auch zuversichtlich sein, dass ihre Zähne den bevorstehenden Strapazen standhalten würden. Markham notierte in seinem persönlichen Bericht folgendes: »Zähne der Schiffsmannschaft. Die Zähne wurden im Juli 1901 von Zahnärzten des Guy's Hospital untersucht. 178 Zähne wurden plombiert und 92 gezogen. Rechnung: 62 Pfund 4 Schilling 5 Pence. 41 Untersuchungen für den Preis von 30 Schilling pro Mann.«[17]

Am 21. März 1901 zerschnitt Lady Markham mit einer goldenen Schere ein Band, und die *Discovery* glitt anmutig in den Tay. Dann wurde das Schiff ins Dock zurückgebracht, wo Maschinen und Dampfkessel montiert wurden. Nach einigen Probefahrten verließ die *Discovery* im Juni ihren Heimathafen und fuhr zum Laden der Fracht in die an der Themse gelegenen East India Docks. Das war kein Kinderspiel. Sie musste Proviant aufnehmen, der 47 Männer drei Jahre ernähren konnte. Große Vorräte an Fasanen- und Truthahnbraten, ganze gebratene Rebhühner, Hasenpfeffer, Entenfleisch, Erbsen und Rumpsteak wurden an Bord getragen, zusammen mit solchen Köstlichkeiten der damaligen Zeit wie Wildkirschensauce, Selleriesamen, Essig aus schwarzen Johannisbeeren, kandierte Orangenschalen sowie Stilton- und Double-Gloucester-Käse. Sie sollten auch nicht an Durst leiden – angesichts von 122 Litern Brandy, derselben Menge an Whisky, 60 Kisten Portwein, 36 Kisten Sherry und 28 Kisten Champagner. Sie nahmen auch Zitronensaft mit, 815 Kilogramm Tabak, eine riesige Menge Pemmikan (eine Mischung aus getrocknetem mageren Rindfleisch und Schweineschmalz), Rosinen, Schokolade und Zwiebelpulver.

Viele Firmen hatten das Projekt großzügig unterstützt, und das war eine große Hilfe angesichts der Tatsache, dass die Mittel so knapp waren. Dr. Jaeger's Sanitary Woollen System Company Ltd. stellte spezielle, windundurchlässige Oberbekleidung her und gewährte der Expedition, was Scott mit Dankbarkeit vermerkte, 40 Prozent Rabatt. Er er-

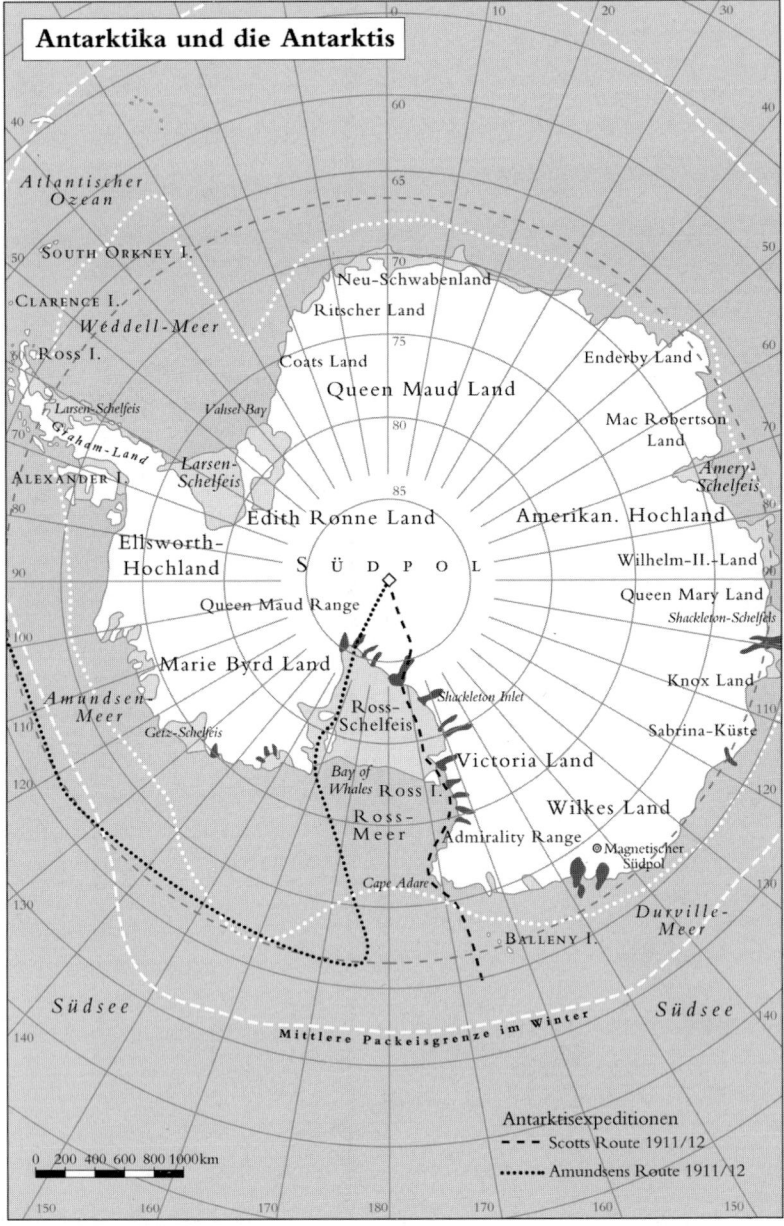

kannte rasch die Vorteile des Sponsorentums in einer Zeit, als dies noch eine verhältnismäßig neue Idee war. Colman's spendierte neun Tonnen Mehl und eine Menge Senf; Cadbury's steuerte 1600 Kilogramm »hervorragenden Kakao und Schokolade« bei, die zu einem der größten Genüsse für hungrige Schlittenfahrer wurden; von Bird's kamen acht Zentner Back- und Senfpulver, während Messr Evans, Lescher & Webb den Zitronensaft, die traditionelle Schutzmaßnahme gegen Skorbut, lieferten. Es gab auch große Vorräte an Bovril, einem Fleischextrakt, das sich auf den Schlittenreisen als unentbehrlich erweisen sollte. Doch das wirkliche Hauptnahrungsmittel für die Exkursionen mit den Schlitten war Pemmikan mit seinem hohen Fett- und Kaloriengehalt. Während der großen Zeit der britischen Arktisforschung hatte man Pemmikan in Großbritannien kaufen können, aber jetzt musste es sich die Expedition im Ausland besorgen. Scott erhielt seinen Vorrat von einer Fabrik in Kopenhagen, nachdem er das Produkt, das in Chicago hergestellt wurde, als nicht geeignet verworfen hatte.

Und dann musste die Ausrüstung an Bord verstaut werden – Schlafsäcke aus Rentierfell, Ballen mit Lapplandgras, mit dem die Füße warm gehalten werden sollten, 70 Paar Skier und neun 2.75 Meter lange Schlitten, die nach Nansens Entwürfen angefertigt worden waren, ergänzt um Schlittenfahnen, die Markham entworfen hatte. Sie erinnerten an Ritter der alten Zeit, die auf Fahrt gingen, und ihre Fahnen an mittelalterliche Wimpel. Der romantische Markham dachte sich Sinnsprüche für sie aus – der von Scott lautete zum Beispiel: »*Ready, Aye, Ready*«. Es gab auch einen Ballon an Bord, den sie der Armee abgekauft hatten. Sir James Hooker, der hochbetagte und renommierte Botaniker, der von 1839 bis 1843 mit Ross unterwegs gewesen war, hatte Scott dringend empfohlen, einen

Ballon für Vermessungen aus der Luft mitzunehmen. Zu dieser Zeit übten die Möglichkeiten der Luftfahrt eine zunehmende Faszination aus. 1897 hatte es einen vorzeitigen und wenig durchdachten Versuch gegeben, den Nordpol mit dem Ballon zu erreichen – die unglückselige *Eagle*-Expedition –, aber Scotts Ballon sollte fest verankert bleiben. Instrumente und andere Ausrüstungsgegenstände wurden von der Admiralität ausgeliehen. Die anderen Bedarfsgüter – Öl, Kohle, Trinkwasser, Hundefutter, Arzneimittel, eine Holzhütte, ein Piano, eine Bibliothek und persönliche Habseligkeiten wie Shackletons Schreibmaschine, ein Schminkkästchen und eine Zauberkiste zur Unterhaltung – in einem Schiff zu verstauen, das nur 52 Meter lang und zehn Meter breit war, setzte eine umfangreiche Planung voraus.

Kurz vor der Abreise erhielt Scott seine letzten Anweisungen. Während vieles in sein Ermessen gestellt wurde, sollte die Expedition Ross' Route am Ross-Schelfeis entlang folgen und an der Küste von Victoria Land überwintern. Hauptziel war, das Landesinnere zu erforschen und, wenn möglich, östlich des Ross-Schelfeises Forschungen von See aus durchzuführen. Vom Südpol war keine Rede.

Am 31. Juli 1901 stach die *Discovery* in See und legte in Cowes, wo gerade die glanzvolle Königliche Segelregatta abgehalten wurde, eine Pause ein. Mit ihrem schwarzen Rumpf, ihren stummeligen kleinen Masten und ihrem Fass von Krähennest erinnerte sie, verglichen mit den eleganten Schiffen rundum, ein wenig an ein hässliches Entlein. König Edward VII. kam an Bord und hielt eine Rede, und Königin Alexandra inspizierte die Kojen. Hannah Scott, die vor mütterlichem Stolz fast platzte, heftete im Namen der Majestäten den Royal Victorian Orden (IV. Klasse) an Scotts Uniformrock. Einen Augenblick lang entstand Panik, weil der Pekinese der Königin über Bord ging; er wurde von einem Matrosen gerettet. Doch schon am nächsten Tag, als die *Discovery* an den berühmten Needles der Isle of Wight vorbeiglitt, war die Erinnerung an den großen Rummel mit seinem ganzen Gepränge und Getue verblasst.

Sie zogen mit dem Segen ihrer Nation los, als willkommene Abwechslung von dem rätselhaften Krieg, der immer noch mit den Buren ausgefochten wurde. Wie die *Morning Post* schrieb: »Selbst in den letzten Zügen eines anstrengenden Kampfes können wir noch die Energie und die Männer aufbringen, um den Siegen, die wir auf dem friedlichen, aber heldenhaften Feld der Forschung bereits errungen haben, einen weiteren hinzuzufügen...«

KAPITEL 4

Zwischen Packeis und Pinguinen

Am Nachmittag des 2. Januar 1902 starrten die Männer der *Discovery* auf die ersten Eisberge, die stummen Herolde des nahen Packeises. Am nächsten Tag überfuhren sie den südlichen Polarkreis und erwarben das traditionelle Recht des Seemanns, beide Füße auf den Tisch zu legen und einen Trinkspruch auszubringen. Der mit Eisen armierte Bug der *Discovery* bahnte sich seinen Weg durch die Eisschollenfelder, wobei das Schiff leise bebte. Niemand wusste, wie lange die *Discovery* sich im Packeis aufhalten würde. Die *Southern Cross* hatte 43 Tage gebraucht, um sich ihren Weg ins offene Meer freizukämpfen. Doch trotz der Gefahr und der Ungewissheit bot sich ihnen ein bezaubernder Anblick. Bernacchi war gerührt vom »alabasternen Weiß der Eisschollen…, verstärkt durch die herrliche Grünfärbung der Spalten und Löcher«.

Scott sah besorgt zu, wie das Schiff sich mit Gewalt seinen Weg durch die knirschenden Schollen bahnte, doch er vertraute dem Offizier, der oben im Krähennest oder auf der Brücke Ausschau hielt, um die offenen Stellen und Kanäle ausfindig zu machen. Es gab auch angenehmere Momente. Bernacchi hatte eines Morgens Dienst und schilderte, wie ein vergnügter Shackleton um vier Uhr früh kam, um ihn abzulösen, »voll mit Versen und wärmespendendem Marine-Kakao… Shackleton war ein Dichter und an diesem Morgen poetisch hellwach, und… hielt mich von meiner auf mich wartenden Koje fern, indem er endlose Verse mit der Stimme und dem Gehabe eines

Tragöden aus verflossenen Zeiten rezitierte – ›Einen Augenblick, mein Sohn‹, schmeichelte er, als ich mich allmählich auf die Landungsbrücke zubewegte, ›hast du dies gehört?‹.« Der nüchterne junge australische Physiker scherte sich nicht darum, ob er es gehört hatte oder nicht, warf »die Höflichkeit zu den Eisschollen«, verschwand gähnend und ließ Shackleton mit seiner Poesie und dem fahlen Licht der Antarktis zurück.

Wilson war unterdessen im siebten Himmel und legte sein Skizzenbuch selten aus der Hand. Malen und Zeichnen an Bord warf Probleme auf, aber Wilson fand einige pfiffige Lösungen: »Für Arbeit auf Deck habe [ich] mir eine Schlechtwetter-Skizzenbox gemacht, die ich mir um den Hals hänge, und kann darin bequem Skizzen anfertigen, selbst wenn es regnet oder stürmt und die ganze Gischt über einen hereinbricht. Das Papier bleibt verhältnismäßig trocken.« Das Packeis war keine Ödnis. Als sie die offene See hinter sich ließen, verschwanden die kreisenden Albatrosse und die elegant niederstürzenden Ozeansturmvögel, aber andere Vögel traten an ihre Stelle. Kämpferische Skuas flatterten vorüber. Riesige Sturmvögel tapsten auf der Suche nach Aas umher. Schöner waren die reizenden kleinen Schneesturmvögel mit ihrem zarten weißen Gefieder, ihren schwarzen Schnäbeln und Füßen und ihren schwarzfunkelnden Augen.

Aber die eigenartigsten und zugleich sympathischsten Vögel waren die Pinguine. Scott beschrieb, wie das Kreischen dieser »lustigen kleinen Begleiter« ständig zu hören war: »Neugierde lockte sie zum Schiff, und plötzlich tauchten ihre kleinen Gestalten in einiger Entfernung auf einer Eisscholle auf, nur um darüber hinwegzutrippeln und auf unserer Seite ins Wasser zu springen, dann tauchten sie mit anscheinend außerordentlicher Geschwindigkeit wieder auf und schnellten ganz nahe beim Schiff auf eine Eisscholle hoch. Hier legten sie eine Pause ein und starrten uns aus ihren weit aufgerissenen Augen erstaunt an.« Besonders verblüffte sie, wenn die Seeleute ihre Rufe nachahmten.

Seehunde waren ebenfalls in reichem Maße vorhanden – Krabbenfresser und Ross-Seehunde dösten träge auf den Schollen. Da sie an Land keine natürlichen Feinde hatten, waren sie wehrlos und leicht zu schießen und dienten als Nahrung wie zu Forschungszwecken. Das Deck war mit Blut überspült. Bei seiner Abscheu vor Grausamkeiten gegen Tiere und seinem Horror vor Blut muss es für Scott schwer erträglich gewesen sein. Wilson verbrachte einen ganzen Tag von Kopf bis Fuß in Blut gebadet. Vom Seehundfleisch wurden Haut und Speck entfernt, und dann wurde es im Tauwerk aufgehängt, das in der Kälte als Vorratskammer diente.

Am 5. Januar wurde ein verspätetes Weihnachtsfest gefeiert, und die Mannschaft beschloss, ihre Skier auszuprobieren. Wenige waren zuvor je auf Skiern gestanden, und die Heiterkeit war groß, als sie Wettrennen über das Eis veranstalteten, aufeinander zufuhren und umfielen. Uns heute, die wir uns inzwischen daran gewöhnt haben, dass großer Wert auf Planung und Training gelegt wird, erscheint es merkwürdig, dass sie nicht schon früher geübt hatten. Nur drei Tage später hatten sie das Packeis schon hinter sich gelassen. Plötzlich waren sie ringsum vom offenen Meer umgeben, und die bleierne Wolkenglocke, die sie begleitet hatte, hatte sich gelichtet. Noch am gleichen Tag sichteten sie die unter der Mitternachtssonne glitzernden Gipfel des Victoria Land. Bernacchi beschrieb, dass das Wasser aus einer Masse bebender, changierender Farben bestand, während Bänke tiefvioletter, von der Sonne beleuchteter Wolken alles in ein seltsames Strahlen tauchten. Die Männer blieben bis zur Morgendämmerung wie angenagelt auf Deck stehen.

In einem gewissen Sinne kehrte Bernacchi nach Hause zurück, denn Scott steuerte auf die Robertson Bay zu, die durch die lange Halbinsel von Cape Adare gebildet wird, wo Bernacchi und Borchgrevink mit der *Southern Cross* überwintert hatten. Dort erwartete sie ein Empfangskomitee. Cape Adare ist ein Brutplatz für die kleinen, nach der Frau des französischen Forschers Dumont d'Urville benannten Adéliepinguine, die in den Felswänden nisten. Kleine schwarze Gestalten mit weißer Hemdbrust wackelten den Neuankömmlingen entgegen, und dazu schrieb Bernacchi: »Wir sahen den geordneten Kommunismus ihres Lebens.« Der Lärm und der Gestank waren überwältigend. Ihr Kot, der aussah wie Sardellenpaste, lag überall herum. Die Vogeleltern trotteten unablässig zur See hinunter und watschelten mit Nahrung für ihre aufmüpfigen Jungen wieder zurück.

Die Hütte der *Southern-Cross*-Expedition stand genau in der Mitte dieser Kolonie und beherbergte einen in englischer Sprache abgefassten Brief, den der Norweger für den nächsten Forscher zurückgelassen hatte. Scott las ihn seinen Gefährten vor, die sich halb krank lachten und sich über die mangelhafte Rechtschreibung, die Schwülstigkeit und die allgemeine Nutzlosigkeit des Schreibens lustig machten. Skelton beklagte, dass über die Vorräte überhaupt nichts Hilfreiches darin stand. Bernacchi schien das ziemlich gekränkt zu haben, obwohl er Borchgrevink nicht für einen so guten Führer gehalten hatte wie später Scott. Er kletterte auf einen Berg in der Nähe, um das Grab seines ehemaligen Kollegen Nikolai Hanson zu besuchen, des Naturforschers, der auf der Expedition mit der *Southern Cross* gestorben war und der zu jener Zeit der einzige Mensch war, der auf dem antarktischen Kontinent begraben war.

Scott fuhr weiter. Bis jetzt war das Glück auf seiner Seite gewesen, aber der nächste Tag führte die *Discovery* an den Rand einer Katastrophe. Den Bug nach Süden gerichtet, geriet sie in die Fänge einer gewaltigen Strömung. Scott schilderte die Angst, das Gefühl der Hilflosigkeit, das noch verschlimmert wurde durch die stille Schönheit, die sich um sie herum ausbreitete:

»Über uns schien die Sonne an einem wolkenlosen Himmel; ihre Strahlen wurden von unzähligen Punkten des gleißenden Packeises zurückgeworfen; hinter uns lagen die hohen, verschneiten Berge… die Luft über uns war beinahe atemlos still; [alles war] frisch, klar und sonnig, und es schien eine Atmosphäre zu herrschen, in der die ganze Natur jauchzen sollte; die Stille wurde nur durch das schwere Keuchen unserer Maschinen und die langsame, gemessene Stille der knirschenden Eisschollen unterbrochen; doch unter allem floss diese mächtige, unerbittliche Flut und trug uns unserer möglichen Zerstörung entgegen. Es schien entsetzlich unwirklich, dass inmitten einer so schönen Landschaft Gefahr drohen konnte.«

Vor ihnen erstreckte sich eine Phalanx von Eisbergen, glitzernd und hart wie Diamant. Erst im allerletzten Augenblick ebbte die Flut ab, die zusammenhängenden Eisschollen lockerten ihren Griff, und die *Discovery* dampfte hinaus in die offene See und damit in die Sicherheit.

Die *Discovery* fuhr nun nach Süden an der Ostküste von Victoria Land entlang und hielt einem Sturm stand, der, mitten im Sommer, so kalt und so heftig war, dass das Meerwasser gefror, während es gegen das Deck peitschte. Sie folgten Ross' Route und erreichten Mitte Januar eine Öffnung in der Felswand. Eine Szene von so vollkommener Schönheit und Stille bot sich ihren Blicken dar, dass Wilson schwor, sie niemals zu vergessen. Seehunde aalten sich unter der nicht untergehenden Sonne, und das Eis um sie herum changierte in smaragdgrünen, azurblauen und aquamarinfarbenen Tönen. Doch wieder einmal musste der Künstler zum Schlächter werden. Ein so großes Versteck von Tieren durfte man nicht so einfach zurücklassen, und so wurden 30 Seehunde und zehn Kaiserpinguine getötet. Wie Wilson schrieb, war es »eine Pflicht ganz gegen den Strich«, und für Scott war es noch schlimmer: »Es schien eine schreckliche Entweihung, nur an diesen ruhigen Ort zu kommen, um seine unschuldigen Bewohner umzubringen und den weißen Schnee mit Blut zu besudeln; aber die Bedürfnisse sind oft scheußlich, und der Mensch muss leben.« Er und einige andere zogen mit ihren Skiern los, um sich den Anblick und das Geschrei des Gemetzels zu ersparen.

Dieser liebenswerte und elegante Vogel und die verspielten Seehunde waren in zweierlei Hinsicht wertvoll: Sie leisteten einen Beitrag zur wissenschaftlichen Forschung, füllten aber auch die Vorratskammer. Scott wusste, dass frische Nahrung für eine gesunde Kost entscheidend war, aber er wusste nicht, wie seine Männer auf Seehundsteaks und Pinguin-Kasserolle reagieren würden. Und er wusste auch nicht, wie er selbst es vertragen würde, denn er räumte mit Bedauern ein, dass er in solchen Angelegenheiten einen schwachen Magen habe. Er konnte nicht zu den strikten Maßnahmen Zuflucht nehmen wie seinerzeit noch Cook, der seine Männer auspeitschen ließ, weil sie kein Sauerkraut aßen, und war deshalb erfreut zu sehen, dass seine Mannschaft einen gesunden Appetit für die örtlichen Genüsse zeigte. Besonders Seehundleber galt bald als Delikatesse, vor allem, wenn sie in Pemmikan oder Speckfett gebraten war.

Die *Discovery* schwenkte nach Süden und begann mit der Erforschung des Ross-Schelfeises. Es gab eine Riesenaufregung, als sie etwas, was wie der Fußabdruck eines großen Landsäugetiers aussah, auf einer mit weichem Schnee bedeckten Eisscholle fanden. Bald hingen Kameras über der Bordwand, aber man stellte rasch fest, dass die Spur von Schwimmfüßen und wahrscheinlich von einem großen Sturmvogel stammte, der sich halb laufend, halb fliegend in die Lüfte erhoben hatte. Am 22. Januar gelang es ihnen, auf Cape Crozier, am nordöstlichen Rand der Ross-Insel, zu landen. Die Entscheidung zur Landung traf Scott, ohne sich vorher mit seiner Mannschaft zu beraten. Alle – Wilson, Hodgson und Royds – bemerkten diese Neigung Scotts, plötzlich und ohne Diskussionen irgendwelche Schritte zu unternehmen. Vielleicht spiegelte sich hier jene alte Gewohnheit aus Kindertagen wider, ins Träumen zu geraten und dann auf einmal feststellen zu müssen, dass etwas getan werden musste. Das alte Schreckgespenst der Geistesabwesenheit suchte ihn mit Sicherheit noch heim – sein junger Steward Clarence Hare erzählte später, Scott habe einmal Milch und Zucker über ein Currygericht geschüttet.[1]

Scott, Wilson und Royds kletterten auf einen 410 Meter hohen Vulkankegel, um auf das Ross-Schelfeis herabzublicken. Scotts Beschreibung bringt das Gefühl der Erhabenheit zum Ausdruck: »Der Rand des Ross-Schelfeises sah im Schatten wie ein langes, immer schmaler werdendes Band aus, das mit leichten Windungen nach Osten, zum Horizont, verlief… die Weite allein… schien unser Gefühl für seine Faszination zu verstärken.«

Sie wandten dieser einmaligen Aussicht den Rücken zu und sahen sich mit einem unmittelbaren Problem konfrontiert. Sie befanden sich inmitten einer großen Kolonie von Adéliepinguinen. Die jungen Küken rannten aufgeschreckt hin und her, während Scott und seine Gefährten versuchten, sich durch die Masse kleiner, flaumweicher Körper zu schlängeln. Diese Panik rief die Vogeleltern auf den Plan, die die kühnen Forscher rasch vertrieben. Scott schilderte, wie sie mit heiseren Wutschreien auf sie zustürmten: »Nachdem sie mit ihren Schnäbeln und Flossen wie wild gegen unsere Schienbeine geschlagen hatten, wichen sie brummend und auf die grässlichste Art fluchend zurück.«

Die *Discovery* dampfte nun am Rande des Ross-Schelfeises entlang nach Osten. Am 30. Januar passierten sie den östlichsten Punkt, den Ross 1842 erreicht hatte. Shackleton war überwältigt von dem eigenartigen Gefühl, eine Landschaft zu sehen, die noch nie ein menschliches Auge erblickt hatte. Scott nannte diese neue Gegend King Edward VII. Land. Er vermaß die Küste über eine Länge von 275 Kilometern, aber die Tatsache, dass ihm die Zeit fehlte, die fernen Berge zu erforschen, ärgerte ihn sehr. Er musste sich auf die Suche nach einem Winterquartier machen, und sie wandten sich wieder nach Westen.

Am 4. Februar blieb allerdings immer noch Zeit genug, um den Ballon mit dem Kosenamen *Eva* auszupacken und in die Luft zu schicken. Scott beschloss, als Erster aufzusteigen, und warf in einer Höhe von 150 Metern sämtliche Sandsäcke über Bord. Er schoss beinahe direkt in den Himmel und wurde nur dank der sicheren Verankerung des Ballons gerettet. »Als ich in dem hin und her schwankte, was wie ein sehr ungeeigneter Korb wirkte, und nach unten auf die rasch kleiner werdenden Gestalten blickte, kamen mir einige Zweifel, ob meine Entscheidung klug gewesen war«, schrieb er später lakonisch. Shackleton, der sich von dem launischen Aufstieg seines Kommandanten nicht abschrecken ließ, ging als Nächster und hielt eine Kamera umklammert. Alles, was man sehen konnte, war die Oberfläche des Ross-Schelfeises. Wilson beschrieb die Episode als reinen Wahnsinn: »Wenn einige dieser Experten hier draußen nicht zu Schaden kommen, dann nur, weil Gott sich der Toren erbarmt.« Tatsächlich hatte damit die Ballonfahrerei ihr Ende: *Eva* wurde undicht und stieg nie wieder in die Lüfte – was Wilson mit tiefer Genugtuung erfüllte.

Auf der Fahrt der *Discovery* nach Westen begann die Temperatur rapide zu sinken. Scott fand ein Winterquartier am McMurdo Sound, das, wie er meinte, bei Ausbruch des Frühlings ein guter Ausgangspunkt für Forschungsreisen mit den Schlitten sein würde. Am 8. Februar wurde die *Discovery* nahe dem Mount Erebus gesichert. Der Heizer Lashly berichtete bedrückt, dass die Stelle wie »ein trostloser Ort«[2] aussah, aber es gab dort ein Plateau aus vulkanischem Geröll, das eben genug war, um darauf die große, aus Australien mitgebrachte Hütte aufzustellen. Diese war, Scott zufolge, »ein recht geräumiger Bungalow nach einem Modell, wie es die entlegen wohnenden Siedler jenes Landes benutzen«; sie wurde *Gregory Lodge* genannt nach Professor Gregory, der die Hütte entworfen hatte. Sie war auf den ersten Blick kaum für Antarktika geeignet, und Armitage schrieb, sie eigne sich eher als Jagdhütte für die Kolonien denn als Polarunterkunft. Doch sie sollte nicht als ihre Behausung für den Winter dienen. Ursprünglich war geplant gewesen, dass die *Discovery* eine kleine Gruppe an Land gehen lassen und dann selbst, noch bevor der antarktische Sommer endete, nach Norden drehen sollte. Doch Scott hoffte, dass der McMurdo Sound ein sicherer Hafen sein würde, wo das Schiff die Wintermonate überstehen und die wichtigsten Aufenthaltsräume bieten könnte, obwohl sie von einer Eisschicht eingeschlossen werden würde. Doch damit ging er ein Risiko ein, zumal seine Entscheidung nicht auf Erfahrung beruhte.

Die Hütte war immer noch als Schutzhütte für zurückkehrende Schlittenreisende wichtig, falls das Schiff aus irgendeinem Grund doch auslaufen musste. Sie sollte auch, wenn die Männer während des trübsinnigen antarktischen Winters Amateurtheater spielten und Konzerte gaben, als

Standort des »Royal Terror Theatre« dienen. Sie hatten auch zwei kleinere, asbestgedeckte Hütten hierher transportiert, die die Instrumente für die erdmagnetischen Messungen beherbergen sollten, und es wurden Zwinger für die 23 sibirischen Hunde errichtet, die sie in Neuseeland an Bord genommen hatten. Die Mannschaft war von Herzen froh, als sie diese bellenden, knurrenden und die Decks verschmutzenden Wesen an Land bringen konnte. Natürlich mieden die Hunde ihre Zwinger und tollten lieber im Schnee herum.

Lashly versuchte eine Windmühle zu errichten, um damit einen Dynamo zu betreiben, aber sein Erfolg war von kurzer Dauer. Die Winde waren zu stark, und so benutzten sie eine Acetylenanlage. Zwischen all ihren Plackereien spielten sie auf dem Eis Fußball und übten ständig auf den Skiern. Dazu schrieb Scott: »Eine Figur nach der anderen kann man den Hang hinunterfliegen sehen, wobei sich alle sehr bemühen, ihr Gleichgewicht zu halten, aber gewöhnlich auf die Nase fielen.« Schlittenfahrten mit einem Apparat, der kunstvoll aus einem Paar Skier und einer Kiste konstruiert war, kam bald in große Mode, während Ferrar als Erster den nahe gelegenen Observation Hill bestieg und entdeckte, dass sie sich tatsächlich auf einer Insel befanden. Sie wurde nach Ross benannt und wurde zu einer der bedeutenden Landmarken in der Antarktis.

Die Hunde sorgten für eine weitere Abwechslung. Scott und seine Leute, die fast alle unerfahren waren, begannen mit Experimenten, um festzustellen, ob Hunde Lasten ziehen konnten. Doch während einige gut arbeiteten, waren andere so scheu, dass sie bei jedem Versuch, sie zum Ziehen anzutreiben, nur noch krochen. Und alle balgten miteinander herum, »wann immer und wo immer sie konnten«, was Scott besorgte. Wie konnte man am besten mit

Hunden umgehen? Bernacchi war sich aufgrund seiner Erfahrungen auf der *Southern Cross* sicher, dass sie Freundlichkeit brauchten. Armitage meinte, dass das einzig Wirksame der Einsatz der Peitsche sei. Sie beschlossen, ihre Theorien einem Test zu unterziehen, und jeder stellte ein Hundeteam zusammen. Zunächst konnte keines der beiden Gespanne auch nur zum Start überredet werden. Nach einer Zeit wilden Durcheinanders mit sich überkreuzenden Spuren im Schnee und einigen brutalen Rangeleien gelang es Bernacchi endlich, die Tiere in einen Trott zu versetzen, der aber beim Aufstieg an einem steilen Schneehang in eine so wilde Raserei ausartete, dass er nur noch keuchend hinterherrennen konnte. Das andere Team weigerte sich, sich auch nur in Bewegung zu setzen. Es hatte den Anschein, als wäre sanfte Überredung die bessere Methode. Aber wenn der Vorfall irgendeinen Beweis lieferte, dann dafür, dass Scott und seine Leute über die Arbeit mit Hunden noch viel lernen mussten.

Das Leben verlief bald nach einer geordneten Routine, doch es blieb ein tiefes Gefühl der Fremdartigkeit. Die Sonne beschrieb jetzt ihren Kreis so tief, dass ein weiches rosafarbenes Licht den Schnee und das Eis färbte und in die violette Silhouette der fernen Berge überging. Die Gipfel ringsum schienen von den reinen Strahlen der Sonne wie in Gold getaucht. Je näher der Winter rückte, desto spektakulärer waren die Effekte – in den Tagebüchern werden safrangelbe Farbtöne beschrieben, die sich in purpurfarbene, flockige Wolken mit goldglänzenden Rändern verwandelten. Aber am 11. März entschwand der Zauber, und Scott war gezwungen, einen ihrer schwärzesten Tage zu verzeichnen. Eine Schlittengruppe war unter Royds nach dem etwa 90 Kilometer entfernten Cape Crozier aufgebrochen. Scott hatte sie ursprünglich selbst leiten wollen, aber er hatte sich beim Skifahren ein Knie verletzt. Er sah sie mit einer gewissen Verzweiflung losziehen, denn er war sich der sehr begrenzten Erfahrung seiner Männer bewusst – sie wussten nicht, wie ihre Rationen einzuteilen waren, wie sie ihre Zelte aufschlagen sollten, wie ihre Kocher funktionierten, wie sie mit ihren Hunden umgehen, ja nicht einmal, wie sie sich richtig anziehen sollten. Seine Bedenken wurden bestätigt durch die Nachrichten, die die verzweifelten und wild dreinblickenden Überlebenden von der Tragödie draußen auf dem Eis mitbrachten.

Wegen schlechten Wetters und unzureichender Ausrüstung hatte Royds beschlossen, den größten Teil der Gruppe, einschließlich der Hunde, zum Schiff zurückzuschicken. Insgesamt verfügten sie nur über drei Paar Ski. Doch einige Männer der Rückkehrergruppe, zu denen auch Edgar Evans gehörte, gerieten auf einem hohen, steilen, eisigen Hang in einen peitschenden Schneesturm. Hier erlebten sie zum ersten Mal einen wirklichen antarktischen Blizzard, der oft eher durch den Wind verursacht wird, der die Schneekristalle vom Boden hochpeitscht, als durch fallenden Neuschnee. Sie gerieten ins Rutschen, kämpften auf dem spiegelglatten Eis um Halt, und plötzlich sahen sie unter ihren Füßen einen Steilabfall und darunter die offene See. Es gelang ihnen, zum Stehen zu kommen – mit einer Ausnahme. Der Vollmatrose George Vince, ein zuvorkommender und fröhlicher Geselle, konnte keinen Halt auf dem Eis finden, weil er Pelzschuhe trug. Was folgte, dauerte nur eine Sekunde. Noch ehe seine von Entsetzen gepackten Kameraden überhaupt Zeit hatten zu reagieren, schlitterte Vince rasend schnell an ihnen vorbei und verschwand. Als die Nachricht von der Tragödie am Schiff anlangte, ertönte die Sirene, und Shackleton fuhr in einem Walfänger hinaus, um einsam und verlassen zwischen den Eisschollen nach Vince zu suchen, aber alle wussten, dass er tot war.

Zum ersten Mal seit ihrer Ankunft im McMurdo Sound hatte ihre neue Umgebung bewiesen, dass unter ihrer Schönheit die Tücke lauerte. Der Verlust, den ihre kleine Gemeinschaft erlitten hatte, überreizte einige der Männer so, dass sie glaubten, sie könnten eine Gestalt den Hang hinunterklettern sehen, nur um dann festzustellen, dass es sich um eine Täuschung handelte. Der Vorfall brachte die Wirklichkeit zurück in das, was bis jetzt wie ein Abenteuer aus einem Jungenbuch gewesen war. Er brachte ihnen aber auch zu Bewusstsein, wie isoliert sie waren. Es gab keine Möglichkeit, der Außenwelt die Nachricht zu übermitteln. Und es wurde immer noch ein weiteres Mitglied der Gruppe vermisst. Die Erleichterung, um nicht zu sagen das Erstaunen, war groß, als man Clarence Hare, den Steward, den sie ebenfalls für tot gehalten hatten, den Hang heruntergehen und auf das Schiff zutaumeln sah, nachdem er die letzten 48 Stunden in Wind und Schnee verbracht hatte. Er hatte nicht einmal Erfrierungen erlitten und war stark genug, um sich bei Wilson, seinem Arzt, darüber zu beschweren, dass er Krankenkost vorgesetzt bekam.

Vinces Tod war schon der zweite, seitdem die *Discovery* 1901 in England abgefahren war. Als sie auf ihrem Weg nach Süden den neuseeländischen Hafen von Lyttelton verlassen hatte, war ein junger Matrose, Charles Bonner, in seiner Aufregung mit einer Flasche Whisky auf die Spitze des Großmasts geklettert, um zum Abschied zu winken, hatte das Gleichgewicht verloren und war auf das Deck gestürzt. Scott gingen diese Todesfälle sehr nahe, und er muss über seine Verantwortung gegrübelt haben. Vinces Tod schrieb er dem Mangel an Erfahrung der Expedition zu und schickte einem der Kapitel in *The Voyage of the ›Discovery‹* Shakespeares Worte voran: »Man müsste denn Erfahrung ein Kleinod nennen, die habe ich mir zu unerhör-

tem Preise erstanden.« Tief in seinem Inneren machte es
Scott von Anfang an zu schaffen, dass er und seine Mannschaft nur Amateure waren. Er mochte über die Marine
und darüber Bescheid wissen, wie man ein Schiff führt,
aber er war kein erfahrener Forschungsreisender.

Die Gemeinschaft war jetzt mit den zahlreichen Aufgaben befasst, die erledigt werden mussten, bevor die Sonne
zum letzten Mal untergehen würde. Es gab eine Menge zu
tun. Die Hunde kämpften plötzlich und schrecklich wild
ohne einen offensichtlichen Grund miteinander, nachdem
sie ihre Herren in ein falsches Gefühl der Sicherheit ge-
wiegt hatten: »So eine Hundemoral!«, schrieb Scott. Nach
und nach lernten er und seine Kameraden, dass ein Hund
dann, wenn man ihm einen besonderen Gefallen erwies
oder vom Rest der Meute trennte, sofort von den übrigen
verdächtigt wurde. Doch trotz dieser Einsichten blieb Scott
aufrichtig schockiert über ihr Verhalten und sprach von
»Mördern« und »Opfern« und fand die Hundeseele völlig
unergründlich.

Mitte März kehrten Royds und seine Begleiter unversehrt von ihrer Schlittenexkursion zurück und wurden
über Vinces Tod informiert. Sie brachten Geschichten über
ihre eigenen Entbehrungen mit, über ihre Schwierigkeiten, mit den Hunden zurechtzukommen, über extreme
Wetterverhältnisse und grauenhafte, alles verschlingende
Schneestürme, über Krämpfe und Erfrierungen und die Unzulänglichkeit ihrer Schlafanzüge, die aus dünnem Wolfs-
fell genäht waren. Sie hatten umkehren müssen, bevor sie
Cape Crozier erreicht hatten.

Jetzt machte man sich Sorgen darüber, was der richtige
Winter bringen würde. Sie befanden sich fast 930 Kilometer weiter südlich des Punktes, an dem die *Southern Cross*
überwintert hatte. Würden sie imstande sein, mit Kälte,
Dunkelheit und Isolation fertig zu werden? Scott lenkte

sich dadurch ab, dass er eine neue Schlittenreise organisierte, vorgeblich, um Depots für Reisen nach Süden anzulegen, die zu Beginn des Frühlings unternommen werden sollten, in Wirklichkeit aber, um weitere Erfahrungen
zu sammeln. Er wartete, bis die See so weit zugefroren
war, dass sie die beste Route über das Eis der Bucht nehmen konnten. Das Meer fror am Karfreitag zu. Doch für
Lashly war dies weniger wichtig als das, was der Koch im
Schilde führte: »[Wir bekamen] heiße Brötchen mit einge-
schnittenem Kreuz oder Backsteine – [man] konnte kaum
feststellen, was es war.«[3]

Die letzte Exkursion mit dem Schlitten stellte sie vor
weitere Probleme mit den Hunden, und Scott wünschte
von Herzen, er hätte sie zurückgelassen. Sie weigerten sich
nicht nur, die Lasten anständig zu ziehen, sondern es
setzte auch ihr Fellwechsel ein. Schließlich waren es
Hunde aus der nördlichen Hemisphäre. In Sibirien, ihrer
Heimat, würde jetzt der Sommer beginnen. Nach drei
Tagen war die Gruppe erst 16,5 Kilometer vom Schiff entfernt, und Scott beschloss, die herbstlichen Schlittenreisen einzustellen. Im langen, dunklen Winter würden sie
genug Zeit haben, um die schlimmen Lektionen kritisch
zu bedenken und dann in Zukunft besser zu planen. Doch
eine Lektion, die nicht rechtzeitig gelernt wurde, war, dass
die Beiboote des Schiffes im Meereis vollkommen einfrie-
ren würden. Aufgrund seiner früheren Erfahrungen hatte
Bernacchi davor gewarnt, aber Scott hatte den Physiker in
scharfem Ton angefahren, sich um seine eigenen Angelegenheiten zu kümmern. Es war Bernacchis »erste und
letzte Erfahrung mit dem, was eine unvernünftige Seite
seines Wesens zu sein schien«. Über den Winter wurden die Boote zwischen den massiven Eisschollen einge-
klemmt, und sie wieder loszueisen, sollte in der Tat eine
gigantische Arbeit sein.

Am 23. April ging die Sonne zum letzten Mal unter, um erst wieder Ende August aufzugehen. Doch trübe Gedanken wurden mit einer Extraration Grog und viel Heiterkeit gebannt, als die Männer auf das rasche Vergehen der langen Nacht anstießen. Scott war bestrebt, eine Routine auszuarbeiten, um dem Leben einen Anschein von Normalität zu verleihen. Die elf Offiziere, darunter Scott, wohnten in der bequemen, holzgetäfelten Offiziersmesse der *Discovery*. Sie maß neun auf sechs Meter; an einem Ende stand ein großer Ofen, in der Mitte ein Tisch und ein Klavier, auf dem nur Royds gut spielen konnte. Es war ein Gemeinschaftsleben, aber ohne die Langeweile und die Irritationen, die Bernacchi auf Cape Adare erlebt hatte. Jeder Offizier verfügte über seine eigene Kajüte, während die Unterkünfte der Mannschaft separat auf dem Mannschaftsdeck lagen. Die Aufenthaltsräume der Mannschaft waren größer und wärmer als die der Offiziere, denn sie befanden sich über dem Laderaum und den Vorratskammern, die gut gegen die Kälte isolierten.

Die Mahlzeiten fanden stets zur gleichen Zeit statt, und die Kost war gesund und einfach. Die einzigen Probleme ließen sich auf die Ungeschicklichkeit, die Schmuddeligkeit und die Aufmüpfigkeit des Kochs zurückführen, dessen Fähigkeit, Lügengeschichten zu erzählen, seine Kochkünste weit in den Schatten stellte. Scott ließ ihn einmal in Ketten legen, und auf seiner nächsten Expedition sollte er der Auswahl des Kochs viel mehr Aufmerksamkeit widmen, weil er erkannt hatte, dass es während des langen antarktischen Winters einen lebenswichtigen Zusammenhang zwischen einer guten Kost und der Moral der Besatzung gab.

Das Frühstück bestand aus einer großen Schüssel Porridge mit Brot, Butter, Orangenmarmelade und Konfitüre und manchmal Seehundleber. Zum Mittagsmahl gehörten

Suppe, Seehund- oder Dosenfleisch und entweder Konfitüre oder eine Obsttorte, zum Abendessen gab es Reste der Fleischgerichte des Tages oder Brot, Butter und Tee, vielleicht mit etwas Konfitüre oder Käse. Obwohl die Mannschaft und die Offiziere separat aßen und ihre Hauptmahlzeiten zu unterschiedlichen Zeiten einnahmen, bestand Scott darauf, dass die Kost die gleiche sei, ausgenommen natürlich die Köstlichkeiten, welche Freunde schickten, Weine und solche »wenigen delikaten, aber unverdaulichen Kleinigkeiten«, die für besondere Diners in der Offiziersmesse zubereitet wurden. Offiziere und Mannschaft, die draußen mit dem Schlitten unterwegs waren, waren in jeder Hinsicht gleichgestellt. Als sich ein Matrose von der Handelsmarine über die Qualität eines Kuchens beschwerte, bewies ihm Scott, dass genau der gleiche Kuchen in der Offiziersmesse serviert worden war, und ließ den Beschwerdeführer wegen seines Gejammers bestrafen. Derselbe Mann war übrigens nicht nur mit der Küche vollkommen unzufrieden, sondern bekannt dafür, dass er sich auf Schlittenexkursionen aufrichtete und ausrief: »Stellt euch mal *mich* aus dem verdammten Poplar auf dem verdammten Schelfeis in einem verdammten Schlafsack vor – na danke!«[4]

In der Offiziersmesse gab es eine Vorschrift, der zufolge jedes Mitglied turnusgemäß als Vorsitzender fungieren, mit einem kleinen Holzhammer die Ordnung aufrechterhalten und über jeden, der fluchte oder um Geld spielte, als Strafe die »Ausgabe einer Runde Portwein« verhängen sollte. Shackleton wurde während einer Mahlzeit fünfmal bestraft, weil er darauf hatte wetten wollen, dass sich jemand geirrt hatte.[5]

Tagsüber gab es so viel zu erledigen, dass alle beschäftigt waren. Man musste sich um die Schlittenausrüstung kümmern; Schlafsäcke mussten genäht oder repariert werden, Zelte und Kocher waren zu überprüfen. Auch draußen gab es immer etwas zu tun – Graben und Reinigen, Löcher als Fischfallen in das Meereis bohren, die Wege zu und von den Hütten freiräumen, wo wissenschaftliche Beobachtungen durchgeführt wurden, und außerdem wurden ständig die Schäden ausgebessert, die die heftigen Winterstürme verursacht hatten. An den Abenden beschäftigten sich die Matrosen mit Holzschnitzereien, mit Netz- und Mattenherstellung und spielten Whist, Dame »und sogar Schach«, wie Scott von oben herab und offensichtlich erstaunt feststellte. Er hielt auch fest, dass ein großer Teil der Zeit mit »einem besonderen, aber einfachen Spiel namens *Shove-ha'penny* vertändelt wurde. Die Offiziere beschränkten sich auf Schach und Bridge, und einmal pro Woche debattierten sie auf Bernacchis Vorschlag hin in der Offiziersmesse leidenschaftlich über solche Themen wie Frauenrechte oder die Vorzüge von Dichtern wie Browning oder Tennyson.

Bücher über Reisen in die Arktis waren auf dem Mannschaftsdeck ebenso gefragt wie aufregende Geschichten. Doch Offiziere wie Mannschaft hatten auch etwas zu lesen, was an Ort und Stelle fabriziert war. Eines der köstlichsten Produkte des langen Winters war die von Shackleton herausgegebene *South Polar Times*. Offenkundig hatte er Spaß an dieser Aufgabe und brachte im Winter des Jahres 1902 fünf Ausgaben heraus, wobei er oft mit Wilson in Klausur ging, der mit seinen Zeichnungen die Schönheit und den Geist der polaren Landschaft einfing. Wilson steuerte auch schöne gefällige Skizzen bei – Weddellrobben, die Kaiserpinguine verfolgen, und ganze Trupps böse dreinblickender Schwertwale, die auf den Eisschollen auf Jagd gehen.

Die beiden richteten in einem der Frachträume eine »Zeitungsredaktion« ein, und die Männer der *Discovery* – vom Mannschaftsdeck wie von der Offiziersmesse – reichten anonym oder unter einem *nom de plume* Material ein. »Fitz-Clarence« alias Michael Barne war erfreut, als er feststellte, dass man seine »Ode an einen Pinguin« für publikationswürdig gehalten hatte:

> *O Kreatur, die du in südlichen Gewässern*
>   *umherstreifst,*
> *Gern möchte ich etwas mehr über dich wissen.*
> *Obschon ich dich in deinem klaren Element*
>   *gesehen habe,*
> *Glaube ich nicht, dich »Fisch« nennen zu können.*
>
> *Deinen Leib zu kosten habe ich nicht verschmäht,*
> *Von den zarten Fingern des Enthäuters frisch serviert,*
> *Schmeckte er wie Schuhleder, in Terpentin getaucht,*
> *Doch ich könnte ihn schwerlich »Fleisch« nennen.*

Die *South Polar Times* bot auch einen Vorwand für einige schreckliche Scherze und Wortspiele, und es gab sogar eine Sportseite. Doch weil die Zeitung nicht nur unterhalten, sondern auch erzieherisch wirken sollte, erschienen auch gelehrte Artikel des wissenschaftlichen Stabes. Die Zeitung förderte mit Sicherheit ein Gefühl der Kameradschaft und half der Moral über eine schwierige Zeit hinweg, wenn das Wetter die Männer stunden- oder gar tagelang ans Schiff fesselte und Sonnenschein nur eine ferne Erinnerung schien. Manchmal waren die Böen so heftig, dass die Männer spürten, wie das vom Eis eingeschlossene Schiff »nachgab« – ein unheimliches und verunsicherndes Gefühl.

Die Zeitungsnummer, in der der Mittwintertag beschrieben wurde, war von beschwingtem Ton: »Alles und jeder war strahlend und fröhlich; der finstere Dämon der Depression kann sich hier nicht breitmachen; ›Depression‹

kann aus unserem Polarwörterbuch gestrichen werden, und der Ausdruck ›weiße Stille‹ passt nicht zu einem Ort, an dem die Berge von den Stimmen emsiger Männer widerhallen.« Gewiss gab es nichts Deprimierendes an dem Festessen, das aus englischen Spezialitäten wie Mutton, Plumpudding, Mince Pies, Jellies und »ausgezeichnetem trockenem Champagner« bestand, gefolgt von kandierten Früchten, Mandeln und Rosinen, Nüssen, Portwein und Spirituosen. Die *Discovery* war zur Feier der wiederkehrenden Sonne dekoriert – das Mannschaftsdeck war besonders prächtig geschmückt, mit Ketten und Girlanden aus buntem Papier und japanischen Lampions, in der Heizermesse überstrahlte ein großartiger, aus Eis modellierter Neptunkopf alles andere.

Royds hatte seine überschüssigen Energien in die Organisation von Aufführungen des Amateurtheaters gesteckt. Der Versuch, nach den Proben, die in der Hütte stattfanden, zum Schiff zurückzugehen, konnte riskant sein. Schneestürme konnten so plötzlich losbrechen, dass die Mitglieder der Truppe sich bei der Hand fassen und so lange vorwärtsrutschen mussten, bis jemand imstande war, nach dem Schlepptau zu greifen, das zur Landungsbrücke führte.

Doch die Vorstellungen, getragen von Darstellern des Mannschaftsdecks, waren ein Triumph. Das Royal Terror Theatre war mit Stühlen für die Offiziere und Bänken für die Mannschaft ausgestattet (der allgemeine Egalitarismus machte offensichtlich vor dem Theater halt). Im flackernden Schein einer großen Öllampe wurde das Publikum zu einer Vorstellung eingeladen, die solche Köstlichkeiten enthielt wie Lieder mit Royds am Klavier und »Sängern in echter Konzertpose« und eine »schreiende Komödie« in einem Akt. In ihrer Kritik bezeichnete die *South Polar Times* diese Aufführung huldvoll als eine der erfolgreichsten Darbietungen, die jemals innerhalb des Polarkreises gegeben wurden. Die nächste Vorstellung lag in der Verantwortung der »Dishcover Minstrel Troupe«, die bei Temperaturen von minus 40 Grad ihr Bestes gab.

Mit Fortschreiten des Winters legten alle Offiziere Nachtschichten ein, um zwei Stunden lang auf Wache die wissenschaftlichen Beobachtungen zu machen. Scott vermerkte auch mit rührenden Worten, dass er diese Gelegenheit nutzte, um seine Wäsche zu waschen, obwohl er befürchtete, dass er sie nicht richtig sauber bekommen würde. Aber es gab Entschädigungen. So durfte sich der Nachtwächter den Luxus gönnen, für sich selbst eine Dose Sardinen aufzukochen. Während die köstlichen Gerüche aufstiegen, weckte »eine kleine Gruppe von *gourmets*« einander, um unter zufriedenem Aufseufzen ein fingerbreites, mit Butter bestrichenes Stück Toast mit zwei »vollkommen gegarten« Sardinen zu verschlingen, und legte sich wieder schlafen. Das erinnert etwas an mitternächtliche Feste im Internatsschlafsaal. Natürlich handelte es sich um eine junge Mannschaft. Das Durchschnittsalter der 44 Männer an Bord betrug nur 25 Jahre. Ihre Jugend zeigte sich auch in ihrer Unerfahrenheit bei ihren jeweiligen Aktionen. Wilson schrieb: »Mit der einzigen Ausnahme von Hodgson sind wir alle in allen Dingen entsetzlich unbeleckt, bis auf elementare Kenntnisse in unseren jeweiligen Tätigkeitsbereichen.«[6]

Wilsons Bescheidenheit und seine hohen Ansprüche veranlassten ihn zu einem übermäßig strengen Urteil – die Männer verfügten zumindest über Lerneifer und über die von Markham so sehr verehrte Begeisterungsfähigkeit der Jugend. Armitage sah man draußen auf dem Eis mit dem großen Theodolit die Sterne beobachten. Thermometer waren an strategischen Stellen an der Küste in Richtung Mount Erebus oder auf dem Crater Hill angebracht worden und mussten abgelesen werden. Hodgson, der Naturforscher, verbrachte seine Zeit mit Schaufeln und Graben. Hin und wieder brachte er triumphierend ein Stück Eis in die Offiziersmesse des Schiffes, wo es aufgetaut wurde und »die seltsamen Wesen, die auf dem Boden unseres Polarmeers kriechen und schwimmen«, freigeben durfte.[7] Royds kümmerte sich um die meteorologischen Aufzeichnungen. Liebevoll hegte und pflegte Bernacchi seine erdmagnetischen Instrumente und das Elektrometer und stellte Beobachtungen über das Polarlicht, die Seismik und die Schwerkraft an. Barne führte eine Art »Picknickleben« und machte sich mit nur ein paar Riegeln Schokolade in der Tasche zu irgendeinem fernen Seehundsloch auf, wo er beim flackernden Schein einer Laterne ganze Ketten von Thermometern versenkte.[8] Es war eine mühsame Arbeit in Eiseskälte, und Scott fragte sich, ob sie überhaupt von irgendeinem Nutzen sei.

Koettlitz hatte mit wirklichen Krankheiten wenig zu tun, auch wenn er mit der Entfernung einer Zyste von Royds Wange die erste Operation in Antarktika durchführte. Messer, Kneifzangen und Scheren wurden in der Offiziersmesse zusammengetragen, und »Cutlets« lockte damit recht großes Publikum an, denn laut Bernacchi »wurde im Allgemeinen mehr mit freudigem Interesse als mit Mitgefühl für das unglückliche Opfer reagiert«.

Wilson war immer bei der Arbeit, kontrollierte, ob das Essen und die Milch zum Frühstück frisch waren, stellte meteorologische Beobachtungen an, leitete Teams von Präparatoren, schrieb seine zoologischen Notizen nieder und arbeitete natürlich auch seine Zeichnungen aus. Seine Technik bestand darin, mehrere Skizzen von verschiedenen Standorten anzufertigen und sie dann zu einem späteren Zeitpunkt auszumalen. Er hatte – in diesem Fall unnötigerweise – die Sorge, dass die Farben, die er für seine

Zeichnungen verwendete, welche im grellen Schein einer Acetylenlampe oder bei flackerndem Kerzenlicht fertiggestellt werden mussten, bei Tageslicht merkwürdig aussehen würden.

In dieser frühen Phase ihrer Beziehung schrieb Scott bereits mit aufrichtiger Herzlichkeit und Zuneigung über Wilson und entdeckte und schätzte die Eigenschaften, die sie im Laufe der Zeit noch enger aneinander binden sollten. Diese Qualitäten wurden auch von anderen anerkannt. Ford, einer der Stewards auf der *Discovery*, hinterließ uns ein einfühlsames Porträt von Wilson:

»Dr. Wilson vereinigte in sich eine echte Männlichkeit mit einer bei Männern ungewöhnlichen Sanftheit des Charakters – von ständiger Rücksicht auf andere erfüllt, immer sensibel im Umgang mit ihren Eigenheiten, niemals grob wegen ihrer Schwächen. Obschon er selbst von seiner Veranlagung her nervös war, gab er immer ein Beispiel für die größte Courage; er war der tapferste und selbstloseste Mann, den ich je gekannt habe.«[9]

Mut und Uneigennützigkeit gehörten zu den wichtigsten Voraussetzungen für Leute, die lange Schlittenreisen überstehen mussten. Scott bemerkte, dass die Exkursionen mit dem Schlitten Menschen näher zueinander führten als irgendeine andere Lebensweise. Er schrieb: »Hier muss Betrug rasch ans Licht kommen, aber auch der wahre Mann tritt in seiner ganzen natürlichen Stärke ans Licht.« Als er während der Wintermonate über Berechnungen von Gewichten und Maßen nachgedacht und alles über Polarreisen gelesen hatte, was er finden konnte (wie er selbst bemerkte, hatte er nicht viele Bücher über das Thema mitgenommen), hatte Scott auch überlegt, wer ihn nach der Wiederkehr des Tageslichts nach Süden begleiten sollte.

Ursprünglich hatte er erwogen, Barne mitzunehmen, entschied sich aber anders, weil Barnes Hände sich noch nicht ganz von Erfrierungen erholt hatten. Nach intensiverem Nachdenken glaubte er, dass Wilson am besten geeignet sei, die geistigen und körperlichen Anstrengungen einer solchen Reise auszuhalten. Obwohl er körperlich nicht der Kräftigste war, würde seine Erfahrung in der Medizin von ebenso unschätzbarem Wert sein wie sein Intellekt und seine Fähigkeit zu arbeiten. Noch wichtiger als das war, dass Scott wusste, einen angenehmen Kameraden in einem Mann zu finden, der, wie er selbst, im Grunde zurückhaltend und empfindlich war. Deshalb wandte sich Scott am 12. Juni an Wilson. Er rief ihn in seine Kajüte, legte ihm seine Pläne für die Schlittenreisen im Sommer dar und erörterte praktische Details wie Gewichte und Rationen. Dann kam die Überraschung. Er wollte, dass Wilson ihn auf der Reise nach Süden zum Pol begleitete. Er wollte auch wissen, ob er Wilsons Meinung nach einen Dritten mitnehmen sollte. Nansen war in der Arktis der Effizienz und Einfachheit halber mit nur einem Begleiter, Johansen, unterwegs gewesen. Er schlug vor, ebenso zu verfahren.

Wilson war erstaunt und erfreut. Doch er empfahl Scott dringend, einen dritten Mann mitzunehmen. Was würde passieren, wenn ein Mann krank wurde oder einen Unfall erlitt? Der andere würde niemals imstande sein, allein damit fertig zu werden, und wahrscheinlich würden beide umkommen. Scott erkannte darin einen gesunden Menschenverstand und änderte seine Meinung. Da er über Wilsons Freundschaft mit Shackleton Bescheid wusste, entschied er sich für den wortgewandten Iren mit seiner Liebe zu Browning. Er tat es, um Wilson einen Gefallen zu tun, als Beweis für die Bindung, die zwischen ihnen wuchs, aber es war eine Entscheidung, die er bereuen sollte.

KAPITEL 5

Vorstoß zum Pol

Am 22. August begrüßten Scott und seine Männer die Sonne mit fast heidnischer Begeisterung: »Wir scheinen in dieser strahlenden Lichtflut zu baden und aus ihren funkelnden Strahlen neues Leben, neue Kraft und neue Hoffnung zu saugen.« Die Wiederkehr der Sonne war ein Symbol für ihr geistiges und körperliches Überleben während der monatelangen Finsternis. Die Stimmung war jetzt von Erregung und neuem Elan geprägt, und unaufhörlich summte die Nähmaschine des Schiffes, wurden Schlitten zusammengebaut, Vorräte abgewogen, Hundegeschirre entwirrt und Pelzkleidung ausgebessert. Obwohl sie ganz gut durch den Winter gekommen waren, war sich Scott nach wie vor schmerzlich der Tatsache bewusst, dass er und seine Kollegen Anfänger waren. Vinces Tod hatte gezeigt, welche Gefahren die Unerfahrenheit in sich barg. Scott empfand seine Verantwortung als Belastung. Die ersten Ausflüge mit den Schlitten hatten bewiesen, dass »das Fahren mit den Schlitten nicht so einfach ist, wie man es sich vielleicht vorstellt« und dass sie viele Fehler gemacht hatten: »Das Essen, die Kleidung, alles war falsch, das ganze System war schlecht.«

Doch während er sein Projekt plante und ausrechnete, wie viel Verpflegung sie brauchten, hatte Scott Grund zu der Annahme, dass er dem Unternehmen und seinen Kollegen seinen persönlichen Stempel aufgeprägt habe. Es hatte unvermeidliche Spannungen gegeben, von denen einige auf sein eigenes zurückhaltendes, nervöses Naturell und seine gelegentlichen Wutanfälle zurückzuführen waren. Clarence Hare beschrieb später, wie »überempfindlich« Scott sein konnte »und wie er sich aufregte, wenn die Dinge nicht so liefen wie geplant«, und »weil er gewohnt war, dass man auf Marineschiffen seinen Befehlen im Laufschritt gehorchte, [habe] ihm die laxe Reaktion der Leute von der Handelsschiffahrt Anlass zu… Wutausbrüchen gegeben«.[1] Zum Glück hatte Wilson eine bemerkenswerte Begabung an den Tag gelegt, die Reibungen auszubügeln, zu denen es unweigerlich kommt, wenn eine Gruppe von Männern unter schwierigen Bedingungen zusammengepfercht ist. Auch wenn Wilson nicht so »gesellschaftsfähig« war wie Shackleton, hatte er sich zu demjenigen entwickelt, an den die anderen sich instinktiv wandten. Mit »Onkel Bill«, wie Wilsons Spitzname lautete, zu reden war für jeden ein Sicherheitsventil, den eine Sorge oder ein Problem bedrückte. Die Männer von der *Discovery* bewunderten Scott zwar, hatten aber nicht das Gefühl, sich ihm anvertrauen zu können – vielleicht, weil sie fürchteten, dass er ihre Probleme als Zeichen der Schwäche interpretieren würde. Er war hart zu sich selbst, und daher war es unwahrscheinlich, dass er anderen gegenüber nachgiebiger sein würde.

Wilsons Meinung über Scott hatte sich während des Winters herauskristallisiert. Anfangs hatte Wilson ihn für aufbrausend und ungeduldig gehalten, doch auf dem Weg nach Antarktika hatte er angefangen, die komplexen, aber bewundernswerten Eigenschaften seines Kommandanten zu verstehen, und seinen Eltern geschrieben:

»Er macht sich über jeden einzelnen Gedanken, erweist aber wenige Gefälligkeiten, um dies zu beweisen. Er ist auch bereit, jedem zuzuhören, und macht von Herzen gern bei jedem Blödsinn mit, der hier veranstaltet wird. Ich hege große Bewunderung für ihn, und er kennt keine dienstliche Routine, sondern ist stets darauf bedacht, jede Frage von beiden Seiten zu sehen, und ich habe nie erlebt, dass er unfair war. Zu seinen größten Stärken gehört auch, dass er in allen Dingen sehr bestimmt ist; nichts bleibt vage oder unklar. Bei jeder Diskussion steuert er direkt auf das Wesentliche zu und weiß immer genau, worauf er hinauswill. Niemand muss befürchten, dass wir in den südlichen Regionen ziellos umherwandern werden.«[2]

Wilson war besonders erfreut, dass Scott auf seinen Rat hörte: »Er hat alle meine Vorschläge angenommen. Es ist sehr hilfreich, wenn die eigenen Ideen von einem Mann geschätzt werden, der selbst immer wieder neue und schwierige Sachen ausprobiert.«[3] Eine interessante Bemerkung, wenn man bedenkt, dass man Scott oft, vor allem aber auf seiner letzten Expedition, vorgeworfen hat, autokratisch und nicht genügend innovativ gewesen zu sein. Wilson glaubte auch, dass er und Scott sich im Laufe des Winters besser verstanden hätten als irgendjemand sonst an Bord.

Doch in dieser frühen Phase hätte Wilson eher Shackleton als Scott als seinen Freund bezeichnet. Während der Monate der Dunkelheit hatte Wilson sich zunehmend zu »Shackles« hingezogen gefühlt. Der Charme und der spitzbübische Humor des Iren übten auf den ruhigeren Mann eine unwiderstehliche Wirkung aus. Die beiden kletterten zusammen auf den Crater Hill, um das Thermometer abzulesen, und hatten miteinander über den Seiten der *South Polar Times* lange Stunden in Klausur zugebracht. Sie hatten gemeinsam die Rückkehr der Sonne beobachtet und sich an dem »überaus prächtigen goldenen Himmel« gefreut.[4] Dennoch war Wilson über den Plan, seinen Freund auf die Polarreise mitzunehmen, besorgt, denn er bezweifelte, dass seine körperlichen Kräfte ausreichen. »Shackleton hat nicht die Beine, die diese Aufgabe erfordert«, schrieb er, aber seine Loyalität hinderte ihn daran, sich Scott anzuvertrauen.[5] Er wusste, dass Shackletons einziger Ehrgeiz darin bestand, die Reise nach Süden zu unternehmen. Vielleicht war er sich zur gleichen Zeit bewusst, dass auch er selbst nicht gerade in Topform gewesen war, als Scott zugestimmt hatte, ihn auf die Expedition mitzunehmen, und dass die Entscheidung im Zweifelsfall zugunsten von Shackleton fallen müsse.

Ehe die Reise nach Süden beginnen konnte, mussten viele Vorbereitungen getroffen werden, einschließlich einiger Probefahrten mit den Schlitten und den Hunden. Scott unternahm mehrere Reisen, die eher ein Schlaglicht auf die Schwierigkeiten warfen, mit denen sie konfrontiert sein würden, als dass sie irgendwelche Problemlösungen boten. Aber es gab noch eine direktere Herausforderung. Als Scott Anfang Oktober von einer Expedition zurückkam, stellte er fest, dass drei Männer, die zusammen mit Armitage mit dem Schlitten einen Aufklärungsausflug nach Westen unternommen hatten, infolge Skorbuts zusammengebrochen waren. Die Symptome waren erschreckend und unverkennbar: verfärbte, geschwollene Glieder und schwammiges Zahnfleisch. Scott bestand darauf, dass die gesamte Mannschaft untersucht wurde, und fast jeder wies Anzeichen der Krankheit auf. Er notierte anerkennend, dass Armitage den Arzt konsultiert und zur Verbesserung der Lage Maßnahmen ergriffen hatte, frisches Fleisch servieren ließ, die Ration eingemachter Früchte erhöhte und die Kontrolle über den Koch übernahm. »Ich weiß nicht, ob er drohte, den Koch am Mast aufzuknüpfen, oder ob er überzeugendere Schritte unternahm, jedenfalls hat sich die Kost deutlich verbessert.«

Armitage sollte später behaupten, ein großer Teil der Schuld sei auf Scotts Konto gegangen, denn dieser habe zu sehr auf Dosennahrung vertraut, hauptsächlich wegen einer »gefühlsmäßigen Abneigung gegen das Abschlachten von Seehunden in dem Ausmaß, wie es für unseren Winterproviant erforderlich gewesen wäre«.[6] Was immer am Anfang die Ursache gewesen sein mag, Scott war nunmehr überzeugt, dass die Lösung in Frischfleisch bestand, und eine Gruppe, »mit Messern und anderen Mordinstrumenten umgürtet«, zog los, um Seehunde zu schlachten.[7]

Die Umstellung der Kost wirkte sich positiv aus, und die Reise nach Süden konnte wie geplant beginnen. Am 30. Oktober führte Michael Barne einen aus zwölf Männern bestehenden Hilfstrupp nach Süden; sie zogen ihre Schlitten selbst. Schlechtes Wetter verzögerte die Abreise von Scott und seinen Gefährten, aber sie trösteten sich mit einer von Dr. Koettlitz erfundenen Speise aus Senfkraut und Kresse, Pflanzen, die eigens zur Skorbutbekämpfung gezüchtet worden waren. Am 2. November, einem kalten und windigen Tag, machten sie sich, aufgemuntert von einem Glas Champagner, endlich auf den Weg. Es war ein bewegender Augenblick, als sie ihre Heimstatt auf der *Discovery* verließen. Scott beschrieb, wie »alle Seelen sich auf dem Eis versammelt hatten und uns Lebewohl sagten«.

Die kleine Gruppe, die aus drei Mann, 19 Hunden und fünf Schlitten bestand, brach zur kühnsten Reise auf, die je in Antarktika unternommen wurde. Denn trotz all ihrer Schwächen würde sie Scott und Shackleton in den Rang erfahrener Polarforscher erheben. Sie sollte auch die Gefahren und Ungewissheiten zeigen, die das Reisen in diesem Gelände mit sich brachte, und Scott in Auffassungen bestätigen, die zumeist auch von Shackleton geteilt wurden und von denen sich einige für ihn als letzten Endes verhängnisvoll erweisen sollten.

Den Männern war bewusst, dass sie vielleicht nicht zurückkehren würden. Alle hinterließen Abschiedsbriefe –

Scott an seine Mutter, Shackleton an Emily Dorman und Wilson an seine geliebte Oriana. Wilson scheint die Reise mit gemischten Gefühlen angegangen zu sein. Er hoffte, es würde sich um mehr als nur »eintönige Schwerarbeit in einer Eiswüste« handeln und er würde etwas finden, was zu zeichnen sich lohnte. Über die vor ihm liegende Herausforderung grübelnd, schrieb er, dass an dem Tag, an dem die Polarforschung unter Einsatz von Kraftfahrzeugen und Flugmaschinen betrieben werden könne, sie für Männer wie ihn und seine Gefährten ihren Reiz verlieren werde.

Zunächst kamen sie gut voran. Bernacchi schilderte, wie sie mit ihren unerschrocken flatternden Schlittenwimpeln wie drei Polarritter über das Eis dahinflogen und Barne rasch einholten. Die Hunde legten ein zügiges Tempo vor und jagten so durch den Schnee, dass die Männer Mühe hatten mitzuhalten. Doch schon bald fing das Wetter an, ihnen Streiche zu spielen. Der Schnee wurde pappig, und die Schlitten ließen sich schwerer ziehen; außerdem hielten Schneestürme sie immer wieder in ihren Zelten gefangen. Shackleton fand es lästig, »hier herumzuliegen, unsere Vorräte aufzubrauchen und überhaupt nicht voranzukommen«.[8] Er sollte lernen, dass dies für Polarreisende eine übliche Erfahrung war. Sie fühlten sich recht wohl in ihren Schlafsäcken aus Rentierfell, die ihnen ein wichtiges Stück Privatleben ließen. Wie Wilson schrieb: »Sobald man einmal in seinem Sack steckt und mit der Klappe über dem Kopf und dem ganzen Körper zugeknebelt ist, fühlt man sich angenehm weit von seinen Gefährten entfernt.« Zum Zeitvertreib lasen sie Darwins *Über die Entstehung der Arten.* Am vierten Tag der Reise entwickelte Shackleton etwas, was Wilson als »sehr hartnäckigen und ärgerlichen Husten« bezeichnete – in dieser frühen Phase ein bedrohliches Vorzeichen.

Auf der Weiterfahrt registrierten sie allmählich, welche psychologischen Wirkungen das Reisen in völlig ödem Gelände hat. Die Landschaft wurde deprimierend – sie tauchten auf einer großen offenen Ebene auf, auf der sie sich klein wie Ameisen vorkamen. Scott bemerkte die fürchterliche Eintönigkeit dieser einfarbigen Welt – grauer Himmel, graues Terrain, graue Gedanken. Doch am 12. November erhielten sie Auftrieb, weil sie weiter nach Süden vorgedrungen waren als Borchgrevink. Am 15. November, als Barne und die Hilfstruppe umkehrten, schien die Sonne wieder, und die Fotografien zeigen sie alle vor dem Abschied in fröhlicher Pose.

Was ging Scott durch den Kopf, als er und seine beiden Kameraden jetzt allein loszogen? Er schrieb: »Wir können angesichts der Aussicht, die vor uns liegt, einfach nur begeistert sein«, aber es ist nicht klar, was genau er sich unter dieser Aussicht vorstellte. Er erwähnte den Südpol nicht direkt, doch der Gedanke, dass er nach Erreichen des Südpols ein gemachter Mann wäre, muss verlockend gewesen sein. Die Tage, da er sich über Geld Sorgen machen und »über die Runden kommen« musste, würden dann vorüber sein, und seine Karriere wäre gesichert. Auch Shackleton muss in diese Richtung spekuliert haben. Er, der vielleicht noch ehrgeiziger war und in noch weniger sicheren finanziellen Verhältnissen lebte als Scott, muss sich ausgerechnet haben, dass er mit dem Sieg am Pol die Frau für sich gewinnen konnte, die er heiraten wollte. Merkwürdigerweise war es Wilson, der eine der aufrichtigsten Bemerkungen über das letztliche Ziel machte, indem er schrieb: »Unser Ziel ist es, auf dem Ross-Schelfeis in einer geraden Linie so weit nach Süden zu gelangen, wie wir können, wenn möglich den Pol selbst zu erreichen oder irgendein neues Land zu entdecken.« Doch über die Bedingungen war viel zu wenig bekannt, um genau vorhersagen zu können, was geschehen würde. Scott glaubte, das Ross-Schelfeis würde sich direkt bis zum Pol hinunter erstrecken, ohne dass irgendwo die Landmasse zum Vorschein käme. Aber wer konnte das schon wissen?

Schwierigkeiten ergaben sich beinahe schon von Anfang an. Die Hunde verloren ihren anfänglichen Schwung und ermüdeten schnell. Man musste ihnen gut zureden und sie unter Druck setzen; sie bestätigten Scotts ursprüngliche Meinung über ihre Nützlichkeit. Die Gruppe kam so langsam voran, dass Scott beschloss, die Schlitten zu entlasten und die Vorräte in Staffeln weiterzutransportieren. Praktisch bedeutete das, dass jeder Schlitten nunmehr nur die halbe Last trug. Wenn diese abgeladen war, kehrten die Männer und Hunde zurück, um die andere Hälfte zu holen; auf diese Weise verdreifachte sich die Zahl der zurückgelegten Kilometer. In Staffeln voranzukommen war für die Männer sehr schwierig – Shackleton klagte, die Reise sei »schrecklich«[9] – und schien den Hunden nicht zu helfen, die auch so immer schwächer wurden. Scott und seine Begleiter waren erschüttert festzustellen, dass das einzige wirksame Mittel darin bestand, sie zu schlagen. Auch Nansen war das schwer gefallen, und er hatte zugegeben, dass Forschungsarbeiten unter so schwierigen Bedingungen einen »hartherzigen Egoismus« erforderten. Allerdings hatte Nansen seine Hunde unerbittlich geschlagen, während Scott inkonsequent war und nur »gelegentlich die Peitsche auf den Schnee oder über den Rücken eines Nachzüglers knallen ließ«. Die Hunde waren für ihn fast menschliche Wesen, und er zeichnete sympathische Porträts von ihnen: »Allgemein war man der Ansicht, dass ›Spud‹ dumm war – irgendetwas fehlte ihm im Oberstübchen.« Jim dagegen war »ein geschmeidiger, fauler, gefräßiger und mit allen Wassern gewaschener Halunke«.

Tatsächlich gingen die Probleme, mit denen sie sich jetzt konfrontiert sahen, im Wesentlichen auf die Qualität des Hundefutters zurück. Scott hatte beabsichtigt, Hundekuchen für sie mitzunehmen, war aber, vielleicht von Nansen, überredet worden, dass man sie am besten mit getrocknetem Stockfisch fütterte. Doch auf der langen Reise war der Fisch verdorben. Das bedeutete also, dass die Hunde langsam vergiftet wurden und anfingen, Blut auszuscheiden. Das Versagen der Hunde setzte alle drei Männer unter Druck. Nominell war Shackleton für sie verantwortlich, und vielleicht verstärkte sein eigenes Scheitern das Ressentiment, das sich zwischen ihm und Scott während der Reise aufgebaut zu haben scheint. Extreme Lebensbedingungen und Isolation ermuntern die Menschen dazu, nachzugrübeln und ihren Groll zu nähren, und Scott hatte sich gefragt, ob Shackleton nur ein Schwätzer war. Es gibt sicherlich Hinweise darauf, dass sich ihre Beziehung im Laufe der Reise verschlechterte – ein Prozess, der durch ihre sehr unterschiedlichen Persönlichkeiten noch verschärft wurde.

Wilson brauchte alle seine Fähigkeiten als Schlichter, um ein Gleichgewicht zwischen seinem zurückhaltenden und resoluten Kommandeur und dem sprunghaften Shackleton aufrechtzuerhalten.

Doch es gab auch Augenblicke der Euphorie. Am 25. November überquerten sie den 80. Breitengrad, und Scott schrieb mit prosaischem Understatement: »Das entschädigt uns für einen Haufen Probleme.« Shackleton schrieb in sein Tagebuch über die Freude, »die Geheimnisse dieses wunderbaren Ortes zu ergründen«, während Wilson begeistert war von den zauberhaften Lichteffekten, den Scheinsonnen und den Schneekristallen, die wie Juwelen funkelten – ein Genuss, den er mit Scott teilte, dessen eigene Berichte manchmal geradezu schwärmerisch klingen. Jeder der Männer geriet auf seine Weise in den Bann der Antarktis trotz der Entbehrungen und der unheimlichen Stille, in der man sich, wie Wilson schrieb, »vorkam, wie auf einem toten Planeten. Alles war so still und kalt und tot und schaurig«.

Ihre Reise führte sie über das Ross-Schelfeis in jene Berge, die heute Western Mountains genannt werden und die sich zwischen dem Schelfeis und der hohen Inland-Eisschicht erheben und zum Transarktischen Gebirge gehören, das das Ross- mit dem Weddell-Meer verbindet. Doch ihre Gedanken wurden immer mehr vom Hunger als von der Schönheit ihrer Umgebung beherrscht. Aus ihren Berichten spricht ein beharrlicher Fatalismus: »Wir können nicht aufhören; wir können nicht zurückgehen; wir müssen weitergehen«, schrieb Scott. Es war schon bald klar, dass ihre Rationen für die körperliche Arbeit, die sie leisteten, nicht ausreichten. Das Frühstück bestand gewöhnlich aus gebratenem Schinkenspeck mit Zwieback, zwei Tassen Tee und einem trockenen Zwieback. Zum Mittagessen gab es einen bescheidenen weiteren Zwieback mit zwei Tassen Bovril, etwas Schokolade und vier Stück Zucker. Das Abendessen, von dem sie träumten, während sie weitertrotteten, bestand aus einer aufgekochten Portion Pemmikan, einer »roten Ration«, bestehend aus Erbsenschrotmehl und Speckpulver, Zwieback, einem Suppenwürfel und Käsepulver, und zum Abschluss gab es eine tröstliche Tasse Kakao. Doch auf ihrer Weiterreise stillte diese Nahrung nicht mehr ihren Appetit, der gewaltig zugenommen hatte. Scott hatte die Menge an Pemmikan, den sie benötigt hätten, stark unterschätzt und nur ungefähr die Hälfte von der Menge mitgenommen, die den damals gängigen Theorien zufolge richtig gewesen wäre. Alle drei wurden, wenn sie aufwachten und einschliefen, von Gedanken und Träumen an das Essen beherrscht: gebratene Ente, Rinderfilet, saftiges Bratenfett und kannenweise frische Milch.

Sie lernten auch die anderen Unannehmlichkeiten der Schlittenreisen kennen. Ihre Gesichter waren von der Sonne so verbrannt und die Haut so aufgesprungen, dass jede Berührung schmerzte. Das grelle Licht verursachte Schneeblindheit, die sich anfühlte, als habe man heißen Sand in den Augen. Die Hunde fingen an einzugehen, und Wilson unternahm das Experiment, die verendeten an die überlebenden zu verfüttern. Das Fleisch wurde von den hungrigen Hunden sofort verschlungen. Dann ging Wilson einen Schritt weiter und tötete die schwächeren Hunde, um mit ihnen die stärkeren zu füttern, und nannte dies seine »Metzgerarbeit«. Mit seinem empfindlichen Magen und seinen Schuldgefühlen gegenüber den Hunden konnte Scott dabei nicht helfen, obschon er sich für seine Schwäche verachtete.

Während sie sich weiterkämpften, beschloss Scott, das Hundefutter und den größten Teil ihrer eigenen, noch verbliebenen Lebensmittelvorräte für die Rückreise einzulagern und weiterzureisen, ohne sich abzuwechseln. Doch es änderte sich wenig: Die Männer waren zu hungrig, um sehr viel Zugkraft zu haben, und litten nach wie vor unter Schneeblindheit. Zu ihren Sorgen kam hinzu, dass alle drei Symptome von Skorbut zeigten. Am Weihnachtstag vergaßen sie ihren Kummer und feierten mit extravaganter Kost, einem rührenden Symbol für ihren Mut und ihre Widerstandskraft.

Doch das war nur ein vorübergehender Trost. Wilson litt entsetzlich unter der Schneeblindheit, die er sich beim Skizzieren ohne Brille zugezogen hatte, und musste sich nun Morphium verabreichen, um überhaupt schlafen und auf Skiern seinen Schlitten ziehen zu können; er trug eine Augenbinde und stellte sich vor, durch Buchen- oder Tannenwälder zu gehen. Scott »lieh« ihm seine Augen und beschrieb die grandiosen neuen Bergketten, die im Südwesten in Sicht kamen. Wilson gelang es, eines seiner Augen lange genug offen zu halten, um die Landschaft zu skizzieren. Den höchsten Berg, einen herrlichen zweigipfeligen Berg, nannten sie nach Sir Clements Markham. Am 30. Dezember 1902 erreichten sie ihren südlichsten Punkt, immer noch mehr als 750 Kilometer vom Pol entfernt, aber doch mehr als 460 Kilometer weiter südlich als je ein anderes menschliches Wesen vor ihnen. Im Laufe des Tages nahm Scott Wilson auf Skiern mit, um die im Süden sichtbare Bergkette zu kartographieren. Mit der ihm eigenen Großzügigkeit und Bescheidenheit nannte er ein in der Ferne liegendes Kap nach Wilson und einen nahe gelegenen Meeresarm nach Shackleton, aber nichts nach sich selbst. »Wir haben unser Pulver beinahe verschossen«, schrieb Scott. Sie konnten nicht wissen, dass sie sich beinahe in Sicht jenes Polarplateaus befanden, das Shackleton sechs Jahre später entdecken sollte. Die drei Männer versuchten, mit den Skiern weiter voranzukommen, um Land zu erreichen und einige Gesteinsproben zu nehmen, stellten aber fest, dass ihr Weg durch eine Spalte versperrt war.

Umzukehren und sich wieder nach Norden zu wenden muss für sie zugleich eine Erleichterung und eine Enttäuschung gewesen sein, doch bald zeichnete sich deutlich ab, wie sich die Rückreise gestalten würde. Sie wurde zu einem sorgfältig ausgewogen geplanten Wettrennen zu den einzelnen Depots, bevor die Vorräte jeweils zu Ende gingen. Doch ihre Rationen mussten im Laufe der Reise immer weiter reduziert werden; sie mussten hungern und wurden anfällig für Skorbut. Sie waren körperlich schwach und seelisch niedergeschlagen, und die Hunde waren auch keine Hilfe, denn sie gingen praktisch auf dem Zahnfleisch und waren so schwach, dass Scott und seine Gefährten sie auf die Schlitten luden. Andere mussten getötet werden oder fielen einfach tot um. Scott fand es entsetzlich und überließ das Töten wieder Wilson und Shackleton. Als schließlich einer seiner Lieblinge, Kid, zusammenbrach, schrieb er: »Er hat die ganze Zeit wie ein Pferd gezogen, und sein starkes kleines Herz hielt ihn aufrecht, bis seine Beine unter ihm versagten.« Er war den Tränen nahe. Offensichtlich konnten sie nicht mehr erwarten, dass die überlebenden Hunde die Schlitten zogen, und sie banden sie los. Zum ersten Mal konnten sie sich ungehindert unterhalten und mussten die Hunde nicht mehr anschreien. Sie waren auch erleichtert, von der moralischen Bürde, widerwillige, erschöpfte Tiere anzutreiben, befreit zu sein, auch wenn dies bedeutete, dass sie die Schlitten selber ziehen mussten – eine Aussicht, die Forschern wie Amundsen aberwitzig erschienen wäre, die aber auf Scott und Shackleton einen tiefen Eindruck machte.

Während sie weiterzogen, fing die Situation vielleicht wirklich an, ein wenig aberwitzig zu erscheinen. Das Wetter war milder und der Schnee so nass und schwer geworden, dass er an den Kufen festklebte und die Männer ins Schwitzen brachte, die sich ständig feucht und klamm fühlten. Es gelang ihnen, ihr Depot zu erreichen, und sie belohnten sich mit einem reichlichen *hoosh*, einem Eintopf, aber da sie alle an Skorbut litten, befanden sie sich in einer jämmerlichen Verfassung, und Shackletons Zustand verschlechterte sich rasch. Sein Zahnfleisch war entzündet; er hatte Atemprobleme und spuckte Blut, doch sie hatten immer noch ungefähr 280 Kilometer vor sich. Scott hörte sich Wilsons Diagnose von Shackletons Zustand aufmerksam an und kam zu dem Schluss, dass nichts anderes übrig blieb, als jeden Gedanken an weitere Forschungsarbeiten aufzugeben, die beiden noch lebenden Hunde zu schlachten und so schnell wie möglich zur *Dis-*

covery zu gelangen. Diesen sentimentalen Engländern wäre es niemals in den Sinn gekommen, die Hunde aufzuessen, wie dies Amundsen tun sollte. Hätten sie das getan, hätten sie ihren Skorbut gelindert. Aber der Tod der Hunde löste bei Scott in seinem geschwächten und erregten Zustand vielmehr tiefe Betroffenheit aus: »Dies war die allertraurigste Szene; ich glaube, uns war allen zum Weinen zumute. Und das ist also der Letzte aus unserem Hundegespann, das Ende einer tragischen Geschichte; ich mag es kaum niederschreiben.« Die Hunde waren wie persönliche Freunde geworden. Als die Forscher schließlich zum Schiff zurückkehrten, sollte wegen ihres tapferen Einsatzes im Interesse der Wissenschaft ein Toast auf die Hunde ausgebracht werden.

Scott und Wilson zogen jetzt die Schlitten, von denen jeder über 115 Kilogramm schwer war, während Shackleton neben ihnen her taumelte. Wilson beschrieb, wie schwierig es war, ihn die Dinge ruhig angehen zu lassen. Eine Änderung der Kost mit mehr getrocknetem Seehundfleisch und ohne Speck schien bei der Bekämpfung des Skorbut hilfreich zu sein, aber Shackleton blieb ein schwer kranker Mann. Einmal saß er auch auf dem Schlitten. Es ging in flottem Tempo voran, und seine Aufgabe bestand darin, auf Abhängen mit seinem Skistock zu bremsen. Später sollte es zu Unstimmigkeiten zwischen Shackleton und Scott über die Frage kommen, ob er auf dem Schlitten fuhr, weil er schwach war oder weil er nur als Bremser fungieren sollte. Aber jedenfalls zollte Scott seinem »außergewöhnlichen Mut und Durchhaltevermögen« öffentlich Tribut.[10]

Sie zogen, so gut sie konnten, wobei Scott und Wilson die Hauptlast trugen und in der ganzen Misere ihre Beziehung festigten. Wilsons heroische Bemühungen bestätigten Scott in seiner Meinung, dass das Reisen mit Schlitten

»ein sicherer Test für den Charakter eines Mannes« sei. Wilson schilderte, wie er und Scott über jedes denkbare Thema diskutierten, und erinnerte sich, dass »er in der Tat hoch interessant erzählen konnte, wenn er einmal loslegte« – ein Hinweis sowohl auf Scotts Verschlossenheit als auch auf die immer intensiver werdende Verbindung zwischen den beiden. Es ist auch bemerkenswert, dass Wilson es irgendwann für notwendig hielt, etwas »mit Scott auszudiskutieren«.[11] Worüber genau sie stritten und warum, ist nicht klar, doch falls Wilson Scotts Schwächen – seine Wutausbrüche, sein manchmal autokratisches Benehmen und sein Verhalten gegenüber Shackleton – ansprach, muss er es sehr taktvoll gemacht haben. Wenn überhaupt, dann verstärkte dieser Wortwechsel nur die Achtung und Zuneigung, die die beiden füreinander empfanden. Wilson war als Shackletons Freund aufgebrochen und kehrte als Scotts Freund zurück. Irgendwann hatte sich im Laufe der Zeit die Chemie zwischen den drei Männern verändert.

Scotts erste große Antarktisexkursion endete schließlich am 3. Februar. Es stellte sich heraus, dass die in der Ferne zu erkennenden Punkte auf dem Eis keine Pinguine waren, sondern Skelton und Bernacchi, die aufgebrochen waren, um nach ihnen zu suchen. Wilson beschrieb sie als »saubere, reinlich aussehende Leute«. Sie bildeten mit Sicherheit einen krassen Gegensatz zu den drei Reisenden, die zu Skeletten abgemagert waren, mit Gesichtern von der Farbe brauner Stiefel, mit langen, verfilzten Haaren, Bärten und Schnurrbärten und mit wunden Lippen voller Bläschen. Scotts Knöchel waren geschwollen, Wilson hinkte schwer, und Shackleton war am Rande des völligen Zusammenbruchs. Sie hatten etwa 1580 Kilometer zurückgelegt, einschließlich der Staffelreisen, und waren 93 Tage lang von der *Discovery* abwesend gewesen.

Während sie die letzten elf Kilometer auf eine frisch gestrichene und mit Wimpeln geschmückte *Discovery* zumarschierten, waren Skelton und Bernacchi begierig, ihnen alles zu erzählen, was während ihrer Abwesenheit geschehen war. Die wichtigste Neuigkeit war, dass ein Versorgungsschiff, die *Morning*, angekommen war und Post und Pakete mitgebracht hatte. Es war Teil des ursprünglichen Plans gewesen, dass nach einem Jahr ein Versorgungsschiff in die Antarktis geschickt werden sollte, um Nachschub zu bringen, Nachrichten und womöglich Kranke mitzunehmen oder sogar die ganze Expedition zu retten. Der Gedanke an diesen Kontakt mit der Außenwelt war sehr tröstlich.

Die *Morning* brachte Anweisungen, wonach Scott sich von dem Versorgungsschiff nehmen sollte, was er brauchte, und die *Discovery* nach Lyttelton schicken sollte. Doch die *Discovery* blieb trotz der Versuche, sie zu befreien, im Eis stecken, und Scott kam zu dem Schluss, dass sie ein weiteres Jahr im McMurdo Sound verbringen müsse. Später sollte man ihm vorwerfen, er habe nicht energisch genug versucht, sie freizusetzen. In der *Times* war zu lesen, er habe es, wie ein anderer berühmter Mann von der Marine, vorgezogen, die ihm erteilten Anweisungen zu missachten. Er war gewiss beharrlich, und, nachdem er sich mit der Antarktisforschung die ersten Sporen verdient hatte, bedauerte er es auch nicht, bleiben zu können, obschon wahrscheinlich die Witterungsverhältnisse maßgeblich waren.

Scott stand jetzt vor einigen wichtigen Entscheidungen. Er wusste, dass er, wollte er bleiben, die Zahl der Besatzungsmitglieder reduzieren musste. Er fragte nach Leuten, die freiwillig mit der *Morning* zurückkehren wollten, und es meldeten sich acht, unter anderem Brett, der Koch mit den unzulänglichen Fähigkeiten. Scott beglückwünschte sich, dass es genau die acht Männer waren, die er selbst gern zurückgeschickt hätte. Doch höchstwahrscheinlich hatte er Einfluss genommen. Er wandte sich auch an Armitage und fragte ihn, ob er nicht zurückfahren wolle. Nicht nur, dass seine Frau unlängst ein Baby zur Welt gebracht hatte, sondern in einem der Briefe, die er mit der *Morning* erhalten hatte, hatte Scott erfahren, dass sie in irgendeinen widerlichen Skandal verwickelt war. Deshalb versuchte Scott, taktvoll und mitfühlend vorzugehen, aber Armitage reagierte wütend. Er interpretierte Scotts Angebot als Beweis dafür, dass Scott glaube, die Expedition solle die Domäne der Royal Navy sein, und dass er Vorurteile gegen die Handelsmarine habe. Armitage bemerkte, dass sich unter denjenigen, die mit der *Morning* zurückkehrten, mehrere Matrosen von der Handelsmarine befanden. Er hat vielleicht auch geglaubt, dass die ganze Sache eine persönlichere Seite hatte. Er argwöhnte, Scott halte nach diesen ersten Anstrengungen Antarktika für sein persönliches Eigentum und fürchte Armitage als seinen größten potenziellen Rivalen. Dementsprechend lehnte Armitage Scotts Vorschlag mit der Begründung ab, sein Kommando sei von Scott unabhängig, und merkte sich das als Grund zu weiteren Klagen.

Allerdings bestand Scott hartnäckig darauf, dass Shackleton, der Mann, der sich als sein wirklicher Rivale unter den Briten erweisen sollte, mit der Begründung zurückkehren müsse, dass »er mit seinem gegenwärtigen Gesundheitszustand keine weiteren Entbehrungen riskieren sollte«. Koettlitz scheint sich über Shackletons Verfassung nicht ganz im Klaren gewesen zu sein, und Armitage behauptete später, der Arzt habe geglaubt, Shackleton hätte genausogut bleiben können wie Scott. Er behauptete auch, Scott habe gedroht, dass er, »wenn er nicht als Kranker, dann in Ungnade zurückkehren werde«.[12] Doch dies waren spätere Beschuldigungen eines verbitterten Mannes, der in seiner Karriere nicht vorangekommen war und dessen Frau, »ein Teufelsweib«, wie Skelton sie nannte, ihn finanziell ruiniert hatte.

Am 2. März stach die *Morning* mit Kurs auf das neuseeländische Lyttelton in See. Shackleton war auf Deck, offensichtlich mit Tränen in den Augen, während die kleinen Gestalten, die vom Eis aus winkten, langsam entschwanden. Dies war für die Zukunft der drei Männer, die gemeinsam nach Süden gereist waren, ein Augenblick von entscheidender Bedeutung. Ganz im Geist seiner Zeit schrieb Scott: »Wenn wir auch nicht so große Erfolge erzielt hatten, wie wir einmal erhofften, wussten wir zumindest, dass wir uns mit aller Kraft bemüht und durchgehalten hatten.« Immerhin, sie hatten ungefähr 550 Kilometer bisher unbekannter Küste vermessen, neue Erkenntnisse über das Ross-Schelfeis gesammelt und die Bühne für die Suche nach dem Südpol bereitet, auch wenn sie ihre eigenen Erwartungen und die anderer nicht erfüllt hatten.

KAPITEL 6

Endlich bricht das Eis

Während die Luft sich abkühlte und die Dunkelheit des Winters wiederkehrte, dachte Scott über das Gelernte nach. Aufgrund seiner Erfahrungen hatte er eine neue Selbstsicherheit gewonnen. In vielerlei Hinsicht war die Exkursion nach Süden eine Offenbarung gewesen, die ihm gezeigt hatte, dass er die geistige und körperliche Kraft besaß, eine Expedition zu leiten, und sie hatte ihm geholfen, seine ständigen Selbstzweifel zu überwinden. Das verträumte, schmalbrüstige Kind hatte sich in eine harte, entschlossene Führungspersönlichkeit verwandelt. Er war daher immer noch optimistischer Stimmung, als einige Monate später die neue Saison der Schlittenreisen begann, und seine Begeisterung übertrug sich auf die übrigen Mitglieder der Expedition. »Vom Gelächter und der Aufregung her zu urteilen, könnten wir kleine Jungen sein, die aus der Schule ausgerissen sind«, schrieb er. Der Winter war ganz ähnlich verlaufen wie der des Vorjahres. So hatte sich etwa Michael Barne, ein großer Witzbold, allerhand Streiche einfallen lassen, zum Beispiel, sich einen Pelz überzuziehen, den nervösen Koettlitz anzuspringen und dabei so zu tun, als sei er ein Bär. Andere hatten ihre Tagebücher und wissenschaftlichen Notizen ausgearbeitet und Spiele veranstaltet, und es waren auch weitere Ausgaben der *South Polar Times* erschienen.

Scott war entschlossen, die Technik des Schlittenfahrens zu verbessern, und er führte die Methode mit Nachschubtrupps ein, die er auf dem Weg zum Pol einsetzen würde. Das hieß, eine große Gruppe zusammenzustellen und entlang der Route Männer abzusetzen und so den vielen zu ermöglichen, für die wenigen Vorräte zu transportieren und einzulagern. Ein Dutzend Männer verließ am 12. Oktober 1903 die *Discovery* – einmal ein Voraustrupp, bestehend aus sechs Männern, einschließlich Scott, Evans und Lashly, und dann zwei andere Dreiergruppen; Hunde waren nicht dabei. Geplant war, in westlicher Richtung zu forschen und das Innere des Victoria Land zu erkunden, das Armitage im Jahr zuvor gestreift hatte. Die geologischen Proben, die er mitgebracht hatte, ließen den Schluss zu, dass diese Gegend von erheblichem wissenschaftlichem Interesse war. Scott, der sich der Kritik der Herren von der Royal Society bewusst war, wollte den Beweis liefern, dass eine von einem Marineoffizier geleitete Expedition auf wissenschaftlichem Gebiet genauso viel leisten könne wie eine, die von einem Wissenschaftler angeführt wurde.

Es gab einen Fehlstart, bei dem drei ihrer vier Schlitten beschädigt wurden. Die aus Neusilber hergestellten Kufen waren zerbrochen und das Holz darunter so tief eingekerbt, dass sie zur *Discovery* zurückkeilen mussten, um sie dort zu reparieren. Am 26. Oktober brach die Gruppe erneut auf, doch dieses Mal waren es nur noch neun Mann. Scott, der weiterhin aus mühsamer Erfahrung dazulernte, war entsetzt, als er feststellte, dass der Deckel der Instrumentenkiste auf dem einen heilen Schlitten, den sie abgesetzt und zurückgelassen hatten, bei einem Sturm aufgedrückt worden war. Eine Folge war, dass Skeltons Schutzbrille den Hang hinuntergewirbelt war, zusammen mit *Hints to Travellers*, einer unschätzbaren kleinen Publikation der Royal Geographical Society mit Logarithmentafeln, die Scott benötigte, um seine Messungen auszuwerten und, sobald sie auf dem Polarplateau und jenseits der Berge sein würden, die jeweilige Position seiner Gruppe zu bestimmen.

Scott war sehr darauf bedacht, nicht noch einmal umkehren zu müssen, und fühlte sich ermutigt durch die Bereitschaft seiner Gefährten, trotz »des Risikos, in das Unbekannte hineinzumarschieren, ohne genau zu wissen, wo wir uns befanden oder wie wir zurückkehren sollten«, weiterzugehen. Es ist schwer zu sagen, ob es sich dabei um Mut oder schon um Tollkühnheit handelte, aber sicherlich war es genau die Antwort, die Scott von seinen Männern erwartete. Andererseits erscheint es wenig wahrscheinlich, dass ein Mann, der so vorsichtig und verantwortungsbewusst war wie Scott, einfach so in das Unbekannte hineinmarschiert wäre, wenn er wirklich geglaubt hätte, dass es mit einem großen Risiko verbunden sei. Vielleicht übertrieb er seine Unwissenheit, um durch die Veröffentlichung seiner Tagebücher dramatische Effekte zu erzielen. Wie dem auch sei, er wusste selbst, dass er um Einfälle nicht verlegen war. Während dieser Reise improvisierte er eine Methode, wie er die tägliche Veränderung der Sonnenbahn berechnen konnte, sodass er, wenn keine geographischen Merkmale in Sicht waren, seine Position nach dem Breitengrad ziemlich genau bestimmen und deshalb auch den Kurs ausrichten konnte.

Die Gruppe kämpfte sich den Ferrar-Gletscher hinauf, auf eine Höhe von etwa 2133 Metern, um ihre Zelte an einer Stelle aufzuschlagen, der sie den passenden Namen Desolation Camp gaben. Hier überstanden sie Schneestürme, die eine Woche dauerten. Damals nannte Scott dies die unglücklichste Erfahrung seines Lebens. Als sie endlich von dort loskamen, kletterten sie weitere 600 Meter hinauf bis zum Gipfel. Ihre Belohnung bestand darin, dass sie sich auf dem großen Polarplateau wiederfanden und im Südosten den Mount Lister und die Royal

Society Range liegen sahen. Es war eine düstere Aussicht, allerdings verbunden mit der Faszination des Unbekannten. Die Gruppe, die sich den geographischen Aufgaben widmen sollte und unter der Leitung des jungen Ferrar stand, trennte sich von Scott, der sich, mit Evans, Lashly, Skelton, Feather und Handsley gegen einen bitterkalten Wind ankämpfend, in westliche Richtung über das Plateau schlug.

Der Boden unter ihren Füßen war in so schlechtem Zustand, dass sie nur in Staffeln vorankommen konnten. Am 22. November erkannte er, dass die drei zuletzt Genannten zwar »unerschrocken« waren, aber nicht so kräftig zogen wie nötig, und schickte sie zurück. Aus Skeltons Tagebuch geht hervor, wie anspruchsvoll Scott sein konnte; er war ungeduldig, wenn es zu Verspätungen kam, und entschlossen, sich selbst und seine Leute bis an die Grenzen ihrer körperlichen und geistigen Kräfte zu treiben.

Scott war jetzt allein mit zwei Männern, deren Namen in einem Atemzug mit seinen Polarreisen genannt werden sollten. Der Maschinengefreite William Lashly sollte zu dem Unterstützungstrupp gehören, der Scott bis kurz vor den Südpol begleitete, während Unteroffizier Edgar Evans mit ihm dorthin marschieren sollte. Beide Männer waren seit ihrer Ankunft in Antarktika außerordentlich fit geblieben (oder »hart«, wie Scott es ausdrückte), und Scott war überzeugt, dass sie den für erfolgreiche Schlittenreisen notwendigen Charakter und Schwung besaßen. Jetzt kämpften sie sich als menschliche Zugtiere über das weite unbelebte Plateau und waren dabei Temperaturen ausgesetzt, die nachts bis auf minus 40 Grad fielen und tagsüber selten auf über minus 32 Grad stiegen. In der dünnen Luft bekamen sie Atemprobleme. Die Ebene war nicht plan, und der Boden unter ihren Füßen wechselte von einer spiegelglatten Fläche bis zu den tückischen Wellen der vom Wind gebildeten »Sastrugi« oder Schneewehen, die den Schlitten zum Kentern brachten. Scott fühlte sich, als befänden sie sich auf hoher See in einem kleinen Boot, das »in einem Augenblick stillzustehen scheint, um eine Welle hochzuklettern, und im nächsten Moment in eine Senke abzutauchen scheint«. Mit Genugtuung dachte er an die Kraft seiner beiden Begleiter und schilderte, wie sich »unser Schlitten« mit ihnen, die er beide hinter sich wusste, »in ein lebendiges Wesen verwandelte und [dass] die Tage des langsamen Vorankommens gezählt waren«. Doch das trostlose Plateau nahm kein Ende.

Scott hatte beschlossen, Ende November zurückzukehren, und ihr abschließender Marsch nach Westen führte sie einen Hang hinauf, der steiler war als üblich. Er war optimistisch und hoffte, dass sie nach der Eintönigkeit des Plateaus irgendein neues und aufregendes Merkmal sichten könnten, vielleicht einen Gebirgszug, der die Westküste von Victoria Land bildete, aber es gab nichts außer der Ebene: »Eine Szene, so durch und durch grässlich und trist, dass sie einen zwangsläufig auf trübsinnige Gedanken bringen musste.« Scott schrieb, dass sie am Ende ihres Lateins angelangt waren: »Alles, was wir geschafft haben, ist der Beweis, wie unermesslich diese weite Ebene ist.« Es war eine schreckliche Ödnis, über die »wir kleine menschliche Insekten… unbedingt wieder zurückkriechen wollen«. Er brauchte die »unbezwingliche Courage und Fröhlichkeit« seiner Begleiter, um das zu überstehen, was er stets als »einen lebhaften, aber bösen Traum« in Erinnerung behalten würde.

Ihr Verhalten während der Reise hatte Scott davon überzeugt, dass es »keine Sorte von Menschen gab, die durch ihr Training so hervorragend geeignet sind, mit den Schwierigkeiten und Tücken des Lebens mit Schlitten fertig zu werden, als Männer von der Marine«. Sie waren nicht nur widerstandsfähig, einfallsreich und tapfer, sondern gehorchten Befehlen, kannten ihren Platz und hielten sich an die strenge Disziplin. Solche Eigenschaften bedeuteten nach dem Umgang mit Shackleton wahrscheinlich eine Erleichterung. Der schüchterne und sich ständig selbst beobachtende Scott fühlte sich in ihrer Gesellschaft wohl und unbedroht, was tröstlich für ihn war. »Nur wenige unserer Stunden im Camp vergehen ohne ein Lachen von Evans und ein Lied von Lashly. Letzteres habe ich noch nicht ganz kapiert; es besteht nur aus einem Vers, und bei dem geht es um das Pflücken irgendeiner Rose. Es kann nur schwerlich als vollendeter musikalischer Vortrag bezeichnet werden, aber hörte er damit auf, würde es mir sehr fehlen.« Was für versteckte Andeutungen dieser Vers für Männer enthielt, die seit so vielen Monaten die Gegenwart von Frauen vermissten, lässt sich nur ahnen.

Doch trotz dieser Gesellschaft ruhte die Verantwortung für die Führung und die Navigation und damit die Verantwortung für ihre Sicherheit ausschließlich auf Scotts Schultern, und es muss eine große psychische Belastung gewesen sein, zumal er sie seine Besorgnis nicht spüren lassen durfte. Sie erklärten es ihrerseits wahrscheinlich zur Ehrensache, sich ihm gegenüber nichts anmerken zu lassen. Mutterseelenallein auf der riesigen Eisdecke, diskutierten sie darüber, wer wohl in ihre Fußstapfen treten würde. Tatsächlich würden es wieder drei Männer sein, die im Laufe von Shackletons *Nimrod*-Expedition 1907-09 auf den magnetischen Südpol zusteuerten.

Am 1. Dezember 1903 kehrten sie um und traten unter einem bleiernen Himmel ihre lange Rückreise zur *Discovery* an. Schon nach wenigen Tagen machte sich Scott Sorgen über das ewige Problem, dass ihnen im Fall einer Verspätung die Lebensmittel ausgehen würden. Eine Zeit lang hatte er Schuldgefühle gehabt, weil er genauso große Rationen aß wie Lashly und Evans, obwohl er erheblich weniger wog als sie, aber er wusste, dass er nicht anders konnte. Er zerbrach sich auch immer noch den Kopf darüber, wie er den Weg finden würde. Auf den Optimismus seiner Kameraden war er sogar noch mehr angewiesen – er bemerkte, dass es ihnen stets gelang, etwas zu entdecken, über das sie Witze reißen konnten. Evans war bekannt für seinen reichen Fundus an Anekdoten und wunderbar anschaulichen Flüchen à la: »Möge der Fluch der Sieben Blinden Hexen von Ägypten über dich herabkommen!«

Die Bedingungen blieben grauenhaft. Ein scharfer Wind blies ihnen entgegen, und der Schnee unter ihren Füßen war so schwer, dass sie das Gefühl hatten, den Schlitten durch Sand zu ziehen. Sie schafften nur knapp zwei Kilometer in der Stunde, und es war eine Knochenarbeit für Männer, die immer stärker von Hunger und Erfrierungen geplagt wurden. Evans hatte besonders schlimme Probleme mit seiner Nase. Scott stellte fest, dass das Gasöl – wahrscheinlich infolge Verdunstung oder eines Lecks – knapp wurde – Probleme, die er nicht gründlich genug untersucht hatte und mit denen er auf seiner Reise zum Pol noch einmal konfrontiert werden sollte, aber dann mit viel schwerer wiegenden Konsequenzen. Er dehnte deshalb die Zeit, die sie täglich zu marschieren hatten, weiter aus. Am 10. Dezember sichtete Evans mit seinen scharfen Augen jenseits des Plateaurandes Land, aber jetzt stellte sich die Frage, wie sie ihren Weg zurück finden sollten. Konnten sie unter den vielen Gletschern, die vom Plateau herabflossen, den Ferrar-Gletscher identifizieren, auf den sie sich Wochen zuvor so mühsam hinaufgeschleppt hatten? Die Bergspitzen, an denen sie sich vielleicht hätten orientieren können, waren in Nebel gehüllt. Wie Scott selbst zugab, bewegte er sich »auf gut Glück« voran. Langsam und behutsam begannen sie den Abstieg, wobei sie ebenso auf ihr Glück vertrauten – was Scott oft zu tun schien – wie auf ihren Orientierungssinn.

Am 14. Dezember gerieten sie an den Rand einer Katastrophe. Sie manövrierten den Schlitten um kleine Eishügel herum und über tückisch aussehende Spalten hinweg und tauchten auf einem sanften Abhang auf. Scott führte den Schlitten vorn, und Evans und Lashly hielten ihn hinten fest, als Lashly plötzlich den Halt verlor. Sofort sauste er den Hang hinunter und fiel auf den Rücken. Evans war ähnlich ausgerutscht, und ehe Scott bemerkte, was geschah, waren die beiden Männer und der Schlitten an ihm vorbeigerast. Scott bemühte sich, sie zu stoppen, aber er hätte genausogut versuchen können, einen Schnellzug aufzuhalten. Die Beine gaben unter ihm nach. Er fühlte, »dass er irgendwie gespannt war, was als Nächstes passieren würde«, und bemerkte dann, dass sie aufgehört hatten, sanft abwärts zu gleiten, und jetzt über einen viel unebeneren Grund rollten. Er war sich sicher, dass sie sich Arme und Beine brechen würden, als sie plötzlich hoch in die Luft flogen und mit einem mächtigen Krach auf einer harten Schneefläche aufschlugen. Sie waren kräftig durchgerüttelt worden und hatten sich üble blaue Flecken zugezogen, aber zu ihrem größten Erstaunen hatte sich keiner ernstlich verletzt. Als sie nach oben blickten, sahen sie, dass sie von einer der Eiskaskaden genau jenes Gletschers, nach dem sie gesucht hatten, ungefähr 100 Meter abgerutscht waren. In der Ferne bot sich ihnen der tröstliche Anblick des in Rauch gehüllten Gipfels des Mount Erebus. Entweder hatten sie wieder einmal Glück gehabt, oder sie waren mit ihren improvisierten Navigationsmethoden außergewöhnlich erfolgreich gewesen.

Doch die Gefahr war noch nicht vorüber. Weiter unten am Gletscher stürzten sowohl Scott als auch Evans, nur noch an ihren Zuggurten hängend, in eine Spalte mit eisig blauen Wänden. Lashly blieb oben zurück und musste versuchen, seine Kameraden zu retten, während er sich mühte, den gefährlich über dem Abgrund balancierenden Schlitten daran zu hindern, den beiden nach unten zu folgen. Langsam und vorsichtig sicherte er den Schlitten mit zwei Skiern über der Spalte. Unterdessen nahm Scott seine Schutzbrille ab, und während er sie umherschwenkte, gelang es ihm, einen Eisvorsprung zu finden, auf dem er stehen konnte. Dann half er Evans, der »in seiner üblichen ruhigen, sachlichen Tonlage« auf seinen Ruf geantwortet hatte, sich in eine ähnliche Position zu manövrieren. Zumindest baumelten sie jetzt nicht mehr über dem gähnenden Abgrund. Die Kälte des Eises war enorm, und aus ihren Gesichtern und Fingern wich jedes Gefühl. Während Lashly sich verbissen am Schlitten festhielt, kämpfte sich Scott aus dem Abgrund hoch, um von Lashly mit einem herzhaften »Gott sei Dank!«, begrüßt zu werden. Dann halfen er und Lashly Evans, nach oben zu klettern.

Der sonst so gesprächige Waliser war um Worte ziemlich verlegen. Wie Scott schrieb: »Ein paar Minuten lang konnten wir einander nur ansehen, dann sagte Evans: ›Menschenskinder!‹; es war das erste Mal, dass er seine Verblüffung zum Ausdruck brachte.« Das Erlebnis versetzte ihn längere Zeit in Staunen. In ihrem Lager spielte er darauf an, wie knapp es gewesen war. »Den Socken halb angezogen, sagte er… plötzlich: ›Tja, Sir, aber wie war das mit dieser Schneebrücke?‹ oder… ›Wenn wir das nicht geschafft hätten, wo wären wir jetzt?‹, und dann beendete er das Selbstgespräch mit: ›Mannomann, war das knapp!‹« Scott fand es rührend und zugleich belustigend. Er war auch mehr denn je davon überzeugt, dass er sich die richtigen Begleiter für die Schlittenreise ausgesucht hatte. Sie hatten weder Furcht noch Panik gezeigt, sondern besonnen gehandelt. In dieser Nacht schüttelte Evans immer noch den Kopf vor Verwunderung, und Lashly sang ein lustiges Liedchen über dem Kochtopf. Diese Vorkommnisse hatten Scott auch vor Augen geführt, dass das Reisen in der Antarktis vollkommen unkalkulierbar war. Keine Planung der Welt konnte verhindern, dass ein Schlittenteam in eine Spalte stürzte oder einen Gletscher hinunterrutschte. Er und seine Gefährten hatten mit viel Glück überlebt, und Scott fühlte sich in seiner Schicksalsgläubigkeit bestärkt.

Als sie am Weihnachtsabend wieder an der *Discovery* anlangten, musste Scott mit Enttäuschung feststellen, dass sie immer noch im Eis feststeckte. Doch jetzt schrieb er nieder, was auf seiner Reise in den Westen geleistet worden war. Er rechnete aus, dass sie während ihrer 59tägigen Reise im Durchschnitt fast 27 Kilometer pro Tag und insgesamt 1300 Kilometer mit dem Schlitten zurückgelegt hatten. Dies bestätigte Scott in seiner Ansicht, dass Menschen schneller waren als Hunde. Die Entfernungen waren gut im Vergleich zu ihrer Reise nach Süden, als sie nur langsam vorangekommen waren und im Durchschnitt bloß etwa 18 Kilometer am Tag geschafft hatten.

In seiner Abwesenheit war eine Reihe anderer Ausflüge gut verlaufen. Scott wusste, dass die Expedition mit einigen nützlichen wissenschaftlichen Forschungsergebnissen nach England zurückkehren würde. Royds und Bernacchi waren mit einem Team 31 Tage lang mit dem Schlitten über das Ross-Schelfeis nach Südosten gereist und hatten nachgewiesen, dass sich das Ross-Schelfeis glatt weiter fortsetzte, und Bernacchi hatte etliche Beobachtungen gemacht, aus denen er wertvolle Informationen über die magnetischen Verhältnisse der Region gewinnen konnte. Er hinterließ auch einen überaus nüchternen Bericht über das Reisen mit Schlitten und schilderte einige der Probleme, die in Scotts abgehobeneren und würdevolleren Erzählungen nicht angesprochen wurden. So erzählte er »einen der Albträume des Schlittenfahrers in Antarktika«: Die Entleerung von Darm und Blase bei Temperaturen weit unter Null. Er erklärte, dass es in den winzigen Zelten keinen Platz für entsprechende Einrichtungen gab, dass es zu lange dauerte, Latrinen auszuheben, und es unmöglich war, im wirbelnden Schnee provisorische Schutzdächer zu errichten, und beschrieb den unbequemen Prozess:

»Man fühlt sich wie ein Schinken in einem Sack, ergreift verschiedene vorbereitende Maßnahmen, um die Kleider zu öffnen – vorzugsweise im Zelt –, und schleicht sich etwas weiter, wobei man sich ständig dem beißenden Wind aussetzt, und wartet aufmerksam auf eine vorübergehende Flaute. Der Rest ist eine Frage der Geschwindigkeit und Geschicklichkeit, aber unweigerlich sind die unteren Teile der Kleider sofort mit Massen von dem Schnee gefüllt, der über dem Boden dahintreibt und den man mitnehmen muss, und dann hat man stundenlang unter dem unangenehmen Gefühl schrecklicher Nässe zu leiden.«

Später haben Forscher, die weniger Hemmungen hatten, bemerkt, dass nur wenige Polarreisende von Hämorrhoiden verschont blieben, und man kann sich sehr leicht vorstellen, welche Qualen dies bei einer eiligen Entleerung bedeutete.

Mulock, der von der *Morning* auf die *Discovery* gekommen und gegen Shackleton ausgetauscht worden war, hatte die Position und die Höhen von über 200 Bergen bestimmt. Armitage, Wilson und Heald hatten die Südwestseite des Koettlitz-Gletschers vermessen. Armitage hatte mit dem Schlitten fahren wollen, aber Scott hatte entschieden, dass es keinen Sinn habe, bereits bekanntes Gelände zu erkunden. Es sei produktiver, etwas Neues zu erforschen. Ein vernünftiger Vorschlag, aber Armitage sah dahinter Scotts Wunsch, den Rekord, am weitesten nach Süden vorgedrungen zu sein, für sich selbst zu behalten.

Wilson hatte der Kaiserpinguinkolonie bei Cape Crazier erneut einen Besuch abstatten können und das Geheimnis gelüftet, wie es den jungen Vögeln, die noch ganz flaumweich waren und nicht schwimmen konnten, gelang, das Kap zu verlassen. Er hatte nämlich beobachtet, dass sie sich mit ihren Eltern auf den Eisschollen in aller Ruhe ins offene Meer hinaustreiben ließen.

Doch jetzt waren alle unversehrt zurück an Bord der *Discovery* in relativer Wärme und Geborgenheit. Scott, Lashly und Evans stopften sich voll mit herrlichen Speisen, kreiert von Ford, dem neuen Koch, und sie gewannen rasch Kraft und verlorenes Gewicht zurück. Ja, Scott bemerkte, dass Evans geradezu gigantische Ausmaße annahm. Er selbst litt unter seinen immer wiederkehrenden Verdauungsstörungen, die vielleicht mit dem Stress zusammenhingen, und konnte nicht so ungehindert schwelgen. Die Sorge, ob die *Discovery* rechtzeitig genug aus dem Eis befreit werden könnte, um sie zu dem Zeitpunkt zum McMurdo Sound zu bringen, für den das Versorgungsschiff erwartet wurde, trug auch nicht gerade zur Besserung seines Zustands bei. In psychischer und emotionaler Hinsicht war die *Discovery* für Scott von sehr großer Bedeutung. Sie war das Symbol für alles, was sie während ihres Aufenthalts in Antarktika geleistet hatten, und war ihre Heimstatt und ihre Fluchtburg gewesen. Sie bedeutete für ihn auch das erste unabhängige Kommando, und sie zu verlassen würde ihm sehr schwer fallen.

Anfang Januar lagen immer noch mehr als 35 Kilometer festes Eis zwischen der *Discovery* und der offenen See. Das Sägelager, das Armitage auf Scotts Anordnung hin errichtet hatte, um zu versuchen, einen Kanal in das Eis zu sägen, kam kaum voran, und Scott gab den Befehl, die Arbeiten einzustellen. Er setzte sich mit der reellen Möglichkeit auseinander, noch einen weiteren Winter im McMurdo Sound zu verbringen, und befahl seinen Männern, einen Vorrat an Pinguinfleisch anzulegen. Unterdessen unternahmen er und Wilson eine wunderbare Reise nach Norden. Scott suchte nach Anzeichen aufbrechenden Eises. Wilson studierte die ihm lieb gewordenen Pinguine, und seine Berichte zeugen von seiner wachsenden Liebe für die Antarktis und von der Unbeschwertheit seines Verhältnisses zu Scott. Sie genossen ein paar Tage der Entspannung, aßen zum Frühstück gebratene Pinguinleber und Seehundnieren, ruhten sich in ihrem Zelt aus und plauderten miteinander. Dann hielt Scott Ausschau und sah keine sechs Kilometer entfernt die kleine, starke *Morning* auf der offenen See. Und sie war nicht allein: »Und siehe, vor uns lag ein zweites Schiff.« Das war der Walfänger *Terra Nova*. Scott und Wilson blickten auf dasselbe Schiff, das sie für ihre Fahrt zum Pol wieder nach Antarktika bringen sollte.

Im Augenblick bestand Scotts wichtigstes Problem darin zu begreifen, was vor sich ging. »Sonnenverbrannt, ungewaschen, unrasiert und in Lumpen«[1] eilten Wilson und Scott an Bord der *Morning*, um zu erfahren, dass sich die Regierung aufgrund des Gerangels zwischen den beiden Gesellschaften verpflichtet gefühlt habe, die Befreiung der *Discovery* selbst durchzuführen. Dementsprechend hatte die Admiralität die *Morning* und die als stärkeres Schiff geltende *Terra Nova* entsandt. Shackleton, mittlerweile wieder fit und gesund, war die Stelle des Ersten Offiziers auf der *Terra Nova* angeboten worden, aber er hatte sie, vielleicht in kluger Voraussicht, abgelehnt. Die an Scott gerichteten Anweisungen waren unmissverständlich: Sollte die *Discovery* nicht rechtzeitig genug befreit werden können, dass sie mit den Hilfsschiffen abfahren konnte, musste sie aufgegeben werden.

Scott war zutiefst bestürzt, weil man ihn in »eine ganz grauenhafte Situation gebracht« hatte, und seine Leute teilten seine Gefühle und nahmen die Befehle der Admiralität mit »steinernem Schweigen« entgegen. Aber sie mussten gehorchen. Es schien durchaus möglich, dass das Eis nicht rechtzeitig aufbrechen würde, und deshalb fing er an, die Ausrüstung von der *Discovery* über das Eis zu den Hilfsschiffen zu transportieren. Er hatte die Hoffnung noch nicht ganz aufgegeben und erteilte den Befehl, das Eis an mehreren strategisch sinnvollen Punkten zu sprengen, aber die Aktion war nur begrenzt erfolgreich. Wenn das Eis brach, dann nur, weil es selbst es so wollte, aber schließlich setzte dieser Prozess ein. Am 12. Februar lagen nicht einmal mehr fünf Kilometer festes Eis zwischen der *Discovery* und der Freiheit. Würde es noch rechtzeitig aufbrechen?

Der 14. Februar brachte das, was einem gläubigen Menschen wie ein Wunder erschienen wäre, aber dem fatalistischen Agnostiker Scott erschien es wohl eher als holdes Lächeln des Glücks. Seegang und Sprengstoff machten endlich den Weg frei. Kapitän Colbeck von der *Morning* hinterließ eine bewegende und scharfsinnige Beschreibung von Scotts Freude: »Scott war fürchterlich aufgeregt. Er kam an Bord, sobald ich an der Eiswand entlangfuhr, und konnte kaum sprechen. Für ihn bedeutete das den Unterschied zwischen einem absoluten und einem relativen Erfolg, und in dieser Nacht gab es auf Erden keinen glücklicheren Menschen als Scott.«[2] Die Neuigkeit war auf der *Discovery* während des Abendessens mit dem Ruf »Die Schiffe kommen, Sir!«, bekanntgegeben worden. Augenblicklich liefen die Männer zum Hut Point, von wo aus sie sehen konnten, wie das Eis aufbrach. Scott beschrieb, dass sich, sobald eine große Eisscholle weggeschwemmt war, eine dunkle Furche durch die feste Decke grub und blieb und eine weitere schuf: »Unsere kleine Gemeinschaft stand in ihren undefinierbaren, zerlumpten Kleidern atemlos und beobachtete diese wunderbare Szene. Lange Zeit blieben wir beinahe wie verzaubert da, und dann brach ein wahnsinniger Jubel aus.« Die *Terra Nova* und die *Morning* fuhren um die Wette, um als Erste die *Discovery* zu erreichen, und gegen halb elf hatte es die *Terra Nova* inmitten von lautem Jubelgeschrei geschafft. Die Männer auf dem Hut Point hissten zur Feier ihren seidenen Union Jack.

Das übrige Eis rund um die *Discovery* wurde zwei Tage später endlich durch Sprengladungen entfernt. Die letzte erschütterte das Schiff vom Bug bis zum Heck, aber sie war erfolgreich. Voller Dankbarkeit schrieb Scott: »Unser liebes Schiff wurde gerettet, damit es uns nach Hause bringt.« Am 16. Februar 1904 wurde eine traurige kleine Zeremonie abgehalten. Die Besatzung der *Discovery* versammelte sich barhäuptig um das Kreuz, das für den armen George Vince errichtet worden war, während Scott einige Gebete vorlas. Ganz in der Nähe sollte neun Jahre später zur Erinnerung an eine andere Tragödie ein weiteres Kreuz aufgestellt werden.

Aber am nächsten Tag gerieten sie an den Rand einer Katastrophe. Als würde sich ein böser Geist weigern, sie loszulassen, zwang ein Sturm die *Discovery* mit dem Bug voran auf eine Untiefe. Einige Stunden lang, »wirklich die furchtbarsten, die ich je verbracht habe«, wie Scott schrieb, sah es aus, als würde sie es nicht überstehen. Die Maschinen fielen aus; das Schiff war dem Sturm ausgeliefert und klatschte gegen die Untiefe. Doch im Laufe des Abends kehrte die Strömung zurück, die eher nach Süden als nach Norden verlief, und die *Discovery* begann, achteraus zu laufen. Der Mannschaft gelang es, die Maschinen wieder anzuwerfen, und sie stellte erleichtert fest, dass das Schiff nur geringe Schäden erlitten hatte. Sie war bereit, ihre lange Heimreise anzutreten.

Als die *Discovery* Kurs auf Neuseeland nahm und die inzwischen vertrauten Merkmale des McMurdo Sound allmählich den Blicken entschwanden, musste Scott sich gefragt haben, was für eine Art von Empfang seine Expedition bei der Ankunft in England erhalten würde. Er konnte auf einige bedeutsame Leistungen zurückblicken, wusste aber, dass er mit Feinden und mit Verbündeten, insbesondere im wissenschaftlichen Establishment, konfrontiert sein würde und dass sein Empfang wahrscheinlich nicht nur eitel Freude auslösen würde.

KAPITEL 7

Berühmtheit wider Willen

Am 10. September 1904 dampfte eine blitzblanke *Discovery* in den Hafen von Portsmouth ein. Freunde und Verwandte, die dicht gedrängt am Kai standen, sahen erfreut, dass die Mannschaft »wunderbar fit« aussah. Diese gesunden, braun gebrannten Männer, deren Haut den *Daily Express* an »getrocknetes Mahagoni« erinnerte, waren das Gegenteil von jenen ausgemergelten und erschöpften Gestalten, die manche erwartet hatten. Einen Teil der Verantwortung für die Besorgnisse, trug Sir Clements Markham, der sich für die Entsendung einer Hilfsexpedition stark gemacht hatte. In seiner Jugend hatten ihn die Schrecken der Franklin-Expedition tief beeindruckt, und er war entschlossen, es nicht zu einer ähnlichen Katastrophe kommen zu lassen. Tatsächlich aber strotzten die Männer, die stolz auf dem Deck standen, nicht nur vor Gesundheit, sie hatten sogar zugenommen. Das einzige Zeichen ihrer Torturen war, dass sie ziemlich langsam sprachen und sich so ungelenk zu bewegen schienen, als steckten sie immer noch in ihren schweren, wetterfesten Kleidern. Scott war gerührt von dem Empfang, als die Mannschaften der versammelten Kriegsschiffe, einschließlich der HMS *Victory*, laute und herzliche Hurrarufe ausbrachten.

Ein paar Tage später fuhr die *Discovery* nach London und machte in den East India Docks fest. Doch einen offiziellen Empfang gab es nicht. Am nächsten Tag wurde von der Royal Society und von der Royal Geographical Society ein Lunch gegeben – allerdings in einem Lagerhaus.

Der *Daily Express* verurteilte die Schäbigkeit dieses »Mittagessens in einem Schuppen«. Es wurde darauf hingewiesen, dass keiner der Lords der Admiralität zugegen war. Jemand, der bei dem Mittagessen zu Gast war, schrieb mit geradezu unheimlichem Weitblick und Verständnis für das Wesen des Menschen an die *Daily Mail*:

»Ich habe einfach das Gefühl, dass es noch so etwas wie eine Zeremonie auf nationaler Ebene geben sollte, um zu demonstrieren, dass wir das Opfer, das diese Männer für die Wissenschaft und zur Ehre ihres Landes gebracht haben, als Nation zur Kenntnis nehmen und zu schätzen wissen. Wäre die Besatzung dieses Schiffes in der Antarktis umgekommen, hätten wir ihr zweifellos ein nationales Denkmal errichten müssen. Es ist wohl zu bedauern, wenn wir es hinnehmen, dass sie der Vergessenheit anheimfallen, nur weil sie gesund und wohlbehalten zurückgekehrt sind.«

Scott hatte sich darüber Sorgen gemacht, wie die Expedition wohl von der Admiralität und dem bissigen Establishment der Wissenschaft beurteilt würde. Er wusste, dass ihm einige Leute Vorwürfe machen würden, weil er die *Discovery* im Eis hatte festfrieren lassen und so eine zweite Überwinterung erzwungen hatte, aber ihm saß ein noch dringenderes Problem im Nacken: In Neuseeland berichtete die Presse, er habe die Admiralität für die Entsendung der *Terra Nova* kritisiert. Man hatte ihn mit der Behauptung zitiert, die Männer von der *Discovery* wären sehr wohl imstande gewesen, sich um sich selbst zu kümmern, und ein einziges Schiff, die *Morning*, hätte zu ihrer Unterstützung vollkommen ausgereicht. Tatsächlich entsprach dies seiner Überzeugung. Wie die übrige Mannschaft hatte er sich gedemütigt gefühlt durch das Ausmaß der Hilfsexpedition, die einen Beigeschmack von Overkill und Melodrama gehabt hatte. Er hielt sich seine Selbstgenügsamkeit zugute und ärgerte sich darüber, dass er als verletzlich und hilfsbedürftig dargestellt wurde. Doch er besaß zu viel gesunden Menschenverstand, um seine Auffassungen an die große Glocke zu hängen, und hatte eilends eine Widerlegung an die *Times* und an Reuters geschickt und der Admiralität und dem Sekretär der Royal Geographical Society telegraphiert. Er befürchtete zu Recht, dass es schwer sein würde, sie von seiner Unschuld zu überzeugen, und hatte Angst, dass seine Chancen auf Beförderung beeinträchtigt würden. Deshalb nahm er mit Erleichterung zur Kenntnis, dass er mit Wirkung vom Tag seiner Ankunft zum Kapitän befördert worden war.

Scott war auch erfreut über die positive Reaktion auf die Leistungen der *Discovery*-Expedition. Der Vorwurf, zur Leitung einer wissenschaftlichen Expedition nicht geeignet zu sein, hatte ihn seit den ersten Tagen gewurmt, als das wissenschaftliche Establishment die Nase über ihn gerümpft hatte. Sir Clements Markham beeilte sich natürlich zu behaupten, dass großartige Dinge geleistet worden seien, und verkündete, dass »noch nie eine Polarexpedition mit einer so reichen Ernte an wissenschaftlichen Ergebnissen zurückgekehrt« sei.[1] Doch Scott war sich darüber im Klaren, dass Sir Clements als irritierend selbstherrlich und als absolut parteiisch galt.

Deshalb fiel die Unterstützung der wissenschaftlichen Ergebnisse durch den Chefhydrographen der Admiralität, Konteradmiral Sir William Wharton, viel schwerer ins Gewicht, der sich einst mit den Wissenschaftlern gegen Scott verschworen hatte, jetzt aber meinte, dass »Korvettenkapitän Scott und seine Mannschaft dem hohen Leistungsstandard früherer Polarexpeditionen auf hervorragende Weise gerecht wurden«.[2] Die Presse begann Scott zu feiern. »Dem Geist seiner Anweisungen getreu hat er getan, was zu tun er sich vorgenommen hatte, und noch mehr«, lobte die *Times*. Hinzu kam, dass im Jahr 1904 Forschungsreisende wieder in Mode waren. Scott war zu einer Zeit abgereist, als das Land sich mit einem beunruhigenden und unbefriedigend verlaufenden Krieg in Südafrika abfinden musste, und das Interesse an derartigen Abenteuern war gedämpft gewesen. Doch als die *Discovery* zurückkehrte, war der Burenkrieg bereits gewonnen, und die Menschen hatten wieder Lust auf romantische Erzählungen über Wagnisse aller Art. Und bei der *Discovery*-Expedition war die Dosis an heroischem Wagemut groß genug, um das Publikum zu begeistern.

Scott konnte den Schluss ziehen, dass die Ovationen gerechtfertigt waren: In seinem offiziellen Bericht an die Admiralität hatte er wirklich eine gute Geschichte erzählt. Die Expedition hatte eine Küste gefunden, an der man an Land gehen konnte, viele Informationen über die allgemeine geographische Beschaffenheit von Antarktika gesammelt und den Nachweis geliefert, dass es möglich war, unter den schlimmsten Bedingungen auf diesem eisigen Kontinent zu überleben und ihn zu bereisen. Die Expedition hatte insgesamt 28 Fahrten mit dem Schlitten unternommen, und Scott, Wilson und Shackleton waren über 460 Kilometer weiter südlich in Antarktika vorgedrungen als irgendein Mensch vor ihnen. Wichtige erdmagnetische, meteorologische, geographische und zoologische Forschungen waren ebenfalls durchgeführt worden, unter anderem Wilsons bahnbrechende Arbeit, mit der er den geheimnisvollen Lebenszyklus des Kaiserpinguins entschleierte.

Im Oktober lobte Scott in seinem Schreiben an die Admiralität das »vorbildliche Verhalten« all seiner Männer, aber zu jenen, die für eine besondere Auszeichnung bestimmt waren, gehörten Lashly und Evans, seine Begleiter auf »dem grauenhaften Plateau«. Lashly wurde sofort zum

Oberheizer befördert – Scott berichtete, dass er »durch seine Geistesgegenwart uns zweifellos das Leben rettete, als Evans und ich in eine Spalte gestürzt waren«. Evans wurde zum Unteroffizier Erster Klasse ernannt und ging zum Training an die Artillerieschule in Portsmouth. Das Lob, das Scott den Männern vom Mannschaftsdeck spendete, beweist, dass er hundertprozentig ein Mann seiner Zeit war:

»Sowohl in Neuseeland als auch zu Hause sind sie gefeiert worden und hat man großen Wirbel um sie gemacht, und sie waren ganz und gar all jenen Versuchungen ausgesetzt, die Männer ihrer Klasse so oft demoralisieren… sie sind unversehrt durch eine solche Tortur gegangen und haben ihren guten Namen bis zum Ende gewahrt… Die Offiziere werden die letzten sein, die vergessen, wie viel sie der Mannschaft verdanken.«

Seine neue Berühmtheit bereitete Scott Sorgen. Obwohl er ehrgeizig war, war er nicht ein Mensch, der ins Rampenlicht drängte. Von Anfang an hatte er betont, dass »eine Expedition in die Antarktis keine Einmann-Show, keine Zweimann-Show und keine Zehnmann-Show ist. Sie bedeutet, dass alle zusammenarbeiten… Es gibt nichts außer dem gemeinsamen Wunsch, für das Allgemeinwohl zu arbeiten.«[3] (Scotts spätere Rivalität mit Shackleton beweist, dass er trotz dieser großherzigen und aufrichtigen Meinung glaubte, dass er, als der Führer, persönliche Ansprüche auf das von ihm erforschte Gebiet habe.) Er war sehr stolz auf seinen Erfolg, die drei Jahre zuvor gemeinsam abgereisten jungen und unerfahrenen Antarktis-Neulinge zu einem Team zusammengeschweißt zu haben. Die Tatsache, dass so viele darauf erpicht waren, mit ihm wieder nach Süden zu fahren, legt den Schluss nahe, dass er trotz all seiner Schwächen als Expeditionsleiter Erfolg hatte.

Scott konnte seine Aufmerksamkeit jetzt den häuslichen Angelegenheiten zuwenden und konnte es sich leisten, seine Mutter und seine Schwestern aus der Wohnung über dem Geschäft in ein komfortableres Haus ziehen zu lassen. In einem bewegenden Bericht wird auch geschildert, dass er sich zum ersten Mal einen wirklich gut geschnittenen Anzug von einem guten Herrenschneider gönnte. Wenn ein Löwe aus ihm werden sollte, dann war ihm klar, dass es ein gepflegter Löwe sein musste. Er war imstande gewesen, seine Marineuniform in Ordnung zu halten und ihre Schäbigkeit zu kaschieren, aber jetzt brauchte er Kleider, die den Anforderungen dieser grausamen und aufmerksamen Größe namens »Gesellschaft« genügten. Tatsächlich wurde er im folgenden Jahr nach Balmoral eingeladen. König Edward VII. war erfreut gewesen, dass ein neuentdecktes Gebiet in der Antarktis nach ihm benannt worden war, und hatte Scott ein Glückwunschtelegramm gesandt. Jetzt wollte er den jungen Forscher persönlich kennen lernen.

Der König ernannte ihn am ersten Abend zum *Commander of the Victorian Order* – wie die Presse empört feststellte, die einzige offizielle Auszeichnung, die ihm verliehen wurde. Am zweiten Abend hielt er einen Vortrag vor dem »König, der Prinzessin von Wales, einigen Mitgliedern der Familie Connaught, dem Premierminister und vielen anderen«. Sein Vortrag sollte eigentlich nur eine Stunde dauern, doch er dehnte sich auf beinahe zwei Stunden aus, weil der König so viele Fragen stellte. Offensichtlich wurden hinterher »allerhand nette Dinge« gesagt.

Beinahe unmittelbar nach seiner Rückkehr hatte Scott am 2. September 1904 dem Ersten Seelord geschrieben und um sechs Monate Urlaub gebeten, »um eine Schilderung unserer Reise abzufassen«, die im Frühjahr des nächsten Jahres veröffentlicht werden sollte. Er war darauf bedacht, sich, wie es sich gehörte, einer bescheidenen Sprache zu bedienen, und sagte, dass er es sehr bedauern würde, wenn er etwas tue, was die Admiralität eines Marineoffiziers für unwürdig erachtete, und dass er, abgesehen von der Abfassung des Buches, »versuche, sich so still wie möglich zu verhalten«. Doch das war schwierig. Markham organisierte eine Ausstellung in den Bruton Galleries, die am 4. November unter ungewöhnlichen Umständen eröffnet wurde. Die schicken Leute stiegen aus ihren Kutschen – mit Pferden oder mit Motor – und hielten zuversichtlich ihre Karten in der Hand, nur um sich von den geduldigen Polizisten sagen lassen zu müssen, dass sie sich wie alle anderen anzustellen hätten. Schlange zu stehen war eine neue Erfahrung für sie, und vielleicht ein Zeichen für den Wandel der Zeiten. Die Ausstellung, auf der Wilsons inspirierende Zeichnungen, Skeltons Fotografien, ein Modell der *Discovery* und eine Schlittenausrüstung gezeigt wurden, lockte ungefähr 10 000 Besucher an.

Drei Tage später fand sich Scott in der Royal Albert Hall wieder, wo er vor 7000 Mitgliedern und Gästen der beiden Königlichen Gesellschaften sprach. Es muss einschüchternd gewesen sein, auch wenn seine Gefährten von der *Discovery* mit ihm zusammen auf der Bühne saßen. Er war so aufgeregt, dass er vergaß, Armitage und anderen Kollegen Tribut zu zollen. Das Publikum reagierte ziemlich unterkühlt – ein eher lustloses Klatschen hallte in der riesigen Halle wider. Am nächsten Abend erlebte Scott einen ganz anderen Empfang, als er seinen ersten öffentlichen Vortrag mit dem Titel »Der fernste Süden« hielt.

Die Notwendigkeit, Mittel aufzutreiben, um die Schulden der Expedition abzahlen zu können, zwang Scott, ständig Vorträge zu halten. Er war schon bald sehr gefragt, zog kreuz und quer durch das Land und verfeinerte seine Vortragskunst. Shackleton arrangierte für ihn eine Ansprache vor der Scottish Royal Geographical Society in Edinburgh, wo ihm die Livingston-Medaille verliehen wurde. Tatsächlich standen er und Shackleton sich in der Zeit nach seiner Rückkehr ziemlich nahe, und das Trauma von »Shackles'« Heimreise war in der Aufregung ihres Wiedersehens vergessen. Shackleton gehörte zu den Ersten, die an Bord der *Discovery* drängten, und er war bis zum frühen Morgen geblieben, um sich erregt mit Scott zu unterhalten und ihn auszufragen. Markham hatte ihm bei der Ernennung zum Sekretär der Scottish Royal Geographical Society geholfen. Sein Gehalt war sehr mickrig – es belief sich auf nur 200 Pfund im Jahr –, aber Emily Dormans Vater hatte ihr nach seinem Tod ein Einkommen von 700 Pfund pro Jahr hinterlassen, und das reichte zum Heiraten und zu einem Leben im Komfort der Mittelschicht. Shackleton genoss es auch, die engstirnigen Mitglieder der Gesellschaft in ihren Grundfesten zu erschüttern, indem er so technologisches Teufelswerk wie elektrisches Licht und eine Schreibmaschine einführte.

Scott gewann als Redner rasch an Fertigkeit und Selbstvertrauen und lernte Tricks, wie sich zum Beispiel in gespielter Verzweiflung mit der Hand durch das Haar zu fahren, wenn ein Diapositiv nicht zur rechten Zeit auf der Leinwand erschien, oder sein Publikum mit typisch englischem Understatement und humorvollen Randbemerkungen über die grausamen Bedingungen zu entzücken, die er und seine Kameraden ertragen hatten. Damaligen Zeitungsberichten zufolge sprach er sehr schnell, aber klar und mitreißend. Er brauchte keine Notizen. Der *Manchester Guardian* fällte folgendes Urteil: »Wenn er als Forscher ebenso effizient ist wie als Vortragender, dann steht er in der vordersten Reihe.« Wie so oft in seinem Leben musste er sparen und in der dritten Klasse reisen, was zum Beispiel Verlegenheit auslöste, als eine Gruppe städtischer

Würdenträger ihn in den Midlands abholen kam und erwartete, dass der Held triumphierend aus einem Erste-Klasse-Abteil steigen würde.

Doch Scott bereitete es Sorge, dass er mit seinem Buch nur langsam vorankam. Obwohl er in seiner frühen Jugend leidenschaftlich gern geschrieben hatte, fühlte er sich von der Aufgabe erdrückt. Er schrieb: »Vor allem habe ich Angst davor, einen Text zu verfassen, und zweifle an meinen Fähigkeiten; wenn ich es tun muss, wird es mich auf jeden Fall viel Zeit kosten.«[4] Anfang 1905 war Scott der Verzweiflung nahe und bat die Admiralität, ihn weitere drei Monate zu schonen, damit er das Buch beenden könne. Um sich zum Weiterschreiben zu zwingen, ging er jeden Tag in das Haus der Markhams, wo Royds während der Abfassung seiner meteorologischen Studie wohnte. Sir Clements genoss die Gesellschaft der beiden jungen Männer und bummelte mit ihnen und seiner Frau Minna abends über den Eccleston Square. Für sein Interesse an ihnen gibt es zwei Interpretationen: die herkömmliche, nämlich, dass sie als Ersatz für die Söhne dienten, die er niemals hatte, oder die modernere und zynischere, wonach er sich aufgrund einer homoerotischen Neigung zu jungen Männern hingezogen fühlte. Was immer der Grund war – er hatte sie jedenfalls gern und war ziemlich besitzergreifend.

Scott hielt den alten Herrn wahrscheinlich für ein wenig aufdringlich. Er wusste, dass er bis zum Frühjahr mehr Einsamkeit brauchte, und zog nach Ashdown. Hier nahm das Buch mithilfe von Reginald Smith, dem Seniorpartner des Verlages Smith, Elder & Co. und Herausgeber des *Cornhill Magazine*, der ihm ein Freund fürs Leben werden sollte, endlich Gestalt an. Scott widmete es Sir Clements Markham, »Dem Vater der Expedition und ihrem treuesten Freund« – so, wie Markham es zweifellos erwartet hatte.

Es wurde im Oktober 1905 in zwei Bänden veröffentlicht, war sofort ausverkauft und wurde mit Lob überschüttet; das *Times Literary Supplement* nannte es »ein meisterhaftes Werk«.

Scott musste sich nun fragen, was er als Nächstes tun wolle. Die Veröffentlichung des Buches bedeutete einen Wendepunkt in seiner Laufbahn als Forscher. Als er im April 1906 von der American Geographical Society eine Goldmedaille erhielt, erklärte er dem Publikum, dass seine Tätigkeit als Forscher höchstwahrscheinlich beendet sei. Eine Rolle spielte dabei, dass es ihn ärgerte, eine Berühmtheit zu sein, und einem Verwandten vertraute er an, dass er genügend traurige Berühmtheit erlangt habe, die ihm ein Leben lang anhaften werde. Er kehrte im August 1906 auf See zurück, um als Flaggschiffskommandant auf der HMS *Victorious* zu dienen. Doch Scott änderte offensichtlich innerhalb eines knappen Monats seine Meinung. Im September schrieb sein Freund J.M. Barrie, dass all die alten Sehnsüchte in Scott wieder erwachten, und er versprach, wegen der Finanzierung einer Expedition nach einem geeigneten Millionär Ausschau zu halten.

Was immer Scott in der Öffentlichkeit gesagt haben mag – dem Sirenengesang des Südens hatte er sich nie ganz entzogen. Zumindest wusste er, dass er seine Arbeit nicht zu Ende gebracht hatte und dass das Publikum Erwartungen in ihn setzte. Wenn er den Pol erreichen könnte, würde er ein Leben lang die Sicherheit genießen, die ihm bis jetzt nicht gegönnt war. Erhebung in den Adelsstand, offizielle Auszeichnungen, Ruhm – all dies würde folgen. Wenn er den Versuch nicht unternähme, würde er zwar in seiner Marinelaufbahn vorankommen, aber diese würde ihm wahrscheinlich keine großen Ehren einbringen. Doch hier war noch etwas Tiefergreifendes im Spiel als persönlicher Stolz und Ehrgeiz. Im Laufe der Rede, in der er bekanntgegeben hatte, dass er wahrscheinlich nicht mehr in die Antarktis zurückkehren werde, hatte er die glitzernden Eislandschaften mit einer Gemütsbewegung beschrieben, die an Sehnsucht grenzte. Diese schöne, einsame Welt sprach den Romantiker in ihm an, während der Nervenkitzel, für die sie stand, nie mit irgendetwas mithalten würde, was die Marine in Friedenszeiten zu bieten hatte. Die Herausforderung, sich in das Unbekannte vorzuwagen, war wesentlich attraktiver als die Aussicht auf eine konventionelle Marinelaufbahn und »den Wirbel dieses modernen Lebens«.[5]

Barrie hatte diese romantische Ader in Scott erkannt. Am Abend ihrer ersten Begegnung war er mit Scott ganz bezaubert durch die Straßen von London spaziert und hatte sich gar nicht mehr von ihm trennen wollen. Er hatte die außergewöhnlichen Widersprüche in ihm bemerkt: »Scott war von Natur aus eine Mischung aus Träumer und Praktiker, und er war niemals praktischer als unmittelbar nach einem Traum. Wenn er so entrückt war, vergaß er Raum und Zeit.«[6] Hier haben wir eine elegante, verständnisvolle Aktualisierung des »Old-Mooney«-Aspektes aus Scotts Kindheit, der immer noch eindeutig einen großen Teil seiner Psyche ausmachte. Für Scott war Antarktika sein eskapistisches Reich der Phantasie.

Im Januar 1907 fing Scott ganz still damit an, seine Pläne in die Tat umzusetzen, indem er zunächst an den Sekretär der Royal Geographical Society schrieb, dass er, seiner Berechnung nach, eine Expedition für 30000 Pfund ausrüsten könne. Doch dann geschah etwas, was Scott nicht vorhergesehen hatte. Er war wegen eines möglichen Auftretens ausländischer Rivalen besorgt gewesen, hatte aber nicht mit einem ernsthaften Herausforderer im eigenen Land gerechnet. Im Februar 1907 gab Shackleton frischfröhlich seine Absicht bekannt, eine »Britische Antarktis-Expedition« zu leiten, um den Südpol zu erobern. Auf Scott wirkte das wie Verrat, und es brachte in ihm nicht die beste Saite zum Klingen. Shackleton behauptete, erst von Scotts Plänen erfahren zu haben, als er Mulock, der auf der *Discovery*-Expedition an seine Stelle getreten war, anheuern wollte und dieser ihm mitteilte, er habe sich bereits Scott gegenüber verpflichtet. Wie es für ihn typisch war, übernahm Wilson nun seine Rolle als Friedensstifter. Shackleton hatte auch ihn angeschrieben und ihn angebettelt, seine Nummer Zwei zu werden. Doch schon am nächsten Tag erhielt er einen aufgeregten Brief von Scott, der ihn fragte, was Shackleton seiner Meinung nach vorhabe. Wilson tat sein Bestes, um seinen alten Freund zu verteidigen, und antwortete beschwichtigend, Shackleton kenne seine, also Scotts, Absichten nicht, und er fügte hinzu, auch er selbst habe keine Ahnung gehabt, dass Scott eine Rückkehr beabsichtige.

Dies besänftigte Scott ein wenig, und er war bereit, öffentlich zu verkünden, es komme in Wirklichkeit nur darauf an, dass Großbritannien den Pol erreichte, bevor irgendein Ausländer dazwischenkam. Doch hinter den Kulissen ging das Gerangel weiter. Scott ärgerte sich darüber, dass Shackleton plante, sein Basislager im McMurdo Sound aufzuschlagen, denn seinem Gefühl nach entsprach dies nicht dem Verhalten eines Ehrenmanns. Scott schien diese Gegend sonderbarerweise als sein persönliches Lehen anzusehen. Ein Mann, der weniger um seine Stellung besorgt gewesen wäre, hätte wohl mehr Großherzigkeit walten lassen. Von Shackletons Gesichtspunkt aus betrachtet bestand das Problem darin, dass er seinen Sponsoren, insbesondere dem Industriellen William Beardmore, versprochen hatte, von Scotts früherer Basis zu starten. Eine Änderung des Plans hätte nach üblen Machenschaften gerochen.

Doch in seiner Rolle als Vermittler gab Wilson ihm resolut zu verstehen, dass Scott einen älteren Anspruch habe. Shackleton hörte auf seinen sanftmütigen Freund und akzeptierte dies als *force majeure*. Im März telegraphierte er Scott, dass er bezüglich des Stützpunktes seine Wünsche erfüllen werde. Im Mai traf er auf Wilsons Betreiben mit seinem früheren Vorgesetzten zusammen und entwarf ein Memorandum, in dem er auf die Benutzung des McMurdo Sound verzichtete.

Seit den Tagen der *Discovery*-Expedition, als ein freundlicher Scott versucht hatte, »Shackles«, seinen früheren Begleiter auf der Schlittenreise, mit Sardinen in Versuchung zu führen, und seit ihrer Kameraderie nach Scotts Rückkehr hatte sich in ihrer Beziehung eine tief greifende Veränderung vollzogen. Scott betrachtete Shackleton jetzt mit einem Misstrauen, das an Verachtung grenzte. Shackleton seinerseits hatte sich sehr verletzt gefühlt durch die Darstellung in *The Voyage of the ›Discovery‹*, der zufolge er auf dem Schlitten gezogen werden musste, und wegen dieser ganzen Sache hegte er einen bitteren Groll gegen Scott.

Da plötzlich so viel auf dem Spiel stand, musste die Belastung und die Spannung für Scott unerträglich groß geworden sein. Er tröstete sich mit dem sicheren Bewusstsein, dass Wilson ihn begleiten würde. Im März hatte der Arzt sein Angebot bereitwillig und erfreut angenommen und hinzugefügt, dass seine Frau Oriana hundertprozentig hinter ihm stehe. Doch im Juli musste Scott den Abschied erdulden, der für Shackleton inszeniert wurde, als dieser an Bord des heruntergekommenen alten Walfängers *Nimrod* in See stach und ein Kraftfahrzeug mit auf die Reise nahm – er war in der Tat der erste Mensch, der in Antarktika mit einem Auto an Land ging – sowie zwei Seeleute von der *Discovery*-Expedition: Frank Wild und Ernest

Joyce. Immerhin stellte der eifersüchtige Scott mit Genugtuung fest, dass von den Offizieren der *Discovery* keiner an diesem Unternehmen beteiligt war.

Doch das Jahr 1907 hielt für Scott noch einiges bereit, und es erwarteten ihn noch weitere traumatische Erlebnisse, weil er jetzt verliebt war. Die Frau, die sein Herz erobert hatte, war auf den ersten Blick das Gegenteil von Scott und stellte seine Mittelklasse-Ideale infrage. Sie war eine Künstlerin, ein Freigeist und ein furchtloser Mensch. Scott erkannte, dass hier endlich jemand war, dem er seine Zweifel und Ziele offenbaren konnte. Doch mit der Aussicht zu heiraten traten auch seine Unsicherheiten in den Vordergrund. Er hatte den Mut zum Polarforscher, aber konnte er die Herausforderung einer Ehe mit einer so unkonventionellen Frau annehmen?

KAPITEL 8

Kapitän Scott im Hafen der Ehe

Auf den ersten Blick war Kathleen Bruce eine ungewöhnliche Partnerin für Scott. Als Künstlerin und Kosmopolitin hatte sie eine Begabung, Dinge unversehrt zu überstehen, die weniger starke Frauen zugrunde gerichtet hätten – angefangen bei Vergnügungsreisen mit Isadora Duncan, die sie quer durch Europa führten, über Zeltlager auf den thymianbedeckten Hängen des Hymettos bis zu mitternächtlichen Überraschungsbesuchen bei der Entbindungsschwester in Chelsea und abgeklapperten Nachtasylen und Opiumhöhlen im Londoner East End. Auch als Bildhauerin besaß sie beachtliches Talent.

Scott begegnete ihr zum ersten Mal auf einer Mittagsgesellschaft von Schauspielern und Künstlern im Dezember 1906. Scott genoss diese Ausflüge in die Welt der Bohème. Die scheinbar völlig ungebundene Existenz wirkte anziehend auf einen Mann, der sich seit jungen Jahren mit der Bürde familiärer Pflichten abgemüht hatte und dessen Laufbahn vollkommen von der Marine diktiert wurde. Irgendetwas an Scott erregte Kathleens Aufmerksamkeit. Wie sie später schrieb: »Er war nicht sehr jung, vielleicht 40, und auch nicht sehr gut aussehend, aber er wirkte sehr gesund und wachsam, und ich strahlte ziemlich albern, und plötzlich sah ich deutlich, dass er seine Nachbarin fragte, wer ich sei.« Sie wurde ihm nach dem Mittagessen vorgestellt, und er fragte sie, wie sie zu ihrer »wunderbaren Sonnenbräune« gekommen sei. Sie sagte ihm, sie sei »durch Griechenland vagabundiert, und

er meinte, es müsse zauberhaft sein, so umherzuvaga-
bundieren«.

Dabei blieb es vorläufig, denn Kathleen musste gehen,
um noch einen Zug zu erreichen. Sie schrieb später, dass
Scott ihr nachgeeilt sei, »aber er sah mich nur vor sich ge-
hend, einen ziemlich großen Koffer schleppend, und seine
anerzogenen Prinzipien, denen zufolge ›englische Gentlemen keine großen Gegenstände auf der Straße tragen‹
obsiegten. Er holte mich nicht ein.« Mit diesen wenigen
Worten fing sie etwas von Scotts Wesen ein – seine
Schüchternheit, seine von seiner Herkunft aus der Mittelschicht herrührenden Hemmungen und seine Ängste in
Bezug auf das Urteil anderer Leute.

Erst zehn Monate später kreuzten sich ihre Wege wieder. Im Oktober 1907 waren beide zum Tee eingeladen.
Kathleen verwandte ungewöhnliche Sorgfalt auf ihre Gar-
derobe, stoppelte zwei Hüte zu einem zusammen und
schnitt ein großes Taschentuch auseinander, um sich daraus einen neuen Kragen und Manschetten zu nähen. Sie
war aufgeregt und neugierig, war sich aber auch einer gewissen Unvereinbarkeit bewusst und schrieb: »Leute wie
er sollten nicht zu Teegesellschaften gehen.« Sie hinterließ eine lebendige Schilderung ihrer Begegnung.

»Plötzlich, und ich wusste nicht wie, saß ich auf einem
harten, unbequemen Stuhl mit einer kippeligen Tasse in
der Hand und wurde auf belanglose Weise von diesem sehr
gut gekleideten, ziemlich hässlichen und gefeierten Forschungsreisenden gehänselt. Er stand neben mir. Er war
von mittlerer Größe, mit breiten Schultern, sehr schmaler
Taille und stumpfem Haar, das sich zu lichten begann,
aber mit einem seltenen Lächeln und Augen von ungewöhnlich dunklem Blau, fast Violett. Ich hatte diese Augen
schon zehn Monate früher bemerkt. Ich bemerkte sie jetzt
wieder, allerdings bei elektrischem Licht. Solche Augen

hatte ich zuvor noch nie gesehen. Er schlug vor, mich nach Hause zu bringen.«

Kathleen hatte erwartet, dass Scott das Übliche tun und eine Droschke rufen würde, aber stattdessen gingen sie zu Fuß zu ihrer kleinen Wohnung am Cheyne Walk, und zwar »lachend, redend, einander schubsend«. Diese Alberei erscheint für einen Marineoffizier im reiferen Alter ein unwahrscheinliches Benehmen in der Öffentlichkeit, doch Kathleens überschäumende Lebenslust wirkte befreiend und erregend auf Scott. Von jenem Tag an schrieb oder telephonierte er ständig, und seine Briefe waren vertraulich und zärtlich und im hochtrabenden Ton seiner Zeit gehalten: »Unkontrollierbare Schritte trugen mich am Ufer entlang, nur damit ich dort kein Licht sah – doch ich wusste, dass du da warst, mein Herz – ich sah das offene Fenster und, im Geiste, drinnen einen süßen Kopf mit zerzausten Haaren auf dem Kissen.«[1] Schon wenige Tage nach dieser fröhlichen und ausgelassenen Promenade durch Chelsea dachte er an Heirat.

Dies war keineswegs Scotts erste romantische Anwandlung. Er hatte sich immer zu hübschen, lebhaften und intelligenten Frauen hingezogen gefühlt, aber Mangel an Zeit, Geld und Gelegenheit hatten sich als mächtige Hindernisse erwiesen. Seine Schwester glaubte: »Das Seemannsleben und seine romantische Natur führten dazu, dass er Frauen idealisierte.«[2] Bernacchi zufolge bewunderte er vor allem Frauen, die »eine Arbeit mit Erfolg abschließen« konnten.[3]

Er hatte sich auch zu der Schauspielerin Pauline Chase hingezogen gefühlt, einem Star, der in London gefeiert wurde wegen ihrer jungenhaften Darstellung des Peter Pan – ein weiterer Beweis dafür, dass er Frauen mochte, die nicht aus seinem eigenen, ziemlich engen Milieu stammten. Barrie spielte den Vermittler, und wenn er konnte, führte Scott sie nach der Vorstellung zum Abendessen aus und verbrachte mit ihr die Wochenenden auf dem Land. Auf den Fotografien sieht man ein zierliches Mädchen mit einem reizenden, regelmäßig geschnittenen Gesicht – ein ganz anderer Typ als Kathleen Bruce mit ihrem markanten, auffallend mediterranen Aussehen.

Kathleen begründete dieses mit ihrer ungewöhnlichen Abstammung, denn ihre Mutter war die Enkelin eines griechischen Fürsten. Kathleen wurde im März 1878 im Pfarrhaus ihres Vaters als jüngstes einer Schar von elf Kindern geboren. Sie verwaisten früh – Kanonikus Bruce starb 1886. Seine Frau war bereits sechs Jahre früher gestorben. Kathleen verbrachte ihre Kindheit im Haushalt ihres kinderlosen Großonkels William Forbes Skene, eines exzentrischen, wenn auch liebevollen alten Herrn, der Historiographer Royal of Scotland war. Doch er war kein Ersatz für eine Mutter. Kathleen wuchs rastlos heran und heischte ständig nach Aufmerksamkeit.

Sie und ihre Geschwister verstanden es zweifellos, die Leute auf Trab zu halten. Ihre ältere Schwester Podge erinnerte sich später daran, dass nach einem Krach an Kathleens Schule die Eltern »gewarnt wurden, ihre Kinder mit diesen schrecklichen Bruce-Mädchen verkehren zu lassen!!!«[4] Als ihr Großonkel starb, blieben Kathleen nur 72 Pfund im Jahr, und sie verbrachte ihr Leben teils in verschiedenen Internaten, teils bei ihrer Schwester Elma und deren Mann, Kanonikus Keating, einem langweiligen und trübsinnigen Paar. Es war eine entsetzliche und spartanische Existenz für dieses übersprudelnde Mädchen mit den strahlenden Augen, das beachtet werden wollte und nach Zuneigung gierte. Das Hin und Her ihrer frühen Jahre vermittelte ihr das Gefühl, eine Zigeunerin zu sein, die es sich leisten konnte, mit wenig Gepäck durchs Leben zu reisen. Sie maß Besitz oder Aussehen niemals große Bedeutung bei.

Nach dem Besuch der Slade School of Fine Art in London begann Kathleen in Paris ein Leben als nahezu mittellose Kunststudentin. Sie schrieb sich als Schülerin bei einem beliebten Atelier, der Académie Colarossi, ein und erlernte die Zeichenkunst, zog aber bald die Bildhauerei vor. Wie viele junge Frauen ihrer Klasse und ihrer Zeit war sie sehr unschuldig. Der Anblick eines nackten männlichen Modells, das für einen Aktzeichenkurs posierte, verursachte ihr Übelkeit. Doch sie passte sich rasch und frohen Herzens einem unkonventionellen Lebensstil an. Da sie niemals wirkliche mütterliche Zuneigung gekannt hatte und ein Wildfang gewesen war, brachte sie wenig Zeit auf für Angehörige ihres eigenen Geschlechts, es sei denn, sie fielen völlig aus dem Rahmen. Schon bald gab sie die Kurse auf, die ausschließlich für Frauen gedacht waren – *dames seules* oder mit dem von ihr gut geheißenen Spitznamen »damned souls« genannt –, besuchte gemischte Kurse und errang Popularität bei den männlichen Studenten, die sich von ihrem auffallenden Äußeren und ihrer Lebensfreude angezogen fühlten. Sie hatte einen Wust dunkler Haare, lebhafte blaue Augen und eine athletische Figur.

Ihre Anziehungskraft hatte nichts mit der Art und Weise zu tun, wie sie sich kleidete. In späteren Jahren wurde sie als eine der am schlechtesten angezogenen Frauen Londons beschrieben. Doch sie besaß unbestreitbar Sex-Appeal und genoss die Macht, die sie damit über Männer besaß. Sie gab zu, dass sie ihre Bewunderung »so aufregend, so stimulierend, so sonnig« fand. Ihre Tagebücher lassen den Schluss zu, dass sie zu dem Zeitpunkt, als sie Scott kennen lernte, mit Ende 20 also, noch Jungfrau war. Sie behauptete, sich für einen Mann aufgehoben zu haben, der würdig sei, den Sohn zu zeugen, dem sie bereits ihr Herz geschenkt hatte. Das war sicherlich wahr – sie musterte jeden Mann, der sie interessierte, mit der Sachlichkeit eines Genforschers –, aber hinter dieser entschlossenen Keuschheit verbarg sich vielleicht etwas Tiefgründigeres.

Kathleen studierte fünf Jahre lang in Paris, und es hätte schwerlich eine berauschendere Umgebung für sie geben können. Sie pflegte schon bald ungezwungenen Umgang mit den damals bedeutendsten Künstlern, einschließlich Picassos und Rodins. Rodin, der sie unterrichtete und ermutigte, machte sie auch mit der amerikanischen Tänzerin Isadora Duncan bekannt und forderte beide auf, einander zu helfen. Sie wurden Freundinnen, und Isadora bat Kathleen, bei der Geburt ihres Kindes dabeizusein. Die Schwangerschaft sollte geheim gehalten werden, und, um die Presse von der Fährte abzulenken, bat Isadora Kathleen, sie solle ihre Kleider anziehen und am Strand herumtanzen. Später begleitete sie Isadora und ihre Familie, oder die »tanzenden Vagabunden«, wie sie sie nannte, nach Griechenland, wo sie im Freien schliefen und tanzten, um die Morgenröte zu begrüßen.

Kurz nach dieser Zurück-zur-Natur-Phase kehrte Kathleen nach London zurück, um als Bildhauerin zu arbeiten, lernte Scott kennen und bezauberte ihn mit ihren Erzählungen über das Vagabundenleben und ihrer wunderbaren Sonnenbräune. Diesem schüchternen, zurückhaltenden Marineoffizier muss sie wie ein Wesen aus einer anderen Welt erschienen sein. Sicherlich war er, wie wir gesehen haben, seit ihrer zweiten Begegnung von ihr betört. Kathleen wiederum war von seinen offenkundig noblen Eigenschaften gerührt. Er hatte etwas Beruhigendes an sich. Ihre eigene Welt war voller Bewunderer – begabte, gut aussehende und amüsante Leute, aber sie waren auch verwegen, sprunghaft, egozentrisch und unberechenbar. »Dieser gesunde, frische, anständige, ehrliche, felsengleiche Marineoffizier war ganz genau das, was ich mir als Gegenpol zu meinen Künstlerfreunden vorgestellt hatte, das, wonach ich gesucht hatte.« Sie wollte keinen gewöhnlichen Mann. Ihr Partner musste außergewöhnlich, aber auch zuverlässig und ein Mensch sein, zu dem sie aufblicken konnte. Er musste eine Vaterfigur und potenzieller Vater sein. Sie glaubte, ihn in Scott gefunden zu haben.

Innerhalb weniger Wochen hatten sie inoffiziell beschlossen zu heiraten, und Kathleen wurde mit Hannah Scott bekannt gemacht. Wie andere Männer seiner Zeit empfand Scott eine tiefe Verehrung für seine Mutter, und er wünschte, dass Kathleen »diese liebe Mutter kennen und lieben lernte«.[5] Derlei war Kathleen fremd, aber sie fügte sich. Scotts Mutter gab sich ihrerseits die größte Mühe, mit ihrer beunruhigend exotischen zukünftigen Schwiegertochter zurechtzukommen. Scott schrieb an Kathleen: »Du bist ganz schön dabei, den Kopf meiner Mutter zu erobern; gestern war sie voll von dir. Was hast du bloß zu ihr gesagt, hast du getan oder gesagt, du kleine Hexe?«[6] Aber was immer Scott auch glauben mochte – das Verhältnis sollte niemals problemlos sein. Hannah Scott tat ihr Bestes, aber sie hätte wahrscheinlich eine konventionellere Frau lieber gesehen und am liebsten eine, die auch etwas Geld hatte.

Natürlich war Geld ein wichtiger Gesichtspunkt. Konnten sie sich eine Heirat tatsächlich leisten? Mindestens ein Viertel von Scotts bescheidenem Einkommen von etwa 800 Pfund im Jahr (das sich in der Zeit, die er von der Marine freigestellt war, um die Hälfte verringerte) wurde für den Unterhalt seiner Mutter abgezweigt. Kathleen hatte sehr wenig eigenes Geld. Sie konnte mit der Bildhauerei, die ihr Freude machte, zwar etwas verdienen, aber Scott war besorgt, dass sie ihre Kunst um des Profites willen kommerzialisierte. Der Gedanke dass er eine Ehefrau nicht unterhalten konnte, verletzte auch seinen Stolz, und er stellte Kalkulationen an mit der ganzen Präzision, die für die Planung von Ausrüstung und Rationen für eine Schlittenreise aufzubringen war. Er schickte Kathleen eine »Schätzung für zwei Personen, die in diesem Jahr des Heils in einem kleinen Haus in London leben«.[7] Sie ging sehr ins Detail und zeigt, wie tief seine Besorgnisse drangen. Insgesamt kam er auf 329 Pfund im Jahr.

Aus der Korrespondenz zwischen den beiden Liebenden lässt sich ein ständiges Auf und Ab ihrer Gedanken und Gefühle herauslesen. Manchmal war der eine niedergeschlagen, nur um vom anderen wieder aufgerichtet zu werden. Ein andermal waren beide verzweifelt. Anfang Januar 1908 hatte Kathleen geschrieben: »Liebster Con, lass uns nicht heiraten… Ich habe immer nur aus dem einen Grund heiraten wollen, und jetzt erscheint dieses eine nur wie eine Belastung, mit der wir kaum fertig werden könnten.« Sie sprach auch ein Problem von grundlegenderer Bedeutung an: »Wir sind schrecklich verschieden, du und ich, und es ist eine Tatsache, dass ich entsetzlich verwöhnt bin… Geben wir den Gedanken an eine Heirat auf.«[8] Scotts Anwort war nachdenklich und sehr aufrichtig: »Ich will dich unbedingt heiraten, aber es ist unsinnig, so zu tun, als könnte ich es, ohne mit einer großen Schwierigkeit rechnen zu müssen und ohne viel für andere wie für mich selbst zu riskieren.«[9] Er bat sie, mit ihm zusammen, und nicht gegen ihn zu arbeiten.

Am 25. Januar übernahm Scott das Kommando über die HMS *Essex*. In seine Sorgen über seine Beziehung zu Kathleen mischten sich nun die Sorgen über die Zusammenstellung seiner eigenen, neuen Antarktisexpedition. Im März war er in Frankreich, um Motorschlitten zu testen. Ein Ingenieur namens Belton Hamilton hatte mit der finanziellen Unterstützung von Lord Howard de Walden einen Motorschlitten für Polarreisen konstruiert. Der charmante französische Forschungsreisende Jean-Baptiste Charcot hatte ebenfalls einen Prototyp entwickelt, und man wollte die beiden Modelle zusammen mit einem dritten, nach einem Entwurf von Michael Barne gebauten, ausprobieren. Die Prüfungen verliefen nur zum Teil erfolgreich, und es war klar, dass sie noch weiter entwickelt werden mussten. Doch ein größerer Anlass zur Sorge war für Scott eine Nachricht, die ihn in Paris erreichte und der zufolge Shackleton gegen seine Abmachung verstoßen hatte. Da er keinen Weg durch das Packeis zum King Edward VII. Land gefunden hatte, war er umgekehrt und im McMurdo Sound gelandet, und er hatte seinen Stützpunkt in der Nähe von Scotts Hütte eingerichtet. Shackleton behauptete, dies sei seine einzige Option gewesen und habe ihm viele Gewissensbisse verursacht. In Scotts Augen aber war es der Bruch ihres Abkommens und eine unehrenhafte Handlung – eine Ansicht, die Edward Wilson teilte –, und Sir Clements Markham war natürlich wütend.

Unterdessen zauderte Kathleen weiter. Scott versuchte nach wie vor, sie zu beruhigen und ins Gleichgewicht zu bringen, was sie vielleicht mit ihren konfusen Briefen auch bezweckte, aber er fühlte sich selbst schrecklich unsicher. Ihre Beziehung war an einem kritischen Punkt angelangt. Kathleen wurde von einem früheren Bekannten, dem jungen Schriftsteller und Rechtsanwalt Gilbert Cannan, umworben, den Henry James 1910 als einen der hoffnungsvollsten jungen Autoren Englands neben D.H. Lawrence und Hugh Walpole bezeichnete. Er hatte ein anziehendes schiefes Lächeln und helle maisfarbene Haare. Er sollte übrigens die letzten 30 Jahre seines Lebens, unter Wahnvorstellungen leidend, in einer Irrenanstalt verbringen; unter anderem hielt er sich für Kapitän Scott, den großen Forschungsreisenden.

Doch Kathleen, die im Begriff stand, den entscheidenden Schritt in eine unbekannte Welt zu tun, fühlte sich angezogen von dieser Reminiszenz an ihr altes Bohèmeleben, und sie ließ es sich gefallen, dass er ihr den Hof machte. Im April gestattete sie ihm auch, mit Scott zusammenzutreffen, der, von einem Aufenthalt auf See nach Hause zurückgekehrt, verstört und verärgert war, als er feststellen musste, dass sich dieser Mann auf die Bühne gedrängt hatte. Cannan scheint eine *ménage à trois* in Betracht gezogen zu haben, was einen Mann wie Scott wohl kaum gereizt haben dürfte. Er war verwirrt und gekränkt, wollte aber Kathleen immer noch unbedingt heiraten.

Als Kathleen beschloss, mit dem Mann ihrer Cousine einen Wanderurlaub in Italien zu machen, reagierte Scott stoisch auf diese Mitteilung, indem er nur sagte: »Schreib mir oft und bleib nicht zu lang.« Sie war erfreut und nannte ihn »einen großartigen Mann; kein Selbstmitleid, keine Verdächtigungen, kein Missmut, keine Beschuldigungen. Perfekter Mann!«[10] Sie schrieb ihm – über die Freiheit und Verantwortungslosigkeit des »Herumvagabundierens« und darüber, wie sehr es ihr am Herzen lag. Damit stieß sie bei Scott auf Verständnis, und er antwortete mit einem seiner aufschlussreichsten Kommentare:

»Reiß mir ein paar konventionelle Fesseln ab, und du wirst einen ebenso großen Vagabunden finden wie dich, aber das würde vielleicht nicht genügen. Ich werde niemals in mein vorgegebenes Schema passen. Das Rädchen einer Maschine muss passen – doch manchmal hasse ich es… Ich liebe die frische Luft, die Bäume, die Felder und die Meere, die offenen Räume des Lebens und des Denkens. Du bist für mich der Inbegriff all dessen… Ich möchte, dass du bei mir bist, wenn die Sonne, unverhüllt vom Nebel, scheint.«[11]

149

Scott wusste, dass er viel zu »zugeknöpft« war, und dies war ein Appell an Kathleen, ihm zu helfen, die Fesseln abzustreifen.

In Venedig traf Kathleen Isadora wieder, und ihre Beschreibung der Begegnung gab Anlass zu einer weiteren gequälten Antwort. Könnte er sie je zufriedenstellen? Er glaubte schon, aber es würde ihr großes Vertrauen abfordern: »Begreifst du, dass du mich ändern… mir etwas von dem fröhlichen, reinen Geist in dir einflößen musst? In ein oder zwei Jahren wäre es zu spät gewesen. Ich wäre zu unbeweglich geworden, um das Prinzip des Wandels zuzulassen…, ach, die bedrückenden Auswirkungen einer mechanischen Existenz – am Ende bin ich halb bange: Werde ich dich zufrieden stellen?«[12] Kathleen sah, wie absurd es war, dass Scott sich derart erniedrigte. Vielleicht bereiteten ihr auch die Zeichen der Schwäche und Verletzlichkeit Sorgen. Ihr Mann musste ein Kämpfer, ein Drachentöter sein – sie hatte die Nase voll von gepeinigten, empfindsamen Männern, und sie erwiderte ihm in einem angemessen neckenden Ton: »Hier stehe ich kleines, blamiertes Mädchen, das niemals in seinem Leben etwas getan hat, was es einem wirklichen Mann erlauben würde, zu ihr von Überlegenheit zu reden. Mein Humor kann so etwas nicht ertragen.« Sie spornte auch seinen Ehrgeiz an: »Du wirst zum Pol fahren. O mein Gott, wozu besitzt man Tatkraft und Unternehmungsgeist, wenn eine solche Kleinigkeit nicht erreicht werden kann? Es muss erreicht werden, also beeil dich und lass nichts unversucht.«[13] Der junge Norweger Tryggve Gran, der Scott auf seiner letzten Expedition begleitete, schilderte Kathleen später als »eine sehr, sehr clevere Frau, sehr, sehr energisch… sehr ehrgeizig… Ich glaube, dass Scott nur ihretwegen in die Antarktis gefahren ist.«[14]

Sie beschlossen, ihre Verlobung endlich öffentlich bekannt zu geben, und die Monate der qualvollen Unschlüssigkeit hatten ein Ende. Praktische Probleme wie die Frage, wo sie nach ihrer Hochzeit wohnen sollten, gewannen die Oberhand. Sie pachteten ein georgianisches Haus in London. Es hatte acht Zimmer und ein Gartenatelier, in dem Kathleen bildhauern konnte. Doch Scott machte sich weiterhin Sorgen und schrieb: »Mein Mädchen, mir ist ein wenig bange, ganz vage. Du bist so ungewöhnlich, und ich [bin] so konventionell.« Es waren, wie er zugab, Zweifel an sich selbst, nicht an ihr. Sie war eine Freidenkerin, und er war durch »die Zurückhaltung eines ganzen Lebens…, die nicht leicht zu brechen ist« verkrüppelt. Er bekannte, früher einmal ein Träumer, ein Enthusiast, ein Idealist gewesen zu sein, aber die Erinnerung daran gab ihm das Gefühl, alt zu werden. In einem besonders ergreifenden Geständnis schrieb er: »Der träumende Teil von mir war und ist ein Misserfolg.«[15] Jetzt war es Kathleen, die ihn beruhigte und wieder ins Gleichgewicht brachte. Es war paradox, dass dieser Mann der Tat über eine fast weibliche Empfindsamkeit verfügte – Cherry-Garrard sollte feststellen, dass er nie einen Mann gekannt hatte, der so nahe am Wasser gebaut hatte –, während Kathleen als männlich galt.

Es wurde beschlossen, dass die Hochzeit in Hampton Court gefeiert werden sollte. Scott gab Kathleen schriftlich sorgfältige Anweisungen über die Einladungen und erinnerte sie: »Eine gemeinsame Karte kann an Gemahl und Gemahlin sowie an ihre Töchter geschickt werden, aber Söhne bekommen eigene Karten – auch Schwestern und Brüder, die zusammenleben, eigene Karten – pass auf, dass Details, wie Titel und Formen generell stimmen.«[16] Er scheint sich auch über den Hochzeitskuchen Sorgen gemacht zu haben, denn er schrieb ihr: »Mutter sagt, es würde nicht angehen, *keinen* Hochzeitskuchen zu haben; die Leute würden das komisch finden.«[17] Kathleen stand solchen Details offensichtlich gleichgültig gegenüber.

Es war auch typisch für Kathleen, dass sie sich überhaupt keine Gedanken über das Hochzeitskleid, die Aussteuer und das übrige Hochzeitszubehör machte, das in der feinen Gesellschaft als unentbehrlich galt. Sogar ihr Bruder Rosslyn staunte über ihre Einstellung. Er war selbst so etwas Ähnliches wie ein Exzentriker; man munkelte, er habe in Oxford einen Elefanten gehalten, weil die Hausordnung des College keine Hunde zuließ. Er verbrachte auch einen großen Teil seines Lebens damit, Mäuse in exotischen Farben, von Lavendelblau bis Lindgrün, zu züchten. Aber selbst er schrieb jetzt, dass »Kiddie«, wie er sie seit ihrer Kindheit nannte, zu weit ging: »Sie will nicht, dass er ihr irgendeinen Schmuck schenkt, nicht einmal einen Ring, und sie will sich auch nicht den üblichen Schleier und die Orangenblüten gefallen lassen.«[18]

Doch Scott wusste genau, wie er an seine Braut zu appellieren hatte: »Die ernsthafte Überlegung geht dahin, dass du, wenn wir verheiratet sind, nicht nur hübsch aussehen musst (was du ohnehin tust), sondern du musst aussehen, als gäbe es überhaupt keine Armut... denk nur daran, was ich empfinde, wenn ich sozusagen ›teuer‹ angezogen bin, während deine Kleider den Geist der Sparsamkeit atmen... ich bin in Bezug auf die äußere Erscheinung schrecklich empfindlich.«[19] Der Vorfall hob die Unterschiede zwischen ihnen noch einmal krass hervor – Scotts für die Mittelschicht typische Sorge um das Äußere gegen Kathleens für die Oberschicht typische Gleichgültigkeit in Bezug auf das, was andere dachten. Im Grunde war es eine Frage des Selbstvertrauens, und Kathleen war bei weitem die Selbstbewusstere. Aber natürlich wurde sie schwach. Wie die Presse berichtete, heiratete sie in einem weißen Satinkleid mit einem Oberteil aus Chiffon und einem Schleier aus Tüll. Zu der aus 150 Personen bestehenden Hochzeitsgemeinde gehörten auch Rodin und seine Frau. Während des Gottesdienstes zog ein heftiges Gewitter über sie hinweg, aber der Himmel klarte rasch auf, und während die Versammelten ins Freie strömten, rief einer der Gäste aus: »Mein Gott, was für ein Salut aus dem Himmel!«, was Kathleen sicher amüsiert hätte.[20]

Die kurze Hochzeitsreise verbrachten sie in Frankreich. Kathleen schrieb, dass sie »so chaotisch und unsicher wie die meisten Flitterwochen« verging – vermutlich eine Anspielung auf die sexuelle Seite. Doch neugierigen Zuschauern wurde schon bald klar, dass diese Ehe zwischen Gegensätzen ein Erfolg war. In Kathleen hatte Scott »die einzige Frau, der ich etwas erzählen kann« gefunden.[21] Endlich hatte er jemanden, dem er seine Schwächen anvertrauen konnte. Er wusste zum Beispiel, dass er aufbrausend und reizbar war, und er nahm ihr das Versprechen ab, dass sie niemals ihre eigenen Vorstellungen aufgeben würde, nur damit er seinen Willen bekam. Er war nach wie vor besorgt, ihrer nicht würdig zu sein. Sie hatte ihrerseits einen Mann gefunden, dem sie vertrauen, den sie achten und »verzweifelt, tief, heftig und ganz und gar« lieben konnte, obschon sie noch nicht richtig in ihn »verliebt« war. Das sollte später kommen. Mit Sicherheit verstand sie ihn.

Scott kehrte auf See zurück, und Kathleen nahm ein Leben auf, das sich wahrscheinlich nicht allzusehr von ihrem bisherigen unterschied. Sie besuchte Abendgesellschaften und Partys, ging ins Theater, tanzte viel und arbeitete fleißig als Bildhauerin. Sie freute sich, als sie eine Maske für 18 Guineas verkaufte, und schrieb ihrem eher zwiespältig reagierenden Ehemann triumphierend, dass sie gern Geld verdiene, nicht, weil sie keine Lust hatte, das seine auszugeben, sondern, weil sie nicht wollte, dass sie sich über Geld Gedanken machen müssten. Im Januar 1909 erfuhr Kathleen, dass sie schwanger war und dass ihr Baby im Herbst zur Welt kommen würde. Als Scott die Neuigkeit hörte, war er vor Freude so aus dem Häuschen, dass er mit einem Offizierskollegen auf den Boden rollte und herumalberte. Kurz darauf war er froh zu hören, dass er einen Schreibtischjob bei der Admiralität erhalten hatte; sein Gehalt wurde erhöht, und er konnte zu Hause wohnen.

Im März 1909 wurde bekannt, dass Shackletons Reise nach Süden erstaunlich erfolgreich gewesen, er aber nicht bis zum Südpol gelangt war. Scott sah die Schlagzeilen der Zeitungen auf einem Bahnhof und lief aufgeregt zu Crean, seinem damaligen Bootsführer: »Ich glaube, wir nehmen am besten gleich mal einen Schluck.«[22]

Im Juni kehrte Shackleton zurück und wurde wie ein Held begrüßt. Seine Leistungen wirkten stimulierend. Er hatte das Ross-Schelfeis überquert, einen Weg auf den gewaltigen Beardmore-Gletscher hinauf gefunden und hatte sich bis auf 180 Kilometer dem Pol genähert. Doch an dieser Stelle hatte er es für klüger gehalten umzukehren; dazu bemerkte er, dass seine Frau wohl lieber einen lebendigen Esel habe als einen toten Löwen. Auf seiner großen Odyssee war er von Ponys, nicht von Hunden, begleitet worden.

Scott zermarterte sich den Kopf darüber, wie er seinen Forscherkollegen begrüßen sollte. Am Ende siegten Vernunft und Großzügigkeit über Feindseligkeit – obwohl er nicht vergessen hatte, dass Shackleton sein Versprechen nicht gehalten hatte –, und er mischte sich unter die Menge, die sich auf der Charing Cross Station drängte, um den heimkehrenden Helden zu begrüßen. Shackleton war im gleichen Maße scharf darauf, die Öffentlichkeit zu umwerben, wie Scott sie hatte meiden wollen, und auch das zeigt den großen Unterschied zwischen ihren Temperamenten. Scott stimmte in den Chor der Lobpreisungen ein. Er versprach auch, von Shackletons Entdeckungen zu profitieren, ehe irgendeine andere Nation dazwischenkam.

Am 13. September 1909 wurde die Antarktisexpedition offiziell angekündigt. Scott teilte einer interessierten Öffentlichkeit Folgendes mit: »Das Hauptziel der Expedition besteht darin, den Südpol zu erreichen und sicherzustellen, dass die Ehre dieser Leistung dem Britischen Empire zufällt.« Er erklärte, dass die Reise mit Motorschlitten, Ponys aus der Mandschurei und Hunden unternommen werde. Am nächsten Tag – und das muss wie ein Omen erschienen sein – wurde sein Sohn geboren. Kathleen hatte die letzten Abschnitte ihrer Schwangerschaft an der Südwestküste verbracht, bei Mondschein gebadet und am Strand geschlafen, denn ihr Kind sollte die Nächte und das Meer lieben. Es war sowohl für den Ehemann als auch für seine Frau ein entscheidender Augenblick, aber besonders für Kathleen, die in ihren Erinnerungen schrieb: »Sehr groß, sehr gesund, ganz perfekt war mein kleiner Junge; und dann geschah etwas Merkwürdiges mit mir. Ich verliebte mich zum ersten Mal herrlich, leidenschaftlich, maßlos in meinen Mann. Ich wusste nicht, dass ich vorher nicht [verliebt] war, aber jetzt wusste ich es. Er wurde mein Abgott, der Vater meines Sohnes und mein Abgott. Bis dahin hatte er nur unter Bewährung gestanden und war Mittel zum Zweck gewesen.« Das Objekt dieser leidenschaftlichen Freude wurde Peter Markham genannt, nach dem ewigen kleinen Jungen Peter Pan und nach Sir Clements Markham, der, zusammen mit Barrie, einer der Paten war.

Während das Jahr sich seinem Ende näherte, hatten beide Scotts ein großes Ziel. Kathleen, das Kind zu hegen und zu pflegen, von dem sie so lange geträumt hatte, und Scott, nach Süden zurückzukehren und das, was er begonnen hatte, zu Ende zu führen.

KAPITEL 9

Es geht wieder los

Damit waren die Würfel gefallen. In den folgenden Monaten sollten neue Figuren die Bühne betreten und ehemalige Kameraden wieder zusammengeführt werden. Für Scott war Wilson der Grundpfeiler der Expedition, und er war deshalb entzückt, dass dieser als Leiter des wissenschaftlichen Stabes und als offizieller Künstler mitkommen wollte. Wilsons Beweggründe waren komplex. Er schrieb seiner Frau über seine Befürchtungen: »Ich verweichliche immer mehr und werde von Annehmlichkeiten abhängig, und das kann ich nicht leiden. Ich möchte Härten ertragen, doch stattdessen genieße ich Hotel-Diners und ziehe warmes Wasser kaltem vor und so weiter – alles schlechte Zeichen, und es muss etwas getan werden, damit das ein Ende hat.« Er glaubte auch, dass er überleben werde, damit er alles, was er im Kopf hatte, niederschreiben und veröffentlichen könne: »Diese Überzeugung macht mich in Bezug auf eine weitere Reise nach Süden vollkommen furchtlos, denn was auch immer geschieht, ich weiß, ich werde zu Dir zurückkommen.« Doch am stärksten waren seine Empfindungen für Scott. Er bekannte: »Ich würde es nicht für richtig halten, Scott jetzt, wenn er fährt, im Stich zu lassen.«[1] Seine Aufgabe bestand darin, das größte und am besten ausgerüstete Team zusammenzuschweißen, das je nach Antarktika geschickt wurde.

Ein anderer wichtiger Impulsgeber in der Frühphase war der überaus tatkräftige 28jährige Oberleutnant zur See Teddy Evans, der als Zweiter Offizier auf dem Versorgungsschiff *Morning* gewesen war und der eine tiefe Leidenschaft für die Antarktisforschung hegte. Sein lautes und derbes Wesen stand im krassen Gegensatz zu Scotts stiller Zurückhaltung. Als Junge war er von einer Schule verwiesen und auf eine geschickt worden, die auf den Umgang mit problematischen Knaben spezialisiert war. Es scheint genützt zu haben, denn 1895 ging er als Seekadett auf die *Worcester*. Er alberte gern herum und mochte so groteske Kraftmeiereien, wie seine Mitoffiziere mit den Zähnen an ihrem Hosenboden in die Höhe zu ziehen. Scott überredete ihn, seine Pläne aufzugeben, eine eigene konkurrierende Antarktisexpedition zu leiten; im Gegenzug bot er ihm die Stelle des stellvertretenden Kommandeurs und die verantwortungsvolle Aufgabe an, bei der Auswahl der Offiziere und der Mannschaften behilflich zu sein. In den vor ihnen liegenden Monaten, und besonders nach ihrer Ankunft in Antarktika, begann Scott, ihm zu misstrauen, vielleicht weil er in Evans einen weiteren Rivalen wie Shackleton witterte. Auch andere Expeditionsteilnehmer bezweifelten Teddy Evans' Kompetenz in Angelegenheiten, die nicht die Marine betrafen. Seine Anstellung brachte Scott zudem in ernsthafte Verlegenheit, denn er hatte die Position des stellvertretenden Kommandeurs bereits Reginald Skelton, der auf der ersten Reise so tüchtig gewesen war und Scott auch bei der Entwicklung der Motorschlitten geholfen hatte, so gut wie versprochen.

Die Nachricht von der Expedition lockte über 8000 hoffnungsfrohe Freiwillige an. Zu ihnen gehörte Rittmeister Oates, der mit seiner Selbstaufopferung auf der Rückkehr vom Pol die öffentliche Phantasie als perfekte Verkörperung der Werte seiner Zeit beflügeln sollte. Der ganze Rummel wäre diesem Pferdenarren und Kavallerieoffizier aus der Oberschicht, der von seinen Kameraden »Titus«

genannt wurde, peinlich gewesen. Er war ein stiller Mann mit klaren Auffassungen von Pflicht und Ehre, aber er war nicht der phantasielose, konventionelle Vertreter seiner Kaste, als der er manchmal hingestellt wird. Er war gewiss zurückhaltend, aber diejenigen, die er gern hatte, empfanden seine Gesellschaft als angenehm und mochten seinen trockenen, englischen Humor. Wie Scott hatte er eine sehr enge Bindung an seine Mutter. Caroline Oates war eine starke Persönlichkeit, die ihn – was aus Sicht eines Psychologen recht bedenklich ist – jahrelang »Baby Boy« nannte, obwohl sie nach ihm noch einen weiteren Sohn zur Welt brachte. Sie war eine wohlhabende und großherzige Frau, aber darauf bedacht, Oates' Finanzen und damit alles, was er tat, während seines ganzen Erwachsenenlebens unter Kontrolle zu halten.

Wie Wilson war Oates ein zartes Kind gewesen. Einmal befürchtete Caroline, er könne an Tuberkulose erkrankt sein, und nahm ihn eine Zeit lang mit nach Südafrika. Doch er wurde mit der Zeit robuster, und in Eton zeichnete er sich eher als Sportler denn als lernbegieriger Schüler aus. Er wurde ein guter Mittelgewichtsboxer, doch seine Laufbahn in Eton wurde durch eine schwere Lungenentzündung beendet, und er schloss seine Schulzeit in einer Paukschule ab, die darauf spezialisiert war, Jungen auf die Militärprüfungen vorzubereiten.

Oates wollte sein Offizierspatent über den Umweg eines Studiums in Oxford erhalten, aber die Aufnahmeprüfungen erwiesen sich als zu schwierig für ihn. Ihm fehlte es wohl eher an Fleiß als an Intelligenz, und die Jagd lag ihm viel mehr als die Gelehrsamkeit. In einem Satz von ihm ist alles zusammengefasst: »Prüfungen langweilen mich so sehr«.[2] Man kann fast das Gähnen eines jungen Mannes hören, der nicht einsehen konnte, welchen Sinn Stegreifübersetzungen aus dem Griechischen haben sollten. Er hatte auch keine Zeit oder Begabung für die Mathematik, wie Scott später feststellte: »Ich hatte beabsichtigt, Oates mit der Kontrolle der Kalkulation für die Futtereinkäufe zu beauftragen, aber Zahlenreihen, wie einfach auch immer sie dargestellt sein mögen, überfordern ihn.«[3]

Im Jahr 1900, auf dem Höhepunkt des Burenkriegs, wurde Oates zu seiner großen Freude in das 6th Inniskilling Dragonerregiment aufgenommen. Aus seiner damaligen Korrespondenz spricht seine Liebe zu schönen Pferden, und sie enthält wortreiche Bitten an seine Mutter um Geld, damit er sich gute Pferde kaufen konnte. Aber sein vordringlicher Ehrgeiz war, mit seinem Regiment nach Südafrika zu ziehen und im Burenkrieg zu kämpfen. Er war besorgt, dass dieser enden könne, ehe er seine Chance bekommen hätte, Ruhm zu erwerben, aber im November 1900 war er bereits auf dem Weg. Seine Jugend und Unerfahrenheit hinderten ihn nicht daran, seine Kommandanten so sehr zu kritisieren, wie er eines Tages Scott kritisieren sollte.

In Südafrika geriet Oates mit seiner 15 Mann starken Patrouille endlich in ein Gefecht. Von von den zahlenmäßig überlegenen Buren umzingelt, weigerte er sich zu kapitulieren, und es gelang ihm, die meisten seiner Männer in Sicherheit zu bringen; damit verdiente er sich den Namen »Never-say-die-Oates« und aufgrund seiner bemerkenswerten Tapferkeit eine Erwähnung in den Kriegsberichten. Sein linker Oberschenkel war von einer Kugel zerschmettert worden, aber er hielt achteinhalb Stunden lang die Stellung, bis eine Rettungsmannschaft bei ihm eintraf. Dem Sanitätsoffizier zufolge gab er keinen Laut von sich, obwohl er große Schmerzen gehabt haben musste, denn der Knochen hatte sich durch seine Haut gebohrt.[4] Es dauerte Monate, bis Oates sich erholte, und seine Mutter bestand darauf, dass er einen Spezialisten aufsuchte.

Dessen Urteil lautete, dass das verwundete Bein zweiein-halb Zentimeter kürzer als das andere bleiben und er im-mer hinken würde. Tatsächlich verursachte ihm die Ver-letzung unablässig Probleme, was er mit seinem üblichen Stoizismus überspielte.

Oates verbrachte die Jahre nach dem Burenkrieg damit, seiner Leidenschaft für die einzigen Dinge zu frönen, die seiner Meinung nach das Leben erträglich machten – Pferde und die Jagd. Seine Militärlaufbahn führte ihn nach Irland, das Traumland jedes Jägers, und dann nach Ägyp-ten, wo er – mit nicht allzu großem Erfolg – Polo spielte und den Versuchungen des süßen Lebens vollkommen aus dem Weg ging, und schließlich weiter nach Indien, wo er sich seiner Hundemeute widmete. Doch hinter all die-sen Aktivitäten verbarg sich eine Rastlosigkeit und der Wunsch, sich ein Ziel zu setzen. Hier erinnert manches an Scotts eigene agnostische Besorgtheit: »Wozu soll das alles gut sein?« Oates spielte mit dem Gedanken, aus der Armee auszuscheiden, denn er war verärgert über das, was er für die Ineffizienz und Dummheit anderer hielt, und frustriert wegen des langsamen Vorankommens. Er hatte auch das Gefühl, dass ihm das Leben nicht genügend He-rausforderungen bot und dass die Antarktisforschung bes-ser zu ihm passen würde, als in Indien unverdrossen wei-terzumachen.

Im Januar 1910 schrieb Oates an seine Mutter, und zwar vom Militärhospital in Delhi aus, wo er sich nach dem Verzehr einer Dose mit verdorbenem Fisch erholte:

»Jetzt muss ich ein großes Geständnis ablegen. Ich habe der Antarktisexpedition, die im Sommer unter Scott in England starten wird, meine Dienste angeboten. Sie haben mir geschrieben und gesagt, ich solle meine Zeugnisse ein-reichen, und das habe ich gemacht, und sie scheinen so schmeichelhaft gewesen zu sein, dass ich praktisch angenommen wurde. Jetzt weiß ich nicht, ob du das billigst oder nicht, aber ich glaube, ich hätte dich vor meiner Bewerbung fragen sollen. Das habe ich nicht getan, weil ich dachte, dass die Chance, angenommen zu werden, sehr gering sei (denn Kavallerieoffiziere werden im Allgemeinen nicht für so spektakuläres Zeug angestellt)... Scott scheint jedoch ein Mann zu sein, der sich entscheiden kann, und nachdem er sich entschieden hatte, teilte er mir das sofort mit, und das war der erste Hinweis für mich, dass ich wahrscheinlich fahren würde.«

Was Oates tatsächlich angeboten hatte, waren 1000 Pfund für die Expeditionskasse und seine kostenlosen Dienste. Mit naiver Untertreibung fügte er hinzu: »Das Klima ist sehr gesund, wenn es auch eher zur Kälte neigt.« Er war nicht nur wegen Caroline Oates' Reaktion besorgt, sondern auch darüber, »einen anständigen Burschen« zu finden, der seine Hunde übernehmen würde. Er hoffte, dass sie nicht an »irgendeinen einheimischen Fürsten« gehen müssten, denn »sie können den Anblick eines Schwarzen nicht ertragen«.[5]

Das Kriegsministerium stimmte der Entlassung Oates' zu, und nachdem sich Oates lange stur gestellt hatte, wurde sie auch von seinem Regiment gebilligt. Teddy Evans' Schilderung des jungen Mannes bei seiner Vorstellung spielt auf seinen Charme und seine Exzentrizität an:

»Wir hatten mit einem schick aufgeputzten jungen Kavallerieoffizier gerechnet... Unser künftiger Gefährte erschien mit einer Melone, die er sich typischerweise in den Nacken geschoben hatte, und mit einem stark abgetragenen ›Aquascutum‹, der bis oben zugeknöpft war und seinen Kragen verdeckte, und er zeigte ein starkes, glattrasiertes, wettergegerbtes Gesicht mit freundlichen braunen Augen, die etwas von seiner feinen Persönlichkeit verrieten. ›Ich bin Oates‹, sagte er.«[6]

Er sollte sich um die Ponys kümmern, die Scott törichterweise trotz Shackletons nicht hundertprozentig positiven Erfahrungen zum Haupttransportmittel machen wollte. Es war allerdings eine Entscheidung, die seinen großen Rivalen verblüffte. Amundsen schrieb später: »Wir hatten gehört, dass Scott, der sich auf seine eigene Erfahrung und die Shackletons verließ, zu dem Schluss gekommen war, dass mandschurische Ponys auf dem Ross-Schelfeis Hunden überlegen seien. Unter jenen, die sich mit dem Eskimo-Hund auskannten, war ich wohl nicht der Einzige, der überrascht war, als er dies zum ersten Mal hörte.«[7]

Oates legte eine solche Fähigkeit zu schwerer Arbeit an den Tag, dass Evans Scott überredete, ihn als Midshipman zu registrieren, damit er an Bord des Expeditionsschiffes bleiben konnte, anstatt nach Sibirien zu fahren, um dort die Hunde und Ponys auszuwählen. Scott stimmte zu, aber es war eine unsinnige Entscheidung, die er noch bereuen sollte. Oates verstand weit mehr von Pferden als Cecil Meares, der Mann, der mit dieser Aufgabe betraut wurde. Doch Oates hatte sich gegen die Zahlung einer Heuer von einem Schilling pro Monat bei den West India Docks ordnungsgemäß als Midshipman angemeldet und trat dort so merkwürdig in Erscheinung, dass die Matrosen »niemals auch nur für einen Augenblick glaubten, dass er ein Offizier sei, denn diese waren gewöhnlich so adrett!… Aber wahrhaftig, er war ein Gentleman, ein echter Gentleman und immer ein Gentleman!«[8] Seine übliche äußere Erscheinung war die eines »Stallburschen mit ungewöhnlich guten Manieren«.[9]

Oates lernte schon bald einen anderen seiner künftigen Begleiter kennen – der ebenso klein und hässlich war wie er groß und gut aussehend und im Rechnen ebenso fix wie er langsam war – ja, er zog Oates damit auf, dass er so langsam denke wie Schnecken einen Kohlstengel hinaufklettern. Dieser Mann war Henry Bowers von der Royal Indian Marine, der wegen seiner großen und auffälligen, schnabelartigen Nase von seinen Freunden schon bald den Spitznamen »Birdie« erhielt. In einem Brief an seine Mutter beschwerte er sich: »Ich war natürlich der Erste, der einen Spitznamen verpasst bekam. Warum, weiß ich nicht – es ist immer das Gleiche. Es war ›Polly‹ in Sidcup, ›Beakie‹ in Streatham… ›Nosie‹ auf der ›Fox‹, und jetzt bin ich ›Birdie‹.«[10] Einer seiner Expeditionskollegen, Frank Debenham, hinterließ uns folgende sympathische Beschreibung: »Stellen Sie sich einen kleinen dicken Mann mit einer ganz riesigen Nase und rotem Stoppelhaar, mit unerschöpflich guter Laune und Tatkraft und wunderbarer Ausdauer vor.« Er war 1883 geboren und damit nur drei Jahre jünger als Oates und stammte aus einer alten schottischen Seefahrerfamilie. Sein Vater starb, als er noch ein Kind war, und so wurde Birdie von seiner warmherzigen und tief religiösen Mutter erzogen, der er immer ergeben war und deren grundlegenden Glauben er teilte, obwohl ihn die Lektüre von Darwin schon leicht verunsichert hatte. Er wuchs mit einer Leidenschaft für Schmetterlinge und einer ganz realen Angst vor Spinnen auf. Wie so viele Jungen seiner Zeit ließ auch er sich von Geschichten über weit entfernte Länder faszinieren. Als er gerade sieben Jahre alt war, schrieb er einen Brief an einen Eskimo: »Lieber Eskimo. Bitte schreib mir, und erzähle mir etwas über Dein Land. Ich möchte eines Tages dorthin fahren. Dein Freund Henry.«[11] Die Faszination durch das Unbekannte blieb eine Konstante seines Lebens.

Im Gegensatz zu Oates waren Birdies Zeugnisse voller Lob für seinen Arbeitseifer und seine Gewissenhaftigkeit. Im September 1897 erlaubte ihm seine Mutter, sich als Kadett auf der *Worcester* zu melden, und er trat in die

Handelsmarine ein. 1905 verließ er sie und ging als Leutnant zur See zum Royal Indian Marine Service. Ein solcher Übertritt war ein seltenes Privileg – die Indian Marine rangierte gleich hinter der Royal Navy –, aber Bowers hatte schwer dafür gearbeitet. Er war ein sehr strebsamer junger Mann und eine seiner Triebkräfte war, ähnlich wie bei Scott, der Wunsch, Sicherheit für seine Mutter zu erlangen, die wenig Geld besaß.

Bowers erlernte das Navigieren in Burma, auf dem gewundenen Irawadi, und er kam bei der Marine so gut voran, dass er schon mit 23 Jahren vorübergehend das Kommando über ein Schiff erhielt. Seine Kameraden äußerten sich über sein scheinbar immerwährendes Glück, aber einer von ihnen sagte ihm zutreffend genug voraus: »dein Pech wird ganz plötzlich über dich kommen.«[12] Doch in diesem Abschnitt seines Lebens erstreckte sich sein Glück auch auf seine Gesundheit. In einem Teil der Welt, der in dieser Hinsicht für seine Gefährlichkeit berüchtigt war, blieb er von Malaria und allen anderen ernsthaften Krankheiten verschont. Seine einzige Sorge war, dass er sein Gewicht nicht auf weniger als 76 Kilogramm herunterdrücken konnte, was er für seine Körpergröße von 1.63 Meter zu schwer fand. Allerdings war er enorm fit und prahlte damit, dass er mehr Energie habe, als er brauche. Er war zwar klein, aber entschlossen zu beweisen, dass er stark war.

Birdies Erfahrungen in Burma bestätigten ihn in seinen imperialistischen Auffassungen. Er glaubte, sein Land habe »dem Kuli Frieden, Linderung von Hungersnöten, Schutz und ein gewisses Glück gratis dazugegeben«, und er liebte Großbritannien zutiefst:

»Ich liebe mein Land und vertraue darauf, dass ich nicht fehlen werde, wenn der Tag des Handelns kommt. Dieses liebe alte Land – ich frage mich, ob auch nur ein Bruchteil seiner Bewohner seinen Wert zu schätzen weiß oder ob es einer Bewährung langer Abwesenheiten bedarf, um einem zu beweisen, dass diese kleine Insel – unter *allen* Bedingungen des Wetters oder aller anderen Dinge – der beste, der allerbeste Ort auf Gottes Erde ist.[13]

Die Deutschen hielt er für »Wurstmaschinen«, und die Franzosen tat er als »Froggies« ab. Auch wenn er das Leben genoss, dachte er immer wieder an den Süden. Im Laufe seiner Karriere passierte er einmal mehrere Längengrade am südlichen Polarkreis: »Ich habe gedacht – wie ich damals dachte –, dass das mein Ziel! ist, der südliche Erdteil. Seit der Lektüre von Kapitän Scotts beiden Bänden über die Expedition der *Discovery* bin ich Feuer und Flamme. Vielleicht bekomme ich später einmal eine Gelegenheit.«[14] Er las eifrig die Zeitungsberichte über die Abreise von Shackletons Expedition. Als seine Schwester ihn wegen solch tollkühner und dünkelhafter Bestrebungen kritisierte, tadelte er sie so, wie es für einen Mann seiner Zeit typisch war: »Wie kann irgendjemand aufgrund einer Vermutung behaupten, es würde für die Menschheit nicht von Nutzen sein, nach Norden oder Süden, zum Pol vorzudringen?... Ist es etwa, abgesehen von dem ganzen Interesse im Hinblick auf erdmagnetische und meteorologische Phänomene, für eine Nation nichts, Männer hervorzubringen, die bereit sind, Entbehrungen und Not auf sich zu nehmen, ohne selbst praktisch irgendeinen Gewinn davon zu haben?«[15]

Doch vorläufig musste Bowers sich damit begnügen, Schmuggler im Persischen Golf zu verfolgen und dabei mit raffinierten Bluffs und Gegenbluffs zu arbeiten. Doch wieder hatte auch das Glück seine Hand im Spiel. Er lernte Sir Clements Markham kennen, der ihn für die Expedition empfahl. Die Folge war, dass Birdie ohne Vorstellungsgespräch einen Posten erhielt. Da er unter Tausenden von Bewerbern ausgewählt worden war, hatte er das Gefühl, das Schicksal habe dabei eine Rolle gespielt. Er schrieb seiner Mutter: »Ich werde die Arbeit eines Mannes tun, die nur ein starker Mann tun kann.«[16]

Birdies Zuverlässigkeit, seine sorgfältige Planung, seine Fröhlichkeit und sein unerschöpflicher Arbeitseifer machten schon bald tiefen Eindruck auf seine neuen Kameraden. Teddy Evans beschrieb einen Vorfall, der rasch Legende wurde:

»Bowers kam von der Indian Marine, um seine Pflichten als für die Vorräte [auf dem Expeditionsschiff] zuständiger Offizier zu übernehmen, und fiel prompt von der großen Luke auf den Roheisenballast. Ich habe den Unfall nicht selbst miterlebt, aber als Campbell die Angelegenheit meldete, hat man mir berichtet, er habe gesagt: ›So ein blöder Kerl!‹ Das mag wahr gewesen sein, denn den ganzen Weg von Bombay hierher zu uns zu kommen und dann gleich von der Luke herunterzufallen, schien etwas leichtsinnig. Doch als Campbell hinzufügte, dass Bowers sich nicht verletzt hatte, kehrte meine Begeisterung zurück, und ich sagte: ›Was für ein großartiger Bursche!‹ Bowers fiel fast sechs Meter in die Tiefe, ohne sich im Geringsten zu verletzen. Das war nur ein Fall, bei dem er gerade noch einmal davonkam, und es stellte sich heraus, dass er wohl der zäheste Mann unter uns war.«[17]

Die anderen Offiziere kamen alle von der Königlich Britischen Marine. Zu ihnen gehörte auch der kamerascheue Schiffsarzt Atkinson oder »Atch«, der rasch mit Oates »sehr dick« wurde und fast ebenso lakonisch war wie er. Oates' Urteil über ihn lautete, dass er ein außerordentlich stiller Mann sei, der kaum je spreche, aber ein prächtiger Bursche und erstklassiger Boxer. Fürwahr ein Lob! Teddy Evans wunderte sich, dass es zwei so schweigsamen Männern überhaupt gelang, sich anzufreunden. Ein zweiter Schiffsarzt, G. Murray Levick, wurde ebenfalls von der Marine ausgeliehen, und die beiden sollten neben ihren ärztlichen Pflichten noch für bakteriologische und parasitologische Untersuchungen zuständig sein. Es gab auch zwei Marineleutnants: Harry Pennell, ein lebhafter, schwungvoller Typ, wurde zum Navigator ernannt und übernahm die erdmagnetischen Arbeiten auf dem Schiff; Henry Rennick war für die hydrographischen Messungen und für die Tiefseelotung zuständig. Victor Campbell, ein Marineoffizier, der kurz zuvor in den Ruhestand getreten war, wurde zum Ersten Offizier ernannt, und seine Aufgabe bestand darin, eine zweite Gruppe zum King Edward VII. Land zu führen, während Scott den Pol ansteuern würde. Tatsächlich sollte Campbells Geschichte ebenso außergewöhnlich sein wie das, was Scotts Leuten widerfuhr.

Zur Schiffsbesatzung gehörten 26 Marine-Unteroffiziere und Mannschaften. Fünf von den zwölf, die die an Land gehenden Trupps bilden sollten, waren alte »Discoverys«, die schon 1901 mit Scott gereist waren. Zu ihnen zählten William Lashly und Edgar Evans, mit denen Scott sich auf »dem schrecklichen Plateau« einen Schlafsack geteilt hatte, und Thomas Crean, sein Bootsführer. Scott war besonders darauf erpicht gewesen, Edgar Evans mitzunehmen, und schrieb ihm im März 1910, dass er um seine Dienste gebeten habe und dass »ich erwarte, dass Sie in etwa 14 Tagen abkommandiert werden, und ich werde Sie auf dem Schiff brauchen, denn Sie sollen es ausrüsten«.[18] Evans selbst war nicht weniger eifrig um seine Teilnahme bemüht. Abgesehen von seiner Loyalität gegenüber Scott, war dies eine Chance, etwas aus sich zu machen. Nach der *Discovery*-Expedition hatte Evans geheiratet, war Vater geworden und war jetzt ein höchst kompetenter Schiffsgeschützausbilder mit dem Ruf eines strengen Zuchtmeisters, der keine Zeit für Drückeberger hatte, aber Anerkennung aussprach, wenn sie am Platze war.

Edgar Evans meldete sich, sobald er konnte, im Hauptquartier der Expedition, wo seine imposante Erscheinung großes Aufsehen erregte. Einige der Wissenschaftler beschlossen zu beweisen, dass sie ebenfalls fit waren, und legten die 93 Kilometer von Brighton nach London in 24 Stunden zu Fuß zurück. Es gab keinen Zweifel, dass Evans die beherrschende Persönlichkeit auf dem Mannschaftsdeck war. Scott hatte sich nach Kräften bemüht, einen anderen ehemaligen Matrosen von der *Discovery*, Frank Wild, der Shackleton auf der Reise zu seinem südlichsten Punkt begleitet hatte, zu einer Teilnahme zu überreden, aber Wild lehnte ab.

Wilson hatte auf der Suche nach erstklassigem Sachverstand das wissenschaftliche Team sorgfältig ausgewählt. Doch er wusste auch Begeisterung und Engagement zu schätzen, wie etwa im Fall von Apsley Cherry-Garrard, der, wie Oates, aus dem Landadel stammte und kurz zuvor sein Examen in Oxford abgelegt hatte, wo er Altphilologie und moderne Geschichte studiert hatte. Er erhielt eine Stelle als Hilfszoologe, obwohl er nur sehr geringe Kenntnisse in Zoologie besaß. Dieser kurzsichtige, unerfahrene, aber eifrige junge Mann sollte einen der aufschlussreichsten und bewegendsten Berichte über die letzte Expedition abfassen. Er verstand, was Männer schreckliche Risiken eingehen ließ, und schrieb, dass Forschung der physische Ausdruck der intellektuellen Leidenschaft sei. Er sollte von seinen Erfahrungen bis zum Ende seiner Tage gezeichnet sein. Auch er hatte einen trockenen Humor: »Die Polarforschung ist die sauberste und zugleich isolierteste Methode, Schlimmes durchzumachen, die jemals ersonnen wurde.«[19]

Cherry-Garrard war an einer Teilnahme sehr interessiert gewesen, seit er Wilson in Schottland getroffen hatte. Wilson hatte ihn so inspiriert, dass er, wie Oates, 1000 Pfund für die Expedition sowie seine Dienste angeboten hatte. Als seine Bewerbung anfänglich von Scott abgelehnt wurde, bat er ihn darum, wenigstens seine Spende anzunehmen. Das war genau die Art von Geste, wie sie Scott gefiel, der sich bereit erklärte, den jungen Mann noch einmal zu empfangen.

Dieses Mal sollten drei Geologen mitfahren, an der *Discovery*-Expedition hatte nur ein einziger Geologe teilgenommen. Zwei von ihnen waren Australier: Der eine war Griffith Taylor, der in Berichten in der für seine Landsleute so typischen Manier von »seinen Kumpeln« sprach und seine Zufriedenheit mit dem »Fraß« ausdrückte, und der andere Frank Debenham. Der dritte, Raymond Priestley, ein Mitglied von Shackletons Expedition, war Engländer; er wurde später rekrutiert und schloss sich der Expedition erst in Australien an. Der etwas trockene und schroffe Dr. George Simpson vom Indian Weather Bureau in Simla erhielt eine Stelle als Meteorologe. Die Biologen waren Edward Nelson vom Plymouth Marine Laboratory, ein reicher und ziemlich träger Mann mit »einer Vorliebe für Gin und Bridge«[20], wenn auch ein sorgfältiger Wissenschaftler, und Denis Lillie, ein ausgewiesener Kenner der Meeressäugetiere und in Scotts Augen ein bisschen plemplem – er glaubte an Wiedergeburt und daran, dass er in seinen früheren Leben einmal Perser und einmal Römer gewesen sei. Einer seiner Kollegen schrieb spöttisch: »Wenn man ihn richtig behandelt, kann man viel Spaß aus ihm herausholen.«[21] Der junge Kanadier Charles Wright aus Toronto wurde als Physiker angeheuert.

Bernard Day, der ebenfalls mit Shackleton gereist war, wurde mit den Motorschlitten betraut. Er kaufte auch ein Fahrrad, das einige Mitglieder der Mannschaft in Antarktika benutzten. Einmal fuhr Griffith Taylor damit so weit über das Eis, dass er sich verirrte. Der Mann, der nach Sibirien geschickt worden war, um den Kauf von Hunden und Ponys zu regeln, war Cecil Meares, ein geheimnisvoller Mensch von etwas wildem und ungepflegtem Äußeren. Es wurde gemunkelt, er sei ein Geheimagent gewesen und habe eine Rolle im »Great Game« – den Intrigen zwischen Großbritannien und Russland an den fernen nordwestlichen Grenzen Indiens – gespielt; auf jeden Fall beherrschte er Hindustani und Russisch. Er war Pelzhändler auf der Halbinsel Kamtschatka und Ochotsk in Nordostsibirien gewesen und behauptete, den Fall von Peking miterlebt und im Russisch-Japanischen Krieg sowie im Burenkrieg gekämpft zu haben. Er erzählte auch eine erstaunliche Geschichte über eine große Reise, die er nach Tibet unternommen hatte, wo sein Begleiter, ein Armeeoffizier namens Brooke, von Stammesangehörigen der Lolo ermordet wurde, und wie er dessen Leichnam in die Zivilisation zurückbrachte. Wilson, der Pazifist, war fasziniert von Meares, den er für einen Mann der Tat, einen höchst unterhaltsamen Tischgenossen und einen Spaßvogel hielt. Aber für Meares sollte sich die Beziehung zu Scott als schwierig erweisen. Als Abenteurer, der an ein ungebundenes Leben gewöhnt war, reagierte er sauer auf das, was er für Einmischung und Reglementierung hielt. Und Scott seinerseits ärgerte sich über das, was er als Aufsässigkeit ansah.

Doch das lag noch in der Zukunft. Meares unternahm zunächst eine Reise mit der Transsibirischen Eisenbahn, mit Pferd und Schlitten nach Sibirien, wo er seine Hunde sorgfältig auswählte. Doch von Ponys verstand er viel weniger und ließ sich dabei beraten. Scott hatte Meares mit einer bizarren Aufgabe betraut – nur weiße Ponys zu kaufen, weil Shackleton festgestellt hatte, dass seine dunklen Ponys vor den weißen verendet waren. Dies engte Meares' Handlungsspielraum sehr stark ein und veranlasste einen zweifellos ungläubigen, aber hoch erfreuten Pferdehändler auf einem Markt in Mukden zu »einem riesig breiten Grinsen«.[22] Oates sollte beim Anblick der ausgemergelten alten Klepper, die schließlich in Neuseeland an Bord genommen wurden, erschrecken und bedrückt auflisten: »Schmalbrüstig, X-Beine... Alt. Windschlucker...«[23]

Nachdem er seinen Kauf abgeschlossen hatte, überredete Meares Anton Omeltschenko, der ihn beim Pferdekauf beraten hatte, und einen russischen Hundetreiber namens Dimitri Gerow, ihm beim Transport der Tiere nach Neuseeland zu helfen, wo sie auf die Expedition stoßen sollten. Es war eine schwierige Aufgabe, und Kathleen Bruces Bruder Wilfred, »breit, strahlend und immer nach Mädchen Ausschau haltend«, wurde entsandt, um dieser Arche Noah zu assistieren.[24] Es gelang ihnen, ihre Menagerie über den Pazifik bis nach Lyttelton zu befördern, ohne ein einziges Tier zu verlieren, aber sie wechselten kein Wort mehr miteinander. Meares meinte, Bruce sei »zu ›etepetete‹ für diesen Job«.[25]

Schließlich gab es noch den erfahrenen und talentierten Herbert Ponting, der sich der Expedition als offizieller »Kamerakünstler« anschloss. Seine wunderbaren Bilder sollten die unheimliche, überwältigende Schönheit von Antarktika bannen; darüber hinaus diente er der Expedition auch als »Kameramann«. Sein ergreifender Streifen über den Abschied von Kapitän Scott und seinen Kollegen vor ihrem Aufbruch zum Pol – kleine, resolute Gestalten, die in eine große, weiße Unendlichkeit hinausstapfen – ist heute noch genauso beeindruckend wie 1912. Ponting, der viel reiste, schrieb gerade ein Buch über Japan, als Scott sich an ihn wandte: »Er sprach mit solchem Eifer von seiner bevorstehenden Reise; von der Verlockung der südlichsten Meere; vom Geheimnis des Ross-Schelfeises; von der Erhabenheit des Erebus und der Westlichen Berge und von den Wundern der Tierwelt rund um den Pol, dass ich mich von seiner Begeisterung mitreißen ließ.« Ponting ließ sich auch von dem Menschen Scott bezaubern: »das entschlossene Gesicht; die klaren blauen Augen mit ihrem aufrichtigen, suchenden Blick; die einfache, direkte Sprechweise und sein ernsthaftes Wesen; die stille Kraft des Mannes – all das zog mich unwiderstehlich an.«[26] Mit Ponting war das Team komplett.

Es stellte sich auch noch die Frage nach einem Schiff. Scott versuchte, die *Discovery* zu bekommen, die ihm sehr ans Herz gewachsen war, aber sie befand sich mittlerweile im Besitz der Hudson Bay Company. Deshalb verhandelte er über die *Terra Nova*, das Versorgungsschiff, dessen Auftauchen im McMurdo Sound ihn und Wilson so entsetzt hatte. Sie war alt und hatte einen außergewöhnlich hohen Kohlenverbrauch, aber, wie Teddy Evans schilderte, eine ehrenwerte Geschichte auf dem Buckel: »Sie war der größte und stärkste der alten schottischen Walfänger, hatte sich im antarktischen Packeis bewährt und sich in den nördlichen Eisfeldern wacker gehalten, bei Wal- und Robbenfangreisen, die sich über einen Zeitraum von 20 Jahren erstreckt hatten. Trotz ihres Alters leistete sie Beträchtliches.« Ihr Rumpf war aus massiven Eichenbalken gebaut, die 36 Zentimeter dick waren, während ihr Bug aus einem soliden, 2.75 Meter dicken, mit Eisenplatten verstärkten Holzschott bestand. Scott sicherte sie sich gegen eine Anzahlung von 5000 Pfund, die aufzubringen er große Schwierigkeiten hatte.

Die *Terra Nova* war zwar ein geeignetes Schiff, doch sie war auch sehr verschmutzt. Teddy Evans war für ihre Umwandlung in ein schwimmendes Laboratorium verantwortlich: »Ich liebte sie von dem Tag an, als ich sie das erste Mal sah, weil ich auf ihr mein erstes Kommando erhielt. Armes, kleines Schiff, es sah so verdreckt und ungepflegt aus.« Ihre Ekel erregenden Trantanks mussten entfernt und das ganze Schiff geschrubbt und desinfiziert werden. Es mussten Wohnräume für Offiziere und die Mannschaft, Laboratorien, Instrumenten- und Chronometerräume sowie Vorratskammern eingebaut werden. Während die Arbeiten in den West India Docks voranschritten, lockte die *Terra Nova* viele Besucher an, aber der arme Teddy Evans »errötete oft, wenn Admiräle kamen, um unser Schiff zu besichtigen, [denn] sie war so furchtbar schmutzig«. Er hatte nur ein sehr begrenztes Budget zur Verfügung, andererseits musste viel gekauft oder zusammengeschnorrt werden: »Es mussten die Bootsmannvorräte angeschafft werden, die Kabeltrossen, Segeltuch für die Segel, Fahnen, Logs, Farbe, Teer, Zimmermannsvorräte und eine Unmenge von Dingen, die notwendig waren, an die man denken und die man auswählen musste und, wenn es irgendwie ging, nicht bezahlen sollte.« Er bemerkte spöttisch, dass man damals noch nicht die Wendung »jemandem etwas abluchsen« kannte, deshalb hätten sie alles nur »erhalten«. Ein großer Teil der Arbeit wurde von den Unteroffizieren und von Männern der Freiwilligen Britischen Marine in ihrer Freizeit erledigt. Witzigerweise lag direkt gegenüber der *Terra Nova* die *Discovery* vor Anker, die für eine Reise nach Nordamerika beladen wurde – die *Birmingham Post* stellte fest, dass Scotts früherer Stolz sehr »vernachlässigt und verwaist« aussah. Es blieb wenig Zeit, um die *Terra Nova* in Ordnung zu bringen. Scott hatte beschlossen, den Abreisetermin um zwei Monate vorzuverlegen und bereits am 1. Juni in See zu stechen. Durch ein früheres Eintreffen in Antarktika hoffte er, zusätzliche Zeit für das Anlegen der Vorratslager zu gewinnen, das er noch vor Beginn des antarktischen Winters beendet haben wollte.

Natürlich mühte sich Scott wieder einmal damit ab, Geld aufzutreiben, wobei er dieses Mal keine offiziellen Sponsoren hatte. Die Kosten schätzte er auf etwa 40 000 Pfund, während sich die Ausgaben für die *Discovery*-Expedition seinerzeit auf mehr als 90 000 Pfund belaufen hatten, die auch in den Bau der *Discovery* selbst flossen, und die Presse vertrat nunmehr den Standpunkt, dass er die Mittel ohne kleinliches Getue bekommen sollte. Die *Pall Mall Gazette* verkündete in einem hoheitsvollen Ton, die erforderliche Summe sei »eine bloße Bagatelle« und es sei »undenkbar, sie nicht aufzubringen«. Die *Times* zog alle Register und behauptete, es wäre »zutiefst bedauerlich, wenn, entweder aus Personal- oder aus Geldmangel, die brillanten Leistungen der jüngsten britischen Forschungsreisen in diesem Augenblick gestoppt würden«, und fügte, ein wenig prophetisch, hinzu, dass es ein harter Schlag wäre, wenn die Tür für einen Ausländer geöffnet bliebe. Die offenkundigste Gefahr schien hier von den Amerikanern auszugehen. Im November 1909 hatte Fregattenkapitän Robert Peary, der im April mit seinen zehenlosen Füßen bis zum Nordpol gehumpelt war, um ihn für sein Land zu beanspruchen (heute bezweifeln allerdings einige Forscher, dass Peary tatsächlich den Pol erreichte), angekündigt, dass die Amerikaner versuchen würden, innerhalb der nächsten fünf Jahre einen Versuch zum Südpol zu starten.

Doch Scott verdrängte solche Gedanken, während er mithilfe von Teddy Evans gegen die Zeit ankämpfte, um das notwendige Geld zu beschaffen. Im Frühjahr des Jahres 1910 hatten sie erst 10 000 Pfund zusammen. Evans beschrieb, wie unangenehm es war, von einem Ende des Landes zum anderen zu hasten. Während er nach Südwales und in das West Country gefahren war, »um Mittel aufzutreiben«, wie er es nannte, klapperte »Scott, wenn die Admiralität ihn entbehren konnte, Newcastle, Liverpool und den Norden ab... in London taten [wir zu zweit], was wir konnten… Für Scott war es eine Zeit des bangen Wartens.« Evans hatte eine herzlich-derbe und unkomplizierte Art, auf einen künftigen Spender zuzugehen, indem er sagte: »Ich möchte einen schönen Scheck von Ihnen haben!« Scott dagegen hielt es für eine schwierige, unangenehme und deprimierende Arbeit, und seine Briefe an Kathleen sind voller Pessimismus, mit gelegentlichen Einblicken in die praktischen Schwierigkeiten, die das Herumreisen im ganzen Land mit sich brachte: So bat er sie im Februar 1910 dringend um Socken.[27]

Die Aussichten der Expedition färbten sich mit einem Schlag viel rosiger, als die Regierung 20 000 Pfund bewilligte. Zu dieser Zeit war es Scott bereits gelungen, sich ungefähr 12 000 Pfund entweder aus Spenden oder Zusagen zu sichern, sodass er jetzt nur noch etwa 8000 Pfund auftreiben musste. Doch da die Expedition im Juni abreisen sollte, blieb wenig Zeit, und er brach zu einer Vortragsreise in den Norden des Landes auf.

Scott hatte gewisse Schwierigkeiten, die Ziele seiner Expedition zu erklären. Ging es um Wissenschaft, oder ging es darum, als erster den Pol zu erreichen? Was Scott selbst anbelangte, so war es für ihn sicherlich mehr als nur eine Jagd zum Pol. Er war viel zu wissbegierig, um von dem Potenzial an Erkenntnismöglichkeiten unberührt zu bleiben. Doch gleichzeitig war er nicht unempfindlich gegenüber dem Ruhm und dem Prestige, die dem Mann zufallen würden, der den Pol für Großbritannien erobern würde. Beide Ziele lockten ihn. In einer an die Royal Geographical Society gerichteten Ansprache vom Frühjahr 1910 bestätigte er, dass die Idee, einen Punkt auf dem Globus zu erreichen, den noch nie der Fuß eines Menschen betreten hatte, sicherlich eine Frage des nationalen Stolzes sei »und ein nach außen wirkendes Zeichen dafür, dass wir immer noch eine Nation sind, die fähig und gewillt ist, schwierige Projekte in Angriff zu nehmen«; das wahre Ziel sei aber, »die unter den gegebenen Bedingungen bestmögliche wissenschaftliche Ausbeute nach Hause zu bringen«. Allerdings wusste er, dass der Gedanke, den Union Jack am Pol zu hissen, die Phantasie der Öffentlichkeit beflügeln und die Mittel anlocken würde, und deshalb bestand für die Öffentlichkeit das Ziel der Expedition darin, den Südpol zu erreichen.

Scott schrieb alle an, die ihm einfielen, und bat sie um Geld – von reichen Philanthropen bis zu Schulen und Firmen. Er schloss Freundschaft mit einigen mächtigen Leuten. Der Finanzier Sir Edgar Speyer, den Kathleen umgarnt hatte, spendete 1000 Pfund und erklärte sich bereit, als Kassenwart der Expedition zu fungieren. Sir Arthur Conan Doyle hielt im Mansion House eine zündende Rede darüber, dass noch ein Pol übrig sei, dass dieser Pol ein britischer Pol sein sollte und dass Kapitän Scott der richtige Mann sei, ihn zu erobern.

Scott musste sich wieder in hohem Maße auf Sponsoren aus der Wirtschaft verlassen. Er war auch erfreut über die großzügige Reaktion von Schulen im ganzen Land, die er aufgefordert hatte, Geld zu sammeln, damit er Hunde, Ponys, Schlitten, Schlafsäcke und Zelte kaufen konnte. Mehr als 100 öffentliche Schulen, Privat- und Realschulen beteiligten sich. Scott schrieb jeder Schule persönlich und dankte den Mädchen und Jungen.

Während dieser ganzen Zeit rasender Schwerstarbeit – Nansen hatte Recht gehabt mit seiner Warnung, der schwierigste Teil einer Expedition bestehe aus ihrer Vorbereitung – war Scott sorgsam darauf bedacht gewesen, das richtige öffentliche Image zu pflegen. Es durfte kein Anzeichen seiner inneren Besorgtheit und seiner depressiven Phasen nach außen dringen, von der »schwarzen Gewitterwolke«, wie Kathleen seine düstereren Stimmungen nannte. Es gibt eine aufschlussreiche Reportage in der *Daily Mail* vom Januar 1910, der Scott das Bild eines entschlossenen Manns der Tat dargeboten zu haben scheint:

»Kapitän Scott hat eine persönliche Kraft, die alle Menschen deutlich sehen können. Gedrungen, mit tiefem Brustkasten und einer wachsamen Freundlichkeit in seinem glatt rasierten Marineoffiziersgesicht entspricht er ganz dem ›Bulldoggentyp‹ mit blauen Augen, die aus einem von Abenteuern gegerbten Gesicht funkeln. ›Angenommen, Sie haben nicht gleich Erfolg?‹ wurde er gefragt… Kapitän Scott nahm seine Zigarette von den Lippen und legte mit bedächtigem Nachdruck den Finger auf den Tisch. ›Dann werden wir eben da unten frischfröhlich ausharren, bis die Sache erledigt ist.‹«

Dieses ostentative Selbstvertrauen passte nicht zu seinen inneren Zweifeln. Später schrieb er von Antarktika aus an Kathleen über seine Sorgen während der frühen Phasen:

»Nun, da ich diese Dinge sagen kann und mich so fühle wie jetzt, nämlich als kompetenter Führer eines Teams, muss ich aufrichtig genug sein, um ein gewisses Maß an Staunen einzugestehen, dass ich alles so zufrieden stellend finde. Ich stehe hier ganz auf eigenen Füßen, ich fühle mich geistig wie körperlich fit für die Arbeit, und mir ist klar, dass die anderen es wissen und volles Vertrauen in mich haben. Aber es ist eine Tatsache, dass es in London oder sogar bis wir diesen Punkt hier erreichten, nicht so war. Der Grund des Problems war, dass ich mein Selbstvertrauen verloren hatte.«[28]

Die Spannung wuchs, als Shackleton ihm schrieb und ankündigte, dass er eine Expedition für das Jahr 1911 vorbereite. Er erklärte, er beabsichtige nicht, zum Pol zu gehen, versprach, dass seine Expedition rein wissenschaftlich orientiert sei, und bot an, bei der Erforschung der westlichen Region mit ihm zusammenzuarbeiten. Scotts Reaktion fiel lauwarm aus. Am 3. Februar ergab sich eine weitere Entwicklung, die öffentliches Interesse weckte. Die American Geographical Society teilte mit, dass sie eine amerikanische Expedition von der Küste des Weddell-Meers aus zum Pol schicken werde, die im Dezember 1911 starten und ein Jahr später den Pol erreichen sollte. Peary hatte Scott geschrieben und ihn gefragt, ob er irgendwelche Einwände gegen diese Pläne habe. Scott hatte geantwortet, dass er die Absicht begrüße und bei der wissenschaftlichen Arbeit gern kooperieren würde. Doch jetzt griff die Presse die ganze Geschichte auf und stellte sie als Herausforderung britischer Ambitionen dar. Scott ließ die Korrespondenz zwischen ihm und Peary veröffentlichen, und er fügte hinzu, dass die Rivalität einen völlig freundschaftlichen Charakter habe, aber jeder natürlich eifrig bedacht sein werde, dass seine eigene Nation die erste sein sollte. Ende Februar gab Peary dem Publikum das, was es wollte, und versprach »den aufregendsten und nervenaufreibendsten Wettkampf, den die Welt je gesehen hat«.[29]

Im folgenden Monat war Scott in Norwegen, um sich mit Fridtjof Nansen zu beraten – der sehr von Kathleen eingenommen gewesen zu sein schien – und um in Fefor, am Fuße der Jotunheim-Berge, nördlich von Oslo, den Prototyp eines Motorschlittens zu testen. Dieser war nach Entwürfen von Scott und Reginald Skelton von der Wolseley Tool and Motor Company gebaut worden, und dieses Modell war der Vorläufer des Tanks und der Sno-cats, die später von Fuchs und Hillary auf der Transantarktischen Expedition von 1955-58 verwendet wurden. Er konnte auch die Firma besichtigen, die seine herkömmlichen Schlitten und andere Ausrüstungsgegenstände, einschließlich 50 Paar Ski, herstellte.

Nansen hörte sich Scotts Pläne aufmerksam an und tat sein Bestes, um ihn zu beraten. Er persönlich hatte wenig Vertrauen in motorisierte Schlitten, befürwortete aber Scotts Entscheidung, sowohl Hunde als auch Ponys mitzunehmen. Er riet ihm auch, einen erfahrenen Skifahrer anzustellen, und machte ihn mit einem gut aussehenden, lebhaften, selbstsicheren jungen Mann, Tryggve Gran, bekannt. Gran war reich (oder, wie Wilson etwas herablassend bemerkte, zumindest für norwegische Verhältnisse reich) und hatte ernsthafte Absichten, selbst zum Pol zu reisen.[30] Er hatte sich eigens ein Schiff bauen lassen, und seine Idee, die auf Ratschlägen von Nansen, Shackleton und Borchgrevink beruhte, war es, auf Skiern zum Pol zu fahren und Hunde mitzunehmen. Er beabsichtigte, im folgenden Sommer von Norwegen aus zu starten, und wünschte, dass Scott über seine Pläne im Bilde sei. Es muss Scott vorgekommen sein, als entwickele sich Antarktika zu einer Art Piccadilly Circus für Forschungsreisende, wobei jeder seine Pläne allen anderen mitteilte, um sicherzustellen, dass keiner über den anderen stolperte oder in mögliche Interessensphären eindrang.

Doch ein Forscher, ein Norweger, schwieg sich zu dieser Zeit eisern über seine Pläne aus – der 37jährige Roald Amundsen. Seit er als Zweiter Offizier auf der *Belgica* gedient hatte, war er zu einem regelrechten Polarforschungsreisenden herangereift. Er hatte die Nordwestpassage durchquert und war der Erste gewesen, der bestätigte, dass der magnetische Nordpol der Erde kein fester Punkt ist, sondern wandert. Seine öffentlich erklärte Absicht war es jetzt, den Nordpol zu erreichen und trotz Pearys Expedition das Polarbecken zu erforschen. Es sprach jedoch Bände, dass Amundsen Scott aus dem Wege ging, obwohl dieser mehrere Versuche unternahm, mit ihm in Kontakt zu treten. Scott schickte ihm sogar einen zweiten Satz seiner eigenen Instrumente, damit vergleichende Messungen von Nord und Süd vorgenommen werden könnten. Amundsen akzeptierte diese schweigend, hatte aber, obschon es ihm peinlich war, nicht die Absicht, ihm zu verraten, dass er seit sechs Monaten insgeheim plante, in Richtung Südpol zu fahren. Gran, der versucht hatte, ein Treffen der beiden zu arrangieren, war tief beschämt.

Scott beschloss, dass er mit dem begeisterten Tryggve Gran wohl am besten fertig werde, wenn er ihn aufforderte, sich seiner eigenen Expedition anzuschließen. Er war beeindruckt von der Geschwindigkeit, mit der Gran auf Skiern zum nächsten Schmied gefahren war, um die Achse eines Motorschlittens reparieren zu lassen, und auch seine Skitechnik imponierte Scott: Gran benutzte zwei Stöcke statt einem, was für ihn neu war. Das Angebot wurde akzeptiert. Gran interpretierte es als eine Aufgabe, »diese Ablehnung und Aversion gegen das Skifahren, die für frühere englische Südpolarexpeditionen so typisch war, mit Stumpf und Stiel auszumerzen«.[31] Er hatte eine hohe Meinung von seinen Fähigkeiten – ein Expeditionskollege schilderte später, wie es ihm Spaß machte, »Reden zu halten und Geschichten über seine Heldentaten auf Skiern zu erzählen – unser starker Mann – auf jeden Fall nach seiner eigenen Darstellung«.[32] Die Probefahrten verliefen sehr gut. Der Motorschlitten schnitt vielversprechend ab, obwohl es Probleme mit dem Treibstoff gab. Der Schlitten wurde auf ebenem Gelände und bergauf getestet. Man stellte fest, dass er zehn Zentner über tiefen Schnee und das Mehrfache an Gewicht über festes Eis ziehen konnte.

Scott liebäugelte mit einigen anderen neuen Ideen. Die British and Colonial Aeroplane Company in Bristol bot Scott die Nutzung eines Zodiac-Eindeckers an, aber er lehnte ab, weil dieser sich seiner Meinung nach noch zu sehr im Versuchsstadium befand. Scott war auch an der drahtlosen Telegraphie interessiert, aber er musste den Plan aufgeben, weil der Transport und der Aufbau der Ausrüstung zu mühsam gewesen wäre. Doch die National Telephone Company lieferte eine telefonische Verbindung für seine beiden Hütten im McMurdo Sound.

Scott ließ den Schlitten zurück, der noch abschließenden Tests unterzogen und umgebaut werden sollte, und kehrte nach London zurück, wo er mit der Nachricht begrüßt wurde, dass es noch weitere Rivalen gab, die zum Pol wollten. Auch die Deutschen hatten eine Expedition zum Pol angekündigt. Sie sollte von Leutnant Wilhelm Filchner geleitet werden, der mit seiner Expedition zu Pferde durch das Pamirgebirge im Jahr 1900 und seinen Forschungen in Tibet 1903-05 zu einigem Ruhm gelangt war. Filchner würde, wie die Amerikaner, vom Weddell-Meer aus starten. Er beabsichtigte, dann eine transantarktische Überquerung über den Pol zum McMurdo Sound zu unternehmen. Diese neue Einmischung provozierte die Royal Geographical Society zu mehr als ihrer üblichen Bissigkeit, und sie sandte eine scharfe Note nach Berlin.

Doch wahrscheinlich machte sich Scott mehr Sorgen wegen Shackleton, der jetzt seine Pläne, die westliche Küste erforschen zu wollen, öffentlich bekanntgab. Es bestand keine Absicht, mit Scott zu konkurrieren, aber Scott insistierte, dass seine eigene Handlungsfreiheit eindeutig bestätigt wurde, und schrieb an den Vorsitzenden der Royal Geographical Society: »Ich möchte vor meiner Abreise geregelt haben, dass ich die Freiheit habe zu gehen, wohin ich will, ohne den Vorwurf, ich würde unbefugt sein Terrain betreten.«[33] Doch letzten Endes hätte sich Scott deswegen keine Sorgen zu machen brauchen. Shackleton gab seine Pläne auf und überließ die Arbeit dem jungen Australier Mawson, den er ursprünglich hatte begleiten wollen.

Während der letzten Wochen vor der Abreise wurden weitere Versuche unternommen, einem zunehmend unwilligen Publikum noch einige letzte Spenden abzuringen. Scott schätzte die Kosten der Expedition jetzt auf 50 000 Pfund, aber er hoffte, in Australien und Neuseeland noch 10 000 Pfund zusammenkratzen zu können. Geld tröpfelte immer noch herein, und im April kam dann die Nachricht, dass Peary seinen Versuch, zum Pol zu gelangen, infolge Geldmangels aufgegeben habe. Die Bühne schien für Scott bereitet. Er beschloss, dass er, wenn die *Terra Nova* in See stach, zurückbleiben müsse, um die letzten Gelder aufzutreiben; dann würde er mit einem Dampfschiff hinterherfahren.

Am Vorabend der Abreise der *Terra Nova* stattete Scott Thomas Marlowe, dem Verleger der *Daily Mail*, den er seit der *Discovery*-Expedition kannte, einen aufschlussreichen Besuch ab. Er überlegte bereits, was er nach seiner Rückkehr tun könne, und fragte Marlowe, wann seiner Meinung nach der Krieg mit Deutschland ausbrechen werde. Marlowe erwiderte mit erstaunlichem Vorherwissen: »Ich kann Ihnen nur sagen, dass nach Ansicht gut informierter Leute Deutschland im Sommer 1914 bereit sein wird zuzuschlagen, und man geht davon aus, dass es dies dann auch tun wird.« Scott ließ sich das durch den Kopf gehen und antwortete: »Zu diesem Zeitpunkt werde ich das Recht haben, das Kommando über einen Schlachtkreuzer der *Invincible*-Klasse zu übernehmen. Der Sommer 1914 passt mir sehr gut.«[34] Die Ironie besteht darin, dass Scott, wäre er nicht in der Antarktis gestorben, vielleicht vor dem Skagerrak umgekommen wäre.

KAPITEL 10

›Fahre nach Süden, Amundsen.‹

Die *Terra Nova* glitt wie geplant am 1. Juni 1910 aus den Londoner Docks. Kurz bevor sie in Cardiff eintraf, um dort Kohle zu laden, rief Scott alle Leute nach achtern und forderte sie auf, ein Testament zu machen. Dann erklärte er sich bereit, gute Ratschläge zu erteilen. Doch der herzliche Empfang, den man ihnen jetzt bereitete, vertrieb eine Zeit lang die düsteren Gedanken.

Cardiff nahm im Herzen der Expedition einen besonderen Platz ein als die Stadt, die sie am glühendsten unterstützt hatte. Der Oberbürgermeister blätterte 1000 Pfund auf den Tisch. Als Anerkennung versprach Scott, auf seiner Rückkehr mit der *Terra Nova* Cardiff als ersten britischen Hafen anzulaufen. Die Handelskammer von Cardiff gab in den holzverkleideten Räumen des Royal Hotel ein Abschiedsbankett für die Offiziere. Die Mannschaft wurde im nahegelegenen Barry's Hotel gefeiert, aber Scott lud sie zu einem Herrenabend ein. Als gebürtiger Südwaliser erhielt Edgar Evans den Ehrenplatz zwischen Scott und dem Bürgermeister von Cardiff. Vom *Cambrian* als »eines der größten und kräftigsten Mitglieder der Besatzung« bezeichnet, hielt er eine denkwürdige Stegreifrede, in der er Scott einen gefühlsbetonten Tribut zollte, indem er erklärte: »Niemand sonst hätte mich dazu gebracht, noch einmal dorthin zu fahren, aber wenn es einen Mann auf der Welt gibt, der dies zu einem erfolgreichen Ende bringen wird, dann ist Kapitän Scott dieser Mann.« Trotz dieses großartigen Auftritts musste Evans so viel trinken, dass es der Hilfe von sechs Männern bedurfte, um ihn noch in der Nacht wieder an Bord zu bringen. Interessanterweise scheint er sich etwa um diese Zeit mit Teddy Evans zerstritten zu haben, weil er Scott darauf aufmerksam gemacht hatte, dass die falsche Sorte Skier verladen worden war – Teddy Evans' Fehler. Es wurden neue Skier bestellt, und Obermaat Edgar Evans wurde die Verantwortung für sie übertragen – ein Affront, der Oberleutnant zur See Teddy Evans wurmte.

Am 15. Juni versammelte sich Edgar Evans' Familie auf den Gowerklippen bei Rhosili, um nach einer riesengroßen Verabschiedung durch die Menschenmenge zwischen dem Lärm der Dampfsirenen und der Hupen die Abfahrt der *Terra Nova* mit Kurs auf Kapstadt zu beobachten. Ihre aus kleinen, fahnengeschmückten Schiffen bestehende Eskorte kehrte um, und nun war sie allein. Auch Scott sah zu und war stolz, dass auf dem Schiff die britische Kriegsflagge und nicht die Fahne der Handelsmarine wehte. Er war inzwischen zum Mitglied des Royal Yacht Squadron ernannt worden, und das hatte ihn zur Führung der Kriegsflagge berechtigt – eine Ehre, die ihn 100 Pfund gekostet hatte. Doch er sollte die *Terra Nova* erst in Südafrika wiedersehen. Seine Zeit musste er jetzt damit verbringen, Verträge mit Zeitungen abzuschließen und die allerletzten Spenden aufzutreiben, weil die Expedition selbst in dieser späten Phase immer noch zu wenig Geld hatte. Es gab keine Garantie, dass er seinen Leuten über die Hinfahrt hinaus ihre bescheidenen Gehälter zahlen konnte.

Wenn Scott bedauerte, dass er nicht bei seinen Männern sein konnte, so empfand auch Kathleen Bedauern. Sie war entschlossen, ihren Mann so weit wie möglich zu begleiten, aber das bedeutete, ihren geliebten Peter zurückzulassen: »Ich kann mir nichts vorstellen, was schrecklicher schmerzen könnte, als die kräftigen Fingerchen, die sich um meine klammerten, zu öffnen, als ich den lachenden kleinen Herkules mit den goldbraunen Haaren für vier Monate allein ließ.« Mit zusammengebissenen Zähnen stach sie in Begleitung von Scott auf dem Dampfschiff *Saxon* in See. Shackleton gehörte zu jenen, die kamen, um sie in Waterloo Station zu verabschieden, während Oriana Wilson und Teddy Evans' Frau Hilda mit ihnen reisten.

Unterdessen schleppte sich die voll beladene *Terra Nova* mühsam vorwärts. Oates behauptete finster, sie scheine nur zwei Geschwindigkeiten zu kennen – langsam und noch langsamer. Als sie in South Trinidad, einer kleinen vulkanischen Insel im Südatlantik, vor Anker gingen, stellten einige der Männer fest, dass sie von der donnernden Brandung vom Schiff abgeschnitten worden waren, und mussten die Nacht am Strand, argwöhnisch beäugt von riesigen Landkrabben, verbringen. Solche Erfahrungen halfen den Zusammenhalt zwischen den Männern zu stärken, und Cherry-Garrard rechnete das vor allem Teddy Evans an, dem es gelang, das naturgegebene Misstrauen zwischen den Wissenschaftlern und den Seeleuten abzubauen: »Er tat viel, um das Rohmaterial zu einem Kern zusammenzuschweißen, der imstande war, die Belastungen von fast drei Jahren ohne irgendeine Reibung zu ertragen.«[1] Doch es war auch das Verdienst von Scott, der Männer auswählte, die einander mochten. Es entstanden Freundschaften – so kam Bowers zu dem Schluss, Wilson sei der beste Mensch, den er je getroffen habe, und Wilson seinerseits hielt Bowers für jemanden, der ungeheuer schwer arbeitete und selbstlos war.

Die gute Stimmung schäumte manchmal über. Teddy Evans' »Vorliebe für Rowdytum und Blödeleien« prägte den Stil:[2]

»Manchmal, vor allem beim Abendessen, ging es bei uns so hoch her, dass man uns eher für eine Gruppe Schuljungen gehalten hätte als für eine Gruppe von Männern, die sich mit einer Arbeit befassen, auf welche die Aufmerksamkeit von ganz England gerichtet ist. Die übliche Form unserer Verrücktheit besteht aus dem lauthalsen Singen von Liedern und Chören, gefolgt von Hurrarufen und anderem sinnlosen Lärm.«[3]

Bisweilen gab es Pseudokämpfe, und sogar Oates, der sich wegen seiner »amüsierten Schweigsamkeit«[4] rasch Ansehen erwarb, machte mit und schrieb:

»Wir schreien und brüllen bei den Mahlzeiten, wie es uns gefällt, und spielen ein Spiel, das daraus besteht, dass wir einander die Hemden vom Leib reißen. Ich frage mich, was manche Leute zu Hause denken würden, wenn sie die gesamte Achterwache mit Ausnahme des wachhabenden Offiziers sehen würden, wie sie sich schreiend wehren und die Kleider von den anderen abreißen, während das Schiff schlingert und alles einem regelrechten Chaos gleicht.«

Er sagt nicht, was er über den von Teddy Evans gedichteten Vers dachte: *Who doesn't like women? / I, said Captain Oates, / I prefer goats.*

Doch in Wirklichkeit war Evans tief von Oates beeindruckt, vor allem von seiner Lust auf schwere Arbeit und seiner Fähigkeit, mit den Matrosen zurechtzukommen, und er schrieb, er sei bei ihnen beliebter als irgendein anderer Offizier.

Unter dieser etwas merkwürdigen Mischung von Individuen entwickelte sich eine enge Kameradschaft. Es dauerte nicht lange, bis die meisten von ihnen Spitznamen hatten. Scott war der »Owner« und Teddy Evans der »Skipper« – im Grunde Namen, die Respekt ausdrückten. Campbell, ein exzentrischer, aber begabter ehemaliger Etonschüler, der Cherry-Garrard einmal einen fürchterlichen Schrecken einjagte, erhielt den Spitznamen »the Wicked Mate«. Dann ging die Phantasie mit ihnen durch.

Pennell war »Penelope« oder »Pennylope«, Bowers natürlich »Birdie«, Oates und Atkinson, bereits unzertrennlich, wurden »Max and Climax« genannt, Wilson war wieder »Uncle Bill« und Wright »Jules Verne«.

Die *Terra Nova* traf am 15. August 1910 in Simonstown in Südafrika ein. Cherry-Garrard und Bowers ergriffen die Gelegenheit, zwei hübsche Mädchen auf eine Spritztour in einem Mietwagen zu entführen, aber dieser gab »mitten in der Wildnis« seinen Geist auf.[5] Scott war bereits eingetroffen und umwarb Leute wie Botha und Smuts. Er musste in Südafrika, Australien und Neuseeland noch 8000 Pfund einsammeln, um sein Defizit auszugleichen. Es gelang ihm, eine offizielle südafrikanische Subvention von 500 Pfund zu ergattern und eine ebenso große Summe von privaten Geldgebern, aber es war harte Arbeit, und die erforderlichen Auftritte in der Gesellschaft waren, wie Wilson schrieb, nicht immer angenehm:

»Zur Buße für unsere Sünden wurden wir vom Kapstadter ›Owl Club‹ bewirtet,… einer der schlimmsten, die zu besuchen ich je das Pech hatte. Wir wurden alle an kleine Tische gesetzt, und offensichtlich waren je zwei Mitglieder angewiesen worden, sich um je zwei Gäste zu kümmern. Meine beiden Gastgeber machten zunächst beleidigende Bemerkungen über Antialkoholiker, sobald ich gesagt hatte, dass ich nicht trinke, und dann stritten sie über die Bezahlung einer Flasche Sodawasser, die ich bekam, und eines halben Glases Sherry, das, während ich gerade nicht hinschaute, vom Kellner versehentlich in mein Glas gegossen wurde. Bei dem Streit ging es nicht darum, wer dafür bezahlen sollte, sondern wer *nicht* dafür bezahlen sollte, und schließlich, als sich beide weigerten, den Sherry zu bezahlen, und der alte Kellner sagte, wenn sie nicht zahlten, müsse ich es tun, sagten sie, er könne sie mal!… Der Abend war wirklich eine der entsetzlichsten

Strafen dafür, dass man Mitglied einer solchen öffentlichen Expedition ist. In der ganzen Sache gab es überhaupt nichts Versöhnliches.«

Wilson war unduldsam gegen »weiße Wracks, die sich in der Trägheit und in dem Schmutz… degenerierter Kaffern suhlen, mit denen sie auf einer Stufe stehen«. Er war zwar von großer Menschlichkeit, aber eben auch ein Kind seiner Zeit.

Wilson sehnte sich nach der Einfachheit des Lebens an Bord der *Terra Nova*, nach den Bechern Kakao, die er sich bei Sonnenaufgang mit einem Kameraden teilte, nach der Nähe zur Natur, wenn er dasaß und auf dem Deck zeichnete, und nach der »glücklichen Familie«. Er war daher enttäuscht, als Scott ihn mit einem Postdampfer nach Melbourne vorausschickte, wo er den Geologen der Expedition, Raymond Priestley, rekrutieren und die Bundesregierung überreden sollte, etwas springen zu lassen. Da Scott mit der *Terra Nova* weiterfahren sollte, erhielt Wilson auch den Auftrag, sich um Kathleen Scott zu kümmern – eine unbeschreiblich schwierige Aufgabe angesichts ihrer einander diametral entgegengesetzten Lebensauffassungen, aber glücklicherweise war sie nicht seefest (das behauptete sie zumindest), und sie sahen wenig voneinander. Hilda Evans und Oriana fuhren ebenfalls mit ihm. Kathleen fand die anderen Frauen anstrengend. Warum, so fragte sie sich, konnte die Welt nicht von Männern und Babys bevölkert sein, aber sie räumte ein: »Mein Hass auf Frauen wird zur Monomanie und muss gezügelt werden.« Es gibt Hinweise darauf, dass Kathleen den heiligmäßigen Wilson ein bisschen langweilig fand. Sie bedrängte ihn sicherlich, sie mit dem Postboot auf schwerer See zur *Terra Nova* hinauszubringen, während das Schiff sich Melbourne näherte, nur damit sie wieder bei Scott sein konnte. Obwohl Wilson wütend auf sie gewesen war, schrieb sie: »Die

Erleichterung darüber, zu vernünftigen Menschen zurück-zukehren, die mich verstehen, war größer, als man es be-schreiben kann.«

Teddy Evans war sehr enttäuscht, dass er das Kom-mando über die *Terra Nova* für die Reise nach Melbourne an Scott abgeben musste, und interpretierte dies als Kritik an seiner Person. Doch Scott wollte selbst die Gelegenheit nutzen und erreichen, dass seine Leute ihn kennen lern-ten. Er beabsichtigte auch, die Männer auszuwählen, die in der Antarktis in Gruppen an Land gehen würden. Obschon die Atmosphäre weniger überschwänglich war als unter Teddy Evans, betrachtete Scott die gute Laune seines jun-gen Teams mit Wohlwollen. Der Physiker Charles Wright beschrieb es so: »Der Owner hat einen Durst auf wissen-schaftliche Erkenntnisse, der nicht gestillt werden kann. Er macht bei den Blödeleien nicht mit – sieht ihnen aber immer grinsend zu.«[6] Auch Gran hinterließ ein interes-santes Porträt: »In Norwegen lernte ich Scott als fröhli-chen und unkomplizierten Mann kennen, und dieser erste Eindruck wurde bestätigt, als ich ihm wieder begegnete. Er war aufbrausend, und wenn er in Wut geriet, war mit ihm nicht zu spaßen, aber wenn er jemanden ungerecht beur-teilt hatte und seinen Fehler bemerkte, beeilte er sich, ihn wieder gut zu machen.« Er sollte etwas von Scotts Unge-duld auch am eigenen Leib zu spüren bekommen, denn Scott begann, den selbstsicheren Norweger für einen fau-len, wichtigtuerischen Kerl und einen Drückeberger zu halten.

Doch Scott hatte bald andere Sorgen. Als er am 12. Ok-tober in Melbourne anlegte, erhielt er Amundsens berühm-tes lakonisches Telegramm aus Madeira: »Fahre nach Süden, Amundsen.« Diese *volte face* war für Scott, Nor-wegen und die übrige Welt eine völlige Überraschung. Amundsen hatte sich Nansens *Fram* (mittlerweile im Besitz des norwegischen Staates) ausgeliehen und eine Expedition mit dem Ziel der Erforschung des Nördlichen Polarbeckens auf die Beine gestellt. Doch wie Amundsen in der Folge zugab, warf Peary mit seiner Behauptung, den Nordpol erreicht zu haben, alles über den Haufen: »Genauso schnell, wie sich die Nachricht über die Kabel verbreitete, beschloss ich, die Richtung zu ändern – in die entgegengesetzte Richtung zu fahren und den Süden in Angriff zu nehmen.«[7] Amundsen sagte weder seinen Geldgebern, nicht einmal Nansen, noch den meisten seiner mitreisenden Forscher etwas davon, bevor sie bereits auf hoher See waren und es für eine Meinungsänderung zu spät war. Vor seiner Abreise hatte er tatsächlich an Bord oder an Land nur sechs Leute über seine wahren Absichten unterrichtet. Später versuchte er, seine Geheimniskrämerei damit zu rechtfertigen, dass seine Pläne im Keim erstickt worden wären.

Zu seiner eigenen Verteidigung schrieb er: »Ich wusste, dass ich Kapitän Scott über die Erweiterung meiner Pläne würde informieren können, bevor er die zivilisierte Welt verließ, und daher konnten ein paar Monate… keine große Rolle spielen.« Er behauptete auch, dass Scotts Reise hauptsächlich die Gewinnung wissenschaftlicher Erkenntnisse zum Ziel habe und der Pol »nur eine Nebensache« sei. Außerdem, so argumentierte er, sei es kaum wahrscheinlich, dass ein Mann, der wie Scott »große Kenntnisse in der Antarktisforschung« besitze, seine Pläne ändere.[8] Doch in Wahrheit war Amundsen ein gnadenlos ehrgeiziger Mann. Er war auch ein »professioneller« Forschungsreisender, und zwar in einer Weise, wie Scott es mit seiner Truppe begabter Amateure, die so durch und durch im Einklang mit der britischen Tradition stand, nicht war. Amundsen hatte sich Forschungsreisen zum Beruf gemacht, sich die ersten Sporen auf der Gerlache-

Expedition verdient und solche wissenschaftlichen Themen wie den Erdmagnetismus weniger aus irgendeinem akademischen Interesse heraus studiert, sondern weil er glaubte, damit Sponsoren anlocken zu können. Wie geschmacklos eine solche Einstellung auch gewirkt haben mag – Amundsens konzentrierte Professionalität sollte sich später für ihn auszahlen.

Scott wusste nicht genau, wie er auf die Nachricht reagieren sollte. Amundsen hätte in Bezug auf seine Absichten kaum zugeknöpfter sein können. Es war nicht klar, wo er an Land gehen oder was sein letztliches Ziel sein würde, während Scott mit seinen eigenen Plänen an die Öffentlichkeit gegangen war und auch bekannt gegeben hatte, dass er beabsichtigte, um den 22. Dezember 1911 herum den Pol zu erreichen. Welchen Gebrauch würde der geheimnistuerische, um nicht zu sagen betrügerische Norweger, wie Scott ihn gesehen haben muss, von dieser Information machen? Es war ein beunruhigender Gedanke.

Besorgt, wie er über die norwegische Bedrohung gewesen sein musste, sah Scott sich gezwungen, zu »einer weiteren Betteltour« aufzubrechen. Die australische Regierung hatte lediglich 2500 Pfund herausgerückt, die Hälfte des Betrages, den Shackleton erhalten hatte, und dies auch nur, nachdem inzwischen noch eine japanische Expedition am Horizont aufgetaucht war. Vor seiner Abreise aus Australien sprach Scott mit der Presse offen über die Chancen seiner Expedition: »Vielleicht kommen wir durch, vielleicht nicht. Wir werden vielleicht Unfälle mit einigen unserer Transportmittel, mit den Schlitten oder den Tieren, haben. Wir verlieren vielleicht unser Leben. Wir werden vielleicht ausgelöscht. Es ist alles eine Frage, über die die Vorsehung und das Glück entscheiden.«[9] Dieser Fatalismus war sowohl Teil seiner Natur als auch Folge seiner Erfahrungen auf der *Discovery*. Da er die Unwägbarkeiten von Polarreisen kannte, tröstete er sich wohl damit, dass Amundsens Unternehmen im gleichen Maße vom Glück abhing. Nachdem Scott vor begeisterten Zuhörern Vorträge gehalten hatte, fuhren er und Kathleen mit einem Passagierschiff nach Wellington in Neuseeland, wo er die angenehme Nachricht erhielt, dass ein reicher Bürger von Sydney sich bereit erklärt hatte, 2500 Pfund beizusteuern. Reporter drängten ihn zu einer Antwort auf Amundsens Herausforderung. Mit Würde erwiderte Scott, dass sich dadurch nichts an seinen Plänen ändere. Er würde versuchen, den Pol zu erreichen, aber nicht auf Kosten der wissenschaftlichen Ziele der Expedition.

Evans fuhr unterdessen mit der *Terra Nova* nach Lyttelton, dem malerischen Hafen von Christchurch auf der Südinsel von Neuseeland, der auch die *Discovery*, die *Morning* und Shackletons *Nimrod* beherbergt hatte. Hier sollten jene Offiziere und Wissenschaftler dazustoßen, die nicht mit ihr gefahren waren, und hier sollte sie einen Monat verbringen, um neu beladen zu werden. Ponting schrieb: »Es war ebenso interessant wie köstlich zu sehen, wie die Frau unseres Kapitäns viele Tage damit zubrachte, Packstücke zu inspizieren, während diese ausgeladen und dann umgestaut wurden.« Der normalerweise gutmütige Bowers, der auf der *Terra Nova* der Fachmann für das Verladen der Fracht war, zeigte sich weniger beeindruckt: »Niemand mag sie auf der Expedition haben, und das gequälte Schweigen, wenn sie daherkommt, ist das einzige Störende an der ganzen Sache. Es ist kein Geheimnis, dass sie uns jetzt alle herumdirigiert und dass das, was sie sagt, getan wird.«[10] Es gab die drei Motorschlitten, die in ihren riesigen Kisten an Bord gehievt werden sollten, und Meares wartete mit seinen 19 weißen mandschurischen Ponys und den 33 sibirischen Schlittenhunden. Oates hatte keine gute Meinung von den Ponys und bemerkte, dass »sie für eine solche Arbeit sehr alt sind, und vier von ihnen sind nicht gesund, doch wir werden das Beste aus ihnen machen müssen«. Er tröstete sich, indem er sich »mit Bier vollaufen« ließ.[11] Jetzt mussten auf dem Oberdeck und unter der Back der *Terra Nova* Ställe gebaut werden, und die Matrosen opferten freiwillig einen Teil ihrer Unterkünfte, damit zusätzliche Vorräte verstaut werden konnten. Unterdessen stritten Oates und Scott darüber, wie viel Futter für die Ponys an Bord genommen werden sollte. Oates gab nicht nach, und sie schlossen einen Kompromiss. Er schmuggelte darüber hinaus noch ein paar Tonnen zusätzliches Futter an Bord, das er aus eigener Tasche und ohne Scotts Wissen gekauft hatte.

Wenn Cardiff der größte Freund der Expedition in der nördlichen Hemisphäre war, so nahm diesen Rang im Süden Lyttelton ein, das mit wahrer Großzügigkeit und Begeisterung auf seine Gäste reagierte. Kohle, tiefgefrorenes Schaf- und Ochsenfleisch, Dosenfleisch, kistenweise Butter, Speck, Bier und Zwieback, Pullover und Bibeln wurden gespendet. Der Hafen von Lyttelton verzichtete auf sämtliche Gebühren, und jeder erhielt Freikarten zur Benutzung der Eisenbahn. Es gab auch viele Partys, Tänze und Rennveranstaltungen. Oates schrieb ätzend: »Einige der Besucher, die an Bord kommen, schreiben ihre Namen auf den Lack, was schlicht zum Kotzen ist.«[12] Scott und Kathleen verbrachten ein paar ihrer letzten gemeinsamen Tage in dem schönen Haus von Joseph Kinsey, dem Agenten der Expedition. Es war hoch auf einer Klippe gelegen mit wunderschönen Ausblicken und einem Garten, der mit seinen roten und goldenen Blumen aussah, als stehe er in Flammen. Nachts schliefen sie im Freien unter klarem Himmel.

Am 26. November, also an dem Tag, an dem die *Terra Nova* Lyttelton mit Kurs auf ihre letzte Station in Port

Chalmers verlassen sollte, fiel Edgar Evans, der sich sputete, an Bord zu kommen, angetrunken ins Wasser. Sein Namensvetter Teddy Evans wollte, dass der Unteroffizier entlassen werde. Doch das wäre für Scott nahezu unmöglich gewesen nach allem, was sie miteinander geteilt hatten. Die Tatsache, dass Kathleen Scott in den folgenden Monaten von Unteroffizier Evans träumen sollte, beweist, wie oft Scott über ihn gesprochen haben muss und welche Verbindung zwischen ihnen bestand. Er beschloss daher, diesen Sündenfall zu ignorieren, und ordnete an, dass der Waliser mit dem Zug nach Port Chalmers fahren sollte. Tatsächlich reisten sie dann zusammen, und der fröhliche Seemann verhielt sich offensichtlich so, als sei nichts geschehen. Doch Scotts Entscheidung verärgerte Teddy Evans schwer.

Es kam auch zu Spannungen zwischen ihren Frauen. Bowers erklärte sie mit der Eifersucht zwischen den beiden. Er betrachtete Hilda Evans als feminine Frau von beträchtlicher Schönheit und unbestimmtem Charme, »die alles war, was eine Ehefrau sein sollte«.[13] Viel weniger Verständnis brachte er für die emanzipiertere und freimütigere Kathleen auf. Oates schilderte einen herrlichen Streit zwischen Kathleen und Hilda: »Mrs. Scott und Mrs. Evans hatten einen wunderbaren Kampf, es heißt, es war ein Unentschieden nach 15 Runden. Mrs Wilson stürzte sich nach der zehnten Runde in die Schlacht, und es floss mehr Blut, und es flogen mehr Haare im Hotel herum, als man in einem Monat in einem Schlachthaus von Chicago sieht.«[14]

Die letzten Verabschiedungen fanden am 29. November statt. Kathleen blieb zusammen mit Oriana Wilson und Hilda Evans an Bord, bis das Schiff den fahnengeschmückten Hafen verließ und sie von einem Schleppkahn aufgenommen wurden. Kathleen hatte ein Bündel Briefe bei

Teddy Evans hinterlegt, die Scott an besonderen Tagen übergeben werden sollten. Sie beschrieb die Szene in ihrer Autobiographie: »Sein Gesicht strahlte vor Zärtlichkeit, während sich der Abstand zwischen uns vergrößerte, bis sich in meiner Erinnerung nur noch dieses nach oben gewandte Gesicht einprägte, aber das für ein ganzes Leben.« Als der Kahn umkehrte, war Hilda Evans »entsetzlich weiß« und Oriana Wilson »sphinxhaft«. Wilson schrieb in sein Tagebuch von der »vorübergehenden Witwenschaft« seiner Ory, wohl kaum ahnend, dass dies ein Dauerzustand werden sollte. Doch er schrieb, dass er die Erinnerung an die vollkommenste Gesellschaft mitnehmen würde, die er je gekannt hatte.

Zu Hause in Großbritannien wurde die Abfahrt der *Terra Nova* nur mit gedämpfter Aufmerksamkeit zur Kenntnis genommen. Am häufigsten an das große Abenteuer erinnerte vielleicht noch die Reklame für die von der Expedition mitgenommene Markenunterwäsche unter der fett gedruckten Überschrift *Unterwegs mit Scott*.

KAPITEL 11

Geschmorte Pinguinbrust und Plumpudding

»Alle Verbindungen zur Zivilisationen sind gekappt, und während die Nacht hereinbricht, verschwindet Neuseeland langsam aus dem Blickfeld. Es stimmt fast traurig, wenn man bedenkt, dass Jahre vergehen werden, ehe wir wieder Land mit Wäldern und grünen Feldern sehen werden«, schrieb ein betrübter Tryggve Gran, während die *Terra Nova* ächzend weiterfuhr. Sie war stark überladen. Birdie Bowers schrieb, dass die Decks »von vorne bis achtern« voller Schund waren, fügte aber hinzu: »Nichts riskieren, nichts tun; da die Mittel nicht ausreichten, um ein weiteres Schiff anzuschaffen, mussten wir einfach das eine, das wir hatten, überladen oder unten im Süden Schlimmeres erleiden«.[1] Die *Terra Nova* war auch eine schwimmende Menagerie. Die 33 Schlittenhunde wurden, dem Wind und der Gischt ausgesetzt, auf dem offenen Deck einquartiert – ein wahres Hundeelend. »Mit tropfnassem Fell sitzen die Hunde mit dem Rücken gegen dieses eindringende Wasser. Es ist eine jämmerliche Haltung, ein einprägsames Zeichen für die Kälte und ihre ganze Misere; gelegentlich stößt ein armes Tier ein langes, Mitleid erregendes Gejaule aus. Die Gruppe gibt ein Bild erbärmlicher Niedergeschlagenheit ab; ein solches Leben ist für diese armen Kreaturen wirklich hart«, schrieb Scott. Er machte sich auch Sorgen über die 15 Ponys, die unter der Back untergebracht waren: »Man schaut durch ein Loch im Schott und sieht von der Steuerbordseite aus eine Reihe von Köpfen mit traurigen, geduldigen Augen, während die Köpfe an der Backbordseite zurückschwingen; dann kommen die Köpfe von der Backbordseite, während die vom Steuerbord zurückweichen. Für diese armen Tiere scheint es eine schreckliche Tortur zu sein.« Die Ponys verursachten auch den Seeleuten Qualen, da einige direkt über dem Esstisch der Matrosen untergebracht waren und das, was euphemistisch als ihr »Senf« beschrieben wurde, von oben heruntertropfte.

Welches Schicksal erwartete diese armselige Fracht an Menschen und Tieren? Scott maß dem Glück große Bedeutung bei, aber die kommenden Wochen sollten nichts als Unglück mit sich bringen. Am 2. Dezember, ganze zwei Tage nachdem sie Neuseeland hinter sich gelassen hatte, fuhr die *Terra Nova* in einen schweren Sturm mit Windstärke zehn. Tobende Winde verschoben die Decksladung, und Säcke voller Kohlen rutschten und Kanister voller Benzin kullerten von einer Seite zur anderen. Die unglücklichen Hunde, die am Hals angekettet waren, wurden über das Deck, nach vorne und nach achtern, gespült. Einer wurde sogar mit solcher Wucht über Deck geschleudert, dass seine Kette riss, aber wie durch ein Wunder schwemmte ihn eine große Welle wieder zurück. Als das Schiff stampfte und rollte, waren die Ponys in Gefahr, sich die Beine zu brechen.

Der Sturm war ein entscheidendes Ereignis, das Scott zeigte, von welchem Format seine Begleiter waren. Oates und Atkinson schufteten bei den Ponys »wie die Tiere«. Teddy Evans beschrieb Oates' »kräftiges braunes Gesicht, beleuchtet von einer hin und her schwingenden Lampe, während er zwischen diesen kleinen leidenden Tieren stand. Er war ein gut aussehender, starker Mann, und während das Schiff schlingerte, schien er ab und zu die armen kleinen Ponys tatsächlich auf die Beine zu stellen.«[2] Scott selbst blieb ruhig und stoisch – ein schwerer Sturm auf See war ihm durchaus nichts Unbekanntes. Doch in Wirklichkeit stand es auf des Messers Schneide. Die Pumpen des Schiffs waren mit Kohlenstaub- und Maschinenölklumpen verstopft, und das Schiff war leck und langsam im Sinken begriffen. Scott und Teddy Evans ordneten an, dass die Achterwache das Wasser von Hand ausschöpfen sollte, und Wilson, einer der wenigen Glücklichen, die nicht unter der Seekrankheit litten, schilderte die verzweifelten Szenen:

»Es war die Arbeit einer unheimlichen Nacht, bei heulendem Sturm, in der Dunkelheit und mit der unermesslichen See, die alle paar Minuten über das Schiff schwappte, und ohne Maschine und ohne Segel, und wir alle im Maschinenraum, vor lauter Maschinenöl und Bilgewasser schwarz wie Tinte, sangen Shanties, während wir die überlaufenden Eimer voller Bilgewasser nach oben weiterreichten, wobei jeder weiter oben stehende Mann ein bisschen über die Männer unter ihm verschüttete und wir derart durchnässt waren, dass manche sogar völlig nackt arbeiteten.«

Der Sturm flaute langsam ab, und nach einem zwölfstündigen Kampf wurde durch das Schott des Maschinenraums endlich ein Loch geschnitten, damit das Saugrohr der überfluteten Handpumpe erreicht werden konnte. Teddy Evans zwängte sich durch das Loch hindurch und arbeitete, bis zum Hals im Wasser stehend, um die Ventile zu säubern, bis »zur Freude aller zum ersten Mal ein kräftiger Wasserstrahl aus der Pumpe kam«, wie ein dankbarer Scott schrieb. Die Gefahr war vorüber – die Feuer in den Kesseln konnten wieder angezündet werden, die Bilgen trockneten aus, und man verschaffte sich einen Überblick über die Verluste. Alles war klitschnass, auch Grans Gummistiefel, die an »Aalreusen« erinnerten. Wichtiger war, dass zwei Ponys verendet waren und ihre Kadaver aus dem Backoberlicht hinausgeschafft werden mussten. Teddy Evans beschrieb es als »eine gemeine Sache, weil das Viereck der Luke so klein war, dass ein dickes Tau verwendet werden musste, um die Ponys wie tote Kaninchen in die Länge zu ziehen.« Außerdem war ein Hund ertrunken, und zehn Tonnen Kohle und 300 Liter Benzin waren verloren gegangen, zusammen mit einer Kiste Alkohol für biologische Präparate.

Der phlegmatische Edgar Evans wurde spielend damit fertig und schrieb seiner Mutter einfach: »Seit unserer Abreise aus Neuseeland hatten wir ziemlich übles Wetter.«[3] Für Wilson war die Rettung der *Terra Nova* Gottes Werk, angekündigt von »einem wunderbaren, glänzenden Regenbogen«, der auf dem Höhepunkt des Sturms erschienen war, allerdings von seinen weniger religiös gesinnten Kollegen offensichtlich nicht bemerkt wurde. Wilson nahm dies als ein Zeichen, das »jeden Hauch eines Zweifels ausräumte, nicht nur in Bezug auf die gegenwärtige Lage, sondern auch auf den endgültigen Ausgang der ganzen Expedition«. Auch Bowers wurde von einem ähnlich tiefen Glauben getragen: »[Auch] unter ihren schlimmsten Bedingungen lässt es sich auf dieser Erde gut leben.«[4]

Doch ein zweiter Schlag folgte auf dem Fuße. Nur zehn Tage nachdem sie Neuseeland verlassen hatten, wurde der erste Eisberg gesichtet, der ankündigte, dass man sich dem Packeis näherte. Ein entzückter Ponting beschrieb diese große, weiße schwimmende Insel so: »Flach wie ein Tisch; ungefähr 25 Meter hoch und zwei Kilometer lang oder noch länger. Ihre senkrecht aufragenden Wände waren von Spalten durchzogen, und nahe der Wasserlinie war diese gewaltige Masse voller Kavernen, in denen die Wellen rauschten und schäumten, oder dann, wenn sie gegen die Klippen prallten, tosend die steilen Wände weit hinauf stiegen.« Am 9. Dezember steuerte die *Terra Nova* auf ihre erste große Eisscholle zu. Emsigen jungen Männern wie Cherry-Garrard erschien das Packeis wie eine Phantasiewelt: »Die Schollen waren rosa, trieben in einer tiefblauen See, und alle Schatten waren violett. Wir fuhren genau unterhalb eines riesigen Berges vorbei und hatten uns den ganzen Tag zwischen einer Reihe von Seen und einer Fahrrinne nach der anderen hindurchgeschlängelt. ›Das ist die Regent Street‹, sagte jemand, und eine Zeit lang fuhren wir zwischen steilen Eiswänden durch große Rinnen hindurch.« Doch was das bedeutete, war ihnen nicht klar. Sie waren viel weiter nördlich in das Packeis hineingefahren, als Scott vorausberechnet hatte. Er war besorgt, dass sich ihre Ankunft in Cape Crozier deshalb verzögern würde.

Die *Terra Nova* kam langsam voran und verschlang ihre Kohle in alarmierendem Tempo. Scott, der immer ein ungeduldiger Mann war, machte sich wegen der Verzögerung Sorgen: »Es ist aber wirklich sehr aufreibend, immer wieder so aufgehalten zu werden.«. Er war innerlich aufgebracht, aber darauf bedacht, seine Frustration vor seinen Leuten zu verbergen. Wilsons Gefühle waren ganz anderer Natur: »Das sanfte, schäumende Geräusch des sich bewegenden Eises und ein gelegentlicher stoßender und kratzender Lärm an der Flanke des Schiffes rufen einem die alten Zeiten ins Gedächtnis.« Bald hielt er das wimmelnde Leben auf dem Packeis fest und skizzierte es – Kaiserpinguine und die weniger würdevollen, aber akrobatischeren Adéliepinguine. Ganze Herden antarktischer Sturmvögel dösten auf den Eisschollen und Eisbergen, Eissturmvögel kreisten in der Luft, und in Schwärmen schwammen große Blauwale vorbei: »Ihr Blas war sehr hoch und erinnerte fast an den Rauch eines Fabrikschlotes, während er dunkelgrau in das weiß glänzende Eis des Packeishimmels aufstieg... eine graue Säule nebligen, frostigen Atems.«

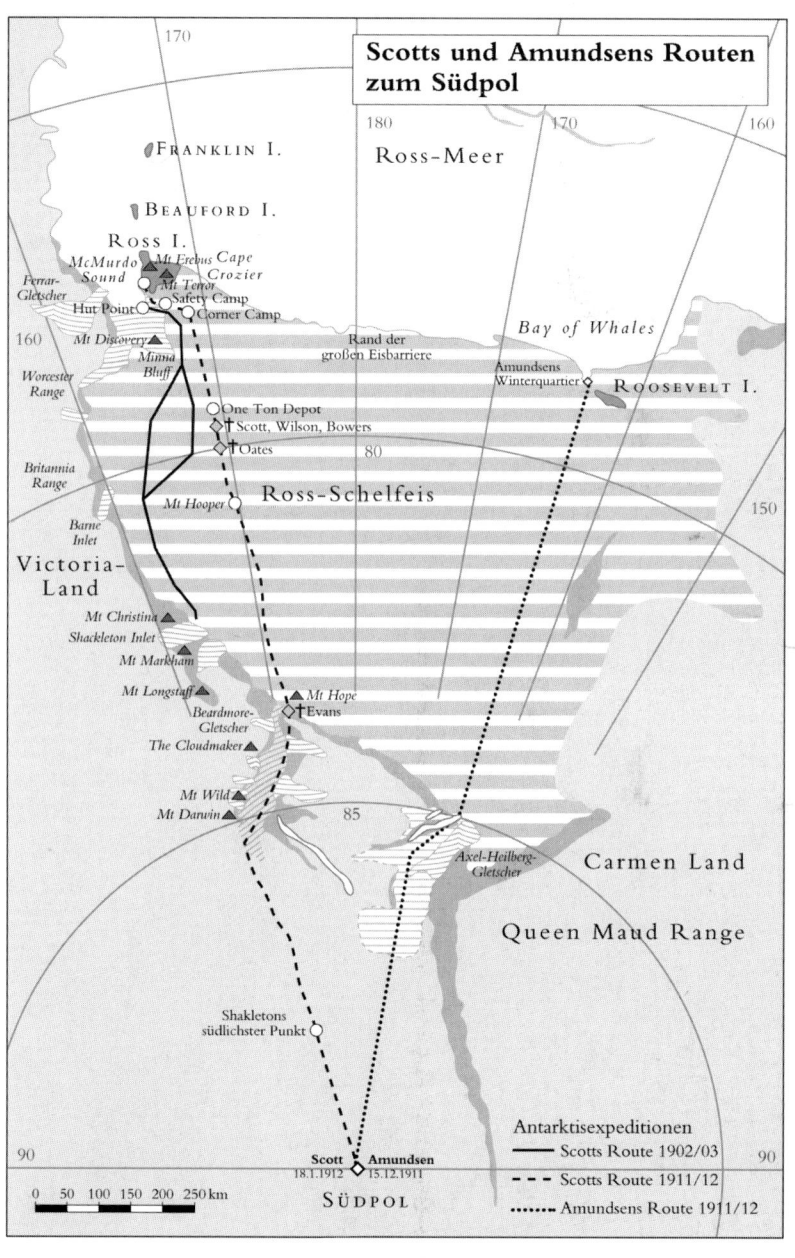

Scotts und Amundsens Routen zum Südpol

170

180   170   160

FRANKLIN I.

Ross-Meer

BEAUFORD I.

ROSS I.

McMurdo   Mt Erebus Cape
Sound   Crozier
Ferrar-   Mt Terror
Gletscher
Hut Point   Safety Camp
160   Corner Camp

Mt Discovery

Worcester   Minna
Range   Bluff

Bay of Whales

Amundsens
Winterquartier   ROOSEVELT I.

Britannia
Range

One Ton Depot
† Scott, Wilson, Bowers
† Oates   80

Ross-Schelfeis

Rand der
großen Eisbarriere

150

Barne
Inlet

Mt Hooper

Victoria-
Land

Mt Christina

Shackleton Inlet

Mt Markham

Mt Longstaff

Mt Hope
Beardmore-   † Evans
Gletscher

The Cloudmaker

Mt Wild

Mt Darwin   85

Axel-Heilberg-
Gletscher

Carmen Land

Queen Maud Range

Shakletons
südlichster Punkt

90   90

0 50 100 150 200 250 km

Scott   Amundsen
18.1.1912 15.12.1911

SÜDPOL

Antarktisexpeditionen

—— Scotts Route 1902/03

- - - Scotts Route 1911/12

······· Amundsens Route 1911/12

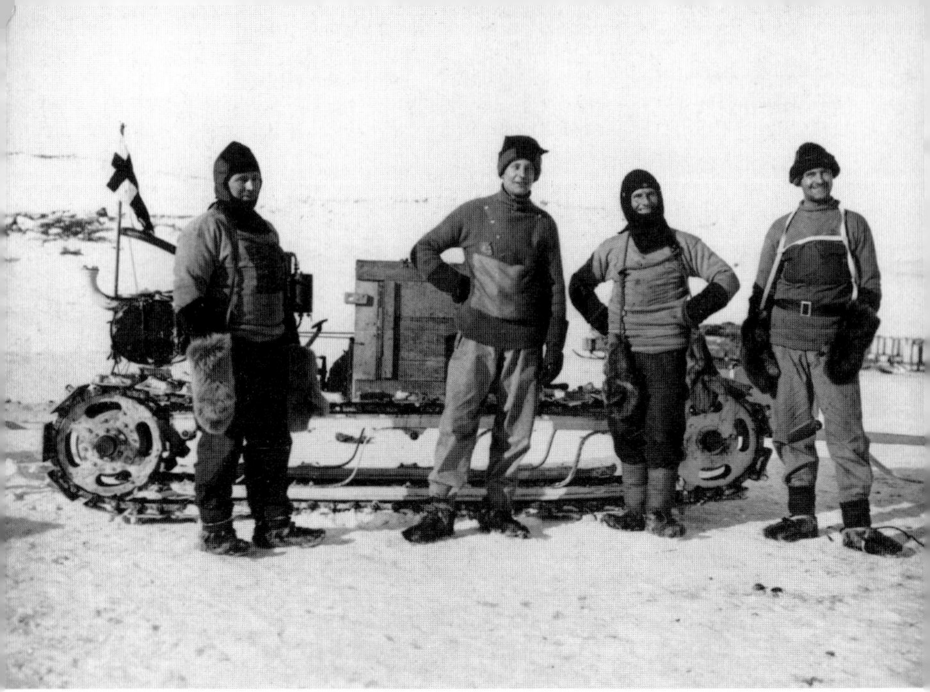

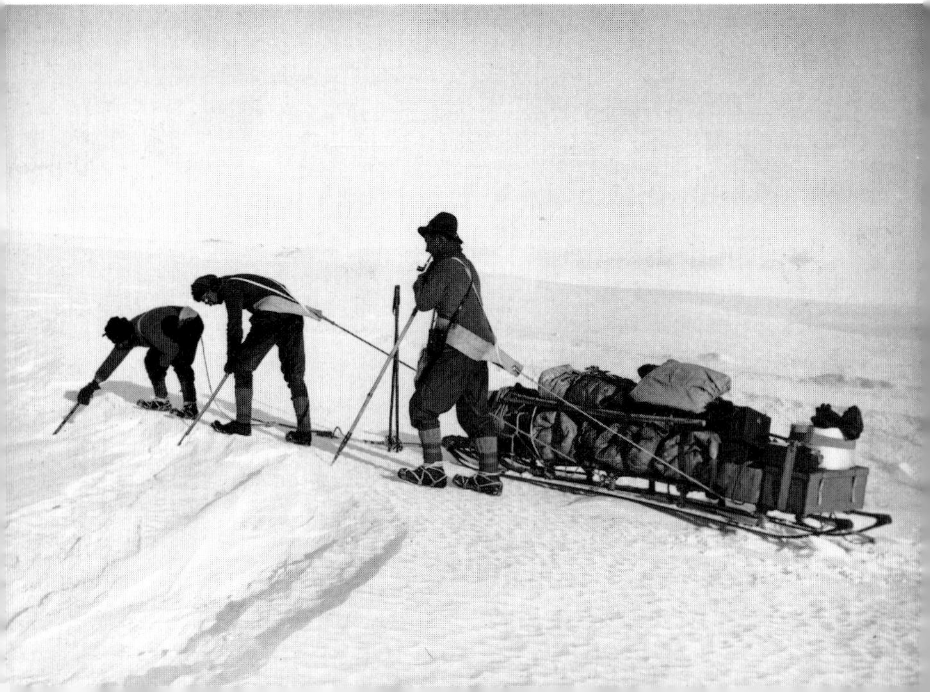

Wilsons Tagebuch fängt die magische Schönheit des Packeises ein:

»Das mitternächtliche Sonnenlicht ist im Packeis einfach wunderbar. Man sieht hinaus auf die endlosen Felder aufgebrochenen Eises, tiefviolett und purpurn in den niedrigen Schatten, und golden und orangefarben und rosenrot auf den abgebrochenen Rändern, die das Licht zurückwerfen, während der Himmel smaragdgrün und lachsrosa ist, und diese beiden wunderschönen Farben spiegeln sich in den vollkommen stillen, hier und da zwischen den Eisschollen liegenden Wasserlöchern. Gelegentlich hört man einen Pinguin in der Stille aufschreien... und dann taucht er vielleicht in seinem korrekt sitzenden Frack mit weißer Weste plötzlich aus dem Wasser auf, zeigt sich auf einer Eisscholle – und erblickt das Schiff, läuft neugierig darauf zu und kreischt vor Verwunderung, während er näher kommt... aber verstärkt damit nur die wunderbare Stille und Schönheit der ganzen märchenhaften Szene, während die golden leuchtende Sonne im Süden gerade den Horizont berührt.«

Ponting wollte »einen Film« drehen, »der zeigte, wie der Bug der *Terra Nova* die Eisschollen durchschnitt«. Er kraxelte auf einige über das Wasser hinausragende Planken, die von der Besatzung aufgebaut worden waren, und filmte eine seiner dramatischsten Sequenzen. Neun Monate später sollte Kathleen Scott sich diesen Streifen bei der Gaumont Film Company in London ansehen.

Trotz der Verzögerung und Ungewissheit boten die Eisschollen zumindest eine Gelegenheit, sich im Skifahren zu üben, »oder im allgemeinen Sprachgebrauch (à la Gran): ›mit di schi op‹ gehen«, wie Griffith Taylor ziemlich erheitert notierte. Tryggve Gran leitete seine rutschenden und schwankenden Kameraden an und zeigte ihnen, wie man mit zwei Skistöcken umgeht, statt mit einem, wie es bis dahin üblich gewesen war. Nicht jeder war begeistert. Unteroffizier Evans bezeichnete die Skier missmutig als »Hölzer«. Doch Offiziere, Wissenschaftler und Matrosen sausten schon bald damit herum. Griffith Taylor protokollierte: »Wir lernten von Gran, dass beim Skifahren ein Mann mit X-Beinen im Vorteil ist; auf jeden Fall mussten wir unsere Knie zusammendrücken, um der Neigung der Skier, immer wieder auseinander zu laufen, entgegenzuwirken.«

Das Weihnachtsessen war ein großartiges Mahl, das unter anderem aus einem Hauptgericht – geschmorte Pinguinbrust mit Rote-Johannisbeer-Gelee – bestand und mit Plumpudding und Mincepies abgeschlossen wurde – Dinge, die mit gewaltigen Mengen an Champagner, Portwein und Likören hinuntergespült wurden. Die ganze Gesellschaft versammelte sich dann rund um das Pianola, und der normalerweise schweigsame Oates versetzte alle in Erstaunen, als er plötzlich zu singen anfing. Mit dem ausgelassenen Feiern wurde die unermessliche Stille der Eisfelder durchbrochen und Erinnerungen an zu Hause geweckt. Am nächsten Morgen kippte Bowers, der damit prahlte, sich mit kaltem Wasser zu waschen, einen Eimer Eiswasser über seinen nackten Körper, um wieder nüchtern zu werden, und bot sich an, mit seinen Kollegen ähnlich zu verfahren.

Kathleen Scotts Weihnachten war gedämpfter. Sie nahm Peter mit zu seiner Großmutter Hannah Scott in Henley, die »sagte, wie traurig es sei, dass Peter die göttliche Bedeutung des Heiligen Abends nicht kenne. Ich musste ein wenig streng sein und sagte ihr, Peter wisse, dass früher einmal ein kleines Baby in einem Stall geboren sei, der zu einem wunderbaren Menschen heranwuchs, und dass das mehr sei, als die meisten kleinen Kinder wüssten.«

Scott freute sich, seine Männer bei so guter Laune zu sehen, obwohl es, da er selbst nicht mitmachen konnte, sein Gefühl, von ihnen abgeschnitten zu sein, verstärkte. Er war der Mann an der Spitze, und die gesamte Verantwortung für den Erfolg lag bei ihm. Seine Besorgnis über die Verzögerungen und den Zustand der Tiere überschattete alles. Interessanterweise war er zwar von Oates' unablässigen Bemühungen um die Ponys beeindruckt, hatte aber Hemmungen, ihm irgendwelche Vorschläge zu machen. Sein Tagebuch drückte Überraschung darüber aus, dass Oates die relative Stabilität des Schiffes im Packeis nicht ausnutzte, um die Ponys an Deck in Bewegung zu halten, aber was hinderte ihn daran, es ihm vorzuschlagen? Vielleicht war es ein Gefühl sozialer oder professioneller Unterlegenheit. Oates hatte rasch erkannt, dass weder Scott noch Evans etwas von Tieren verstanden, und schrieb seiner Mutter, dass »ihre Ignoranz kolossal« sei.[5] Dieser merkwürdige Kommunikationsmangel sollte während der gesamten Expedition bestehen bleiben.

Am 30. Dezember eiste sich die *Terra Nova* endlich los. Sie hatte 20 Tage lang im Packeis festgesteckt, im Gegensatz zu den vier Tagen, die seinerzeit die *Discovery* festsaß, und hatte 62 Tonnen Kohle verbraucht. Debenham zufolge schob Scott die Verzögerung auf ein Zusammenwirken von »ausgesprochenem Pech« und der Tatsache, dass sie so früh im antarktischen Sommer gestartet waren. Am Silvesterabend sichteten sie zum ersten Mal antarktisches Land – die Gipfel der Admirality Range tauchten in der Ferne auf, beschienen von der Sonne »wie Satin, über den Wolken«. Zwei Tage später erblickten sie die hoch aufragende Masse des Erebus, die Ponting im strahlenden Licht der Mitternachtssonne fotografierte. Angesichts dieses altbekannten Wahrzeichens überkam die *Discovery*-Veteranen Rührung. Doch es braute sich ein Sturm zusammen. Der Seegang bei Cape Crozier war zu stark, als dass sie an Land hätten gehen und ihr Basislager für den

Winter errichten können. Sie würden einen anderen geschützten Landeplatz mit leichtem Zugang zum Barrier suchen müssen, aber dieser würde nicht so nahe am Pol liegen.

Die *Terra Nova* machte sich nunmehr auf den Weg zum altbekannten Gebiet des McMurdo Sounds, und ein Landeplatz wurde an der nördlichen Seite einer Landzunge gefunden, die von einem alten Lavastrom aus dem Krater des Mount Erebus gebildet wurde. Diese Gegend war in den Tagen der *Discovery* als »Skuary« bekannt gewesen, benannt nach den Skuamöwen, die dort nisten. Sie war ungefähr 28 Kilometer nördlich von dem alten Winterquartier der *Discovery* in Hut Point gelegen und durch zwei tiefe Buchten von ihm getrennt, die man, wenn sie zugefroren waren, an einem einzigen Tag überqueren konnte. Die Buchten selbst waren durch einen hinausragenden Eisvorsprung, die Glacier Tongue, voneinander getrennt. Mit der ihm eigenen Großherzigkeit nannte Scott ihr neues Zuhause zu Ehren seines Stellvertreters Cape Evans.

Die *Terra Nova* wurde mit Eisankern gesichert, und man begann so rasch wie möglich mit dem Entladen. Scott war erleichtert, dass er seine Ponys wieder an Land setzen konnte, eine Reaktion, die diese teilten – Pontings Film zeigt sie, wie sie sich fröhlich im Schnee wälzen. Einige der Ponys waren kräftig genug, um fast vom ersten Moment an mit der Arbeit zu beginnen, obwohl sie das Schlittenziehen nicht immer angenehm fanden und eine Besorgnis erregende Neigung, immer wieder durchzugehen, an den Tag legten. Die Hunde wurden ebenfalls an Land gebracht und befanden sich in einem ziemlich jämmerlichen Zustand, auch wenn sie nicht zu schwach waren, um jeden neugierigen Adéliepinguin zu massakrieren, der dahergewatschelt kam.

Ponting fiel um Haaresbreite einem Schwarm Schwertwale zum Opfer. Er war auf eine Eisscholle gerannt, um die Tiere zu fotografieren, aber ehe er es sich versehen hatte, hatten die Wale ihn entdeckt und einen geballten Angriff auf ihn gestartet, indem sie unter dem Eis hindurchschwammen und allesamt gleichzeitig wieder auftauchten, um ihn ins Wasser zu werfen. Pontings entsetzte Kollegen sahen zu, wie er über das Eis sprang, verfolgt von diesen dämonischen Wesen mit ihren »goldbraunen Markierungen am Kopf, ihren kleinen glänzenden Augen und ihrer Reihe schrecklicher Zähne«.[6] Er hinterließ eine lebendige Schilderung seiner Flucht:

»Das Schiff war ungefähr 50 Meter entfernt, und ich hörte wilde Rufe wie: ›Pass auf!‹ ›Lauf!‹ ›Spring, Mann, spring!‹ ›Lauf, aber schnell!‹. Aber ich konnte nicht laufen; alles, was ich tun konnte, war, genau auf meine Füße zu achten, während ich auf dem schwankenden Eis von Scholle zu Scholle hüpfte und ein paar Meter hinter mir die Wale zwischen den Eisblöcken schnaubten und prusteten. Ich fragte mich, ob ich mich in Sicherheit bringen könnte, bevor die Wale mich einholten; und ich erinnere mich genau, dass ich überlegte, wie grässlich der erste Biss sich anfühlen würde, falls sie mich erwischten, dass dies aber beim zweiten schon ziemlich egal wäre.«

Ponting kletterte in Sicherheit und wurde von einem kreidebleichen Scott mit folgenden Worten begrüßt: »Mein Gott! Das war das Knappste, was ich je erlebt habe!«

Das Ausladen bot eine gute Gelegenheit, die Motorschlitten auszuprobieren, aber es kam zu einem Unglück, als einer von ihnen durch ein Stück aufbrechenden Eises ins Wasser fiel. Scott nahm den Verlust gelassen hin, obwohl damit ein beträchtlicher Teil des Geldes futsch war, das mit so großem Aufwand eingesammelt worden war, und er gab sich selbst wegen seiner Ungeduld die Schuld.

Wilfred Bruce schrieb seine durchweg entspannte Haltung der Tatsache zu, dass er Antarktika überhaupt wohlbehalten erreicht hatte: »Nachdem er gelandet war und sich etwas ruhiger fühlte, verbesserte sich seine Stimmung sehr, und er sagte viele nette Dinge zu uns allen.«[7] Tatsächlich kann man Scotts wachsendes Selbstvertrauen auch aus seinem beruhigenden Brief an seine Mutter herauslesen: »Meine Gefährten sind viel fähigere Leute als die, die ich auf der *Discovery* hatte, und alle legen großen Arbeitseifer und mir gegenüber Loyalität an den Tag.«[8] Scott war auch mit Cape Evans sehr zufrieden und schrieb an Kathleen: »Das Glück war uns schließlich doch hold, und jeder Tag zeigt die Vorteile des Ortes, den wir für unsere Winterstation ausgewählt haben.«[9] Obwohl nicht alles nach Plan gelaufen war, fühlte Scott sich nicht niedergeschlagen – es gab wahrlich viel zu tun, und es blieb keine Zeit für Selbstbespiegelung und Selbstzweifel, in die er in ruhigeren Augenblicken so leicht verfiel.

Scott war darauf bedacht, seinen Stützpunkt schnell zu errichten, damit die verschiedenen Expeditionen aufbrechen konnten, bevor es zu kalt wurde. Am wichtigsten war, die Hütte aufzubauen – ein schönes Gebäude von 15 Metern Länge, siebeneinhalb Metern Breite und 2.75 Metern Höhe bis zum Dachvorsprung. Die doppelten Wände wurden mit abgestepptem Seegras isoliert und mit Filz verkleidet. Das Dach wurde mit »dreilagigem Ruberoid« und der Boden mit Linoleum bedeckt. Den strengen Vorschriften der Marine entsprechend wurde die Hütte in die Offiziersmesse, die nur die Offiziere und die Wissenschaftler benutzen durften, und das Mannschaftsdeck für die Übrigen unterteilt. Obwohl jede Seite alles hören konnte, was vor sich ging, konnte sie es laut Protokoll eben nicht, und das gab beiden Gruppen ein Gefühl der Geborgenheit und Privatsphäre, was unter den anstrengenden, isolierten Bedingungen in Antarktika wichtig war. Am 18. Januar war die Hütte bezugsfertig: Ofen, Küchenherd, Grammophon und Pianola – alles hatte seinen festen Platz gefunden. Eine aus dem Eis gehauene Höhle beherbergte die Geräte für die erdmagnetischen Messungen, während eine Eisgrotte mit Vorräten an Hammel-, Pinguin- und Seehundfleisch voll gestopft wurde und auf der leewärts gelegenen Seite Ställe für die Ponys gebaut wurden. In seinem Tagebuch schrieb Scott, dass er sich gefragt habe, wie die Ponys untergebracht werden sollten. Es scheint zumindest merkwürdig, dass er nicht früher daran gedacht hatte, angesichts der angeblich wichtigen Rolle, die die Ponys spielen sollten, aber vielleicht verließ er sich auf Oates. Jedenfalls freute er sich über den Fortschritt, auch wenn er sich nach wie vor Sorgen darüber machte, dass »hinter diesem Sommerwetter irgendetwas Unheilvolles steckte«, das sie übersehen hatten.

Am 15. Januar brach Scott mit Meares und einem Hundegespann auf, um Hut Point zu besuchen. Er war schockiert, als er feststellte, dass Shackleton und seine Männer ein Fenster offen gelassen hatten und die Hütte jetzt voller Schnee und Eis war. Sie war auch in einem schmutzigen Zustand, weil Shackleton sie überstürzt hatte verlassen müssen. Er hatte sich, nur drei Tage nachdem er zur Hütte zurückgekehrt war, wieder auf der *Nimrod* eingeschifft. Und von diesen drei Tagen hatte er zwei damit zugebracht, Kameraden, die noch draußen auf dem Eis waren, zu retten. Scotts Ärger über das unbekümmerte Verhalten seines Rivalen veranlasste ihn, eine wütende Passage in sein Tagebuch zu schreiben, die später in der veröffentlichten Version gestrichen wurde: »Kisten voller Exkremente wurden in der Nähe der Vorräte gefunden, und Schmutz ähnlicher Art lag dick unter der Verander [sic]... Es ist schon seltsam, wenn man sich vorstellt, dass Menschen so fürchterlich und mit einem solchen Mangel an Rücksicht auf andere, die nach ihnen kommen, gehaust haben können.«

Doch Scott hatte wenig Zeit zum Grübeln, denn sie mussten mit den Schlittenreisen beginnen. Aus seinem Tagebuch wird wieder einmal eine erstaunliche Unsicherheit deutlich. Er schrieb: »Mein Kopf scheint hinsichtlich dieses Themas nicht halb so klar zu sein, wie er sollte.« Endlich beschloss er, eine Gruppe von zwölf Männern mit acht Pony- und zwei Hundeschlitten in der kurzen Zeit, die noch vor Wintereinbruch verblieb, anzuführen und jene Reihe von Vorratslagern anzulegen, die für den im nächsten antarktischen Sommer geplanten Versuch, zum Pol zu gelangen, von entscheidender Bedeutung sein würden. In den Depots sollten erhebliche Mengen an Nahrung und Brennstoff gespeichert werden; sie waren als Ergänzung jener Vorräte gedacht, die das Pol-Team und seine Hilfstrupps selbst würden transportieren können, und sollten den tatsächlichen Handlungsradius vergrößern, damit der Pol mit einer angemessenen Sicherheitsmarge erreicht werden konnte. Oberleutnant zur See Campbell, der so genannte »Wicked Mate«, sollte ein Team anführen, das die Küste von King Edward VII. Land auskundschaften würde, während der Australier Griffith Taylor mit drei anderen auf den Bergen und Gletschern von Victoria Land geologische Untersuchungen durchführen sollte. Die *Terra Nova* würde Campbells Gruppe und die von Griffith Taylor absetzen und dann nach Neuseeland zurückfahren, weil sie, anders als die *Discovery*, nicht im McMurdo Sound überwintern sollte. Scott hatte kein Funkgerät mitgenommen, und deshalb würden er und seine Männer in der Zeit zwischen der Abfahrt der *Terra Nova* und ihrer Rückkehr vollkommen von der Außenwelt abgeschnitten sein.

Scotts Gruppe, die die Vorratslager anlegen sollte, marschierte am 24. Januar los, nur drei Wochen nach der Landung. Man war sich bewusst, dass es sich um ein besonderes Ereignis handelte, und Wilson schrieb, dass »viel fotografiert« wurde und dass es »eine Menge Ärger und Aufregung« gab, als die Hunde und die Ponys auf dem Eis herumrutschten. Die Männer amüsierten sich darüber, wie sie in ihren Schlittenkleidern aussahen. Debenham kam zu dem Schluss, dass ihre Windkleidung, die sehr weit geschnitten war, damit sie über andere Kleider passte, »überhaupt nicht elegant [war] und einen Mann sehr korpulent, ja sogar wassersüchtig aussehen ließ!«.

Es war geplant, ungefähr 180 Kilometer entlang der Polarroute über das Ross-Schelfeis zu marschieren und an strategischen Punkten so lebenswichtige Vorräte wie Ponyfutter, Schlittenrationen, Hundekuchen und Paraffinöl zu deponieren. Dass sie sich sputen mussten, wurde sofort klar – das Meereis, das die einzige direkte Route zum Ross-Schelfeis darstellte, fing bereits an aufzubrechen. Cherry-Garrard zufolge überquerte die Gruppe es gerade noch rechtzeitig, aber »mit einer Hast, die an Panik grenzte«.

Wilson und Meares waren für die beiden Hundeteams mit Dimitri Gerow verantwortlich, während Scott, Oates, Atkinson, Cherry-Garrard, Birdie Bowers, Gran, Crean, Forde, Keohane und Teddy Evans die Ponys führten beziehungsweise neben ihnen her marschierten. Wilson genoss das Treiben seiner Hunde aus vollen Zügen und fand es »eine ganz andere Sache als die scheußliche Hundetreiberei, die wir in den Tagen der *Discovery* verbrochen haben«. Er entwickelte eine tiefe Zuneigung zu dem Anführer seines Teams namens »Stareek«, Russisch für ›alter Mann‹, »dem nettesten, intelligentesten alten Hunde-Gentleman, dem ich je begegnet bin. Er sieht aus…, als würde er die ganze Gemeinheit der Welt und all ihre Sorgen kennen und als würde ihn beides zu Tode langweilen.« Er hatte auf der Reise von Neuseeland nach Süden mit Meares über das Hundetreiben diskutiert und war zu folgendem Schluss gelangt: »Wenn irgendeine Zugkraft außer uns selbst den Gipfel des Beardmore-Gletschers erreichen kann, dann sind es die Hunde.« Scotts Versuch, Hunde zu treiben, verlief weniger erfolgreich, was ihn zu folgendem Eintrag in sein Tagebuch veranlasste: »Meine Meinung über die Hunde halte ich zurück; ich bezweifle sehr, ob sie ein wirklicher Erfolg werden – aber die Ponys machen sich tatsächlich gut.«

Die Gruppe bekam es schon bald mit einigen bedrohlichen Problemen zu tun. Atkinsons Fuß war so rasch wund gescheuert, dass er nach Cape Evans zurückkehren musste. Scott hatte kein besonderes Mitgefühl, was er damit begründete, dass Atkinson »seine Schwierigkeiten viel früher hätte melden sollen«. Auch erwies sich der Boden des Ross-Schelfeises als weicher und nachgiebiger als die beinharte Fläche, die sie erwartet hatten. Die Ponys hatten Schwierigkeiten zu gehen und kämpften sich nur mühsam voran. Scott musste einräumen, dass die Bedingungen für sie nicht geeignet waren: »Der große Nachteil besteht darin, dass sie im weichen Schnee so leicht einsinken... Sie schlagen sich tapfer,... aber es fällt schwer, ihnen dabei zuzusehen.« Oates sah, was sich da abspielte, und wollte fast verzagen, aber Scott tat seine Besorgnis mit der Begründung ab, dass »er eben kein Optimist« sei. Eine seltsame Einstellung gegenüber dem anerkannten Pferdefachmann! Das einzige Paar Pony-Schneeschuhe der Gruppe – es handelte sich um bambusbereifte Drahtringe – wurden ausprobiert, und sehr zum Erstaunen aller, einschließlich Oates', wirkten sie wahre Wunder. Meares und Wilson wurden zurückgeschickt, um noch mehr zu holen, stellten aber fest, dass das Eis aufgebrochen und somit eine Rückkehr nach Cape Evans unmöglich war. Scott regte sich auf, dass »etwas, was uns die Arbeit so sehr erleichtert hätte, in der Station zurückgelassen worden war«.

Die Gruppe kämpfte sich nach Süden und Osten voran, um eine Position genau südlich von Cape Crozier zu erreichen, der sie den Spitznamen Corner Camp gaben. Von dort ging es über die Route, die Shackleton genommen hatte, geradewegs zum Beardmore-Gletscher, der für Scott das Tor zum Pol sein würde. Doch bevor sie sich weiter voranbewegen konnten, schlug der erste Schneesturm zu – eine Ehrfurcht gebietende Begegnung mit dem, was Cherry-Garrard als »tobendes Chaos« bezeichnete –, und dieser Sturm hatte eine Verzögerung von drei Tagen zur Folge. Als es aufklarte, drängten sie mit vermehrter Kraft nach Süden, wieder vorbei an Minna Bluff, benannt nach Sir Clements Markhams Frau Minna, und errichteten in der Nähe des 79. Breitengrads ihr Bluff Depot. Cherry-Garrard beschrieb, was es bedeutete, sich mit Scott ein Zelt zu teilen:

»Scotts Zelt war bequem und wohnlich, und ich war immer froh, wenn ich hinein durfte… Er selbst war außerordentlich fix, und es wurde niemals Zeit verloren, wenn seine Gruppe ein Zelt aufschlug oder ein Lager abbrach. Er war sehr darauf bedacht – manche, aber nicht ich, behaupten, allzusehr darauf bedacht –, dass alles sauber und tipptopp war… Und wenn man ›mit dem Owner Schlitten fuhr‹, musste man die Augen sehr weit offen halten für die kleinen Dinge, die dazwischenkamen, diese rasch erledigen und kein Wort darüber verlieren.«

Das Leben mit Scott scheint ganz vortrefflich, wenn auch etwas anstrengend gewesen zu sein. Er war selbst diszipliniert und erwartete von anderen, dass sie genauso penibel waren. Wright erinnerte sich später daran, wie einige der Männer so große Ehrfurcht vor Scott hatten, dass sie zum Urinieren hinaus in die Kälte gingen, statt es, wie üblich, in der Ecke des Zeltes zu erledigen.

Obwohl sie erst seit 18 Tagen mit den Schlitten unterwegs waren, ließen die Kräfte der Ponys nach. Aus Scotts Tagebuch sprechen sein Kummer und seine Sorgen – nicht nur, weil er für die Reise zum Pol auf die Ponys angewiesen war, sondern weil ihr Leiden ihm zusetzte. Oates, der Pferde ebenfalls liebte, aber weniger sentimental war, nahm eine pragmatischere Haltung ein und argumentierte, dass es besser wäre, die Pferde so weit wie möglich nach Süden zu treiben und sie dann zu töten und das Fleisch für die Männer und die Hunde der Pol-Gruppe einzulagern. Er hielt es für unwahrscheinlich, dass viele der Pferde die Rückreise nach Cape Evans überleben würden. Dennoch beschloss Scott, die drei schwächsten – Blossom, Blucher und James Pigg – mit Teddy Evans, Keohane und Forde zurückzuschicken. Blossom verendete unmittelbar danach und Blucher nach nur 55 Kilometern, und das gab Oates im Nachhinein Recht.

Oates machte sich weiterhin dafür stark, die Ponys weiterzutreiben und zu töten, aber Scott weigerte sich. Gran zufolge gab es einen aufschlussreichen Wortwechsel: »Ich habe genug von dieser Tierquälerei«, lautete Scotts Antwort, »und ich werde nicht um ein paar Tagesmärsche willen gegen mein Gefühl handeln.« – »Ich fürchte, das werden Sie bereuen, Sir«, sagte Oates am Ende. »Bereuen oder nicht, mein lieber Oates«, erwiderte Scott, »ich habe mich entschieden wie ein Christ.«[10] Im Endeffekt lag der südlichste Punkt, den sie erreichten, 240 Kilometer von Cape Evans entfernt und 56 Kilometer weiter nördlich, als Scott geplant hatte. Sie errichteten ein großes Lager, nannten es »One Ton« wegen der gewaltigen Menge an Vorräten, die sie hier zurückließen, und markierten es mit einer schwarzen Fahne. Scott schrieb jetzt in sein Tagebuch: »Wir werden eine gute Etappe für das nächste Jahr haben und können die Ponys wenigstens bis zu dieser Stelle füttern.« Hätte Scott auf Oates gehört und das Depot weiter südlich errichtet, hätte der halb erfrorenen, halb verhungerten und erschöpften Pol-Gruppe auf ihrer Rückreise wahrscheinlich zumindest vorübergehend geholfen werden können; dies sollten die nachfolgenden Ereignisse bestätigen.

Die Temperatur war inzwischen auf ungefähr minus 28 Grad gesunken, und viele Teilnehmer der Reise spürten die Kälte – vor allem Oates litt unter einer erfrorenen Nase. Scott nahm das als schlechtes Vorzeichen für die Reisen im nächsten Sommer und teilte jetzt die Gruppe für die Rückreise auf. Scott, Wilson, Cherry-Garrard und Meares gingen mit den beiden Hundegespannen voran. Bowers, Oates und Gran folgten mit den fünf erschöpften Ponys langsamer nach. Zu einem interessanten Dialog kam es zwischen Oates und Gran, als sie wieder nach Norden stapften. Gran zufolge »war Oates für mich ein Buch mit sieben Siegeln, bis ich mit ihm zusammen kampierte… Ich hatte den Eindruck [gewonnen], dass ich in seinen Augen keine Gnade fand…« Gran hatte tatsächlich Recht. Am 31. Januar hatte Oates seiner Mutter geschrieben: »Ich kann diesen norwegischen Kerl nicht ausstehen, er ist sowohl schmutzig als auch faul. Ich hatte einen Streit mit ihm, und ich glaube, dass es nicht lange dauern wird, bis wir den nächsten haben.« Doch Gran schilderte, was auf der Rückreise vom Lager One Ton passierte:

»Oates sagte mir ins Gesicht, dass das, was er gegen mich habe, nichts Persönliches sei; es gehe nur darum, dass ich Ausländer sei. Aus ganzem Herzen hasste er alle Ausländer, weil alle Ausländer England hassten. Der Rest der Welt, angeführt von Deutschland, warte nur darauf, sein Vaterland anzugreifen und es, wenn möglich, zu zerstören. Ich war gerade im Begriff zu antworten, als Bowers schnell dazwischenfunkte: ›Könnte etwas dran sein an dem, was du sagst, Oates, aber trotzdem wette ich, dass du

Gran gern auf unserer Seite wüsstest, wenn England ohne eigenes Verschulden in einen Krieg hineingezwungen würde.‹ – ›Stimmt das?‹ fragte Oates. ›Natürlich‹, antwortete ich, und ehe ich mich's versah, packte er meine Hand. In diesem Moment öffnete sich das Buch mit den sieben Siegeln, und Oates und ich wurden die besten Freunde.«

Scott war unterdessen zunehmend von der Leistung der Schlittenhunde beeindruckt. Auf der Rückreise legten sie ein ausgezeichnetes Tempo vor, und Scott hatte angefangen, sich mit Meares darüber zu beraten, was Hundegespanne auf dem Polarplateau leisten würden. Doch seine Zuversicht wurde schon bald wieder erschüttert. Er und Meares schrammten dicht am Tod vorbei, als bei der Überquerung einer Spalte eine Schneebrücke einbrach. Alle mit Ausnahme des Hundeteamführers, jenes wunderbar starken Osman, der während des Sturms über Bord gespült worden war und überlebt hatte, stürzten hinein. Als Wilson hinunterschaute, sah er entsetzt »in eine große blaue Spalte, in der das Hundeteam in einem Riemengewirr hing«. Es gelang ihnen, elf Hunde hochzuziehen, aber zwei waren aus ihrem Geschirr gerutscht, 20 Meter tief auf ein Schneebrett gefallen und sofort eingeschlafen. Der sentimentale und tierliebende Scott vergaß seine Verantwortung als Führer, ignorierte die energischen Einwände der anderen – Wilson hielt es für ein wahnwitziges Risiko – und bestand darauf, dass ein Seil hinuntergelassen wurde, um sie zu retten. Dies gelang ihm, und die genervte Gruppe erreichte am 22. Februar ohne weiteren Zwischenfall Safety Camp, wo sie Teddy Evans mit einem einzigen Pony antrafen.

Doch es sollte noch schlimmer kommen. Atkinson, dessen Fuß sich erholt hatte, brachte einen Sack mit Post, den die *Terra Nova* angeliefert hatte, ehe sie nach Neuseeland weiterfuhr. Zur Post gehörte ein Brief von Campbell mit einer schrecklichen Nachricht: Er hatte entdeckt, dass Amundsen auf dem Eis an der Bay of Whales, einer Bucht im Ross-Schelfeis in der Nähe von King Edward VII. Land, kampierte. Das war genau die Stelle, wo Scott im Jahr 1902 seinen riskanten Aufstieg mit einem Ballon unternommen hatte, und der südlichste Punkt, den ein Schiff erreichen konnte. Sie war auch nur 740 Kilometer von Scotts eigenem Winterquartier entfernt. Die Herausforderung hätte nicht krasser sein können. Ein wutentbrannter Scott brütete über Campbells Bericht von der spannungsgeladenen Begegnung zwischen den Norwegern und den Briten.

Campbell schilderte, dass seine Gruppe nicht wie geplant im King Edward VII. Land an Land gehen konnte, weil Eis der *Terra Nova* den Weg versperrte. Als er umkehrte, hatte Campbell beschlossen, einen Winterstützpunkt auf dem Ross-Schelfeis selbst zu suchen, und als sie um eine Spitze herumfuhren, waren die Männer von der *Terra Nova* erstaunt, die *Fram*, die so willkommen war wie ein Wikinger-Kaperschiff, geschützt am Rand des Ross-Schelfeises vertäut liegen zu sehen. Wie Wilfred Bruce an Kathleen schrieb: »Allenthalben waren Flüche, laut und tief empfunden, zu vernehmen.«[11]

Die Besatzungen besuchten einander in einer Atmosphäre enervierender Höflichkeit. Die norwegische Landgruppe bestand aus neun Mann und 110 Hunden, im Gegensatz zu Scotts beiden Gruppen, die insgesamt 33 Mann mit ihren gemischten Transportmitteln umfassten. Die Norweger sprachen sehr freimütig über ihre Pläne. Amundsen beabsichtigte, mit den Hunden und mit Skiern auf den Pol zuzustürmen und so bald zu starten, wie das Wetter es erlaubte. Er forderte Campbell auf, in der Bay of Whales zu bleiben und sich einiger seiner Hunde zu bedienen, aber Campbell lehnte ab. Nach dem Austausch wohl bedachter Artigkeiten verabschiedete er sich und zog es vor, mit der nach Neuseeland reisenden *Terra Nova* weiterzufahren und zu versuchen, jenseits von Cape Adare an Land zu gehen.

Scott reagierte zunächst mit Wut. Er musste der Versuchung widerstehen, zur Bay of Whales zu eilen und mit Amundsen Tacheles zu reden. Cherry-Garrard hatte seinen Kapitän niemals so bekümmert gesehen. Hier erinnerte manches an den jungen Scott, der ein schlechter Verlierer war. Der Gedanke, dass ihm jemand den Preis vor der Nase wegschnappen könnte, sowie die Tatsache, dass Amundsen sich nicht »an die Spielregeln gehalten« hatte, war für ihn unerträglich. Es war nicht fair! Doch nüchterneres Nachdenken überzeugte ihn: »Der richtige wie auch der klügere Weg für uns ist, genauso weiterzumachen, als wenn dies nicht geschehen wäre. Weiterzugehen und ohne Angst oder Panik unser Bestes zur Ehre des Landes zu geben.«

Doch ob es Scott gefiel oder nicht – die Reise zum Pol würde jetzt in ein Wettrennen ausarten. Er begann, ihre jeweiligen Chancen abzuwägen, und grübelte düster darüber nach, dass Amundsen an der Bay of Whales dem Pol etwa 110 Kilometer näher war als er. Er dachte darüber nach, dass Amundsen sich auf seine Hunde verließ, und räumte ein, dass seine Absicht klug erschien und dass er mit den Hunden früher starten könnte als mit den Ponys. Es hätte ihn allerdings noch weiter deprimiert, wenn er gewusst hätte, dass Amundsen während der letzten Reise, auf der er seine Vorratslager angelegt hatte, an seinem besten Tag fast 110 Kilometer zurückgelegt hatte, weil seine Hunde über den gefrorenen Boden des Ross-Schelfeises mühelos nur so dahingefegt waren, und dass er sein letztes Depot 280 Kilometer weiter südlich angelegt hatte als Scott das seine. Im Durchschnitt war Scott nur halb so schnell gewesen wie Amundsen.

Jedenfalls hatte Scott Mühe, die Vorstellung zu akzeptieren, dass intelligente Tiere wie Hunde den ganzen Weg bis zum Pol über Hunderte von Kilometern öden Geländes getrieben werden könnten. Er glaubte: »Ein Hund muss entweder fressen, schlafen oder *interessiert* sein. Sein Eifer, bei Interesse zuzuschnappen, mit Wachsamkeit etwas zu verfolgen, ist fast Mitleid erregend. Die Monotonie des Marschierens bringt ihn um.« Doch wenn Scott seine Pläne jetzt hätte ändern wollen und sein Vertrauen in die Ponys aufgegeben hätte, hätte er sich dem Vorwurf ausgesetzt, Amundsen nachzuäffen.

Während Scott immer noch über diese merkwürdige Wendung des Schicksals nachgrübelte, kamen Bowers, Oates und Gran mit allen fünf Ponys im Safety Camp an, aber eines war in schlechter Verfassung. Scott blieb zusammen mit Oates und Gran bei ihm und versuchte vergeblich, es zu füttern, aber das Pony verendete noch in derselben Nacht. Das führte Scott noch deutlicher vor Augen, dass »diese Schneestürme für die armen Tiere schrecklich sind… Sie sorgen dafür, dass im nächsten Jahr zwangsläufig spät gestartet werden muss.«

Unterdessen hatte Scott die anderen in die Sicherheit von Hut Point vorausgeschickt, wo Wilson und Meares mit den Hundegespannen ankamen. Doch eine Folge albtraumartiger Ereignisse erwartete Bowers, Cherry-Garrard und Crean. Im Gegensatz zu Wilson beschlossen sie, mit ihren vier ausgezehrten Ponys das Meereis zu überqueren. Bowers schrieb: »Es war ein scheußlicher Rückmarsch: finster, bedrückend und deprimierend.« Sie kamen nur langsam voran und kampierten auf dem Eis, das fest genug erschien, aber wahrscheinlich war ihr Urteilsvermögen aufgrund ihrer Müdigkeit beeinträchtigt – Bowers bereitete den üblichen Kakao mit Currypulver zu, und Crean bemerkte es nicht einmal. Als sie erwachten, machten sie die unangenehme Entdeckung, dass sie sich, wie Bowers es ausdrückte, »inmitten eines dahintreibenden Stücks aufgebrochenen Eises befanden«. Ein Pony war verschwunden, und jetzt folgte ein verzweifelter Wettlauf, um ihre Schlitten und die übrigen drei Ponys von Eisscholle zu Eisscholle zu ziehen und das sichere Schelfeis zu erreichen. Als ob das nicht genügt hätte, beschrieb Bowers die »weitere Unannehmlichkeit«, die durch den Anblick ganzer Geschwader von Schwertwalen ausgelöst wurde, die mit »teuflischer Geschäftigkeit« in dem zehn bis zwölf Meter breiten Streifen offenen Wassers, der zwischen ihnen und dem Rand des Schelfeises lag, umherkreuzten.

Thomas Crean, der hoch gewachsene irische Unteroffizier, sprang über die Eisschollen. Als er das Schelfeis erreicht hatte, schlug er Alarm, und Scott eilte herbei. Unterdessen hatten Bowers und Cherry-Garrard von ihrer Arbeit abgelassen, um die Ponys zu beruhigen, die vom Anblick »riesiger schwarzer und gelber Köpfe mit widerlichen Schweineaugen, die nur ein paar Meter von uns entfernt waren«[12], in panische Angst geraten waren. Glücklicherweise kam ihre Scholle am Rand des Schelfeises zum Stillstand, und ein mächtig erleichterter Scott rief hinunter: »Ihr Jungs, ihr könnt euch nicht vorstellen, wie froh ich bin, euch wohlbehalten zu sehen!«[13] Doch er erkannte die Gefahr. In jedem Moment konnte die Strömung ihre Richtung ändern, und dann würde die Eisscholle mit ihrer triefnassen und erschöpften Fracht auf die offene See hinaustreiben. Er befahl Bowers, die Tiere aufzugeben, und sie mussten den erbarmungswürdigen Anblick ertragen, wie die drei verzagten Tiere davontrieben. Am nächsten Morgen machte ein besorgter Bowers die Ponys ungefähr zwei Kilometer nordwestlich von der Stelle aus, wo ihre Scholle wieder hängengeblieben war. Doch bei den verzweifelten Bemühungen, sie über die schwimmende Eisschollenbrücke zu drängen, brachen zwei der Tiere zusammen, und Oates und Bowers hatten die entsetzliche Aufgabe, sie mit Spitzhacken zu töten, um sie vor den Walen zu retten. Nur ein Überlebender schaffte es wohlbehalten bis auf das Schelfeis. Es war ein fürchterlicher Schlag für Scotts Pläne, den Pol zu erreichen. »Wenn jemals Pech an den Fußsohlen eines Mannes klebte, dann sicher an denen unseres Führers«, schrieb ein ungewöhnlich düsterer Teddy Evans.

Das Aufbrechen des Meereises bedeutete auch, dass die Gruppe jetzt in Hut Point festsaß. Eine Rückkehr nach Cape Evans würde erst möglich sein, wenn das Wasser wieder zufror. Die ganze Gruppe war gezwungen, in der rauchigen, stinkenden Atmosphäre der alten *Discovery*-Hütte zu verbringen, deren Ofen mit Seehundtran beheizt wurde. Ihr Elend wurde noch frustrierender, weil sie wussten, dass »Cape Evans zwar vage zu erkennen war, aber bis das Wasser zufror, ebenso weit entfernt sein würde wie Neuseeland«, wie Bowers melancholisch schrieb. Die Lebensbedingungen wurden sogar noch weiter eingeschränkt, als am 14. März Griffith Taylor mit seinem Geologentrupp, zu dem auch Edgar Evans gehörte, eintraf. Unteroffizier Evans hatte sich wegen seiner Stärke und seines Muts, seines unerschöpflichen Vorrats an Anekdoten und ungewöhnlichen Kraftausdrücken und seiner Lektüre die Bewunderung von Griffith Taylor und seinen Akademikerkollegen erworben, die inzwischen seine William-le-Queux-Romane und seine Ausgabe des *Red Magazine* gegen ihre gelehrteren Wälzer ausgetauscht hatten.

Doch die Männer schlugen sich in einem kameradschaftlichen Geist ganz gut durch. Sie verspeisten gebratene Seehundleber und Pinguinbrust, und Wilson erfand ein Pinguinschmalz, das wie sehr schlechtes Sardinenöl schmeckte. Oates bat um Hausmannskost und bemerkte mit lauter Stimme: »Einige von uns, die sich für Köche halten, verderben die Mahlzeiten, indem sie das Essen bei ihren Versuchen, originelle Speisen zu produzieren, ruinieren.«[14] Doch Wilsons Chapattis scheint er genossen zu haben. Er versuchte vergeblich, Wilson dahin zu bringen, ihm »für medizinische Zwecke« etwas Brandy auszuhändigen, indem er vorgab, einen Anfall zu bekommen, aber Wilson durchschaute das Spiel: »Jawohl, er hat einen Anfall gehabt, meinetwegen; dann reibt ihm etwas Schnee in den Nacken, und er wird schnell darüber wegkommen.«[15]

Scott war erfreut, dass eine so gute Stimmung herrschte, aber seine eigene Zuversicht war durch die Ereignisse auf der Reise, bei der sie die Vorratslager anlegten, und durch die Nachricht über Amundsen schwer erschüttert worden. Er schrieb: »Es ist schlimm, still dazusitzen und dem Ruin zuzusehen, den unsere Transportmittel erlitten haben... Der Pol ist leider noch sehr weit weg!« Sobald sich das Meereis wieder zu bilden begann, sah Scott eine Gelegenheit zum Aufbruch, obwohl einige Leute aus seiner Gruppe Bedenken hatten. Er und Teddy Evans führten zwei Gruppen hinaus, und schon bald kletterten Männer und Schlitten mit Kletterseilen auf das Meereis hinunter. Teddy Evans bewunderte Scotts Entschlossenheit und schrieb: »Ein nervöserer Mann wäre der Sache aus dem Weg gegangen, weil es, wenn man einmal unten auf dem Meereis war, kaum eine Chance gab, wieder zurückzukommen.« An der Tatsache, dass er bereit war, ein solches Risiko einzugehen, lässt sich der Grad von Scotts Verzweiflung ermessen, aber er machte sich Sorgen darüber, was er in Cape Evans vorfinden könnte, und befürchtete, dass »Ungemach in der Luft lag« und »ein anomaler Seegang« vielleicht Verwüstungen angerichtet haben könnte.

Der Einsatz hatte sich gelohnt, und am 13. April kamen sie wieder in den Genuss des relativen Luxus von Cape Evans, wo ein erleichterter Scott »alles wohlbehalten« vorfand. Mit ihren Bärten, ihrer wettergegerbten Haut und den mit Seehundtran und Russ getränkten Kleider sahen sie so anders aus, dass Ponting sie für Norweger hielt.

Zehn Tage später ging die Sonne zum letzten Mal auf, um dann für vier Monate zu verschwinden. In den dunklen Tagen, die kommen sollten, würde Scott genügend Themen haben, über die er nachdenken konnte. Über die Reise nach Süden hatte er geschrieben: »Fortuna wäre wirklich streng gesinnt, wenn sie zuließe, dass eine solche Kombination von Wissen, Erfahrung, Fähigkeit und Begeisterung nichts zuwege brächte.«[16] Aber Fortuna hatte nicht gelächelt, sondern einem Eindringling die Tür geöffnet.

KAPITEL 12

Winter

Während die Dunkelheit anbrach, verlief das Leben wieder in geordneten Bahnen. Die Hütte war bequem, sogar gemütlich, mit Azetylenlampen, Öfen, Wäscheleinen, Uhren und dem außerordentlich wichtigen Grammophon. Die neun Männer vom Mannschaftsdeck lebten ihr eigenes Leben in einem Raum, der von der Offiziersmesse durch eine mit Regalen versehene Wand abgetrennt war und der mit dem Küchenherd, der wichtigsten Wärmequelle der Hütte, beheizt wurde. Debenham schilderte die dort herrschenden Zustände: »In der Hütte wurde die Temperatur am Boden unter dem Gefrierpunkt gehalten, sodass jeder Schnee, der hereingetragen wurde, täglich hinausgefegt werden konnte, aber auf Tischhöhe lag sie um plus zehn Grad, während sie an der Decke der Hütte bis auf plus 21 Grad ansteigen konnte, und dort konnten wir für unsere wöchentliche Wäsche einen Eimer Eis auftauen lassen.« Auf der anderen Seite dieser Trennwand gingen die 16 Offiziere und Wissenschaftler mit dem Platz so sparsam um, wie sie nur konnten. Scott gehörte ein von einem Vorhang umgebener, gut drei Quadratmeter großer Alkoven, wo er an einem linoleumbezogenen Tisch arbeitete. Wenn er aufsah, fiel sein Blick auf Fotografien von Kathleen, Peter, seiner Mutter und seinen Schwestern. Trost spendeten ihm seine Bücher von Hardy, Galsworthy und Browning sowie sein heiß geliebter 23 Jahre alter Uniformmantel der Königlich Britischen Marine, der so etwas wie ein Maskottchen geworden war und oft als Tagesdecke benutzt wurde.

Es gab eine peinlich saubere Dunkelkammer, die Ponting für sich selbst gebaut hatte und in der er auch schlief. Daneben befand sich Atkinsons mit Mikroskopen und Reagenzgläsern voll gestopftes Labor; sein Nachbar war der Meteorologe Simpson, dessen wunderbare Gerätesammlung summte, tickte und surrte. Zu den Instrumenten zählten Dines Windstärkenmesser, der jede Windböe mithilfe einer Wetterfahne aufzeichnete, welche an ein über das Dach ragendes Zwei-Zoll-Rohr befestigt war. Ponting beschrieb dessen unheimliche Geräusche: »Wenn Schneestürme tobten, klangen nachts die seufzenden und stöhnenden und ausgesprochen gespenstischen Laute, die aus dem Rohr kamen, sehr deprimierend.« Ganz anders dagegen die Töne der Brotbackmaschine von Clissold, dem Koch. Clissold stellte seinen Teig her, tat ihn in einen großen Topf, damit er aufging, und legte sich schlafen. Griffith Taylor berichtete: »Wenn der Teig genügend aufgegangen war, drückte er eine Scheibe nach oben, die eine Rinne umwarf. In dieser lief dann eine Bleikugel hinunter, die durch Berührung eine Glocke zum Bimmeln brachte! Dann setzte die Klingel einen Flaschenzug mit Draht in Bewegung und stellte einen weiteren Kontakt her, wodurch ein rotes Licht über seinem Kopf zum Blinken gebracht wurde!«

Simpson gegenüber lag Wilsons Ecke. Wilson war jeden Tag von fünf Uhr morgens an schwer am Schaffen, schrieb an seinen Notizen und fertigte Zeichnungen an. Nelson und Day bewohnten gemeinsam einen Alkoven, während die beiden Australier, Debenham und Griffith Taylor, sich eine Nische mit Gran teilten. In einem Brief an seine Mutter gestand Debenham etwas geheimnisvoll, dass er Bedenken wegen Grans »Moral« habe.[1] Ob das eine Anspielung darauf war, dass dieser mit Frauengeschichten prahlte, oder auf etwas anderes, lässt sich schwerlich feststellen.

Ihren Eingang verhängten sie mit einem Stück Verdunke-
lungsstoff, den sie sich von Ponting erbettelt hatten – ein
Stilelement, das Oates zu der Erklärung hinriss, ihre Behausung sei nicht besser als eine Opiumhöhle oder ein
Damenboudoir. Er selbst teilte sich einen Raum mit
Cherry-Garrard, Bowers, Meares und Atkinson, der sich
wegen seiner spartanischen Einfachheit den Spitznamen
»Mietskaserne« eingehandelt hatte. Oates' einziger Luxus
bestand aus einer kleinen Büste von Napoleon, den der
chauvinistische Soldat trotz dessen Nationalität glühend
bewunderte. Die Philosophie der Mietskasernen-Bewoh-
ner lautete: »Nieder mit der Wissenschaft, der Sentimentalität und dem schwachen Geschlecht«, und sie ließen
sich mit ihren Nachbarn, den Wissenschaftlern, auf einen
harmlosen Krieg der Worte ein, der manchmal in tempe-
ramentvolle Albereien ausartete. Scott beschrieb, wie das
vor sich ging: »Heute Abend hat sich Oates, Hauptmann
in einem feinen Kavallerieregiment, über Stühle und Tische hinweg mit Debenham, einem jungen Studenten aus
Australien, gebalgt.«

Scott freute sich über »den allgemein herrschenden
freundschaftlichen Geist«. Die glückliche und entspannte
Atmosphäre war, zumindest teilweise, der Tatsache zu ver-
danken, dass jeder genug zu tun hatte. Wissenschaftliche
Experimente mussten durchgeführt, die Zählerstände der
Geräte abgelesen und die Schlittenausrüstung überprüft
und ausgebessert werden. Cherry-Garrard ließ die *South
Polar Times* wiederaufleben und zeichnete ein behagliches
Bild vom täglichen Leben während des Polarwinters:

»Wahrscheinlich wäre jeder, der von England hierher
käme, überrascht festzustellen, wie viel Arbeit hier während eines langen und dunklen Winters geleistet wird. Es
gibt zehn Ponys, die jeden Tag bewegt werden müssen,
und sie scheinen jedes Mal, wenn sie hinausgehen, er-

frischter zurückzukommen, und Seehunde müssen geschlachtet werden, ehe man ihnen das Fell abzieht. Auf dem Meereis wird ständig gearbeitet: Man fängt Fische und andere Tiere zu wissenschaftlichen Zwecken, die Wassertiefe wird ausgelotet und die Gezeiten gemessen. Zwischen der Pflege der Hunde und der Ponys, den meteorologischen Beobachtungen, den Nachtwachen wegen des Polarlichts, der Ausarbeitung der Ergebnisse von den Schlittenreisen des letzten Sommers und der Vorbereitung für den nächsten Sommer bleibt nicht viel Zeit übrig... Und so leben wir sehr komfortabel..., und wir sind alle so fit, wie wir nur sein können.«

Manchmal spielten die Männer im Dämmerlicht Fußball. Die *South Polar Times* entwarf auch ein lebendiges Bild von dem abendlichen Vortragsprogramm, das Scott eingeführt hatte. Oates landete einen unerwarteten Erfolg mit seinem ironischen Referat über Pferdewirtschaft oder »Pferdemisswirtschaft«, bei dem seine Zuhörer sich vor Lachen kaum halten konnten. Pontings Vorführungen mit der Laterna magica waren ebenfalls sehr beliebt, besonders seine Bilder von Japan. In ihrem Buch über Rittmeister Oates erzählt Sue Limb, dass Oates zu Meares sagte: »Kommst du heute Abend mit ins Kino, Liebling?« Er nannte Meares oft »Liebling«, und Atkinson, seinen anderen Busenfreund, »Jane«. Es liegt nahe, daraus gewisse Schlüsse zu ziehen, aber für homosexuelle Neigungen gibt es keine Beweise. Das Geplänkel und die Spitznamen gehörten wohl, ebenso wie die Balgereien, zum Humor einer geschlossenen Männergesellschaft.

Am 22. Juni feierten sie den Mittwintertag, der in Antarktika immer noch als höchster Feiertag gilt. Nach dem Mittagessen überreichte Cherry-Garrard Scott die erste Ausgabe der *South Polar Times*. Am gleichen Tag noch verzehrten sie, während Schneestürme um die kleine Hütte tobten, »ein sagenhaftes« Abendessen, bestehend aus Seehundsuppe, Roastbeef und Yorkshirepudding, Plumpudding, Mincepies, kandierten Früchten, Pralinen, Vanillepudding, Wackelpeter und Kuchen; dazu gab es Sherry, Heidsieck Champagner, Brandy-Punch und Liköre – ein Ausmaß an Luxus und Raffinesse, das den einfach lebenden Amundsen drüben, an der Bay of Whales, belustigt und erstaunt hätte. Birdie Bowers dachte sich einen schönen, von Kerzen erleuchteten Weihnachtsbaum aus, gebaut aus Skistöcken, drapiert mit Skuafedern und mit Geschenken von Oriana Wilsons Schwester, und es gab Trinksprüche und Ansprachen. Oates tanzte mit Anton, und fast alle tranken einen über den Durst.

Doch diese Fröhlichkeit markierte eine Wende. Die neue Zeit des Schlittenreisens rückte heran mit allem, was dazugehörte. Scott spürte die Verantwortung noch schwerer auf seinen Schultern lasten. Er machte sich auch Gedanken über eine merkwürdige Suche, auf die sich drei seiner Männer begeben wollten – die berühmte »Schlimmste Reise der Welt«. Wilson hatte Scott überredet, ihm zu gestatten, eine Expedition in die Tiefe des antarktischen Winters zur Kaiserpinguin-Kolonie bei Cape Crozier zu leiten. Frühere Forscher hatten angenommen, dass sich während der Wintermonate die Pinguinmännchen um die Eier kümmerten, aber noch niemand hatte das nachgewiesen. Es war auch nicht bekannt, wann die Jungen ausschlüpften. Wilson hoffte, manche dieser Fragen zu beantworten und nach der Entnahme einiger Eier und der Untersuchung ihrer Embryologie die Verbindung zwischen Vögeln und Reptilien erforschen zu können. Diesen Plan hatte Wilson seit der Entdeckung ihres Brutplatzes bei Cape Crozier neun Jahre zuvor mit sich herumgetragen und seinen Ehrgeiz Cherry-Garrard in London geoffenbart.

Shackleton hatte gegen einen ähnlichen Vorschlag seitens seiner Männer sein Veto eingelegt, und der vorsichtigere Scott sträubte sich anfänglich sehr dagegen. Wilson würde gegen Winde von Sturmstärke und entsetzlich niedrige Temperaturen kämpfen und eine umständliche Route von etwa 130 Kilometern Länge über tief zerklüftetes Eis und über Spalten nehmen müssen. Während des Winters hatte er Wilson zweimal auf einen Spaziergang mitgenommen, um zu versuchen, ihm diesen Plan auszureden, aber ohne Erfolg. Er brachte es aber auch nicht über das Herz, Wilson zu enttäuschen, und kam zu dem Schluss, dass dabei gewisse Erfahrungen gewonnen würden, die für die Eroberung des Pols von Nutzen sein konnten. Man würde mehr über die Verhältnisse auf dem Ross-Schelfeis erfahren, und so bat er Wilson, mit der Kost zu experimentieren und unterschiedliche Mengen an Fetten, Kohlehydraten und Proteinen auszuprobieren. Er erlaubte Wilson, Cherry-Garrard und Bowers mitzunehmen, die Wilson in einem Brief an Ory als »die beiden besten Schlittenfahrer der ganzen Expedition« bezeichnete.[2]

Und so begann »die seltsamste Vogelnist-Expedition«.[3] Ponting machte eine Blitzlichtaufnahme, und Scott verabschiedete sie mit einer Mischung aus Hoffnung und Vorahnung. Er schrieb in sein Tagebuch: »Diese Winterreise ist ein neues und kühnes Unternehmen, aber die richtigen Männer sind losgezogen, um den Versuch zu wagen. Alle guten Wünsche begleiten sie!« Cherry-Garrard schildert in seinem Buch *The Worst Journey in the World* ihre Erregung und Besorgnis: »Drei Männer, von denen zumindest einer ein wenig Angst hat, stehen keuchend und schwitzend am McMurdo Sound.« Ihre beiden 2.75 Meter langen Schlitten waren hintereinander gespannt und trugen zusammen eine Last von etwa sechseinhalb Zentnern – Lebensmittel und Ausrüstung. Der

Boden, über den sie gehen mussten, war für Hunde wie für Ponys gleichermaßen ungeeignet, und deshalb mussten sie die Schlitten selber ziehen. Den Gedanken, mit Skiern zu fahren, hatten sie aufgegeben, weil sie sich für zu unerfahren hielten, um sie in der Dunkelheit zu benutzen. Wilson warnte Ory, dass der Treck »ein richtig tolles Ding« werden würde, aber dies sollte sich als eine Art Untertreibung erweisen.[4]

Die drei Männer, die sich von einer Kost, bestehend aus Pemmikan, Zwieback, Butter und Tee, ernährten, versuchten, sich auf das Zelten in der Dunkelheit einzustellen, und merkten, dass alles viel länger dauerte. In der Nähe des Ross-Schelfeises fiel die Temperatur auf minus 44 Grad und dann auf minus 49 Grad. Ein unter bösen Erfrierungen leidender Cherry-Garrard zeichnete ein grauenhaftes Bild von den 19 Tagen, die sie brauchten, um nach Cape Crozier zu gelangen: »Ich zum Beispiel hatte einen solchen Grad an Leiden erreicht, dass es mir wirklich nichts ausgemacht hätte, wenn ich nur ohne viel Schmerzen hätte sterben können... Die Dunkelheit war schuld. Ich glaube nicht, dass Temperaturen um minus 56 Grad bei Tageslicht schlimm wären – zumindest relativ gesprochen –, wenn man nur sehen könnte, wohin man tritt.« Ihre Kleider froren so fest, dass jeweils die anderen beiden sie in die erforderliche Form biegen mussten. Eines Morgens ging Cherry-Garrard vor das Zelt, hob den Kopf, um sich umzusehen, »und stellte fest, dass ich ihn nicht wieder zurückbewegen konnte«. Er musste vier Stunden lang mit einem schiefwinklig verdrehten Kopf weitergehen. Der einzige Trost war der magische Schein des Polarlichts, der manchmal über ihren Köpfen tanzte, auch wenn Cherry-Garrard ihn wegen seiner verminderten Sehkraft nicht richtig zu schätzen wusste. Es war so kalt, dass er seine Brille nicht aufsetzen konnte.

Die Temperatur fiel weiter, und die niedrigste, die auf der Reise aufgezeichnet wurde, lag bei unvorstellbaren minus 60 Grad. Unweigerlich stellte sich die Frage, ob sie weitergehen sollten. »Ich glaube, es geht uns gut, solange unser Appetit gut ist«, sagte Bill [Wilson]. Immer geduldig, selbstbeherrscht und gelassen, war er, glaube ich, der einzige Mensch auf Erden, der diese Reise leiten konnte.« Er behielt auch den Zustand ihrer Füße sehr genau im Auge, weil er erkannte: »Wir konnten vor allem nicht das Risiko eingehen, dass irgendjemand verkrüppelte Füße bekommt.« Bowers blieb unentwegt frohen Mutes, und irgendwie kämpfte sich die kleine Gruppe voran. Da sie es jetzt zu schwierig fanden, beide Schlitten zu ziehen, mussten sie in Staffeln fahren und kamen deshalb pro Tag nur dreieinhalb bis fünfeinhalb Kilometer voran, mussten aber ein und dieselbe Strecke immer dreimal zurücklegen. Manchmal bekam Cherry-Garrard das heulende Elend. Sie bewegten sich jetzt zwischen tiefen Spalten fort, und nur ein vorbeihuschendes, schwaches Mondlicht bewahrte sie davor, in einen Abgrund zu stürzen.

Am 15. Juli, Wilsons Hochzeitstag, erreichten sie nach einem schrecklichen Kampf ihr Ziel. Sie entschieden sich für einen Standort hoch auf den Klippen über der Pinguinkolonie und begannen, sich aus Stein und Schnee einen Iglu mit einem Segeltuchdach zu bauen, der von einem mit Seehundtran beheizten Ofen, einem Blubberofen, erwärmt werden sollte. Wilson nannte den Iglu Oriana Hut. Am 19. Juli machten sie sich auf, um die Pinguine zu suchen, konnten aber keine Möglichkeit finden, auf das Meereis hinunterzuklettern, obwohl sie schon »die Kaiser rufen« hörten. Ihre Schreie hallten in der Stille geradezu aufreizend wider. Die Männer hatten keine andere Wahl, als zum Lager zurückzukehren und es erneut zu versuchen. Der zweite Versuch war erfolgreicher. Sie fanden schließlich einen fuchslochartigen Weg durch das Eis, und dort unter ihnen kauerten die Kaiserpinguine unter den Klippen. Sie starrten auf ein Bild, das sich nie zuvor einem menschlichen Auge dargeboten hatte, aber Wilson war enttäuscht, statt der mehreren tausend, die er erwartet hatte, nur etwa 100 Vögel vorzufinden. Während die erschrockenen Pinguine einen Heidenlärm machten, gingen Birdie und Wilson in die Knie und sammelten fünf Eier ein. Sie töteten drei Vögel und zogen ihnen die Haut ab, um Brennstoff für ihren Blubberofen zu gewinnen.

Doch das Wetter wurde langsam bedrohlich; es wehte ein bitterkalter Wind, und während sie sich vorwärts kämpften, um wieder zum Iglu zu gelangen, stolperte der arme, kurzsichtige Cherry-Garrard und zerbrach die beiden Eier, die er mit seinen Pelzfäustlingen umklammert gehalten hatte. Halb erfroren, erschöpft und fast am Ende ihrer Kräfte brachten sie sich in Sicherheit. In dieser Nacht spritzte ein Klümpchen von dem heißen Fett aus dem Blubberofen Wilson ins Auge und brachte diesen normalerweise stoischen Mann dazu, sich vor Schmerz zu krümmen, der zudem fürchtete, erblindet zu sein. Er räumte ein, dass sie nunmehr »zum Kern der Sache« vorgestoßen waren – für Wilson starke Worte –, aber sein Glaube, dass die Lage sich bessern würde, war unangebracht. Ein Sturm brach los, der in Cherry-Garrards Ohren so klang, »als hätte die Welt einen hysterischen Anfall«. In dem ganzen Wirbel wurde das Zelt, das als Lager für die Ausrüstung neben dem Iglu errichtet worden war, davongeweht. Alles, was sie tun konnten, war, sich zu bemühen, das, was noch übrig war, in den Iglu zu bringen: »Um diese Sachen hereinzutragen, kämpften wir gegen massive Wände aus schwarzem Schnee, die an uns vorbeirasten und versuchten, uns den Abhang hinunterzuschleudern.«

Die Lage wurde noch verzweifelter, als das Segeltuchdach der Hütte abgerissen wurde und sie schutzlos zurück-
blieben, Wilson brüllte den anderen zu, sie sollten sich tief
in ihren Schlafsäcken einmummeln. Als Cherry-Garrard
versuchte, Wilson zu helfen, beugte dieser sich vor und
sagte: »*Bitte*, Cherry‹...«, und seine Stimme war schrecklich besorgt. Ich wusste, er fühlte sich verantwortlich;
fürchtete, *er* sei es gewesen, der uns dieses schauderhafte
Ende beschert habe.« Witzigerweise war es Wilsons Geburtstag. Wie Bowers später schrieb: »Ich war entschlossen, mich warm zu halten, und unter meinem mit Stroh
gefüllten Bettzeug paddelte ich mit den Füßen und sang
alle Lieder und Hymnen, die ich kannte, um mir die Zeit
zu vertreiben. Hin und wieder konnte ich Bill anstupsen,
und da er sich noch bewegte, wusste ich, dass er lebte –
was für ein Geburtstag für ihn!«[5]

Doch was jetzt geschah, kam einem Wunder nahe, und
Wilson und Bowers deuteten es wahrscheinlich auch als
solches. Bowers dankte in seinem Tagebuch Gott für seine
Gnade. Der Orkan flaute ab, alle drei lebten noch, wenn
auch am Ende ihrer Kräfte, aber am unwahrscheinlichsten
von allem war, dass ihr Zelt nur 900 Meter weiter gelandet und völlig intakt war. Cherry-Garrard schrieb: »Wir
waren so dankbar, dass wir nichts sagten.« Ohne Zelt wäre
eine Rückreise nach Cape Evans praktisch unmöglich gewesen. Wilson war entschlossen, keine weiteren Risiken
einzugehen, obschon Birdie tatsächlich auf einen nochma-
ligen Besuch bei den Pinguinen drängte. Und sollte dies
nicht möglich sein, so schlug er vor, dass die Pol-Gruppe
auf diesem Weg zurückkehren sollte, statt den Weg über
den Beardmore-Gletscher zu nehmen. Das halb erfrorene
Grüppchen packte, immer noch darüber erstaunt, überlebt
zu haben, zusammen und strebte heimwärts. (Die Überreste ihres Lagers sollten im Rahmen der Commonwealth

Trans-Antarctic-Expedition, 1955-58, von Sir Vivian Fuchs entdeckt werden.) Von ihnen befand sich Birdie noch in der besten körperlichen Verfassung – eben der »stämmige, aktive, unverwüstliche kleine Mann«, wie Scott ihn lobte,[6] aber: »Bill sah sehr schlecht aus«, stellte Cherry-Garrard fest, der sich seinerseits so schwach fühlte, dass er schließlich zustimmte und Birdies Angebot, ihm sein Daunenbett zu leihen, annahm – eine Geste, die ihn wegen ihrer Großzügigkeit fast zu Tränen rührte.

Die Rückreise war so grauenhaft, dass Cherry-Garrard behauptete, er habe ihre Schrecken nur vage im Gedächtnis behalten. Woran er sich erinnerte, war, dass Wilson und Birdie, während sie sich Cape Evans näherten, ziemlich heftig über die genaue Position des Kaps stritten – das einzige Mal, dass sie sich je zankten. Cherry-Garrard erklärte dies damit, dass die Spannung mit dem Näherrücken ihres Stützpunkts plötzlich nachließ. Er erinnerte sich auch an seine Ankunft: Drei erfrorene, ausgezehrte Vogelscheuchen, die mit dem Ruf: »Du lieber Himmel! Da ist ja die Crozier-Gruppe!«, begrüßt wurden. Debenham schrieb: »Drei Subjekte in vereisten Kleidern kamen herein, rußig, mit strähnigen Haaren und in einen Panzer aus Eis gezwängt.« Irgendein Witzbold schlug vor, dass man einen Dosenöffner holen solle, um sie zu befreien.

Und so endete diese ungewöhnliche Winterreise. Scott war erleichtert, seine Männer wohlbehalten zurückzuhaben. Jedes Mal, wenn das Wetter sich verschlechtert hatte, waren seine Gedanken besorgt zur Cape-Crozier-Gruppe gewandert. In seinem Tagebuch ließ er nun seinen Gefühlen freien Lauf:

»Für mich und jeden, der hier geblieben ist, besteht das Ergebnis dieser Bemühung in der Faszination, die sie auf unsere Phantasie als eine der edelsten Erzählungen in der Polargeschichte ausübt. Dass Menschen in die Tiefe der

Polarnacht hineinwanderten, um der schrecklichsten Kälte und den heftigsten Stürmen in der Dunkelheit zu trotzen, ist etwas Neues; dass sie bei dieser Anstrengung standgehalten haben trotz jeder Widrigkeit... ist heroisch. Dies stellt eine Geschichte für unsere Generation dar, die, wie ich hoffe, nicht schon verloren geht, während sie erzählt wird.«

Diese Anerkennung hätte auch auf jene Reise gepasst, die er selbst unternehmen und die sich wirklich als »die schlimmste Reise der Welt« erweisen sollte.

KAPITEL 13

Erbärmlich,
ausgesprochen erbärmlich

Am 23. August endete die antarktische Nacht, doch ein
Sturm löschte das zurückkehrende Licht aus. Es dauerte
weitere drei Tage, bevor die Sonne wieder die Eisschollen
vergoldete. »Es war phantastisch, wieder einmal in strah-
lenden Sonnenschein gebadet dazustehen. Wir fühlten
uns sehr jung, sangen und jubelten«, schrieb Scott überschwänglich. Sie tranken auch Champagner, und selbst die
Tiere wurden im glänzenden Licht munter und nach
Teddy Evans Worten »fast närrisch«. Die Expedition war
verhältnismäßig unversehrt über den Winter gekommen.
Die Cape-Crozier-Gruppe war, wenn auch mit knapper
Not, zurückgekehrt. Atkinson hatte sich einmal in einem
Schneesturm verirrt, war ungefähr fünf Stunden durch die
Gegend getappt, hatte aber überlebt, allerdings mit schwe-
ren Erfrierungen an einer Hand, die von nacktschnecken-
ähnlichen Blasen entstellt war.

Die Gedanken aller richteten sich jetzt auf die Reise
zum Pol. Doch als Scott anfing, seine endgültigen Pläne zu
schmieden, war die Finanzlage daheim in England desolat.
Die Nachricht, dass Amundsen in der Bay of Whales eingetroffen war, hatte England erreicht und wirkte sich auf
Scotts Appelle nicht unbedingt positiv aus. Statt bei den
Menschen patriotische Großzügigkeit hervorzukitzeln,
fragten sie sich, warum sie eine Expedition unterstützen
sollten, die jetzt zu scheitern drohte. Kathleen Scott hatte
die unangenehme Mitteilung erhalten, dass kaum genug

Geld da war, um die Ausgaben bis Ende Oktober zu decken. Die Agenten in London und in Neuseeland brauchten zusammen 1500 Pfund. Kathleen schlug vor, die Rechnungen der Expedition zu veröffentlichen, um zu beweisen, wie verzweifelt die Lage war, und sie beschloss, sich mit aller Energie um Spender zu bemühen. Im Gegensatz zu Scott war ihr das nicht peinlich, obwohl sie vor einem Angebot des *Daily Mirror* zurückschreckte, der ein Photo von Peter abdrucken wollte, um einen neuen Appell zu lancieren. Sie konnte es nicht »ertragen, meinen Kleinen in der Boulevardpresse vervielfältigt« zu sehen. Praktisch denkend wie immer, bezweifelte sie auch, ob dadurch wirklich viel Geld zusammenkäme. Doch ihre angeborene Robustheit wurde durch erstaunliche Vorahnungen angekratzt. Am 20. September schrieb sie: »Ein ziemlich grässlicher Tag. Ich wachte auf nach einem schlimmen Traum von Dir, und dann trat Peter ganz nah an mich heran und sagte mit Nachdruck: ›Daddy kommt nicht zurück‹, als würde er meine dummen Gedanken beantworten. Zum Glück bin ich nicht oft so dumm.«

Scott wusste unterdessen nichts von der jüngsten finanziellen Krise, aber er wusste, dass er auf seiner Reise nach Süden nicht so viel Geld eingesammelt hatte, wie er erhoffte. Mehr als einmal vertraute er Ponting an, dass »er sich Sorgen mache, weil die tatsächlichen Kosten seine Schätzungen weit überstiegen hatten und weil er sich mit einem beträchtlichen Defizit auseinandersetzen müsse«. Mitte Oktober scharte er seine Leute um sich, erklärte, dass die Expedition verschuldet sei, und bat alle, denen es möglich war, in den nächsten zwölf Monaten auf ihre Bezahlung zu verzichten. Diejenigen, die es sich leisten konnten, reagierten mit Herzlichkeit und Großmut, und Scott unterschrieb eine entsprechende Verzichtserklärung und stockte damit den Expeditionsfonds um die Summe einer Reihe von Gehältern, einschließlich seines eigenen, auf.

Während die Wochen vergingen, wurden die Schlittenausrüstung vorbereitet, die Rationen berechnet und abgewogen und die Ponys in Bewegung gehalten. Scott verbrachte viel Zeit an seinem linoleumbezogenen Tisch in seiner Kabine, dem »Allerheiligsten«, wie die anderen sie nannten, und ging mit Bowers die Inangriffnahme des Pols in allen Einzelheiten durch, überprüfte immer wieder die Ausrüstungsverzeichnisse und seine Kalkulationen. Tatsächlich traute Scott einzig Bowers einen korrekten Umgang mit den Zahlen zu.

Als er am 13. September seine Männer um sich sammelte, machte er sie mit seinen detaillierten Plänen bekannt. Sie folgten den Prinzipien, die er im Mai umrissen hatte. Er beabsichtige, sich zunächst auf die Ponys und dann auf die menschliche Zugkraft zu verlassen. Aufgrund seiner Erfahrungen während der Reise, auf der sie die Vorratslager angelegt hatten, war er nicht davon überzeugt, dass man mit den Hunden weit kommen könne, und hatte notiert: »Dieses Gefühl schien die ganze Gesellschaft zu teilen. Alle scheinen, wenn es um Gletscher und Gipfel geht, den Hunden zu misstrauen.« Tatsächlich hatte Bowers die Nachricht, dass die Männer »in diesen Zeiten der angeblichen Dekadenz der britischen Nation« die Schlitten selber ziehen würden, positiv aufgenommen.[1] Es erschien richtig und männlich, obwohl es bedeutete, dass die Gruppe, die zum Pol gehen würde, die Schlitten über mehr als 2200 Kilometer würde ziehen müssen.

Scott erklärte nun, dass die Gruppe, die nach Süden aufbrechen sollte, aus zwölf Männern bestehen werde, von denen am Ende nur vier zum Pol gehen würden. Andere würden sie bis zu den letzten Etappen der Reise unterstützen und dann nacheinander zurückkehren. Die Motorschlitten würden vor der Hauptgruppe losfahren und Brennstoff und Futter transportieren. Die Ponys würden leichte Lasten bis zum Corner Camp und dann volle Ladungen bis zum One Ton Depot und darüber hinaus ziehen. Die Hundegespanne würden mehr Futter für die Ponys schleppen. Es war beabsichtigt, die Ponys dann, wenn sie am Ende ihrer Kräfte sein würden, zu erschießen und die Hunde zurückzuschicken. Scott schrieb in sein Tagebuch: »Der Plan scheint voller Zuversicht aufgenommen worden zu sein; er muss nur noch durchgeführt werden.« Er verzeichnete auch seine Dankbarkeit gegenüber Bowers und Edgar Evans dafür, dass »es in unserer Ausrüstung kein einziges Detail gibt, das nicht mit der äußersten Sorgfalt und auf der Grundlage von Erfahrungen vorbereitet wurde«.

Scott war ein Mensch, der die menschliche Natur mit Hingabe studierte. Er hatte einen großen Teil des Winters damit verbracht, seine Gefährten zu beobachten und weniger allgemein schmeichelhafte als scharfsinnige Porträts zu zeichnen, von denen viele in der veröffentlichten Version seines Tagebuchs weggelassen oder abgeschwächt wurden. Seine Beobachtungen halfen ihm auch bei der Entscheidung, wie er seine Leute auf der Reise nach Süden einsetzen sollte. Zur Hauptgruppe würden Wilson, Bowers, Oates und Cherry-Garrard gehören, zusammen mit Atkinson, Wright und den Unteroffizieren Evans, Crean und Keohane. Der mit den Motorschlitten reisende Voraustrupp sollte unter dem Befehl von Teddy Evans stehen, den Scott am Vorabend seiner Abreise in einem Brief an seinen Agenten in Neuseeland als »einen durch und durch gutmütigen kleinen Mann« beschrieb, der aber in Dingen, die über die Seefahrt hinausgingen, ein bisschen trottelig und für den Posten des stellvertretenden Kommandeurs ungeeignet war.

Natürlich heizten die Pläne ernsthafte Spekulationen darüber an, wer zur Pol-Gruppe zählen würde. Wilson fragte sich, ob er die Chance bekommen würde, zum Pol zu gehen, meinte aber, dass es viel »junges Blut« gebe, das frischer und fitter war als er. Oates versuchte, sich seine Chancen auszurechnen. »Ich habe ziemlich gute Aussichten, das heißt, wenn wir, Scott und ich, uns nicht in die Wolle kriegen. Es wird ziemlich hart werden, vier Monate [mit ihm zusammen] zu sein, er regt sich schrecklich auf.«[2] Ponting hielt eine aufschlussreiche Diskussion fest, die in der Verschwiegenheit seiner Dunkelkammer stattfand:

»Die Frage stellte sich, was ein Mann tun solle, wenn er auf der Reise zum Pol zusammenbrach und für die anderen zur Last wurde. Ohne zu zögern und mit Nachdruck äußerte Oates die Meinung, dass es nur eine mögliche Lösung gebe – Selbstaufopferung. Er meinte, dass eine Pistole mitgenommen werden sollte, und für den Fall, dass ›irgendjemand zusammenbricht, dieser das Privileg haben sollte, von ihr Gebrauch zu machen‹.«

In den Monaten vor dem Aufbruch kam es zu einer ganzen Unglücksserie. Die Schlittenhunde wurden von einer geheimnisvollen Krankheit befallen, der etliche erlagen, während einige Ponys sehr wackelig aussahen. Unteroffizier Forde erlitt schwere Erfrierungen an seiner Hand, sodass er für die Schlittenreise nicht infrage kam. Clissold, der ausgezeichnete Koch, der eigentlich mit der Motorschlittengruppe gehen sollte, purzelte von einem kleinen Eisberg herunter und zog sich eine Gehirnerschütterung zu, während er für Fotos posierte oder »pontierte«, wie man es inzwischen nannte. Griffith Taylor hatte »pontieren« so definiert: »eine grauenhafte Zeit damit verbringen, in einer unbequemen Haltung zu posieren«. Debenham verletzte sich beim Fußballspielen auf dem Eis das Knie, ebenfalls zur Freude von Pontings Kamera. Der Fotograf schilderte später, wie ein wütender Scott mit folgenden Worten auf ihn losging: »Das ist also ein weiteres Mitglied der Expedition, das *Sie außer Gefecht gesetzt haben!*« Scott entschuldigte sich noch am selben Abend und war »so charmant, dass ich ihn umso lieber hatte, und wenn man sich die Sorgen, die auf ihm lasteten, vor Augen hielt, fühlte man ganz mit ihm.«[3] Ponting hatte tatsächlich einige Zeit darauf verwandt, Scott Grundkenntnisse im Fotografieren zu vermitteln, und Scott »freute sich wie ein kleiner Junge«, obwohl er viele Fehler machte und leicht die Geduld verlor.

Aus dem, was Scott in der Zeit, als der Aufbruch immer näher rückte, geschrieben hat, lässt sich eine gewisse Frustration herauslesen, so als habe er das Gefühl gehabt, dass er allein den Ernst dessen, was vor ihnen lag, verstehe, während die anderen alles ein wenig wie einen Jux betrachteten. Ponting traf den Nagel auf den Kopf, als er Scotts Verhalten während der Wintermonate und insbesondere die Perioden von Verdrossenheit und Zurückhaltung beschrieb: »Bei solchen Gelegenheiten war es offenkundig, dass er still mit den Problemen der Zukunft belastet war – die sich durch die schweren Verluste, die er bei seinen Transportmitteln erlitten hatte, so ungeheuerlich vergrößert hatten. In solchen Zeiten fühlte ich instinktiv, dass er niedergedrückt wurde von dem Gefühl der Pflicht gegenüber seinem Land, das Unternehmen zu einem Erfolg zu bringen, wie groß auch immer die Schwierigkeiten sein mochten.« Scott saß in der klassischen Falle, indem er einerseits an seiner eigenen Fähigkeit zweifelte, das Unternehmen zuwege zu bringen, andererseits aber sowohl wegen seines zugeknöpften Wesens als auch wegen seiner Verantwortung als Expeditionsleiter, Angst davor hatte, seine Unsicherheit irgendjemandem zu offenbaren oder irgendjemandes Rat zu suchen. Dadurch geriet er manchmal in einen Zustand nervöser Unschlüssigkeit.

Nach der katastrophalen Reise, auf der die Vorratslager angelegt worden waren, machte sich Scott insbesondere über die Ponys Sorgen. Während Oates sie aufpäppelte und in Bewegung hielt, schätzte Scott ihre Qualitäten ebenso genau ein wie die seiner Leute. Oates war nach wie vor der Meinung, dass die Ponys »ohne jede Ausnahme der größte Haufen Klepper waren, die ich je gesehen habe und die zugleich zu ernsthafter Nutzung bestimmt waren«.[4] Auch er war besorgt über die Last der Verantwortung, die auf seinen Schultern ruhte – der Erfolg der ganzen Expedition gründete auf der Leistungskraft der Ponys, und seine Besorgtheit löste in Scott Wut aus, weil dieser von einem solchen nicht gerade hoffnungsvollen Haufen so viel erwartete. Oates schrieb:

»Ich bin natürlich sehr verärgert, da es vollkommener Schwachsinn ist, mit einem Haufen Krüppel zu starten, und Scott will nicht glauben, wie schlecht sie sind; er glaubt, ich würde sie immer schlechter machen, als sie sind. Scott hat in letzter Zeit ein paar Leute gekränkt, und Meares, der sich um die Hunde kümmert... hatte einen regelrechten Krach mit ihm; ich selbst hege eine tiefe Abneigung gegen Scott und würde das ganze Zeug hinschmeißen, wenn wir nicht eine britische Expedition wären und diese Norweger schlagen müssten.«

Er schrieb auch, dass Scott zwar ihm gegenüber immer sehr zuvorkommend gewesen sei und man allgemein glaube, sie kämen miteinander gut zurecht, »doch die Sache verhält sich so, dass er nicht aufrichtig ist: Zuerst kommt er, und dann lange nichts.«[5] Doch er schrieb diese Anmerkungen, als er hungrig war, und räumte ein, dass er seinem Expeditionsleiter gegenüber freundlichere Gefühle hegen würde, wenn er erst gegessen habe. In einem Brief, den er am Vorabend seiner Abreise an seine Mutter schrieb, teilte er ihr mit, dass sie, sollte ihm irgendetwas zustoßen, daran denken solle: »Wenn ein Mann eine harte Zeit durchlebt, sagt er harte Dinge über andere Menschen, die er später bedauern würde.«[6]

Oates' Vorbehalte gegenüber Scott nach einem langen Winter, den er mit ihm verbracht hatte, fanden bis zu einem gewissen Grad bei Debenham ihren Widerhall. In einem Brief an seine Mutter legte er vollkommen freimütig seine Meinung über Scott dar:

»Ich muss Dir sagen, was ich von ihm halte. Ich fürchte, ich bin sehr enttäuscht von ihm, auch wenn mein Glauben nur sehr langsam dahinschwand. Zweifellos kann er sehr nett sein, und das Interesse, das er an unserer wissenschaftlichen Arbeit an den Tag legt, ist enorm; er ist auch selbst ein guter Schlittenfahrer und als Organisator großartig. Aber das ist, fürchte ich, auch schon alles. Seine Stimmungen sind sehr schwankend und führen ihn selbst bei einfachen Auseinandersetzungen zu absurder Weitschweifigkeit. In Krisensituationen agiert er ganz merkwürdig. Einmal, als Atkinson mehrere Stunden lang in einem Schneesturm vermisst wurde, dachte ich, er würde großartig handeln... Was er beschließt, ist oft genug richtig, so, wie ich es erwarte, aber er verliert die ganze Kontrolle über seine Zunge und macht uns alle rasend..., doch es ist schwer, den eigenen Führer zu beurteilen... Das Wunderbare daran ist jedoch, dass der Owner sich als einzige Ausnahme abhebt von dem Geist der Kameradschaft und Fröhlichkeit, der allgemein unter uns allen herrscht.«[7]

Doch wie im Fall von Oates müssen diese Bemerkungen in ihrem Zusammenhang gesehen werden. Der Winter war für alle eine lähmende Zeit gewesen, und Scott konnte fraglos ein Zuchtmeister sein. Der Stress, die künftigen Reisen zu planen, seine Verantwortung für die Sicherheit aller, seine Angst, dass Amundsen ihm den Preis vor der Nase wegschnappen würde – all das hatte nicht gerade dazu beigetragen, dass er sein gewöhnlich aufbrausendes Wesen und seine scharfe Zunge im Zaum hielt. Bemerkenswert ist, dass Scotts Beziehung zu den meisten seiner Leute dennoch so gut war.

Teddy Evans, Day, Lashly und Hooper brachen am 24. Oktober mit den beiden Motorschlitten zu ihrer Pionierreise auf, wobei jeder drei beladene Schlitten zog mit der Anweisung, über das Corner Camp zum One Ton Depot und dann nach Süden zu fahren. Scott sah sie mit sorgenvollem Blick in Richtung Ross-Schelfeis abreisen. Wenn die Motoren funktionierten, würden sie die Reise zum Fuße des gewaltigen Beardmore-Gletschers sehr erleichtern.

Am Vorabend seiner eigenen Abreise schrieb Scott an Kathleen und beruhigte sie mit Hinblick auf seine Einstellung zu Amundsen:

»Ich weiß nicht, wie ich Amundsens Chancen einschätzen soll. Wenn er zum Pol gelangt, muss er vor uns da sein, da er mit Hunden schnell vorankommen und mit einiger Sicherheit früh starten wird. Deshalb habe ich zu einem sehr frühen Zeitpunkt beschlossen, genauso zu handeln, wie ich es getan hätte, wenn es ihn nicht gäbe. Jeder Versuch eines Wettlaufs hätte meinen Plan zunichte machen müssen; außerdem ist es wohl nicht gerade das, worauf man erpicht ist. Du kannst dich darauf verlassen, dass ich nichts Dummes tue oder sage; nur befürchte ich, dass du darauf gefasst sein musst, unser Unternehmen sehr abgewertet zu sehen. Letzten Endes ist es die Arbeit, die zählt, nicht der Beifall, der folgt.«[8]

Amundsen war tatsächlich am 15. Oktober mit vier Kameraden aufgebrochen und befand sich inzwischen schon jenseits des 80. Breitengrads. Einen früheren Versuch mit sieben Begleitern hatte er im September aufgeben müssen und war wegen der extremen Kälte nach sieben Tagen zurückgekehrt. Ein hässlicher Streit war ausgebrochen, bei dem einer seiner ältesten Leute, Nansens ehemaliger Begleiter auf einer Arktisreise, Johansen, Amundsen vor den anderen Männern kritisierte, weil er bei einem Wettlauf, zu ihrer Hütte zurückzukehren, ihn und einen unter Erfrierungen leidenden Kollegen auf dem Eis im Stich gelassen hatte. Dafür warf Amundsen Johansen gnadenlos aus der Pol-Gruppe, als diese sich erneut auf den Weg machte.

Scotts Abschiedsbrief an seine »liebe Mutter« war sehr liebevoll; er beruhigte sie, dass er niemals gesünder gewesen sei, dass seine »kleine Kavalkade« für die lange Reise nach Süden bereit sei und dass er bald wieder zurückkehren würde. Er gab zu, dass »es am Ende ein schwieriges Stück« geben werde, brachte aber seine Zuversicht zum Ausdruck, dass er und seine Gefährten es überstehen würden.[9] Scott schrieb auch an Edgar Evans' Frau, sprach von dem Unteroffizier als von »einem so alten Freund von mir« und lobte den Beitrag, den dieser zur Expedition leistete.[10] An Birdie Bowers' Mutter schrieb er ein glühendes Lob über Birdies Energie, Taktgefühl und Beliebtheit und schloss mit der rührenden Bemerkung: »Er hat so eine glückliche Veranlagung, mit lächelndem Gesicht Schwierigkeiten durchzustehen, dass ich keinen Zweifel habe, dass Sie ihn bei blühender körperlicher und geistiger Gesundheit wiedersehen werden.«[11]

Am 1. November 1911 brachen Scott und seine Gruppe endlich auf. In der Eile wurde Königin Alexandras Union-Jack-Fahne für den Pol vergessen, aber Scott gelang es, von Hut Point nach Cape Evans zu telephonieren. Meares hatte zwischen den beiden Orten ein mit Aluminium ummanteltes Telephonkabel verlegt – etwas, was Scott in diesem jungfräulichen Land wunderbar fand. Witzigerweise war es der Norweger Gran, der mit seinen Skiern rasch hinter der Gruppe herfuhr und die Fahne auf der ersten Etappe mit sich trug. »Die Ironie des Schicksals, mein lieber Gran«, war Scotts Reaktion.[12] Ponting folgte der Gruppe hinaus bis zum Safety Camp, und sein Kinematograph hielt die Szene fest, wie kleine Gestalten auf ein unbekanntes Schicksal zustapfen. Scott war fatalistisch gestimmt. Er hatte geschrieben: »Ich bin über die Mutlosigkeit hinaus. Die Dinge müssen ihren Lauf nehmen… Alles in allem werde ich froh sein, wegzukommen und unser Glück versuchen… Die Zukunft liegt in den Händen der Götter; meiner Meinung nach ist nichts unversucht gelassen worden, um einen Erfolg zu verdienen.«

Doch wie er schon oft beobachtet hatte, hatte das Glück ebenso viel mit Erfolg wie mit Verdiensten zu tun. Und das Glück schien ihm nicht hold zu sein. Zuallererst fielen »diese grässlichen Motorschlitten« aus.[13] Einer blieb nur 26 Kilometer von Hut Point entfernt liegen, nachdem der Pleuelfuß einer seiner vier Zylinder gebrochen war. Dem anderen gelang es, fast 93 Kilometer zu kriechen, gerade bis über Corner Camp hinaus. Lashly beschrieb, dass das »Problem, mit dem wir dauernd zu kämpfen hatten«, an der Überhitzung der Motoren lag.[14] Scott war enttäuscht, schrieb aber an Lord Howard de Walden, der die Entwicklung der Schlitten finanziell unterstützt hatte, und teilte ihm mit, dass an den Prinzipien, nach denen sie gebaut waren, nichts falsch war. Er sagte zutreffend voraus, dass Zugmaschinen dieser Art in Kanada und in anderen Gegenden eine große Zukunft hätten, und drängte ihn sicherzustellen, dass die Patente richtig geschützt würden. Doch Oates hatte wenig Mitleid mit dem Schicksal der Motorschlitten und schrieb missmutig in sein Tagebuch: »Drei Motorschlitten zu je 1000 Pfund, 19 Ponys zu je fünf Pfund, 32 Hunde zu je 30 Schilling. Wenn es Scott nicht gelingt, den Pol zu erreichen, geschieht es ihm ganz recht.« Die Gruppe mit den Motorschlitten – Teddy Evans, Day, Lashly und Hooper – begann nun damit, die Schlitten selbst zu ziehen und, sobald sie das One Ton Depot hinter sich gelassen hatte, als Vorhut der Hauptgruppe kleinere Vorratslager anzulegen.

Dann kam hinzu, dass das Wetter furchtbar war. Scott sollte auf dieser Reise mit Bedingungen konfrontiert werden, die er niemals vorhergesehen und die er nicht für möglich gehalten hatte. Doch zunächst kamen sie gut voran, und Oates erinnerte sich, dass Scott selbst mit der Leistung der Ponys zufrieden war, während Scott schrieb: »Sogar Oates ist erfreut.« Doch schon in der ersten Woche brachen Schneestürme los, und am 12. November notierte Scott, das Wetter sei »entsetzlich, bedeckt, düster, schneereich. Unsere Stimmung sank.« Cherry-Garrard hatte Recht, wenn er bemerkte, dass »unbestimmte Verhältnisse Scott am härtesten auf die Probe stellten«. Die Ponys taumelten unübersehbar unter ihrer Last von je 225 Kilogramm, und Scott zeigte sich in seinem Tagebuch zunehmend über sie besorgt – »ich mache mir große Sorgen wegen dieser Tiere – sehr große Sorgen...« – und voller Anerkennung für Oates' Bemühungen: »Wenn sie es gut überstehen, ist alles Oates zu verdanken.« Oates hatte sogar eine Vorrichtung mit Fransen erfunden, um die Ponys vor Schneeblindheit zu schützen. Wie Teddy Evans schrieb: »Der Soldier hasste es, die Tiere leiden zu sehen.«[16] Doch er konnte wenig tun, um sie gegen die Kälte zu schützen.

Oates wies Scott schon bald darauf hin, dass er bezweifelte, ob die Tiere durchkommen würden. Es kam zu einem Wortwechsel mit Scott, und er beklagte sich, dass es sehr schwer war, mit einem Mann wie ihm zurechtzukommen. Scott scheint auch mit Bowers gestritten und diesen beschuldigt zu haben, dass er einige der Schlitten zu schwer beladen habe. Doch Bowers war versöhnlicher als Oates und schrieb, dass er »seine Gefühle ganz gut verstehen« könne »…und nach unserer Erfahrung im letzten Jahr weckt ein schlechter Tag wie heute in ihm die Befürchtung, dass unsere Tiere uns im Stich lassen werden«. Spannungen begannen zutage zu treten, und das war verständlich.

Am 15. November kämpfte sich die Gruppe bis zum One Ton Depot voran, wo sie eine Nachricht von Teddy Evans vorfand, die besagte, dass er und seine Begleiter weitergegangen seien. Scott berief einen Kriegsrat ein, um darüber zu diskutieren, wie nun am besten vorzugehen sei, und Cherry-Garrard zufolge gab er in dieser Phase der Reise endgültig jeden Gedanken an einen Versuch auf, auch nur eines der Ponys den Gletscher hinaufzutreiben. Es wurde beschlossen, nur so viel Futter mitzunehmen, dass sie den Fuß des Beardmore-Gletschers erreichten, und dann alle Ponys, die noch am Leben waren, zu töten. Cherry-Garrard, der für eine Weile in Scotts Zelt gezogen war, genoss das lebhafte Gespräch: »Wir nahmen ein ziemlich gutes Mittagessen ein und diskutierten über Schriftsteller. Barrie, Galsworthy und andere sind persönliche Freunde von Scott. Als jemand zu Max Beerbohm sagte, er sei wie Kapitän Scott, sei ihm, wie Scott uns versicherte, auf der Stelle ein Bart gewachsen.«

Sechs Tage später holte die Hauptgruppe Teddy Evans und seine Gruppe beim vereinbarten Treffpunkt ein. Wilson notierte, dass sie schrecklich hungrig waren – dies war eine Folge des Schlittenziehens, und was das bedeutete, wurde im Hinblick auf die Zukunft nicht richtig eingeschätzt. Sie hatten sich damit amüsiert, *The Pickwick Papers* zu lesen, und sahen, wie Teddy Evans es ausdrückte, mit ihren Haaren und Bärten voller Rentierhärchen, die aus ihren Schlafsäcken stammten, so aus, als hätten sie gerade einen »Stierkampf in einer Scheune« hinter sich. Sie erhielten die Anweisung, der Hauptgruppe voranzumarschieren und in Abständen Steinhaufen als Wegmarken zu errichten und Lagerplätze auszuwählen.

Scott war jetzt zu dem Schluss gekommen, dass es für die Ponys leichter wäre, sich tagsüber, wenn die Temperaturen höher waren, auszuruhen, und nachts, wenn der stärker gefrorene Boden eine für sie günstigere Auftrittfläche bieten würde, zu marschieren. Die Hunde, die in bester Form waren und von Meares und Dimitri getrieben wurden, folgten hinterher, aber die Ponys hatten nach wie vor große Mühe, und Scotts Stimmung verdüsterte sich. Oates verglich Scotts Gesicht mit »einem müden Seestiefel«. Am 24. November wurde das erste Pony erschossen – ein Ereignis, das Scott als traumatisch empfand und dem er nicht beiwohnen konnte. Oates, der schoss, hielt es für einen brutalen Akt, während Bowers versuchte, sich zu trösten: »Ein Jahr Pflege und gutes Futter, drei Wochen Arbeit bei guter Behandlung… und dann ein schmerzloses Ende. Sollte das irgendjemand grausam finden, kann ich es weder verstehen noch gut heißen.«

Day und Hooper wurden jetzt nach Cape Evans zurückgeschickt und nahmen einen Schlitten und zwei kranke Hunde mit. Atkinson schloss sich den Männern an, die die Schlitten selbst zogen. Zwei Tage später wurde das Middle Barrier Depot angelegt, doch sie kamen über den weichen Boden des Ross-Schelfeises nur enttäuschend langsam voran; zudem war die Landschaft eintönig und deprimierend. Am 28.November wurde ein weiteres Pony erschossen, und sein Treiber, Wright, übernahm nun selbst das Schlittenziehen. Es waren nur noch acht Ponys übrig.

Am nächsten Tag überschritt die Gruppe den südlichsten Punkt, den Scott 1902 erreicht hatte, und ihre Stimmung hob sich. Nunmehr trennten sie weniger als 130 Kilometer vom Beardmore-Gletscher, und vor ihnen lagen noch die dramatischen Gipfel des Mount Markham. Was ihnen ebenfalls Auftrieb gab, war die Tatsache, dass ihr *hoosh* jetzt um das Fleisch der Ponys bereichert wurde. Der Hunger hatte inzwischen die Oberhand über die Sentimentalität gewonnen, und das frische Fleisch lieferte ihnen die Vitamine, an denen es ihrer Kost üblicherweise fehlte. Sie hatten keinen Zitronensaft mitgenommen – Atkinson hatte während des Winters einen Vortrag über Skorbut gehalten, und Debenham hatte dazu in seinem Tagebuch vermerkt: »Obwohl das Vorkommen von Skorbut in der Marine abgenommen hat, seit Zitronensaft zum Bestandteil der Rationen gemacht wurde, herrscht allgemein die Ansicht vor, dass Zitronensaft selbst kein vorbeugendes Mittel ist.« Sie zogen mit einer Durchschnittsgeschwindigkeit von ungefähr dreieinhalb Kilometern in der Stunde weiter, aber die Ponys mussten durch kniehohen Schnee stapfen. Am 1. Dezember wurde das Southern Barrier Depot angelegt, und Oates tötete erneut ein Pony.

Bowers schrieb bezeichnenderweise in sein Tagebuch: »Meares und Dimitri zerlegen das ganze Fleisch, denn die Hunde erledigen den gesamten Marsch in drei Stunden, und für den Rest des Tages haben die beiden wenig anderes zu tun. Die Hunde leisten Hervorragendes; wenn man sieht, wie gut unsere beiden Teams waren, muss ich sagen, dass Amundsens Chancen, uns mit seinen 120 Hunden zuvorzukommen, gut stehen.«

Während sie mit dem Rest der Ponys nach wie vor nur stückchenweise vorankamen, bemerkte Scott, von welch entscheidender Bedeutung Schneeschuhe sein konnten: »Zweifellos sind diese Schneeschuhe *die* Sache für Ponys…« Hier stellt sich die Frage, warum die Wintermonate, insbesondere nach der Erfahrung auf der Reise, auf der die Vorratslager errichtet wurden, nicht für einen Versuch genutzt wurden, irgendwelche effizienten Schneeschuhe zu fabrizieren. Darüber hatte man nach einem von Oates' Vorträgen über den Umgang mit Pferden diskutiert, aber es scheint wenig getan worden zu sein. Vielleicht misstraute Oates den Schneeschuhen und hielt sie bloß für eine Marotte des pingeligen Scott.

Sie näherten sich jetzt dem Beardmore-Gletscher, doch die Verhältnisse waren immer noch ungünstig, und die Ponys mussten angetrieben werden. Nun war Bowers' Pony Victor an der Reihe, denn die Futtervorräte gingen zur Neige. Scott teilte dies Bowers mit, und hier wird eine der wenigen Spuren von Bitterkeit in Bowers' ganzem Tagebuch sichtbar: »Der gute, alte Victor! Er bekam immer einen Zwieback aus meiner Ration, und er fraß seinen letzten, ehe die Kugel ihn ins Jenseits beförderte… Es tut mir Leid um ein Tier, das so lange Zeit mein ständiger Begleiter und meine ständige Sorge war.« Doch sie alle aßen jetzt mit zunehmendem Genuss Ponyfleisch. Wilson bemerkte, dass es wie gekochtes Rindfleisch schmeckte, und er erinnerte sich vergnügt an ein Abendessen, das aus einem »*hoosh* mit viel Victor darin« bestand.

Scott war fest davon ausgegangen, dass das Wetter sich ändern würde, aber er wurde enttäuscht. Am 3. Dezember machten ein heftiger Sturm und dichtes Schneetreiben ein Vorankommen nahezu unmöglich. Scott hatte das Gefühl, sein Glück sei »aberwitzig«. Der folgende Tag brachte Schneestürme, und Scott grübelte über sein Missgeschick nach, denn er wusste, dass Shackleton um genau die gleiche Zeit des Jahres ganz andere Bedingungen vorgefunden hatte. Sie kamen mit qualvoller Langsamkeit voran und erreichten eine Stelle, 22 Kilometer vom Gletscherzungenrand entfernt, wo ein weiteres Pony getötet wurde. Scott hoffte, dass ein einziger Marsch ausreichen würde, um dann auf dem Beardmore-Gletscher kampieren zu können, aber der 5.Dezember brachte ein Höllenwetter. Ein erneuter Schneesturm tobte mit solcher Heftigkeit, dass »man nicht das nächste Zelt, geschweige denn das Land, sehen« konnte.

»Was zum Teufel bedeutet so ein Wetter zu dieser Zeit des Jahres?«, haderte Scott. »Das ist eine größere Portion Unglück, als uns zusteht« Der Blizzard wehte eine solche Schneemenge heran, wie Scott sie noch nie gesehen hatte. Oates und Bowers rackerten schwer, um zu verhindern, dass die Ponys einschneiten, während die Hunde es sich in ihren Schneelöchern gemütlich machten. Die wärmeren Temperaturen, die der Schneesturm mit sich brachte, bedeuteten nasse Zelte und durchweichte Schlafsäcke. Ihre Körper lagen in Wasserlachen – »ein Schnepfensumpf« nannte Bowers die Szenerie. Keohane erkannte die lustige Seite der Sache, und Scott notierte seinen Reim: »Der ganze Schnee schmilzt, und alles schwimmt. Wenn dies noch viel länger so weitergeht, werden wir das Zelt umdrehen und als Boot benutzen müssen.« Doch aus Scotts Tagebucheintrag vom 6. Dezember spricht tiefe Verzweiflung: »Erbärmlich, ausgesprochen erbärmlich. Wir haben im ›Sumpf der Verzagtheit‹ kampiert… Ein Gefühl der Hoffnungslosigkeit überkommt einen, das schwer abzuwehren ist.« Ihm blieb keine andere Wahl, als die Gipfelrationen anzubrechen. Männer und Tiere mussten ernährt werden, auch wenn sie nicht vorankamen.

Scott fragte sich, ob auch Amundsen unter dem schlechten Wetter zu leiden hatte. Herrschte es über weite Gebiete, oder war er ausgerechnet das Opfer »außergewöhnlicher lokaler Wetterverhältnisse«? Im letzteren Fall war es schwer, sich auszumalen, dass andere, während die eigene Gruppe gegen Widrigkeiten ankämpfte, »im Sonnenschein lächelnd vorangingen«. Tatsächlich hatte Amundsen Anfang Dezember ebenfalls unter Schneestürmen zu leiden gehabt, aber er kam immer noch voran. An seinem schlechtesten Tag legte er viereinhalb Kilometer zurück und an anderen mehr als 46 Kilometer – was der Zugkraft der Hunde und der Skifahrerkünste seines Teams zu verdanken war. Seine Route zum Polarplateau hatte ihn den Heiberg-Gletscher und zum Devil's Glacier hinaufgeführt, der von manchen als noch größere Herausforderung als der Beardmore angesehen wird. Doch er war imstande gewesen, 148 Kilometer weiter nach Süden vorzudringen als Scott, bevor er Berge überwinden musste. Während Scott und seine Männer am dritten Tag des Schneesturms in ihren durchnässten Zelten zitterten, hatte Amundsen Shackletons Rekord eingestellt und war nur noch 185 Kilometer vom Pol entfernt. Eine entsprechende Information hätte den getreuen kleinen Bowers zur Raserei gebracht, der sich immer wieder fragte, wie es dem »dubiosen, hinterhältigen Rabauken« wohl ergehe.

Erst am 9. Dezember konnte die bedrückte Gruppe weiterziehen. Teddy Evans beschrieb, wie Oates während des Schneesturms einen Großteil der Zeit hinter einer Mauer angewehten Schnees kauernd verbrachte, um bei seinen Ponys zu sein: »Wir mussten nach dem Blizzard über ihn lachen, als er das eiskalte Wasser aus seinen Kleidern wrang. Der Sack mit seinen persönlichen Sachen war in einem entsetzlichen Zustand. Sein durchweichter Tabak hatte alles verfärbt, und als er seine Ersatzsocken und -handschuhe ausdrückte, rann eine Menge nikotingefärbten Wassers heraus.«[16] Doch trotz seiner Bemühungen konnten die Ponys, die bis zum Bauch im Schnee standen, kaum noch taumeln und mussten mit der Peitsche angetrieben werden – eine Aufgabe, die die Männer grässlich fanden. Am selben Abend tötete Oates an einer Stelle nahe dem Gletscherzungenrand, die passenderweise Shambles

Camp genannt wurde, das letzte der Ponys. Wilsons Erleichterung war mit Händen zu greifen. »Gott sei Dank... wir übernehmen nun selbst die schwerere Arbeit« – ein Gefühl, das Amundsen schon deshalb unverständlich gefunden hätte, weil immer noch drei Viertel ihrer Reise vor ihnen lag. Der unsentimentale und vollkommen pragmatische Norweger hatte seine Pläne nämlich bis ins letzte Detail ausgearbeitet: »In meinen Kalkulationen habe ich genau den Tag errechnet, an dem ich einen Hund töten würde, weil dann seine Nützlichkeit beim Ziehen der abnehmenden Vorräte auf den Schlitten enden und seine Nützlichkeit als Nahrungslieferant für die Menschen beginnen sollte.«[17]

Scott teilte jetzt seine Leute für den Aufstieg auf den Beardmore-Gletscher in drei schlittenziehende Teams auf. Er selbst nahm Wilson, Oates und Unteroffizier Evans in seine Gruppe auf. Teddy Evans zog mit Atkinson, Wright und Lashly weiter. Scott hatte die Geduld mit Teddy Evans verloren, weil er glaubte, dass dieser sein Team nicht tipptopp in Ordnung halte und ihr immer langsameres Vorankommen auf mangelnde Sorgfalt zurückzuführen sei. Bowers teilte Scotts Meinung und bemerkte, dass es ihm Leid tue, an Evans ein Nachlassen seiner Kräfte feststellen zu müssen. Doch Evans vertrat mit einigem Recht den Standpunkt, dass er und seine Mannschaft schon viel länger als irgendjemand sonst Schlitten zögen und dass es daher ganz natürlich sei, wenn sie über ein geringeres Durchhaltevermögen verfügten. Bowers, Cherry-Garrard, Crean und Keohane bildeten die dritte Gruppe und sollten die Lasten gemeinsam ziehen. Das war eine aufreibende Sache, dennoch wurde am 11. Dezember unterhalb des Gletschers das Lower Glacier Depot eingerichtet. Meares und Dimitri kehrten nun mit den Hunden nach Hause zurück. Bowers hatte noch am Tag zuvor gemeint: »Die

Hunde sind wunderbar in Form und werden ihn und Dimitri in Windeseile zurückbringen.«

Meares hatte einen Brief von Scott an Kathleen bei sich: »Die Dinge sind nicht so rosig, wie sie sein könnten, aber wir sind guten Mutes und sagen uns, dass sich das Glück wieder wenden muss. Bislang allerdings zeigt jede Wende, welch außergewöhnlich großes Glück Shackleton hatte. Damit will ich dir nur sagen, dass ich mit dem Rest wie auch mit den alten Zeiten Schritt halten kann und dass ich an dich denke, wann immer ich meine müden Glieder in meinem sehr bequemen Schlafsack ausstrecke. – P.S. Der Gedanke an dich ist *sehr* erfreulich.«[18]

Unterdessen setzte Kathleen ihre vielen gesellschaftlichen Aktivitäten in London mit großem Schwung fort und war genau »das Gegenteil der Mitleid erregenden Strohwitwe«, als die Scott sie bezeichnete.[19] In Tagebüchern, die Scott zu lesen niemals die Chance haben sollte, schilderte sie solche Ereignisse wie ein Lunch mit H.G. Wells, einem »widerlichen kleinen Halunken«, den sie allerdings witzig und schlau fand, und Nansen, der ihr mit der Zeit immer treuer ergeben war und ihr schrieb: »Es ist schön zu wissen, dass es eine Frau gibt, die der, von der man immer geträumt hat, der man aber nie begegnet ist, so ähnlich ist.«

Die Granitfelsen des Beardmore-Gletschers, die sich über die ebene Fläche des Ross-Schelfeises erhoben, sahen Ehrfurcht gebietend aus. Doch die Hälfte der Gruppe war nicht imstande, den Anblick zu genießen, da sie unter Schneeblindheit litt. Ein reizbarer Scott machte den Männern wegen ihrer Nachlässigkeit Vorwürfe und seine »lästigen Landsleute« auch dafür verantwortlich, dass sie keine tüchtigeren Skifahrer geworden waren. Skier hätten auf dem weichen, schneebedeckten Boden mit seinen versteckten Gefahren eine große Hilfe bedeutet. Bowers gab ihm Recht und schrieb: »Die Skier bieten einen wunderbaren Schutz gegen Spalten, da sich das Gewicht über eine so große Fläche verteilt.« Scotts Unbeherrschtheit ließ sich teilweise auf einen sauren Magen zurückführen, der ihm, wie er später Cherry-Garrard erzählte, so zusetzte, dass er befürchtete, nicht weitergehen zu können. Außerdem machte er sich Sorgen. Die Schlitten wogen jeweils etwa 320 Kilogramm. Konnten sie sie wirklich die 204 Kilometer des Beardmore hinaufziehen? Hinzu kam, dass sie sich auf sehr weichem Untergrund bewegten, während Shackleton insofern im Vorteil gewesen war, als er es mit fest gefrorenem Boden zu tun gehabt hatte – ein weiterer Umstand, den Scott bedrückt vermerkte. Er trug das Tagebuch von Frank Wild bei sich, in dem über dessen Reise mit Shackleton nach Süden berichtet wird. Raymond Priestley, der als Geologe an beiden Expeditionen teilnahm, schrieb später, dass Shackletons Team während der ganzen Hinreise bei dem Wettlauf die Rolle eines gespenstischen Schrittmachers gespielt habe, während Cherry-Garrard dies genauer beschrieb: »Wir arbeiteten gegen Shackletons Mittelwerte und Daten an.« Scott war entschlossen, seinen Rivalen in den Schatten zu stellen. Er war auch darauf erpicht zu beweisen, dass Shackleton die Schwierigkeiten übertrieben hatte, und sprach in seinem Tagebuch von »Shackletons überzogenem Bericht«. Das Wort »überzogen« wurde später in der veröffentlichten Version gestrichen.

Bowers verfasste einen denkwürdigen Bericht über den nachfolgenden langen und abenteuerlichen Kampf: »Ich habe mir noch nie so schwer getan beim Ziehen, denn ich stemmte mich mit aller Kraft gegen die Zuggurte und verspürte dadurch ein unaufhörliches Ruckeln auf meinem armseligen Bauch, und so wurden meine Eingeweide beinahe in mein Rückgrat gequetscht.« Er schrieb auch, dass am 15.Dezember »der Owner wegen des Wetters einen ziemlichen Koller bekam und sagte, wir hätten, seit wir losgezogen seien, kein Glück gehabt. Nachdem wir unser Zelt aufgeschlagen hatten, entdeckten wir einen halben Meter vom Eingang entfernt eine Spalte. Ich warf eine leere Ölkanne hinein, und das Echo hallte entsetzlich lange wider.« Doch der Wettlauf war bereits verloren – nur dass sie es nicht wussten. Amundsen hatte den Pol am 14. Dezember erreicht: »Fünf wettergegerbte, erfrorene Fäuste« hatten »die flatternde Fahne in die Luft gehoben und sie als die erste am geographischen Südpol gehisst.«[20]

Am 17. Dezember, während Amundsen sich auf die eilige Rückkehr nach Framheim vorbereitete, hatten Scotts Leute, allesamt ahnungslos, einen Punkt 1066 Meter unterhalb des Cloudmaker Mountain erreicht, wobei sie auf Spalten achten mussten, in die die St. Paul's Cathedral hineingepasst hätte. Für Bowers war das Sausen bergab mit dem Schlitten »der größte Spaß unseres Lebens«. Auch Wilson amüsierte sich. Nach der winterlichen Reise nach Cape Crozier konnte der Beardmore-Gletscher für ihn keine Schrecken mehr bereithalten. Wann immer er konnte, machte er Skizzen, und es gelangen ihm einige wunderbare Panoramazeichnungen. Doch sie fingen nun alle an, unter Hungerphantasien zu leiden, und träumten von üppigen Festmählern. Cherry-Garrard träumte von großen Brötchen mit heißer Schokolade in einem Bahnhofsbüffet, wachte aber immer gerade dann auf, wenn er im Begriff war hineinzubeißen.

Das Mid-Glacier Depot wurde unter nahezu perfekten Wetterbedingungen errichtet, und Scott hatte das Gefühl, dass seine Stimmung sich endlich besserte. Allerdings begriff er jetzt, dass die Hunde den Aufstieg geschafft hätten, und dies muss ihm Grund zu ernsthaftem Nachdenken gegeben haben. Wie Amundsen später schrieb: »Man kann die Hunde nicht nur über die gewaltigen Gletscher bringen, die zum Plateau führen, sondern sie über die ganze Strecke voll einsetzen. Ponys müssen dagegen am Fuße des Gletschers zurückgelassen werden, während die Menschen selbst das zweifelhafte Vergnügen haben, die Rolle der Ponys zu übernehmen.«[21]

Während Scotts Gruppe höher auf den Gletscher kletterte, erstreckten sich vor ihren Augen immer weitere Eisfelder: »eine harte, gewellte blaue Fläche, ähnlich einem unberührten zugefrorenen Meer, während der Wind auf ihr spielte« – schön und in seinen Ausmaßen Ehrfurcht gebietend. Oates begann den schlechten Zustand seiner Füße zu bemerken: »Seit wir Hut Point verlassen haben, waren sie ständig nass, und jetzt hat das Gehen auf diesem harten Eis mit vereisten Steigeisen ziemlich Mus aus ihnen gemacht.« Er hinkte auch infolge seiner Kriegsverwundung. Atkinson, der ihn am besten kannte, sagte zu Cherry-Garrard, dass Oates nicht mehr weitergehen wolle. Doch zu diesem kritischen Zeitpunkt, als Scott die erste Rückkehrergruppe zusammenstellte, schwieg Oates sich ihm gegenüber aus.

Scott hatte seine Kameraden genau beobachtet – Wright, der junge kanadische Physiker, sah aus, als sei er am Ende seiner Kräfte angelangt, und bestätigte Scotts – nicht Markhams – Meinung, dass die älteren, erfahreneren Männer besser zurechtkommen konnten als die jungen. Scotts Auffassung war durch die Winterreise nach Cape Crozier bestätigt worden: Cherry-Garrard, der jüngste der drei Teilnehmer an dieser Expedition, war in einem wesentlich schlechteren Zustand als Wilson und Bowers gewesen und hatte auch länger gebraucht, um sich wieder zu erholen. Diese Erkenntnis war eine persönliche Beruhigung für Scott, der gern über die Tatsache nachdachte, dass Peary 52 war, als er für sich den Anspruch erhob, den Nordpol erreicht zu haben. Scott wählte jetzt für die Rückkehr den jungen Wright und den ebenfalls jungen Cherry-Garrard, zusammen mit Atkinson und Keohane, aus, aber es war eine schmerzliche Entscheidung – »herzzerreißend« war das Wort, das er dafür in seinem Tagebuch verwendete. Cherry-Garrard war tief betroffen und sagte zu Scott, er habe gehofft, ihn nicht enttäuscht zu haben. »Er fing mich ab und sagte: ›Nein, nein, nein.‹« Wilson tröstete ihn und sagte, Scott habe »geknobelt«, ob Cherry-Garrard weitergehen solle oder Oates.

Sie verabschiedeten sich nach einem letzten großen gemeinsamen Marsch, während Scott wie ein Besessener weiterdrängte. Er war, wie Lashly es ausdrückte, »ziemlich erregt«[22], und Teddy Evans und Atkinson fielen, noch ehe ein Lager eingerichtet und auf einer Höhe von 2130 Metern das Upper Glacier Depot angelegt wurde, über die ganze Länge ihrer Zuggurte in eine Spalte. Bevor sie sich trennten, instruierte Scott Atkinson mündlich, er solle dann, wenn Meares mit dem Schiff zurückgekehrt sei, die Hundegespanne nach Süden bringen, um mit der Pol-Gruppe zusammenzutreffen. Scott gab der Rückkehrergruppe auch einen Brief für Kathleen mit. Er berichtete ihr, dass sie den Gipfel des Gletschers fast erreicht und genügend Vorräte hätten. »Wir müssten durchkommen«, schrieb er.[23]

KAPITEL 14

Die Luftschlösser, die man baut...

Die Aussichten erschienen jetzt in jeder Hinsicht besser. Das Sonnenlicht tanzte über glitzernden Eisfeldern, und der Beardmore-Gletscher war bezwungen. Ein besser gelaunter Scott legte einen neuen Band seines Tagebuchs an und schrieb auf das Vorsatzblatt seinen Namen und sein Alter – 43, dann die Namen und das Alter von Wilson, 39, Unteroffizier Evans, 37, Oates, 32 und Bowers, 28 –, das waren die Männer, die am Ende tatsächlich zum Pol gehen sollten. Sie hatten, wie er sorgfältig notierte, ein Durchschnittsalter von 36 Jahren. Der Eintrag legt den Gedanken nahe, dass Scott bereits zu diesem Zeitpunkt entschieden hatte, wer zum Pol gehen sollte. Vielleicht hatte er sogar schon die umstrittene Entscheidung getroffen, dass die endgültige Gruppe aus fünf, und nicht, wie ursprünglich geplant, aus vier Männern bestehen würde. Wie dem auch sei – er scheint über seine Gedankenspiele mit niemandem gesprochen zu haben, nicht einmal mit Wilson, der ihm am nächsten stand und dem er am meisten vertraute. Wilson hatte einen Brief für Ory zurückgeschickt, in dem es nur hieß: »Ich bin so gesund und stark wie ein Pferd und hoffe sehr, dass ich zur endgültigen Gruppe gehören werde.«[1]

Vorläufig aber wanderten noch acht Männer über das Plateau, das eine Höhe von über 3040 Metern erreichte. Sie waren in zwei Teams aufgeteilt, von denen jedes einen Schlitten mit Lebensmittel- und Brennstoffvorräten für zwölf Wochen zog. Scotts Gruppe bestand wie zuvor aus ihm, Wilson, Oates und Unteroffizier Evans. Bowers war mit Teddy Evans, Lashly und Crean unterwegs. Sie mussten sich darauf konzentrieren, den tückischen Spalten auszuweichen, die so breit waren wie die Regent Street. Wilson beschrieb Näheres: »Zweimal hatten wir ›Glashauseis‹ mit einem trügerischen Untergrund – sehr unangenehm zu betreten. Wir haben auch viele breite Spalten überquert, die zwar gut überbrückt, aber tief waren und sehr tückische Ränder hatten.« Dennoch kamen sie gut voran, und Scott freute sich, dass er die »richtige Auswahl« getroffen hatte. Am 23. Dezember wurde der Boden härter, und der Horizont ebnete sich. Ein zuversichtlicherer Scott schrieb: »Für mich scheint unser Ziel zum ersten Mal wirklich nahe zu sein.«

An Heiligabend legten sie fast 26 Kilometer zurück. Am ersten Feiertag, Lashlys 44. Geburtstag, trieb Scott seine Männer wie ein Besessener an und holte zwei zusätzliche Kilometer aus ihnen heraus. Sie schafften fast 28 Kilometer, und selbst Bowers spürte das Tempo. Lashly stürzte in eine Spalte, aber er war, wie Scott bemerkte, zäh wie Leder und blieb ziemlich gelassen, als er feststellte, dass er über einem 15 Meter tiefen Abgrund baumelte. Lashly schrieb: »Es war natürlich kein besonders schönes Gefühl, vor allem am Weihnachtstag, der zugleich auch mein Geburtstag war. Während ich mich so im offenen Raum um die eigene Achse drehte, brauchte ich ein paar Sekunden, um meine Gedanken zu sammeln... Es war gewiss kein Märchenpalast.«[2] Teddy Evans, Bowers und Crean zogen ihn heraus, und Letzterer wünschte ihm, dass er noch viele ähnlich schöne Geburtstage erleben möge. Was Lashly darauf antwortete, soll nicht salonfähig gewesen sein. Sie feierten Weihnachten mit etwas, was Wilson »ein grandioses Mittagessen« nannte, bestehend aus Zwieback, Rosinen, Butter und Schokolade. Das Abendessen bot »einen

richtiggehenden Festschmaus« mit einem spektakulären
hoosh, zubereitet aus Pemmikan, Pferdefleisch, Zwiebel-
und Currypulver und Zwiebackkrümeln, dazu ein Metall-
becherchen mit Kakao, ein großes Stück Plumpudding,
fünf Karamellen und fünf Ingwerstückchen. Sie hatten das
Stadium erreicht, in dem das Essen zur Obsession wurde –
zu etwas, wovon sie träumten und überschwänglich
schwärmten. Teddy Evans beschrieb ihr rührendes Ver-
langen, wenn sie zusahen, wie Birdie ihr Essen kochte:
»Hatte er zu viel Pfeffer hineingetan? Würde er ihn ver-
schütten? Wie viele Stücke vom Pferdefleisch würde jeder
von uns bekommen? Doch der sorgfältige kleine Bowers
verbrannte oder verschüttete den *hoosh* niemals – er erfüllte unsere kühnsten Erwartungen.« Bowers selbst hatte
ein paar Tage zuvor bemerkt: »Trotz dieses ganzen [Essens]
werden wir sichtlich dünner.«

Danach lagen sie zufrieden in ihren Schlafsäcken. Scott
war fast zu satt, um sich zu bewegen, und verzeichnete
mit offenkundigem Bedauern, dass er und Wilson ihren
Plumpudding nicht hatten aufessen können. In dieser
Nacht sagte der sentimentale Bowers zu Teddy Evans:
»Wenn nächstes Weihnachten alles gut geht, Teddy, werden wir all die armen Kinder, deren wir gerade habhaft
werden können, mit schönen Dingen voll stopfen. Nicht
wahr?«[3] Ihr Lager (auf dem von ihnen so genannten
»König-Edward-VII.-Plateau«, das, wie sie nicht wussten,
durch Amundsen aus Höflichkeit bereits nach König Haa-
kon VII. von Norwegen benannt worden war) stellte in dieser riesigen, eisigen Ödnis eine winzige Oase der Menschheit dar. Evans wusste, ihre beiden grünen Zelte waren
»die einzigen Gegenstände, die die Eintönigkeit der großen
weißglitzernden Wildnis unterbrachen, welche sich von
der Spitze des Beardmore bis zum Südpol erstreckt«. Es
hätte genausogut auf dem Mond sein können.

Sie befanden sich nunmehr auf einer Höhe von etwa 2438 Metern, und das Wetter war immer noch schön, obschon der Boden, auf den sie traten, uneben und die Schlitten anstrengend zu ziehen waren. Wie Scott schrieb: »Alle schwitzten, besonders das zweite Team, das große Schwierigkeiten hatte, Schritt zu halten.« Der arme Bowers, der sich so viel auf seine körperliche Stärke einbildete, sorgte sich: »Es zerreißt einem fast das Herz, wenn man weiß, dass man Stunde für Stunde beinahe sein Leben darangibt, während sie anscheinend mit wenig Mühe vor sich hin spazieren.« In seinem Tagebuch beschreibt er auch die Folgen der Witterung: »Ich könnte nicht sagen, ob mein Gesicht jetzt voller Frostbeulen ist, es besteht nur aus Schuppen, ebenso meine Lippen und meine Nase. Eine beträchtliche Menge roter Haare bemüht sich, das Ganze zuzudecken.«

Scott kam zu dem Schluss, dass der zweite Schlitten schlecht beladen war. Gereizt schrieb er: »Die Gruppe ist nicht erschöpft, und ich habe ihnen klipp und klar gesagt, dass sie das Problem selbst anpacken und auch selbst lösen müssten. Es gibt keinen erdenklichen Grund, weshalb sie nicht so leicht vorankommen sollten wie wir.« Er scheint das, was Teddy Evans beobachtet hatte, nicht bemerkt zu haben – dass nämlich alle ihren federnden Schritt verloren hatten. Evans notierte: »Ein Mann, der geübt ist, über die Gesundheit von Menschen zu wachen..., hätte gesehen, dass etwas nicht stimmte.« Aber auch Wilson bemerkte offensichtlich nichts. Er hatte seit der *Discovery*-Expedition nicht mehr als Mediziner praktiziert. Die niedrigen Temperaturen – Scott und seine Männer erlebten auf dem Plateau eine durchschnittliche Temperatur von minus 28 Grad – zehrten an ihren Kräften. Sie litten auch unter Austrocknung. Sie hatten nicht genügend Brennstoff, um Eis in ausreichender Menge zu schmelzen – und die Körper verloren in der Höhe und bei niedrigen Temperaturen rasch an Flüssigkeit.

Scott spürte den Druck und die Einsamkeit des Führers. »Die Gruppe anzuführen ist keine leichte Aufgabe. Man darf seinen Gedanken nicht erlauben, so frei auf Wanderschaft zu gehen, wie sie es tatsächlich tun, und wenn es, wie heute Nachmittag, Turbulenzen gibt, finde ich es sehr beunruhigend und ermüdend.« Einen Teil seiner Enttäuschung reagierte Scott an dem armen Bowers ab, der ihr einziges Hypsometer zerbrochen hatte, das zur Höhenmessung verwendet wurde. Der kleine Mann sprach von »einem ungewöhnlichen Wutausbruch« und jammerte darüber, dass es »ziemlich traurig ist, an diesem kritischen Punkt mit seinem eigenen Führer in den Clinch zu geraten, aber Pannen wird es [immer] geben, und diese eine geschah nicht aus Unachtsamkeit«.

Ende Dezember hatten sie eine Höhe von über 2743 Metern erreicht, aber die Bodenbeschaffenheit hatte sich verschlechtert, was das Ziehen der Schlitten sehr erschwerte. Am 29. Dezember verzeichnete Scott mit Genugtuung, dass es der zweiten Gruppe nunmehr gelang, Schritt zu halten, doch schon am nächsten Tag befürchtete er, dass sie ermatteten. Er hoffte, dass sich die Situation bessern würde, wenn sie erst einen Teil der Ausrüstung eingelagert hätten und sich dann mit leichteren Ladungen bewegen könnten. »Wir haben mit Shackleton gleichgezogen. Alles wäre erfreulich, wenn ich überzeugt wäre, dass die zweite Gruppe fit genug ist, um voranzukommen«, schrieb er nervös. Am Silvesterabend wurde das nächste Depot angelegt. Die beiden Teams hielten auch einen halben Tag an, um die langen Kufen gegen kurze auszutauschen, um so die Schlitten leichter zu machen. Lashly, Crean und Edgar Evans schufteten bei Temperaturen um minus 18 Grad und leisteten dabei gute Arbeit. Dabei schnitt sich aber

Evans in die Hand – ein scheinbar belangloser Unfall, der während der folgenden Tage noch von großer Bedeutung sein sollte.

Das neue Jahr wurde mit Schokoladeriegeln und in neuer Kameradschaft gefeiert. Teddy Evans beschrieb zwei Jahre später im *Strand Magazine*, wie Rittmeister Oates an diesem Abend zum ersten Mal so richtig aus sich herausging:

»Er erzählte uns alles über sein Zuhause und seine Pferde… Er redete und redete, und seine großen, freundlichen braunen Augen funkelten, als er sich an seine harmlosen Jungenstreiche in Eton erinnerte. Schließlich streckte Kapitän Scott den Arm aus und griff liebevoll nach ihm in der Art, wie sie für unseren Expeditionsleiter so charakteristisch war, und sagte: ›Sie komisches altes Haus, Sie sind ja jetzt ganz schön aus Ihrem Schneckenhaus herausgekrochen, Soldier. Wissen Sie, dass wir alle hier herumgesessen sind und uns fast vier Stunden lang unterhalten haben? Es ist Neujahr und ein Uhr früh!‹«

Dieser plötzliche Erguss war ein Zeichen dafür, dass Oates sich nach dem Leben in Indien, der Wildschweinhetz, dem Polospiel und den Annehmlichkeiten seines Zuhauses in Gestingthorpe sehnte.

Am Silvesterabend hatte Scott angeordnet, dass die Leute aus Teddy Evans' Team ihre Skier im Depot zurücklassen müssten – genaugenommen eine merkwürdige Entscheidung; denn wie er selbst einräumte, war es leichter, auf Skiern zu fahren, als einfach weiterzustapfen. Am Neujahrstag war Scott fröhlich und bemerkte, dass die Aussichten sich zu bessern schienen, dass sie nur 315 Kilometer vom Pol entfernt waren und noch eine Menge Lebensmittel hatten. Vielleicht war er auch deshalb so gut gelaunt, weil er im Begriff stand, seine endgültige Entscheidung über den Weg zum Pol zu treffen. Am 3. Januar begab er sich zu Teddy Evans' Zelt. Als er eintrat, hustete Crean. Scott sagte: »Sie haben aber eine böse Erkältung, Crean«, worauf der scharfsinnige Ire antwortete: »Ich höre etwas zwischen den Zeilen, Sir.«[4] Scott teilte ihnen mit, er habe beschlossen, dass Teddy Evans' Team nach Cape Evans zurückkehren solle. Diese Nachricht war wahrscheinlich keine Überraschung. Lashly und Teddy Evans hatten am längsten die Schlitten gezogen, und zumindest Evans war erschöpft. Doch Scott schickte dann alle bis auf Teddy aus dem Zelt und ließ die wirkliche Bombe platzen. Er sagte, er wolle Bowers in die Pol-Gruppe aufnehmen, und bat Teddy Evans um seine Zustimmung. Evans hatte, obwohl ihm seine Mannschaft für die Rückreise auf diese Weise gefährlich ausgedünnt wurde, keine andere Wahl, als sich damit einverstanden zu erklären. Scott war erfreut und schrieb in sein Tagebuch: »Bowers soll in unser Zelt kommen, und wir werden morgen als Fünfmanngruppe weiterziehen. Wir haben 5 $1/2$ Lebensmitteleinheiten – praktisch mehr als eine Monatsration für fünf Personen –, damit müssten wir durchkommen.«

Scotts Entscheidung, fünf Männer statt vier zum Pol mitzunehmen, ist niemals zufrieden stellend erklärt worden. Debenham glaubte, Scott habe so viele mitnehmen wollen, damit sie alle am Erfolg teilhaben würden, aber das ist wahrscheinlich nicht alles. Es ist auch nicht klar, warum Scott ausgerechnet diese vier ausgewählt hat. Es ist wohl kaum zu bezweifeln, dass er von Anfang an beabsichtigt hatte, Wilson und Unteroffizier Evans auf dem Marsch zum Pol bei sich zu haben. Er hatte eine persönliche Hochachtung vor dem Doktor, der für ihn eine Quelle großer spiritueller Kraft war. Auch für den stämmigen Waliser empfand er eine besondere Zuneigung, die auf die Tage der *Discovery* zurückging, und er schätzte seine Stärke, seine Ausdauer und seinen Erfindungsreichtum. Hinzu kam, dass Scott darauf achten musste, jemanden vom Mannschaftsdeck dabeizuhaben. Doch Wilson schien Evans' Zuverlässigkeit in Stresssituationen angezweifelt zu haben. Ehe Atkinson zurückgekehrt war, hatten die beiden Mediziner gemeint, dass von allen Seeleuten Lashly die beste Wahl für den Pol wäre. Im Nachhinein glaubte auch Cherry-Garrard, dass Lashly hätte gehen sollen.

Was Oates anbelangte, so musste ein weiterer Faktor berücksichtigt werden: Sein Auftritt am Pol würde dem Militär einen Anteil am Ruhm einräumen. Wilson hatte Atkinson mitgeteilt: »Scott war darauf erpicht, dass [Oates] weiterging, er wollte einen Repräsentanten des Militärs [dabeihaben].«[5] Scott kam es niemals in den Sinn, dass Oates überhaupt nicht darauf erpicht sein könnte. Doch Oates hatte Teddy Evans gesagt, sein persönlicher Ehrgeiz gehe nur dahin, den höchsten Punkt des Beardmore zu erreichen. Er rechnete nicht damit, für die Reise nach Süden ausgewählt zu werden, und hatte, obwohl er es nicht offen aussprach, zu dieser Zeit wahrscheinlich wenig Lust, noch weiterzugehen. Sollte er sich, obwohl sein linkes Bein kürzer war als das rechte – das Erbe seiner Verwundung aus dem Burenkrieg –, über eine solche Strecke zu Fuß und auf Skiern abmühen, würde das seine Kraft und sein Durchhaltevermögen aufzehren.

Aus dem Brief, den Oates an seine Mutter schrieb, werden seine gemischten Gefühle deutlich. Er hatte schon früher eingeräumt: »Das Regiment und vielleicht die ganze Armee würden sich freuen, wenn ich zum Pol ginge.«[6] Er versicherte ihr nun, dass er selbst erfreut sei und sich gesund und gut fühle, aber: »Von mir aus werden wir also zum Pol gehen. Wir befinden uns jetzt 93 Kilometer von Shackletons südlichstem Punkt entfernt.«[7] Doch im weiteren befasste sich der Brief mit dem Heimweh nach

Gestingthorpe und den Renovierungen dort, mit Kleidern, die er für seine Rückkehr gern zugeschickt bekäme, und mit Plänen, ein Stutenfohlen zu kaufen. Er ließ seinen Schwestern und seinem Bruder Grüße bestellen und schloss: »Gott segne dich und halte dich bei guter Gesundheit, bis ich heimkomme« – übrigens das einzige Mal, dass er in seinen Briefen Gott erwähnt. Zu den anderen Dingen, um die er bat, gehörten Tabak, Zigaretten und eine große Dose Karamelbonbons. Er versuchte, sich einzureden, dass er schon durchkommen werde, und der Brief ist Mitleid erregend, wenn man ihn im Zusammenhang mit Atkinsons Kommentar über ihren Abschied sieht; dieser behauptete nämlich, Oates habe »gewusst, dass er am Ende war – sein Gesicht verriet es und die Art, wie er sich bewegte«.[8]

Was bezweckte Scott mit der Absicht, Bowers mitzunehmen? Es bestanden keine Bindungen aus alter Zeit, und Bowers war ursprünglich nicht einmal Mitglied der Landgruppe gewesen, sondern hatte langsam, aber sicher Scotts Bewunderung erregt. Er war natürlich sehr kräftig. Nach der Winterreise nach Cape Crozier hatte Scott über ihn geschrieben, er sei »der zäheste Reisende, der je eine Polarreise unternommen hat, und der unerschrockenste«, und hatte seine unverwüstliche Energie und erstaunliche Statur erwähnt. Er schätzte Bowers auch wegen seiner organisatorischen Fähigkeiten, seiner phänomenalen Arbeitskraft, doch vielleicht vor allem wegen seiner unerschütterlichen Treue. Letztere war für Scott in derselben Weise eine Quelle der Kraft und ein Trost, wie Wilson ihm Mut einflößte. Mit Sicherheit bildeten Wilson und Bowers ein beeindruckendes Gespann. Wie Cherry-Garrard sich später erinnerte: »Es war leicht, tapfer zu sein, wenn Bill und Birdie in der Nähe waren.«[9]

Scott brauchte vielleicht auch Bowers' Können als Navigator. Er hatte ursprünglich erwogen, zwei Navigatoren zum Pol mitzunehmen – woran man sieht, welche Bedeutung er dem beimaß –, und das Navigieren war gewiss einer seiner eigenen Schwachpunkte. Seine Kenntnisse waren verkümmert, und er hatte verlernt, wie man mit dem Theodolit umging, den er statt eines Sextanten mitgebracht hatte. Wilsons, Oates' und Edgar Evans' Fähigkeiten waren sogar noch beschränkter. Zwar war Teddy Evans ein erfahrener Navigator, aber Scott hatte gar nicht erst erwogen, einen Mann mitzunehmen, den er im Grunde für verbraucht und für die Pol-Gruppe ungeeignet hielt. Bowers' Fähigkeiten bedeuteten dementsprechend eine willkommene Ergänzung.

Dennoch handelte es sich bei der Entscheidung für Bowers wahrscheinlich vor allem um einen spontanen Beschluss. Scotts Gefährten von der *Discovery*-Expedition hatten oft bemerkt, dass er impulsiv war und dazu neigte, Entscheidungen rasch und ohne vorherige Beratung zu treffen. Die Tatsache, dass er nur drei Tage zuvor Bowers befohlen hatte, seine Skier einzulagern, sodass er zu Fuß weitergehen musste, während die anderen mit Skiern fuhren – eine anstrengende und unnötige Plackerei –, legt den Schluss nahe, dass Scott zu diesem Zeitpunkt, trotz des Eintrags auf dem Vorsatzblatt seines Tagebuchs, noch nicht beabsichtigte, Bowers zum Pol mitzunehmen. In genau derselben Weise hat Scott vielleicht spontan beschlossen, fünf Männer mitzunehmen statt vier. Sicherlich würde mit der Zeit deutlich werden, dass Scott nicht aufgehört hatte, die praktischen Auswirkungen zu berücksichtigen. Vielleicht kam er einfach zu dem Schluss, dass der Einsatz eines weiteren Mannes, der beim Ziehen des Schlittens helfen würde, einen Vorteil bedeutete, der sämtliche logistischen Nachteile aufwog. In Kenntnis der späteren Ereignisse gelangt man jedoch zu der Ansicht, dass er, wenn er schon fünf Leute mitnehmen wollte, besser daran getan hätte, sich für Crean als für Oates oder Edgar Evans zu entscheiden. Es war logisch, dass Lashly und Teddy Evans zurückgeschickt wurden – schließlich hatten sie von Corner Camp an über die ganze Strecke die Schlitten gezogen –, aber auf Crean traf das nicht zu; er war immer noch ungeheuer stark und einsatzfähig und bezeichnete sich selbst als »den wilden Mann aus Borneo«.

Doch Scott hatte seine Entscheidung getroffen. Am 4. Januar brach die Pol-Gruppe auf, und er war optimistischer Stimmung:

»Es war natürlich schon spät, als wir uns heute Morgen auf den Weg machten; die Schlitten mussten bepackt und die endgültige Trennung der beiden Gruppen vorbereitet werden. Es war herrlich zu sehen, wie fein säuberlich, dank U.O. Evans, alles auf einem kleinen Schlitten verstaut werden konnte. Ich machte mir Sorgen, wie wir ihn ziehen konnten, und war froh zu sehen, dass wir leicht vorankamen. Bowers zieht zu Fuß zwischen Wilson und mir, aber hinter uns; er muss mithalten und wirft uns zum Glück nicht alle aus dem Takt.«

Teddy Evans, Crean und Lashly folgten ihnen für den Fall irgendeines Missgeschicks nach, doch sobald Scott zuversichtlich genug war, blieben beide Gruppen stehen, verabschiedeten sich und sahen einander zum letzten Mal an. Es muss sich um eine Gruppe wild aussehender Männer gehandelt haben, mit eisverkrusteten Bärten, wettergegerbten Gesichtern und aufgesprungenen Lippen. Scott schilderte den Abschied: »Teddy Evans ist schrecklich enttäuscht, hat aber alles gut weggesteckt und sich wie ein Mann verhalten. Der gute alte Crean weinte, und selbst Lashly war gerührt.«

In Teddy Evans' eigenem Bericht im *Strand Magazin* war zu lesen:

»Die Aufregung war groß; es stand fest, dass es mit fünf gesunden Männern – der Pol war nur 268 Kilometer entfernt – bloß noch um eine Frage von zehn oder elf Tagen guter Schlittenleistung ging. Das letzte Lebewohl war sehr bewegend; Oates war weit mehr betroffen als alle anderen der Süd-Gruppe ... Ich glaube, seine letzte Bemerkung war: ›Ich fürchte, Teddy, du wirst keinen großen Abhang vor dir haben, wenn du zurückgehst, aber der gute alte Christopher wartet auf dem Schelfeis auf dich und darauf, verspeist zu werden.‹«

Oates, der selbst unglaublich viel Fleisch aß, hatte mit einiger Sehnsucht an Christopher zurückgedacht. Der letzte Hilfstrupp der Süd-Gruppe rief dreimal Hurra, drehte seinen Schlitten um und begann den langen Marsch nach Hause. Oates, der hinten zog, winkte mehrere Male zurück. Teddy Evans schrieb: »Wir sahen uns oft um, bis die kleine Gruppe nur noch ein winziger schwarzer Punkt am südlichen Horizont war, und schließlich war sie ganz verschwunden.«

Evans konnte nicht wissen, dass »wir die Letzten waren, die sie lebend sahen, und dass unsere drei Hurrarufe auf dieser trostlosen und einsamen Höhe des Plateaus die letzte Anerkennung war, die sie je erfahren sollten.« Die Pol-Gruppe befand sich bereits auf dem Marsch in die Legende. Von da würden nur noch ihre eigenen Aufzeichnungen Zeugnis ablegen.

Und so kehrte die letzte Hilfsgruppe nach Norden zurück, um sich ihrerseits allerhand Gefahren ausgesetzt zu sehen. Teddy Evans hatte Bowers eine kleine seidene Fahne seiner Frau mitgegeben, die er am Pol hissen sollte. Dafür trug er einen Brief von Scott an Kathleen bei sich, in dem er sich zufrieden mit ihren Fortschritten äußert und seine Lieblingsthemen, wie seine Stärke und seine Führungsqualitäten, anspricht: »Kein Mann wird oder kann sagen, dass ich nicht geeignet war, die Leute auf der letzten Etappe zu führen.«[10] Evans trug auch eine mündliche Botschaft mit sich, die bei der vor ihnen liegenden Katastrophe eine Rolle spielen sollte. Scott hatte seine Weisungen bezüglich der Schlittenhunde erneut über den Haufen geworfen. Meares sollte nunmehr die Hundegespanne hinausführen und gegen Mitte Februar zwischen 82 und 83 Grad südlicher Breite auf die Rückkehrergruppe stoßen, damit sie rechtzeitig zur *Terra Nova* gelangen könnten. Es ist fraglich, ob dies sinnvoll war, denn Scotts irrte, als er annahm, dass Evans diese Botschaft noch rechtzeitig übermitteln würde. Scott hatte vorhergesagt, dass Evans rasch zurückkehren würde, aber er hatte die Lage vollkommen falsch eingeschätzt. Er war, wie die meisten Expeditionsteilnehmer, in dem Irrtum befangen, dass der Rückweg leichter sein müsse als die Hinreise.

Scott war jetzt guter Dinge. Er war mit Männern zusammen, die er mochte und denen er vertraute; es hatte keine ernsthaften Pannen gegeben, und der Pol schien in Reichweite zu liegen. »Was für Luftschlösser baut man jetzt, da der Pol hoffentlich uns gehört«, frohlockte er. Doch die Keime der kommenden Katastrophe wuchsen bereits. Wie Cherry-Garrard später schrieb: »Wir hören, dass die Schwierigkeiten begannen, unmittelbar nachdem die letzte Hilfstruppe sie verließ... Von diesem Zeitpunkt an ging alles schief.«[11] Edgar Evans' Hand, die er sich beim Umbau der Schlitten verletzt hatte, wollte nicht heilen, was zweifellos auf den Vitaminmangel zurückzuführen war, und Wilson musste die Wunde täglich neu verbinden. Bowers war erschöpft, weil er zu Fuß marschieren musste, und bemerkte in seinem Tagebuch, es sei für ihn »anstrengender als für die anderen«. Eine Tatsache, die Scott voll anerkannte.

Oates machte sich insgeheim Sorgen um den Zustand seiner Füße und seiner alten Kriegsverletzung – eine Tatsache, die er als Offizier und Gentleman seiner Zeit ungern zugeben wollte. Das Problem wurde durch unzureichende Nahrung verschärft. Zu den Symptomen des Skorbut gehört, dass das vernarbte Gewebe alter Wunden sich auflöst und diese wieder aufbrechen, und es ist möglich, dass die Gruppe bereits unter Skorbut im Anfangsstadium litt. Die Rationen, die die Männer seit über 100 Tagen zu sich nahmen, bestanden aus 455 Gramm eines Spezialzwiebacks, 16 Gramm Kakao, 340 Gramm Pemmikan, 57 Gramm Butter, 85 Gramm Zucker und circa 20 Gramm Tee. Dies ergab zusammen aber nur etwa 4500 Kalorien, über 6000 Kalorien verbrannten sie jedoch; deshalb bahnte sich auch ihr Hungertod an.

Was die praktische Seite anbelangt, so erkannte Scott schnell, dass es schwieriger war, für fünf Personen zu kochen als für vier. Schon am Tag nach der Trennung von Evans und dem Hilfstrupp schrieb er: »Kochen für fünf dauert eindeutig länger, als wenn man für vier kocht, vielleicht macht es eine halbe Stunde pro Tag aus. Das ist ein Punkt, den ich bei der Neuorganisation nicht bedacht hatte.« Es verbrauchte auch mehr Brennstoff. Hinzu kam das, worauf Cherry-Garrard in *The Worst Journey in the World* hinwies: »Die Lebensmittelvorräte für vier Mann sollten fünfeinhalb Wochen reichen; fünf Personen würden die gleiche Menge in etwa vier Wochen aufzehren.« Die Tatsache, dass es einen fünften Mann gab, hatte erhebliche Unannehmlichkeiten zur Folge. Die nach Art eines Wigwams gebauten Zelte waren an der höchsten Stelle etwas über zwei Meter hoch, und so konnte kaum mehr als eine Person darin aufrecht stehen. Diese Zelte waren für vier Menschen konzipiert; deshalb mussten jetzt die Schlafsäcke der beiden außen schlafenden Männer zum

Teil bis über den Rand der separaten Zeltunterlage hinaus (das Zelt hatte keinen eingenähten Boden), ja wahrscheinlich sogar auf Schnee liegen. Die extreme Enge, die Einschränkungen der Bewegungsfreiheit und die während der Schneestürme langen Perioden des Eingesperrtseins müssen strapaziös gewesen sein.

Auch das Gehen wurde zunehmend beschwerlicher, denn der Boden war schwer. Für Männer, die bereits dadurch erschöpft waren, dass sie die Schlitten den Beardmore-Gletscher hinaufgezogen hatten, war es eine Schinderei. Mit großer Genugtuung ließen sie am 6. Januar Shackletons südlichstes Lager hinter sich, aber Scott machte sich zunehmend Sorgen über das schwierige Gelände: »Die Wechselfälle dieser Arbeit sind verblüffend«, schrieb er. Sie befanden sich auf den Sastrugi, »einem Meer von Angelhaken-Wellen«, von denen einige mit scharfen Kristallen bewehrt waren. Dadurch war das Vorankommen auf Skiern nahezu unmöglich, und Scott beschloss, die Skier liegen zu lassen. Doch nachdem sie fast zwei Kilometer zu Fuß weitergegangen waren, verschwanden die Sastrugi, und sie kehrten zurück, um ihre Skier wieder zu holen; auf diese Weise vergeudeten sie Zeit und Energie. Ein reuiger Scott erkannte: »Von jetzt an muss ich mich an die Skier halten«, doch seine Unschlüssigkeit war ein Symptom für seine wachsende Anspannung. Am gleichen Tag schilderte Wilson die immer härter werdenden Bedingungen: »Unsere haarigen Gesichter und Münder vereisten auf dem Marsch fürchterlich, und oft wurden einem die Hände, wenn man die Skistöcke hielt, sehr kalt. Evans, der sich vor einigen Tagen beim letzten Depot ins Handgelenk geschnitten hat... hat heute Abend eine Menge Eiter darin.«

Am folgenden Tag brach ein Schneesturm los. Scott tröstete sich damit, dass die Ruhe für Evans' Hand gut sei, und nutzte die erzwungene Pause dazu, eine Lobeshymne auf seine Gefährten zu schreiben. In seinem Tagebuch findet sich folgende Eloge auf seine Schlitten ziehenden Kameraden:

»Es ist unmöglich, sich über meine Begleiter zu positiv zu äußern. Jeder von ihnen erfüllt seine Pflicht gegenüber der Gruppe; Wilson, zunächst als Arzt, stets wachsam, um die Wehwehchen und Schwierigkeiten zu lindern, die mit der Arbeit verbunden sind; jetzt auch als Koch, fix, gewissenhaft und geschickt, immer um einen neuen Notbehelf bemüht, um das Leben im Lager zu erleichtern; in den Zuggurten zäh wie Leder, von Anfang bis Ende niemals wankend. Evans, ein gewaltiges Arbeitstier mit einem wirklich bemerkenswerten Kopf. Erst jetzt begreife ich, wie viel ihm zu verdanken ist... Der kleine Bowers bleibt ein Wunder – er kommt hier voll und ganz auf seine Kosten. Ich überlasse ihm sämtliche Dinge, die mit dem Proviant zu tun haben..., er hat keinen einzigen Fehler gemacht. Zusätzlich zu den Vorräten kümmert er sich auch gründlich und gewissenhaft um die meteorologischen Aufzeichnungen, und dazu kommt jetzt noch die Pflicht des Observators und Fotografen... Oates leistete seinen unschätzbaren Beitrag mit den Ponys; jetzt ist er unermüdlich zu Fuß und geht die ganze Zeit stramm; er beteiligt sich an der Arbeit im Lager und erträgt die Entbehrungen genauso gut wie jeder von uns. Auch ihn möchte ich nicht missen. Unsere fünf Leute sind also vielleicht so glücklich gewählt, wie man es sich nur vorstellen kann.«

Diese platonische Auffassung von einer Expedition als einer Gesellschaft en miniature, in der jeder sein eigenes Fachgebiet hat, wird auch von Forschungsreisenden neuerer Zeit geteilt. Sir Ranulph Fiennes schrieb in seinem Bericht über seine Transglobale Expedition von Pol zu Pol: »Obwohl es uns an Erfahrung mangelte, lag ein großer Teil unserer Stärke in unserer Teamfähigkeit.«[12]

Der Schneesturm flaute ab, und am 9. Januar konnte Scott in sein Tagebuch ein triumphierendes REKORD eintragen: Sie hatten Shackletons südlichsten Punkt passiert und befanden sich nun wirklich in einer Terra incognita. Doch die Gruppe wurde immer müder. Das Polarplateau war mit sandigem Schnee bedeckt, der die Kufen des Schlittens bremste. Das relativ warme und sonnige Wetter erschwerte das Gehen weiter. Jetzt vertraute Scott seinem Tagebuch die Erkenntnis an, dass die Reise »offensichtlich *in beide Richtungen* schwierig« werden würde. Am 11. Januar schrieb Scott: »Eine weitere Schufterei am Nachmittag und weitere neun Kilometer. Etwa 137 Kilometer vom Pol entfernt – können wir das sieben Tage lang durchhalten? Es schlaucht uns wie sonst etwas! Keiner von uns hatte je zuvor so hart arbeiten müssen.« Er verwendete Wörter wie »schrecklich« und »qualvoll«. Das schwere Ziehen über ödes Gelände war nervtötend. »Solange der Boden so ist, geht einem die Monotonie entsetzlich auf den Geist, und man kann sich leicht vorstellen, dass es die Kräfte verzehrt... Es ist anstrengend, solche Kilometerzahlen zu erreichen, aber wenn wir vier weitere Märsche durchhalten können, müssten wir es schaffen. Es wird knapp werden«, schrieb ein trübe gestimmter Scott.

Sie spürten die Kälte: »Beim Zelten heute Nacht fror jeder, und wir tippten auf einen Kälteeinbruch, doch zu unserer Überraschung lag die tatsächliche Temperatur über der der letzten Nacht, als wir in der Sonne trödeln konnten. Es ist ganz und gar unerklärlich, warum wir plötzlich die Kälte in dieser Weise empfinden; es liegt, vermute ich, teils an der Erschöpfung durch den Marsch, teils aber auch an einer Feuchtigkeit der Luft.« Von nun an wurde die Kälte ein stets wiederkehrendes Thema – wobei die Auswirkungen des Klimas durch den Nahrungsmangel verschlimmert wurden. Scott bemerkte, dass die Kälte und die Müdigkeit Oates mehr zusetzten als den anderen. Doch trotz dieser Warnsignale bekam Scott neuen Auftrieb, da sie sich dem Pol näherten und er entschlossen war, sein Ziel zu erreichen. Am Montag, den 15. Januar, schrieb er wie ein aufgeregter Schuljunge: »Es ist wunderbar, sich vorzustellen, dass wir nach zwei langen Märschen am Pol landen werden. Wir haben heute unser Depot mit Proviant für neun Tage verlassen, sodass es jetzt Gewissheit werden sollte – mit der einzigen entsetzlichen Möglichkeit, sehen zu müssen, dass die norwegische Flagge der unseren zuvorgekommen ist.«

Genau dies geschah. Scotts Tagebucheintrag für den folgenden Tag schildert, wie die »entsetzliche Möglichkeit« Wirklichkeit geworden war:

»Das Schlimmste oder beinahe das Schlimmste ist passiert. Am Morgen marschierten wir zügig weiter..., und am Nachmittag brachen wir in Hochstimmung auf mit dem Gefühl, dass der morgige Tag uns an unserem Ziel sehen würde. Etwa während der zweiten Stunde des Marsches entdeckten Bowers' scharfe Augen etwas, was er für einen Steinhaufen hielt; es beunruhigte ihn, aber er meinte, es müsse sich um einen Sastragus handeln. Eine halbe Stunde später entdeckte er vor uns einen schwarzen Fleck... Wir marschierten weiter und stellten fest, dass es eine schwarze Fahne war, die an einem Schlittenständer befestigt war; in der Nähe die Überreste eines Lagers; Schlitten- und Skispuren in beiden Richtungen und die unverkennbare Spur von Hundepfoten – von vielen Hundepfoten. Damit war uns alles klar. Die Norweger sind uns zuvorgekommen und waren die Ersten am Pol. Es ist eine furchtbare Enttäuschung, und es tut mir sehr Leid für meine treuen Gefährten.«

Seltsamerweise hatte Gran genau am 15. Dezember, als sie noch mit den Schlitten unterwegs waren, geträumt, sein norwegischer Landsmann habe an diesem Tag den Pol erreicht. Seine Kameraden hatten die Bedeutung des Traums heruntergespielt, aber er bestand darauf, ihn in Griffith Taylors Browning-Band festzuhalten. Taylor schrieb es später eher einem außergewöhnlichen Zufall zu als dem Übernatürlichen, wie Gran glaubte, war aber offensichtlich von diesem sonderbaren Traum beeindruckt.

Die psychische Wirkung ihrer Entdeckung war unglaublich. Der Schock raubte ihnen in dieser Nacht den Schlaf. Scott lag in seinem Schlafsack und dachte nun, da alle Hoffnung vergebens war, an die beschwerliche Rückkehr. Seine Gedanken müssen zu Kathleen gewandert sein, die zu diesem Zeitpunkt gerade bei Verwandten in Berlin war und Vorträge von Nansen besuchte. Bei dieser Gelegenheit sollen die beiden, laut Roland Huntford, eine Affäre gehabt haben.[13] Sicherlich genoss Kathleen die Gesellschaft und die Bewunderung dieses unerschrockenen Forschungsreisenden, der sie vielleicht an ihren Mann erinnerte. Sie fühlte sich möglicherweise sogar stark zu ihm hingezogen. Doch sie war zu ehrenhaft und zu vernünftig, um sich auf etwas einzulassen, von dem sie wissen musste, dass es sich zu einer dauerhaften und zerstörerischen Liaison entwickeln könnte. Sie machte kein Geheimnis aus ihren Begegnungen und schrieb Scott in einem Brief, den er niemals lesen sollte: »Er ist wirklich ein bezaubernder Mensch, und ich werde dir, wenn du zurück bist, über die schönen Zeiten berichten, die wir miteinander verbrachten. Er findet dich phantastisch.«[14]

Am nächsten Tag – es war Mittwoch, der 17. Januar – erreichten sie endlich den Pol, aber, wie Scott bitter schrieb, unter ganz anderen Umständen, als sie sich vorgestellt hatten. Zu allem Übel wehte ein eiskalter Wind, und die Luft, die merkwürdig feucht erschien, drang ihnen bis ins Mark. Oates, Evans und Bowers – sie alle hatten Frostbeulen an

Nase und Wangen, und Evans schmerzten die Hände. Sie sahen sich etwas um, aber in Scotts Tagebuch findet sich nichts als Verzweiflung, die in einem qualvollen Aufschrei gipfelte: »Großer Gott! Dies ist ein entsetzlicher Ort und für uns schrecklich genug, weil wir uns bis hierher vorgekämpft haben, ohne dadurch belohnt zu werden, die Ersten zu sein.« Damit ist alles gesagt – der aufreibende Kampf, die schrecklichen Entbehrungen, die Angst und die Sorgen –, alles war umsonst gewesen. Was immer Scott zuvor gesagt und gedacht haben mochte – jetzt wusste er, dass er unter allen Umständen hatte gewinnen wollen. »Jetzt auf die Reise nach Hause und hinein in einen verzweifelten Kampf. Ich frage mich, ob wir es schaffen können«, lautete sein heroischer Kommentar in der überarbeiteten Fassung seines Tagebuchs, die später veröffentlicht wurde. Was er tatsächlich am Pol schrieb, war Folgendes: »Ein verzweifelter Kampf darum, als Erster mit der Nachricht herauszukommen.« Selbst wenn er nicht der Erste am Pol war, hoffte er immer noch, der Central News Agency den Knüller zu liefern, den sie erwartete.

Die klassische Reaktion auf extreme Enttäuschung oder Misserfolge besteht, Psychologen zufolge, in dem Versuch, die Situation zu rationalisieren. Scotts Entschlossenheit, noch etwas zu retten, steht in einem interessanten Gegensatz zu der seiner Kollegen. Er hatte nicht Wilsons stillen Glauben, dass alles sich so wendete, wie Gott es wünschte. In Wilsons Tagebuch heißt es stoisch: »Er [Amundsen] hat uns insofern geschlagen, als er einen Wettlauf daraus gemacht hat. Wir haben jedenfalls den Zweck unserer Reise erfüllt und unser Programm verwirklicht.« Bowers' Brief an seine Mutter klang dagegen munter:

»Jetzt bin ich also wirklich hier und auch froh, hier zu sein. Es ist eine trostlose Landschaft – warum müht man sich so ab, um am Ende eine solche Gegend zu errei-

chen?... Es ist traurig, dass die Norweger uns zuvorgekommen sind, aber ich bin froh, dass wir es auf die gute
britische Art, den Schlitten selber zu ziehen, geschafft
haben. Das ist die traditionelle britische Methode, sich mit
dem Schlitten zu bewegen, und dies ist die größte Reise,
die Menschen je unternommen haben.«[15]

Hier wird deutlich herausgestrichen, dass ihr Weg, der
auf »ehrlichem Schweiß« beruhte, ehrenhafter gewesen
sei als der Amundsens. Evans' Reaktion ist nirgendwo verzeichnet, aber für ihn muss es eine schwere Enttäuschung
gewesen sein. Mit einem Sieg am Pol hätten er und seine
Familie für den Rest ihres Lebens ausgesorgt gehabt. Oates
reagierte distanziert. Im Geiste zuckte er die Achseln: »Ich
muss schon sagen, dass dieser Mann seine fünf Sinne bei-
sammengehabt haben muss. Das Zeug, das er dagelassen
hat, war in hervorragendem Zustand, und sie scheinen mit
ihren Hundegespannen eine bequeme Reise gehabt zu
haben – ganz im Gegensatz zu unserer elenden Schlitten-
zieherei mit menschlicher Muskelkraft.«[16]

Doch allem Anschein zum Trotz waren auch die Norweger erschöpft gewesen und hatten mit der Höhe zu
kämpfen gehabt. In Polnähe tritt die Höhenkrankheit
schon auf ziemlich niedriger Höhe auf. Am 11. Dezember,
als er nur vier Tage vom Pol entfernt war, hatte Amundsen geschrieben: »Wir werden nachher schon wieder unseren Atem finden, wenn wir nur gewinnen.«[17] Er spürte
auch den psychischen Auftrieb, den der Erfolg verleiht.

Am 18. Januar, als Scott und seine Männer die nähere
Umgebung des Pols erkundeten, stießen sie auf Amundsens südlichstes Lager. Sein Zelt war eine elegante, kom-
pakte Konstruktion, die von einem einzigen Bambusrohr
getragen wurde. Im Inneren lagen ein Brief an König Haa-
kon von Norwegen und eine Nachricht von Amundsen,
der Scott bat, dafür zu sorgen, dass dieser abgegeben werde.

Das war eine Vorsichtsmaßnahme Amundsens für den Fall, dass ihm auf dem Weg zurück nach Framheim irgendein Unfall passierte, obwohl er an diesem selben Tag nur noch eine Woche von der Bay of Whales entfernt war. Scott und seinen Leuten muss dies wie die letzte Demütigung erschienen sein. Scott steckte den Brief ein und hinterließ eine Notiz mit der Mitteilung, dass er im Zelt gewesen war. Den Rest dieses letzten Tages am Pol verbrachten sie damit, Skizzen anzufertigen, zu fotografieren und einen kleinen Steinhaufen zu errichten, über dem »unser armer, gekränkter Union Jack« wehen sollte.[18] Vor ihm fotografierten sich dann Scott und seine Männer selbst, wobei Bowers den Auslöser mit einer Schnur betätigte. Es sind die traurigsten Bilder der ganzen Expedition, und zwar nicht nur, weil man weiß, dass das Urteil über sie gesprochen war – die Erschöpfung und das Gefühl der Vergeblichkeit stehen ihnen ins Gesicht geschrieben. Aus ihren verhärmten und vom Wetter gegerbten Gesichtern spricht keine Freude. Oates sieht müde und leidend aus und stützt sich schwer auf sein kürzeres linkes Bein.

Sie trugen die Fahnen über eine kurze Entfernung nach Norden, befestigten sie an einem Stock und bedienten sich dann aus der überschüssigen Ausrüstung, die Amundsen zurückgelassen hatte – so nahm Bowers ein Paar Fäustlinge aus Rentierfell mit, um seine verloren gegangenen aus Hundefell zu ersetzen. Amundsen hatte erwogen, für sie einen Reservekanister Petroleum zurückzulassen, war aber zu dem Schluss gelangt, dass Scotts Gruppe so gut mit Vorräten versorgt sein würde, dass es wenig Sinn habe. Doch wie die Ereignisse zeigen sollten, wäre das der größte Dienst gewesen, den er seinen geschlagenen Rivalen, die sich jetzt auf den Rückmarsch vorbereiteten, hätte erweisen können.

Das war es also gewesen – ein banales und demütigendes Ende einer langen und abenteuerlichen Reise. Ihre Ambitionen waren zunichte gemacht, und es gab nur noch den Trostpreis. Scott schrieb: »Nun haben wir dem Ziel unseres Ehrgeizes den Rücken gekehrt und müssen uns unserer 1500 Kilometer langen, ununterbrochenen Schinderei stellen – und die meisten Tagträume begraben!«

KAPITEL 15

Gott helfe uns

Während Scotts müde Gruppe denselben Weg zurückging, zogen sie auch an der »unheilverkündenden schwarzen Fahne« vorbei, die nur drei Tage zuvor ihre Hoffnungen zunichte gemacht hatte.[1] Sie nahmen die Fahnenstange mit, die ihnen bei der Herstellung eines Segels helfen sollte, denn sie hofften, den Wind nutzen zu können, um auf ihrem Rückweg schneller voranzukommen. Sie war aber aus Hickoryholz, an dessen Splittern Wilson sich verletzte, und wurde schon bald weggeworfen. Zunächst kamen sie ganz ordentlich voran und traten in ihre alten Spuren, doch dann machten Schauer feiner Eiskristalle den Boden schwer, und alle spürten die Kälte noch stärker als auf der Hinreise. Scott kam zu dem Schluss: »Die Rückreise wird schrecklich ermüdend und eintönig werden.« Während der folgenden Tage überwiegen in seinem Tagebuch so düstere Beschreibungen wie »schrecklich schlecht«, »wirklich entsetzlich« oder »furchtbar müde«. Dies steht in krassem Gegensatz zu Amundsens munterem Bericht über die Abreise der Norweger vom Pol: »Das Tempo war großartig, und wir waren alle guter Laune.«[2]

Scotts Männer waren ganz und gar nicht guter Laune. Sogar Bowers, bis zuletzt »ein ungebrochener, kleiner feiner Kerl«[3] und von einem erfreulichen Optimismus, fand mit seinen kurzen Beinen die langen Märsche anstrengend und sehnte sich nach seinen »guten alten Ski«. Oates litt unter der Kälte und an Erschöpfung. Doch Scott war entschlossen, ein gutes Marschtempo einzuhalten, damit sie die Chance hätten, rechtzeitig zurück zu sein, um das Schiff noch zu erreichen. Die Möglichkeit, dass sie überhaupt nicht zurückkehren könnten, zog er gar nicht ernsthaft in Betracht. Tatsächlich wurde die zurückkehrende *Terra Nova* am 20. Januar gesichtet, also nur drei Tage nach ihrem Aufbruch vom Pol, als das Schiff versuchte, sich seinen Weg durch das Packeis zu bahnen.

Sie kamen beharrlich voran. Bowers hielt fest, wie sie besorgt nach der Kette von Steinhaufen Ausschau hielten, die sie auf ihrer Odyssee zum Pol aufgerichtet hatten: »Wir sind hundertprozentig auf unsere Depots angewiesen, um lebend wieder vom Plateau herunterzukommen, und deshalb begrüßen wir die einsamen kleinen Steinhaufen jedes Mal mit Freuden.« Sie machten sich, wann immer sie konnten, den Wind zunutze. Am 23. Januar schrieb Bowers guten Mutes nieder: »Wir hissten das Segel und legten vor dem Mittagessen frisch fröhlich und in rasender Eile 15$^1/_2$ Kilometer zurück. Am Nachmittag war der Wind sogar noch stärker, und ich musste auf den Schlitten steigen und als Führer und Bremser fungieren. Wir mussten das Segel etwas tiefer halten, doch selbst dann flog der Schlitten dahin wie ein Vogel.« Aber noch am selben Tag deprimierte sie Wilsons Entdeckung, dass Edgar Evans' Nase schwer erfroren war – »weiß und hart« laut Scott. Auf der *Discovery*-Expedition hatte Scott festgestellt, dass Evans' Nase immer »das erste Anzeichen für Frostbeulen-Wetter« war, aber Evans machte keine Späße mehr über seine »alte Blüte«, wie er seine Nase einst genannt hatte. Sie schlugen ihr Lager auf und kochten einen guten, heißen *hoosh*. Scott sorgte sich um seinen Kameraden. Vielleicht zum ersten Mal begriff er, dass der Mann, den er für einen Goliath und den stärksten von ihnen allen gehalten hatte, unter der langen Schlepperei bis zum Pol am meisten gelitten hatte.

Evans wog am meisten und hätte – theoretisch – größere Rationen bekommen sollen als die anderen. Wie Cherry-Garrard bemerkte, brauchen größere Maschinen auch mehr Treibstoff. Dr. Michael Stroud, der im Polarsommer 1992/93 seinen Schlitten selbst bis zum Pol gezogen hat, rechnete aus, dass Evans zu dem Zeitpunkt, als er den Pol erreichte, mehr Gewicht verloren haben musste als alle anderen, vielleicht über 15 Kilogramm, was etwa einem Fünftel seines Körpergewichts entsprochen hätte.[4] Da er sich in einer »schwierigen Verfassung« befand, müsste sich der Verlust hauptsächlich auf seine Muskeln ausgewirkt haben mit der Folge, dass seine Zugkraft beeinträchtigt wurde. Ein besorgter Scott bemerkte, dass Evans sehr geschwächt schien, mit schlimmen Blasen an den Fingern und mit Frostbeulen. Er stellte noch etwas Beunruhigenderes fest: Evans schien »auf sich selbst böse zu sein«. Der gewöhnlich übersprudelnde und selbstsichere Waliser verlor sein Selbstvertrauen. An körperliche Schwäche nicht gewöhnt, hatte er Angst davor, seine Kameraden im Stich zu lassen, und wirkte zunehmend niedergedrückt und verschlossen. Dieser zögerliche, besorgte Evans war nicht mehr zu vergleichen mit dem Mann, der auf der *Discovery*-Expedition mit Scott in eine Spalte gestürzt war und sich, über einem eisigen Abgrund baumelnd, seelenruhig mit ihm unterhalten hatte.

Scott unterzog den Rest des Teams einer bangen Musterung. Er gelangte zu dem Schluss, dass er selbst, Wilson und Bowers so fit waren, wie die Umstände es erlaubten, obwohl Wilson von Schneeblindheit gequält wurde, denn er hatte versucht, Skizzen anzufertigen, und verwendete nun zur Schmerzlinderung eine kokainhaltige Salbe. Am 24. Januar nannte Scott Wilson und Bowers »meine Stützen« und fügte hinzu: »Mir gefällt es nicht, wie leicht Oates und Evans sich Erfrierungen zuziehen.« Tatsächlich hatte sich einer von Oates' großen Zehen schwarz verfärbt, und er befürchtete insgeheim, dass er dadurch am Marschieren gehindert würde. Scott machte sich auch zunehmend über die Blizzards und Stürme Gedanken, mit denen sie es zu tun hatten. »Wird das Wetter umschlagen? Wenn ja, dann helfe uns Gott – bei dem grauenhaften Gipfel und unserer dürftigen Kost.« Da sie wegen der Entscheidung, Ponys einzusetzen, erst spät zur Polreise aufgebrochen waren, sahen sie sich nun auf dem Plateau in vorgerückter Jahreszeit sinkenden Temperaturen ausgesetzt. Die dünne Luft des Plateaus machte die Dinge auch nicht gerade besser. Amundsens Männer, die besser ernährt und weniger entkräftet waren, hatten die Bedingungen schwierig genug gefunden. Auf Scott und sein erschöpftes Team wirkte sich die Atemnot auf dem Plateau sehr lähmend aus. Es hätte Scott nicht getröstet, wenn er gewusst hätte, dass sein Rivale am 26. Januar Framheim erreichte – nach einer Reise, die nur 99 Tage gedauert hatte und von der die Männer und die Hunde bei robuster guter Gesundheit zurückkehrten. Amundsen und seine Gefährten krochen um vier Uhr morgens in die Hütte von Framheim, und es war ein Hochgenuss für sie, deren schlafende Bewohner mit einer beiläufigen Bitte um Kaffee zu wecken.

Sie marschierten weiter – Oates mit seinem schmerzenden Fuß, Evans mit schlimmen Frostbeulen an Nase und Fingern, Wilson mit seiner Schneeblindheit und alle miteinander mit immer quälenderem Hunger. Der Mangel an Vitaminen und die Unternährung setzte ihnen geistig und körperlich zu. Scott beobachtete, wie dünn alle aussahen, vor allem Evans. Ihre Gespräche drehten sich immer mehr um das Essen – Bowers hatte angefangen, davon zu phantasieren, sich nach Beendigung der Reise den Bauch vollzuschlagen, doch da noch ungefähr 1300 Kilometer vor ihnen lagen, wusste er, dass solche Träume verfrüht waren. Sein unmittelbares Problem war: »Ich habe jetzt Sorgen bezüglich des Essens, da wir kein Salz mehr haben, eines meiner liebsten Nahrungsmittel.«

Der 30. Januar war ein schlimmer Tag. Wilson holte sich eine Sehnenzerrung am Bein, Oates hatte gestanden, dass sein großer Zeh sich blauschwarz verfärbte, während Evans allmählich seine Fingernägel verlor. Scott bemerkte: »Seine Hände sind wirklich in einem schlechten Zustand, und zu meiner Überraschung lässt er sich anmerken, dass er darüber den Mut verliert.« Die Verwandlung des armen Evans war weiter fortgeschritten, und er war ein anderer Mensch geworden, schweigsam, in sich gekehrt und nur noch darauf konzentriert weiterzutrotten. Zur Aufheiterung seiner Kameraden gab es keine farbigen Anekdoten oder wilde Flüche über die Sieben Blinden Hexen von Ägypten mehr. Ironischerweise stach ein triumphierender Amundsen genau an diesem Tag mit der *Fram* in See, um seine wichtige Botschaft in die Außenwelt zu tragen.

Zu Scotts großer Erleichterung fing Wilsons Bein an, sich zu erholen. Doch mit Evans ging es weiter bergab – »Evans' Finger sind jetzt in sehr schlechter Verfassung, zwei Nägel fallen ihm aus, und die Blasen platzen auf«. Und genau jetzt benötigte Evans Kraft und Ausdauer am meisten. Sie näherten sich dem bizarren Gelände mit Spalten und Gletscherbrüchen, das den Zungenrand des Beardmore-Gletschers ankündigte. Beim Versuch, einen steilen und rutschigen Abhang hinunterzuklettern, verlor Scott den Halt und fiel auf sein Schultergelenk. Das bedeutete, dass jetzt, wie Scott mit Bedauern feststellte, »drei von fünf verletzt« waren. Interessanterweise kam ihm nicht in den Sinn, dass Oates zu den Kranken gehören könnte, aber Tatsache war, dass eigentlich nur Bowers einigermaßen in Form und zweifellos ermutigt war, weil er am 31. Januar seine Skier zurückerhalten hatte. Oates hatte auch seine Pfeife gefunden, die er auf der Hinreise fallengelassen hatte, und das muss ein Trost für ihn gewesen sein. Die Gruppe kämpfte sich weiter voran, hatte aber Probleme, ihre alten Spuren wiederzufinden, was sie sorgte. Bowers hörte ungefähr um diese Zeit herum auf, Tagebuch zu führen. Am 4. Februar stürzten sowohl Evans als auch Scott in eine Spalte und mussten herausgezogen werden. Jetzt schrieb Scott: »Die Verfassung der Gruppe bessert sich nicht, vor allem nicht die von Evans, der ziemlich langsam und immer hilfloser wird.« Um diese Zeit beobachtete Wilson auch, dass Oates' andere Zehen sich schwarz färbten und dass »seine Nase und seine Wangen totenbleich« waren.

In dieser unheilschwangeren Situation verließ sich Scott zunehmend auf Bowers, der gegen Unglücksfälle immun zu sein schien: »Bowers ist großartig, die ganze Zeit voller Energie und Umtriebigkeit.« Als sie nach einem Weg suchten, der sie den Gletscher hinunterführen sollte, brauchte Scott Bowers' Robustheit, um seinen eigenen erlahmenden Kräften wiederaufzuhelfen. Ihre Lage wurde allmählich kritisch. In den folgenden Tagen tasteten sie sich durch ein gefährliches Gletscherspalten-Labyrinth voran und versuchten, den Weg zum Upper Glacier Depot und zu den bitter benötigten Lebensmittelvorräten zu finden. Das Depot würde ihnen auch den Weg weisen, der den Gletscher hinunter führte, und es war wichtig, dass ihnen der Abstieg rasch gelang. Evans befand sich in einem sehr schlechten Zustand: »Evans ist jetzt unsere Hauptsorge. Seine Schnitte und Wunden eitern, seine Nase sieht sehr schlimm aus, und insgesamt wirkt er in beängstigender Weise so, als wäre er vollkommen erschöpft.« Scott klammerte sich an die Hoffnung, dass sich seine Verfassung während des Abstiegs vom Gletscher und bei steigender Temperatur bessern würde.

Doch am nächsten Tag kam es vorübergehend zu einer Panik, als sie entdeckten, dass die Zwiebackration für einen ganzen Tag fehlte. Bowers, der sich viel darauf zugute hielt, ein wachsames Auge auf ihre Vorräte zu haben, war erschüttert. Am frühen Abend erreichten sie endlich das Upper Glacier Depot. Ihre Qualen auf dem Polarplateau waren ausgestanden, und sie konnten sich mit Vorräten versorgen. Sie dachten darüber nach, dass sie 27 Tage gebraucht hatten, um von diesem Punkt aus den Pol zu erreichen, und 22 für die Rückkehr. Scott schrieb: »Wir haben unsere siebenwöchige Reise mit dem Zelten auf dem Eis durchgestanden, und die meisten von uns sind fit, aber ich glaube, eine weitere Woche würde sich sehr negativ auf U.O. Evans auswirken, mit dem es ständig bergab geht.«

Es erscheint seltsam, dass sie einen großen Teil des folgenden Tages mit »Geologisieren« zubrachten. Sie wichen vom Kurs ab und gingen in Richtung Mount Darwin, und Bowers wurde auf Skiern vorangeschickt, damit er Proben einsammelte. Die Aufgabe wäre normalerweise Wilson zugefallen, aber dieser litt noch immer unter seiner Sehnenzerrung. Später hielten sie auf die Moräne unterhalb des Mount Buckley zu, den Scott so interessant fand, dass er beschloss, dort zu kampieren. Scott beschrieb ein paar Stunden angenehmen Herumschlenderns: »Wir befanden uns unter senkrecht abfallenden Klippen aus Beacon-Sandstein, der rasch verwitterte und wirkliche Kohlensäume aufwies. Hier hat Wilson mit seinen scharfen Augen verschiedene Abdrücke dicker Pflanzenstängel ausgemacht, die ihre Zellstrukturen erkennen ließen. An einer Stelle sahen wir den Abdruck kleiner Wellen auf dem Sand. Heute Abend hat Bill eine Kalksteinprobe mit Archäozyathiden gefunden... Insgesamt verlebten wir einen hochinteressanten Nachmittag.« Wilson gelang es sogar, ein paar Bleistiftskizzen des Mount Buckley anzufertigen.

Zweifellos wirkten sich die Pause vom Schlittenziehen und die Erleichterung darüber, sich an einem vor den rauen Gipfelwinden geschützten Ort zu befinden, auf die hungrigen und erschöpften Männer positiv aus. Wichtiger für ihre Moral war allerdings die Tatsache, dass sie sich dem widmeten, wofür sie hierher gekommen waren, nämlich der wissenschaftlichen Forschung. Nach der Schmach ihrer verspäteten Ankunft am Pol konnten sie wieder auf etwas stolz sein und sich auf die Unterschiede besinnen, die zwischen ihrem sorgfältig geplanten Programm wissenschaftlicher Arbeit und Amundsens opportunistischem Wikingerüberfall bestanden. Amundsen hatte ganz bewusst beschlossen, sich auf seiner Rückreise durch gar nichts von der schnellstmöglichen Rückkehr nach Framheim ablenken zu lassen – nicht einmal von der Aussicht, irgendwelche neuen geographischen Merkmale zu entdecken. Ob es sich bei Scotts Geologisieren um ein großartiges Beispiel für den Dienst an der Sache oder um eine törichte Zeitvergeudung handelte, hängt vom jeweiligen Standpunkt des Betrachters ab. Dadurch kamen jedenfalls fast weitere 16 Kilogramm auf einen Schlitten, auf dem bereits fünf Seesäcke, ein Kocher, eine Gerätebox, Zwiebackkisten, ein Paraffintank und ein Zelt aufgestapelt waren. Andererseits sollten diese Gesteinsproben zum ersten Mal beweisen, dass Antarktika früher einmal mit Vegetation bedeckt und Teil eines großen halbtropischen südlichen Erdteils – des so genannten Gondwanalandes – gewesen war, das man bis dahin nur für einen Mythos gehalten hatte. So haben Wissenschaftler des British Antarctic Survey anerkannt:

»Die Pflanzenfossilien..., die auf dem Beardmore-Gletscher gesammelt und zusammen mit ihren Leichen gefunden wurden, waren von besonderer Bedeutung. Obwohl es der Expedition nicht gelungen war, als Erste den Pol zu erreichen, waren ihre wissenschaftlichen Leistungen mehr als ausreichend, um ihre Unternehmung zu rechtfertigen. Amundsen gewann zwar den Wettlauf, aber seine Anstrengungen waren im Hinblick auf wissenschaftliche Erkenntnisse praktisch ergebnislos.«

Auch am folgenden Tag geologisierten sie noch einmal auf ihrem Marsch und genossen jetzt, da sie das grauenhafte Polarplateau hinter sich hatten, die milderen Temperaturen. Scott klingt entspannter und zuversichtlicher: »Es ist schon etwas Bemerkenswertes, vor dem Zelt stehen und sich sonnen zu können. Unser Essen sättigt uns jetzt, aber wir müssen weitermarschieren, damit die vollen Rationen nicht ausgehen, und dabei bräuchten wir doch Ruhe. Aber wir werden es, mit Gottes Hilfe, schon schaffen. Wir sind keineswegs ausgelaugt.« Hier finden sich keine Hinweise auf den Zustand von Evans oder Oates, sondern es wird der Anschein erweckt, als profitierten auch sie von der Veränderung der Bedingungen. Vielleicht hat Scott aber auch versucht, sich einzureden, dass sich wirklich alles zum Besten wenden würde. Man wird es nie erfahren.

Doch am 11. Februar ging wieder alles schief. Der Boden war miserabel, und ihre Reise artete rasch zum Albtraum aus, als sie sich in einem Labyrinth von Pressrücken verirrten. Es war der schlimmste Tag ihrer ganzen Exkursion, zurückzuführen auf eine verhängnisvolle Entscheidung: Sie hofften, sie könnten, wenn sie in östlicher Richtung weitergingen, die Pressrücken hinter sich lassen. Doch nachdem sie stundenlang den Schlitten gezogen hatten, schienen sie in einem ganzen Netz von Spalten gefangen zu sein. Sie wandten sich hierhin und dorthin und erblickten schließlich einen sanfteren Abhang, aber dieser lag weit entfernt und jenseits einer Fläche, die von Spalten ganz zerrissen war. Gegen zehn Uhr morgens, nach zwölf Stunden entsetzlicher Plackerei, befanden sie sich endlich wieder auf dem richtigen Weg. Doch sie waren ihrem nächsten Depot nur wenig näher gekommen, und die Lebensmittel gingen allmählich zur Neige. Sie verminderten ihre Rationen, holten aus Pemmikan, der nur für drei Mahlzeiten gedacht war, eine zusätzliche heraus, und halbierten so ihr kärgliches Mittagessen.

Am nächsten Tag verirrten sie sich wieder, gerieten erneut in ein Labyrinth von Spalten und Rissen und wanderten, wie Wilson notierte, »stundenlang vollkommen verloren« herum. Es kam jedenfalls zu einer Diskussion, wenn nicht gar zum Streit darüber, was zu tun sei. Scott notierte: »Unterschiedliche Meinungen führten dazu, dass unser Kurs stark schwankte«, und sie waren gezwungen, »an der allerschlimmsten Stelle« zu kampieren. Oates hielt fest: »Wir sitzen heute Nacht in einem ziemlich scheußlichen Loch.« Sie waren sich der bitteren Wahrheit bewusst, dass sie nur noch eine einzige Mahlzeit übrig hatten. Die Formulierung in Scotts Tagebuch verrät Nervosität. Er spricht von Ausdauer, davon, wie die Gruppe durchkommen müsse und werde und wie sie mit weniger Nahrung auskommen könne.

Der nächste Morgen brachte dichtes Schneetreiben, das alles verhüllte. Die einzige Wahl, die sie hatten, bestand darin, hungrig und bange in ihren Schlafsäcken zu bleiben. Doch im Laufe des Vormittags konnten sie aufbrechen, und nachdem sie sich durch eine chaotische Fläche aufgebrochenen Eises hindurchgekämpft hatten, stießen sie auf die Reste einer alten Moräne. Auf diesem glatteren Boden kamen sie leichter voran. Evans, den ein Schatten auf dem Eis verwirrt hatte, schrie auf, weil er glaubte, sie hätten das nächste Depot erreicht. Nicht lange danach machte Wilson tatsächlich die Fahne des Depots aus. Sie hatten jetzt für weitere dreieinhalb Tage etwas zu essen. Wilson sammelte sogar, während sie weitertrotteten, eine oder zwei Stunden lang Gesteinsproben ein. Sie waren auch erleichtert, Botschaften vorzufinden, dass die beiden Hilfstrupps wohlbehalten hier durchgekommen waren, obwohl Teddy Evans »die Pressrücken ebenso in Verwirrung gestürzt zu haben scheinen wie uns«.[5] Tatsächlich war Teddy Evans in diesem Augenblick nicht in Sicherheit. Er war, an Skorbut erkrankt, zusammengebrochen, als er noch etwa 180 Kilometer zu gehen hatte, und befand sich zu diesem Zeitpunkt immer noch auf dem Ross-Schelfeis.

Scott grübelte über die enervierenden Erfahrungen der letzten Tage nach: »In Zukunft müssen die Lebensmittelrationen so berechnet werden, dass es nicht zur Knappheit kommt, wenn das Wetter uns im Stich lässt. Wir dürfen nicht noch einmal in so ein Loch wie dieses geraten.« Die jüngsten Ereignisse hatten ihn stark verunsichert, und er begriff langsam, dass er zu knapp kalkuliert hatte. Er hatte auch Zeit, die Verfassung seiner Kameraden einzuschätzen. Bowers und Wilson litten schwer unter Schneeblindheit. Doch was über Evans zu berichten war, war viel schlimmer. Dieser einst so starke und dynamische Riese hatte »nicht die Kraft, beim Aufstellen und Abbauen des Zeltes mitzuhelfen«, aber den Grund erklärt Scott nicht. Vielleicht hinderten ihn seine wunden und erfrorenen Hände daran, oder vielleicht war es ein weiterer Ausdruck der Langsamkeit, die Scott an Evans feststellte, seit dieser in die Spalte gestürzt war.

Sie machten sich am nächsten Tag wieder auf den Weg; sie hatten neue Lebensmittelvorräte, legten aber nur zwölf Kilometer zurück. Scott wusste, dass eine Krise drohte:

»Man kommt nicht um die Tatsache herum, dass wir nicht gut in Form sind. Wahrscheinlich keiner von uns:

Wilson bereitet sein Bein immer noch Sorgen, und er traut sich nicht auf die Skier; aber der schlimmste Fall ist Evans, der uns Anlass zu ernster Sorge gibt. Heute Morgen hatte er eine große Blase am Fuß. Sie hielt uns bei unserem Marsch auf... Manchmal befürchte ich, es geht ihm immer schlechter, doch ich bin zuversichtlich, dass er sich wieder erholt, wenn wir uns heute Nachmittag gleichmäßig auf Skiern voranbewegen. Er hat Hunger und Wilson auch.«

Unter Hunger litten auch die Norweger auf ihrer Rückreise, aber wie Amundsen schrieb: »Zum Glück waren wir so gut mit Proviant eingedeckt, dass wir, wenn uns diese Hungergefühle überfielen, unsere Tagesrationen erhöhen konnten.«[6]

Es gibt Hinweise darauf, dass Scott und seine Leute den Mut sinken ließen. Alle waren wohl am Ende ihrer Kräfte angelangt, während Scott frustriert und über ihre Fortschritte enttäuscht war. Die Chancen, die *Terra Nova* rechtzeitig zu erreichen, schwanden – sie sollte Ende Februar nach Norden fahren. »Wir neigen zu Trägheit und zu Langsamkeit«, klagte er. »Ich habe heute Abend über die Angelegenheit gesprochen und hoffe auf Besserung.« Sie befanden sich jetzt etwa 55 Kilometer vom Lower Glacier Depot entfernt und hatten Lebensmittelvorräte für beinahe drei Tage bei sich, doch am 15. Februar stellte Scott wieder fest, dass der Proviant zur Neige ging. In seiner Verzweiflung hatte er sowohl ihre Rationen als auch ihre Ruhezeit reduziert, damit sie das Depot erreichen konnten, ehe die Rationen ausgingen. Während sie ihren schweren Schlitten zogen, wanderten seine Gedanken vielleicht nach Hause und zu Kathleen als einer Quelle von Kraft und Trost. Diese speiste am 15. Februar mit Premierminister Asquith zu Mittag, fraglos in der Hoffnung, ihn mit ihrem Charme spendabel zu machen.

Der nächste Tag kündigte eine Tragödie an. In Scotts Tagebuch ist unter dem 16. Februar festgehalten: »Eine ziemlich aufreibende Lage. Evans ist unserer Meinung nach dem geistigen Zusammenbruch nahe. Er ist ganz anders als der selbstsichere Mann, der er war. Heute Morgen und heute Nachmittag blieb er unter irgendwelchen banalen Vorwänden stehen.« Sollte dies wenig mitfühlend klingen, so muss man bedenken, dass Scott unter großer geistiger und körperlicher Anspannung stand. Wahrscheinlich fühlte er sich auch für den schlechten Zustand seines Gefährten verantwortlich und litt unter Schuldgefühlen. Oates' Urteil wirkt ähnlich herzlos: »Mit Evans ist etwas Ungewöhnliches los; er hat seinen Mut verloren und benimmt sich wie ein altes Weib oder noch schlimmer«, und doch war Oates der Offizier, der bei den Männern vom Mannschaftsdeck am beliebtesten war. Wilsons Urteil lautete: »Evans' Zusammenbruch hat viel mit der Tatsache zu tun, dass er niemals in seinem Leben krank gewesen, jetzt aber wegen seiner erfrorenen Hände hilflos war.«

Am folgenden Tag machten sie weiter in der Hoffnung, es bis zum nächsten Depot zu schaffen, aber »mit dem kranken Mann war es eine aufreibende Sache«.[7] Der Ausbruch der Krise stand bevor, und es war, Scott zufolge, »ein wirklich grauenhafter Tag«. Evans hatte gut geschlafen, sich auf den Marsch vorbereitet und mutig, wie immer, erklärt, dass er fit sei und es ihm gut gehe. Er nahm seinen Platz in den Zuggurten ein, doch nach einer halben Stunde musste er abgeschirrt werden, weil sich seine Skier gelockert hatten. Die anderen kämpften sich mit dem ächzenden Schlitten über einen zähen, siruppartigen Boden voran. Evans holte langsam wieder auf und nahm noch einmal seinen Platz im Geschirr ein, doch nach einer weiteren halben Stunde stieg er wieder aus und bat Bowers, ihm ein Stück Bindfaden zu borgen. Scott sagte zu Evans, er solle wieder nachkommen, wenn er könne, und der Matrose antwortete ihm scheinbar frohgemut.

Wieder zogen die anderen weiter, besorgt, ob sie das Depot erreichen würden, und stark schwitzend. Um die Mittagszeit saßen sie da, warteten und rechneten damit, dass die einsam trottende Gestalt von Evans in Sicht kam. Als er nicht auftauchte, begannen sie, ihn zu suchen, und stellten fest, dass er noch ziemlich weit entfernt war. Es war offensichtlich, dass irgendetwas nicht stimmte. Scott war der Erste, der bei Evans anlangte, und war über den Anblick entsetzt: »Er kniete da, mit unordentlichen Kleidern, bloßen und erfrorenen Händen und einem wirren Blick in den Augen.« Auf die Frage, was geschehen war, erwiderte er, dass er es nicht wisse, aber glaube, das Bewusstsein verloren zu haben. Er konnte nicht mehr gehen und zeigte Anzeichen eines völligen Zusammenbruchs. Oates blieb bei ihm, während die anderen davoneilten, um den Schlitten zu holen. Als es ihnen gelungen war, Evans ins Zelt zu bringen, lag er bereits im Koma, und er starb noch in derselben Nacht friedlich, ohne das Bewusstsein wieder erlangt zu haben. Er hatte dreieinhalb Monate zuvor Cape Evans verlassen und war über 2220 Kilometer marschiert. In seinem letzten Brief an seine Frau hatte er geschrieben: »Auf dieser großen Eisplattform, 3000 Meter über Meereshöhe, denke ich immer an dich.«[8]

Seine entsetzten Kameraden diskutierten über die Ursache seines Todes. Sie kamen zu dem Schluss, dass seine Kräfte schon auf der Reise zum Pol nachgelassen hatten und die Verschlechterung seines Zustands durch die Erfrierungen an seinen Fingern, durch seine Stürze auf dem Gletscher und durch sein Verzagen beschleunigt worden war. Wilson glaubte, Evans habe sich wohl bei einem Sturz eine Gehirnverletzung zugezogen. Was auch immer die Ursache des Todes ihres Gefährten gewesen sein mochte – es war für die vier Überlebenden ein grauenvoller Moment, der ihnen ihre eigene Verletzbarkeit überdeutlich vor Augen führte, zumal noch so viele Meilen vor ihnen lagen. Doch gleichzeitig hatte der Tod auch den Weg aus einem grässlichen Dilemma gewiesen. Scott merkte an: »Es ist schrecklich, auf diese Weise einen Gefährten zu verlieren, doch nüchterne Überlegung zeigt, dass es für die fürchterlichen Sorgen der vergangenen Woche kein besseres Ende geben konnte... in was für einer verzweifelten, ausweglosen Lage wir waren, mit einem kranken Mann am Hals, so weit entfernt von zu Hause.«

Später, als Scott wusste, dass er selbst wahrscheinlich sterben würde, schrieb er, dass Evans' Tod ihnen eine grausige Entscheidung erspart habe, da »die Sicherheit der Übrigen seine Selbstaufopferung zu fordern schien«. Er war dankbar dafür, dass Evans eines natürlichen Todes gestorben war – was bedeutete, dass er nicht Selbstmord begehen musste, oder sogar, dass er seine Kameraden nicht gebeten hatte, ihm mit Opium zum Gnadentod zu verhelfen. Sie hätten ihn niemals verlassen, solange er lebte, doch es wäre unmöglich gewesen, ihn auf dem Schlitten zu ziehen. So konnten sowohl Scott als auch Wilson mit Stolz verzeichnen, dass sie sich nichts hatten »zuschulden« kommen lassen.

Scott und seine Begleiter hielten nach Edgar Evans' Tod zwei Stunden Wache – er war das erste Opfer einer Reise, die sich für sie alle als zu weit erweisen sollte. Was sie mit seiner Leiche machten, ist nicht bekannt.

KAPITEL 16

Hätten wir überlebt...

Am nächsten Tag marschierte das Quartett der Überlebenden grimmig entschlossen weiter. Kathleen schrieb in ihr Tagebuch: »Ich war den ganzen Abend sehr mit dir beschäftigt. Ich frage mich, ob dir gerade irgendetwas Besonderes widerfährt. Zwischen neun und zehn Uhr morgens ist etwas Seltsames mit den Uhren passiert.« Sie fühlte sich, entgegen ihrer Art, deprimiert und musste gegen eine Vorahnung ankämpfen. Man erzählt sich, dass Peter um diese Zeit darum bat, von seinem Schaukelpferd heruntergehoben zu werden, zur Tür rannte und rief: »Hallo, Daddy!«, aber Kathleen glaubte nicht an das Übersinnliche.[1] Dennoch grübelte sie über Scotts ewige Pechsträhne nach, und gegenüber Sir Compton Mackenzie, der ihr zu jener Zeit Modell saß, äußerte sie die Befürchtung, dass ihn dieses Pech daran hindern würde, zum Pol zu gelangen.

Nachdem sie sich beim Lower Glacier Depot fünf Stunden Schlaf gegönnt hatten, erreichten Scott und seine Gefährten Shambles Camp, jenen trostlosen Ort, wo das letzte der Ponys geschlachtet worden war; ein »gutes Abendessen« mit Ponyfleisch belebte sie ein wenig, wie Scott schrieb: »Mit mehr Essen scheint fast unmittelbar neues Leben in uns zu strömen.« Sie konnten sich damit trösten, dass das Plateau und der tückische Gletscher hinter ihnen lagen, aber jetzt mussten sie sich der Schinderei stellen, die ein fast 750 Kilometer langer Marsch über das Ross-Schelfeis bedeutete, wo die einzige Gewissheit in der geisttötenden Eintönigkeit einer öden Landschaft bestand. Sie bereiteten sich so gut sie konnten darauf vor, tauschten ihren Schlitten gegen einen neuen aus, den sie im Depot zurückgelassen hatten, und beluden ihn mit Ponyfleisch. Doch sie stellten bald fest, dass der Boden mit weichem, salzigem Schnee bedeckt war. Ein unglücklicher Scott verglich die Mühe mit einem »Ziehen wie über Wüstensand, ohne das mindeste Gleiten«. Er wusste, dass sie ein ordentliches Tempo einhalten mussten, um die über das Ross-Schelfeis verteilten Depots mit den lebensnotwendigen Vorräten zu erreichen, ehe ihnen die Nahrungsmittel und der Brennstoff ausgingen. Hier ist man erinnert an Shackletons Rückkehr von seiner großen Reise nach Süden, als er den makabren Satz schrieb: »Unsere Nahrung liegt vor uns, aber von hinten schleicht sich der Tod an uns heran.«[2]

Scott setzte seine Hoffnungen auf einen Wetterumschwung. Ein frischer Wind aus Süden würde es ihnen erlauben, ihr Segel zu setzen, und könnte sie über das Eis sausen lassen. Selbst ein nicht allzu heftiger Schneesturm hätte ihnen geholfen, wenn er die frisch gefallenen Eiskristalle weggefegt hätte, die den Schlitten bremsten. Doch kein freundlicher Wind kam ihnen zu Hilfe. Während sie sich voranquälten, dachte Scott darüber nach, ob das Fehlen des tragisch umgekommenen fünften Mannes eine Hilfe oder ein Hindernis bedeutete. Er gelangte zu folgendem Schluss: »Das Fehlen des armen Evans ist eine Hilfe in Bezug auf die Verpflegung, aber wenn er in guter Verfassung dabeigewesen wäre, wären wir schneller vorangekommen.« Am 20.Februar taumelten sie in das Desolation Camp, in dem sie auf der Hinreise ein Schneesturm vier katastrophale Tage lang festgehalten hatte. Hoffnungsvoll suchten sie nach mehr Ponyfleisch, aber sie fanden es nicht.

Scott ließ sich von seiner pessimistischen Stimmung niederdrücken. Während sie weitertrotteten, bestanden die einzigen »Strahlen des Trostes« darin, die Spuren und Steinhaufen der Hinreise zu finden. Dies war nicht leicht, und manchmal stellten sie fest, dass sie vom Kurs abgewichen waren. Scott saß wie auf glühenden Kohlen, hielt angestrengt Ausschau nach jedem neuen Steinhaufen, beurteilte ängstlich den Zustand des Bodens auf dem Ross-Schelfeis und fragte sich, was das Wetter bringen würde. Am 24. Februar fasste er die Herausforderung in Worte: »Es ist ein Wettlauf zwischen der Jahreszeit und ihren harten Bedingungen und unserer Verfassung und der Qualität unserer Nahrung.« Er hätte hinzufügen können, dass es bei dem Wettlauf auch darum ging, die Strecke zurückzulegen, ehe ihnen der Brennstoff ausging. An diesem Tag hatten sie, während sie Vorräte aus dem Southern Barrier Depot entnahmen, eine Besorgnis erregende Knappheit an Öl festgestellt. Die Brennstoffration war sorgfältig berechnet worden – Kanister mit fast vier Litern Inhalt waren in jedem Depot für die Rückkehrergruppen zurückgelassen worden. Doch das Öl war extremer Hitze und Kälte ausgesetzt gewesen. So waren die Kanister oft an einer leicht zugänglichen Stelle auf der Spitze der Steinhaufen abgestellt worden, und in der Sonnenwärme war das Öl durch die in der Kälte undicht gewordenen Stöpsel hindurch verdunstet. Scott bemerkte, dass sie »sehr sparsam« gewesen wären, und von nun an sind seine Tagebücher voll mit besorgten Hinweisen auf die Brennstoffsituation und den Zwang, noch größere Entfernungen zurücklegen zu müssen.

Während der Monat zu Ende ging, sank die Temperatur ständig. Am 27. Februar beschrieb Scott das Wetter als »zum Verzweifeln kalt«, und er wusste, dass ihre Lage kritisch war. Alles hing jetzt davon ab, dass sie jedes Depot rechtzeitig erreichten. Er stellte endlose Berechnungen an – wie viele Vorräte an Lebensmitteln und Brennstoff waren für wie viele Tage übrig? Abgesehen von allem anderen wirkte auch das Ross-Schelfeis selbst deprimierend auf ihn – es gab nichts zu sehen, keine Wärme, keinen Trost auf dieser riesigen Eisfläche. »Zweifellos ist die Mitte des Schelfeises ein ziemlich scheußlicher Ort«, schrieb er in dem Bewusstsein, dass sie noch immer 555 Kilometer zu ziehen hatten. Wilson stellte jetzt seine Eintragungen ins Tagebuch ein. Er lebte ganz nach seinem Ideal, »sich um die eigene Seele und den eigenen Körper überhaupt nicht zu sorgen und sich nur um das Wohlbefinden anderer zu kümmern«, und so blieb ihm weder die Zeit noch die Kraft zu schreiben.[3] Oates hatte sein Tagebuch am 24. Februar aufgegeben, an dem Tag, als der arme »Soldier«, der so gerne Fleisch aß, Christophers Kopf ausgegraben hatte, nur um festzustellen, dass dieser bereits verwest war. Von nun an war Scott der Einzige, der Tag für Tag die Ereignisse festhielt.

Am 1. März erreichten sie das Middle Barrier Depot, und das Unglück schlug gleich dreifach zu. Erstens stellten sie eine weitere ernsthafte Knappheit an Brennstoff fest – er reichte kaum aus, um sie bis zum nächsten Depot zu bringen, das mehr als 111 Kilometer entfernt war. Zweitens konnte Oates den entsetzlichen Zustand seiner Füße nicht mehr geheim halten und zeigte ihnen seine erfrorenen, brandigen Zehen. Hier hatten die bitterkalten Temperaturen auf dem Ross-Schelfeis ihren Tribut gefordert. Drittens fiel die Temperatur in dieser Nacht unter minus 40 Grad, und sie froren so sehr, dass sie am folgenden Morgen eineinhalb Stunden brauchten, um sich in ihre Stiefel hineinzuquälen. Scott nahm kein Blatt vor den Mund, als er schrieb: »Wir befinden uns in einer *sehr* üblen Klemme.«

Von da an ist Scotts Bericht von kaum verhohlener Verzweiflung geprägt. Unterdessen kämpften sie sich weiter und schafften nicht einmal zwei Kilometer in der Stunde, obwohl er die Tapferkeit seiner Begleiter anerkannte: »Unter uns sind wir unendlich frohen Mutes, doch was jeder Mann in seinem Herzen fühlt, kann ich nur ahnen. Morgens in die Stiefel zu kommen verschlingt immer mehr Zeit, deshalb wird jeder Tag gefährlicher.« Scott holte sich Stärkung und Trost bei Wilson und Bowers, weil er wusste, dass er selbst nicht imstande sein würde, damit fertigzuwerden, wären sie »nicht so unerschütterlich guten Mutes«. Er war sich schmerzlich bewusst, in welchem Zustand Oates sich befand, und wusste, dass ein Kälteeinbruch für den »Soldier« den Untergang bedeuten würde. Am 5. März schrieb er: »Wir haben furchtbar wenig Brennstoff, und der arme Soldier ist fast am Ende seiner Kräfte. Es ist Mitleid erregend genug, weil wir nichts für ihn tun können.« Keiner von ihnen hatte auf dem Ross-Schelfeis so entsetzlich niedrige Temperaturen erwartet, und nach Oates litt Wilson am meisten: »Ich fürchte hauptsächlich deswegen, weil er sich in aufopfernder Weise um die Behandlung von Oates' Füßen bemüht.«

Am 6. März konnte der arme Oates den Schlitten nicht mehr ziehen. Er klagte nie und wurde tatsächlich von Tag zu Tag schweigsamer. Er wusste wohl, was ihm bevorstand, und fand sich damit ab, dass er nie wieder nach Gestingthorpe kommen, noch mit der Meute jagen, noch seine Mutter wiedersehen würde. Er wusste, dass er jetzt für die anderen ein Hemmschuh war. Auch Scott wusste das, und er schrieb: »Wären wir alle gesund, hätte ich Hoffnung durchzukommen, aber der arme Soldier ist ein schrecklicher Hemmklotz geworden, obwohl er sein Äußerstes tut und viel leidet.« Die Lösung lag für Oates klar auf der Hand. Er erinnerte sich wohl an seine Diskussionen mit Ponting in Cape Evans, als er behauptet hatte, dass Selbstmord die einzige ehrenhafte Lösung für einen Schlittenzieher sei, der seine Kameraden in Gefahr brachte.

Die folgenden Tage waren grauenhaft – drei Männer mühten sich ab, das zu ziehen, was eine zu schwere Last geworden war, und ein vierter fragte sich, wie lange er noch eine Last sein sollte. Am 7. März schrieb Scott, dass »die Krise des Soldier« nahe bevorstand, deutete aber an, dass sie nun für sie alle rasch näher rückte. Er selbst war entschlossen weiterzugehen: »Ich möchte bis zum Ende durchhalten«, schrieb er trotzig. Viel würde davon abhängen, was sie im nächsten Depot vorfinden würden. Waren die Hunde mit frischer Verpflegung dort gewesen? Würde der Brennstoff reichen? Als sie am 9. März am Depot beim Mount Hooper ankamen, stellten sie fest, dass alles knapp war, und fanden nur einen »kalten Trost« – »die Hunde, die unsere Rettung hätten sein können, hatten offensichtlich versagt«, notierte Scott grimmig. Tatsächlich hatten die Hunde seit dem 3. März beim One Ton Depot auf die Pol-Gruppe gewartet, doch eine Woche später, nachdem sie ein paar Vorräte eingelagert hatten, hatten sich ihre Treiber, Cherry-Garrard und Dimitri, wieder nach Norden gewandt.

Unterdessen kursierten Anfang März Gerüchte in London, Scott habe als Erster den Pol erreicht. Doch Kathleen vertraute ihrem Tagebuch an: »Ich war mir sicher, dass irgendetwas nicht in Ordnung war.« Am 7. März kam mit Amundsens Ankunft in Tasmanien der sichere Beweis dafür, dass der Norweger gesiegt hatte. In Großbritannien reagierte man erwartungsgemäß gedämpft, aber auch das Lob für Amundsen fiel gemäßigt aus, weil ihm unterstellt wurde, dass er sich nicht an die Spielregeln gehalten habe. *The Times* erklärte, dass sein plötzlicher Entschluss, nach

Süden und nicht nach Norden zu fahren, und die Geheimniskrämerei, die diese Entscheidung umgeben hatte, »so empfunden wurde, als entspreche sie nicht ganz dem Geist eines fairen und offenen Wettbewerbs, der bis dahin die Antarktisforschung gekennzeichnet hatte«. Kathleen reagierte mit der für sie typischen Würde und Großzügigkeit auf den Triumph des Norwegers, schrieb aber: »Ich habe schlecht gearbeitet, und mein Kopf dröhnte. Ich werde nicht wiedergeben, was ich gefühlt habe.« Vielleicht versuchte ihr kleiner Sohn, sie aufzumuntern, als er sagte: »Amundsen und Daddy sind beide zum Pol gekommen. Daddy hat jetzt aufgehört zu arbeiten.«

Draußen auf dem Ross-Schelfeis stand Oates' Krise unmittelbar bevor. Am 10. März »fragte [er] Wilson, ob er heute Morgen eine Chance habe, und natürlich musste Bill sagen, dass er es nicht wisse. In Wirklichkeit hat er keine«, schrieb Scott. Und: »Abgesehen von ihm bezweifle ich, ob wir, wenn er jetzt schlappmachte, durchkommen könnten.« Am nächsten Tag schrieb Scott:

»Man merkt, dass Titus Oates dem Ende ganz nahe ist. Was wir tun oder was er tun wird, weiß Gott allein. Wir haben nach dem Frühstück die Sache besprochen; er ist ein tapferer, feiner Kerl und sich über seine Lage im Klaren, doch er hat praktisch um Rat gebeten. Wir konnten nichts anderes sagen, als ihn eindringlich zu bitten, so lange weiterzumarschieren, wie er könne. Ein positives Ergebnis dieser Diskussion: Ich habe Wilson mehr oder weniger befohlen, uns die Mittel auszuhändigen, mit denen wir unsere Probleme beenden können… Wir haben pro Person 30 Opiumtabletten, und er hat noch ein Röhrchen Morphium. So weit die tragische Seite unserer Geschichte.«

Welche finsteren Gedanken gingen ihnen jetzt durch den Kopf? Sie hätten Cherry-Garrard zugestimmt, der schrieb: »Eigentlich muss jeder Mann, der große Polarreisen unternimmt, mit der Möglichkeit rechnen, zur Rettung seiner Gefährten Selbstmord begehen zu müssen.«[4] Auf der Reise im Winter hatte selbst der unverwüstliche Bowers »einen Plan ausgearbeitet, sich, wenn nötig, mit einer Spitzhacke umzubringen, obwohl ich nicht weiß, wie er das bewerkstelligt hätte; oder, wie er sagte, es könne eine Spalte geben, und auf jeden Fall gebe es ja noch den Medizinkasten.«[5] Aber Scott hatte die Hoffnung nicht aufgegeben und stellte verzweifelte Berechnungen an. Sie hatten noch Nahrungsmittel für sieben Tage und waren etwa 100 Kilometer vom One Ton Camp entfernt. Wenn sie im Durchschnitt elf Kilometer pro Tag zurücklegten und damit an die Grenze ihres Durchhaltevermögens gingen, wären sie zu dem Zeitpunkt, wenn ihre Lebensmittelvorräte ausgingen, nur noch 24 Kilometer vom Depot entfernt. Könnten sie durchkommen?

Am 12. März schafften sie ein paar weitere Meilen, allerdings zu einem schrecklichen Preis. »Der Boden ist nach wie vor furchtbar, die Kälte extrem, und unsere körperliche Verfassung lässt nach. Gott helfe uns!« Als sie am nächsten Tag aufwachten, wehte ein starker Nordwind, und die Temperatur lag bei minus 38 Grad. Dem konnten sie sich nicht aussetzen. Sie blieben bis zum Nachmittag im Zelt; dann schafften sie wenig mehr als neun Kilometer. Der folgende Tag brachte mit – mittags gemessenen – minus 42 Grad sogar noch niedrigere Temperaturen. Wilson war es so entsetzlich kalt, dass er nicht einmal für eine Weile seine Skier abschnallen konnte, und »der arme Oates hat es wieder in seinem Fuß«. Scott schrieb: »Das Ende muss nahe sein, aber ein recht gnädiges Ende.« Unter dem Druck einer »Tragödie auf der ganzen Linie« fing Scott nun an, die Daten nicht mehr zu registrieren, und statt in der Mittagszeit oder in der Nacht in sein Tagebuch zu schreiben, machte er seine Notizen einfach zur Zeit des zweiten Frühstücks. Dass er überhaupt weiterschrieb, ist bewundernswert.

Am 16. oder 17. März kam Oates zu dem Schluss, dass er nicht mehr weitergehen könne, und bat, dass man ihn in seinem Schlafsack zurücklassen solle. Wilson hatte zu Beginn der Reise Tennysons *In Memoriam* gelesen. Darin finden sich Zeilen, die dem gebrochenen Kavallerieoffizier auf den Leib geschrieben sein könnten: »Dieses Jahr schlief ich und erwachte unter Schmerzen, fast wünschte ich, nie mehr aufzuwachen.« Seine Kameraden überredeten ihn weiterzumachen, und er humpelte tapfer weiter, aber in der Nacht war sein Zustand so schlecht, dass er eindeutig nicht mehr weitergehen konnte. Scott schilderte sein Ende:

»Sollte dies gefunden werden, so möchte ich diese Tatsachen festgehalten wissen. Oates' letzte Gedanken richteten sich an seine Mutter, doch unmittelbar davor dachte er voller Stolz daran, dass sein Regiment erfreut wäre über die mutige Art und Weise, wie er seinem Tod entgegenging. Wir können seine Tapferkeit bezeugen. Er hat wochenlang große Qualen ertragen, ohne zu klagen… Er gab die Hoffnung bis zum endgültigen Ende nicht auf und wollte sie nicht aufgeben. Er war eine tapfere Seele. Und das war das Ende: Er schlief die vorletzte Nacht durch in der Hoffnung, nicht mehr aufzuwachen; doch am Morgen wachte er auf – gestern. Ein Schneesturm tobte. Er sagte: ›Ich gehe nur hinaus, es kann eine Zeit dauern.‹ Er ging hinaus in den Blizzard, und wir haben ihn seitdem nicht mehr gesehen… Wir wussten, dass der arme Oates in seinen Tod ging, aber obwohl wir versuchten, es ihm auszureden, wussten wir, dass es die Tat eines tapferen Mannes und eines englischen Gentleman war. Wir alle hoffen, in einem ähnlichen Geist unserem Ende zu begegnen, und das Ende ist mit Sicherheit nicht mehr fern.«

Der 17. März war Oates' Geburtstag. Er wurde 32 Jahre alt.

Einsam und verlassen marschierten die drei weiter. Sie hatten ihren Theodolit, Oates' Schlafsack und eine Kamera abgeworfen, schleppten aber immer noch »auf Wilsons besonderen Wunsch« ihre Gesteinsproben mit.[6] Scott hatte inzwischen schlimme Erfrierungen an den Füßen, und Bowers war von ihnen jetzt noch in der besten Verfassung. Sowohl er als auch Wilson sprachen immer noch davon, dass sie sich durchschlagen würden, aber, so fragte sich Scott, konnten sie das wirklich glauben? Sie litten alle unter Erfrierungen an den Füßen, und Scotts rechter Fuß war in einem so schlimmen Zustand, dass er zumindest eine Amputation befürchten musste. Doch diese Aussicht blieb zunehmend theoretisch – er hatte bereits begonnen, seine Abschiedsbriefe zu schreiben.

Am 19. März waren sie nur noch 20 Kilometer vom One Ton Depot entfernt, aber am folgenden Tag brach ein schwerer Schneesturm los. Sie beschlossen, dass Wilson und Bowers versuchen sollten, sich bis zum Depot durchzukämpfen, um Brennstoff zu holen, aber aus Wilsons Brief an Oriana geht hervor, dass dies eine schwache Hoffnung war: »Birdie und ich werden versuchen, das 20 Kilometer nördlich von uns liegende Depot zu erreichen und zu diesem Zelt zurückzukehren, wo Kapitän Scott mit einem erfrorenen Fuß liegt... Ich werde einfach hinfallen und im Schnee einschlafen... Sei nicht unglücklich – es ist alles zum Besten.«[7] Bowers' letzter Brief an seine Mutter ist von einer ähnlichen Stimmung getragen: »Gott allein weiß, was das Ende dieses 40-Kilometer-Marsches sein wird, den wir unternehmen müssen, aber ich vertraue immer noch auf Ihn und die überreiche Gnade unseres Herrn... Doch es wird keine Schmach geben, und du wirst wissen, dass ich bis zum Ende gekämpft habe... Du wirst wissen, dass das Ende für mich friedlich war, da es nur Schlaf in der Kälte ist.« Er glaubte unerschütterlich daran, dass es auf »nichts, was unseren Körpern zustößt, wirklich ankommt«. Und in einem kleinen, traurigen Postskriptum heißt es: »Meine Sachen, die nicht auf dem Schiff sind, befinden sich in Mrs. Hartfields Marine Hotel, Sumner, Neuseeland.«

Wieder hatte ein bösartiges Schicksal die Hand im Spiel. Das Schneegestöber war zu dicht für jeden Versuch, und sie änderten ihren Plan. Sie beschlossen, dass sie, wenn der Blizzard abgeflaut war, alle drei zum Depot marschieren und, wenn nötig, an Ort und Stelle sterben würden. Doch nicht einmal das war ihnen vergönnt. Der Schneesturm tobte weiter, und mit ihm schwand ihr Leben dahin. Vielleicht dachte Scott, während er so dalag, über das Pech nach, das sie auf der Reise begleitet hatte, als die Depots angelegt wurden, und über seine Empfindsamkeit gegenüber dem Leiden der Ponys, die dazu geführt hatte, dass das One Ton Depot 65 Kilometer weiter nördlich errichtet wurde, als er ursprünglich geplant hatte. Vielleicht hoffte er immer noch wider alle Hoffnung, das Kläffen der Hundegespanne zu hören, die durch den Schneesturm sausten, um sie zu retten. Doch ihm muss klar gewesen sein, dass dies das Ende war. Er schrieb seine Briefe zu Ende. In seiner Botschaft an Oriana Wilson zollte er Bill seinen Tribut und offenbarte auch seine Schuldgefühle: »Ich möchte, dass Sie wissen, wie großartig er am Ende war – ewig fröhlich und bereit, sich für andere aufzuopfern, niemals ein Wort des Vorwurfs an mich dafür, dass ich ihn in dieses Elend geführt habe.« An Bowers' Mutter schrieb er über den »unerschrockenen Geist« ihres Sohnes und darüber, dass »er bis zuletzt frohgemut, hoffnungsvoll und unbezwingbar geblieben ist«. Barrie bat er, seiner Frau und seinem Sohn, Barries Patensohn, aber auch anderen zu helfen: »Wilson hinterlässt eine Witwe, und Edgar Evans auch eine Witwe in bescheidenen Verhältnissen. Tu, was du kannst, damit ihre Ansprüche anerkannt werden.« Er schrieb auch an eine Reihe von Leuten, die mit der Expedition zu tun hatten, unter anderem an ihren Schatzmeister, Sir Edgar Speyer, und seinen Agenten, Joseph Kinsey. In seiner »Botschaft an die Öffentlichkeit« rechtfertigte er die Entscheidungen, die er getroffen hatte, denn er wusste, dass es im Tode wie im Leben Leute gab, die ihn kritisieren würden. An Markham schrieb er nicht direkt, trug aber Kathleen Folgendes auf: »Ich habe keine Zeit, Sir Clements zu schreiben. Bitte, sag ihm, dass ich oft an ihn gedacht und niemals bereut habe, dass er mir zum Kommando über die *Discovery* verholfen hat.«

Natürlich blieben Scotts innigste Gedanken und Gefühle seiner »lieben, lieben« Mutter und Kathleen vorbehalten. Wie er Hannah Scott gestand: »Um meinetwegen bin ich nicht unglücklich, aber für Kathleen, dich und den Rest der Familie ist es mir sehr weh ums Herz.« In einem »an meine Witwe« gerichteten Brief schrieb er: »Was könnte ich dir alles über diese Reise erzählen. Um wie viel besser ist es gewesen als zu Hause in allzu großer Bequemlichkeit herumzufaulenzen. Was für Geschichten hättest du für den Jungen. Aber was für ein Preis ist dafür zu bezahlen.« Vielleicht vom Glauben seiner beiden Kameraden inspiriert, bat er Kathleen eindringlich, sie solle versuchen, ihrem Sohn den Glauben an einen Gott einzuflößen, denn »er ist tröstlich«. Er bat sie auch, ihren Sohn vor Trägheit zu bewahren. In den Stunden seines Todes dachte er vielleicht auch an seine eigene Kindheit zurück, an den kleinen Tagträumer, den sie »Old Mooney« genannt hatten, und an das Elend, in das die Nichtsnutzigkeit seines Vaters sie gestürzt hatte. Er bat Kathleen inständig, dafür zu »sorgen, dass der Junge ein Interesse für die Naturkunde« entwickle, und ermunterte sie, sich wieder zu verheiraten: »Wenn der richtige Mann kommt, um dir im Leben zu helfen, solltest du wieder ganz du selbst und glücklich sein – ich war kein sehr guter Ehemann, aber ich hoffe, ich werde eine gute Erinnerung sein.« Tatsächlich gab Kathleen, während er im Sterben lag, in London gerade eine Party und hoffte stündlich auf Nachrichten von ihm. Ihr Bruder Rosslyn war dabei und sah, unter welcher Spannung sie stand, aber er bemerkte auch: »Neuer Mut strahlte ihr aus dem Gesicht.«[8]

Am 29. März, an dem Tag, den man für seinen Todestag hält, obwohl dies keineswegs sicher ist, machte Scott einen letzten Eintrag in sein Tagebuch und berichtete über die bittere Frustration ihrer letzten Tage, als sie sich jeden Morgen darauf vorbereitet hatten, zu »unserem 20 Kilometer entfernten Depot« zu marschieren, nur um feststellen zu müssen, dass »vor dem Eingang des Zeltes wildes Schneetreiben herrschte«. Er blickte nun dem Tod ins Auge: »Ich glaube nicht, dass wir jetzt noch auf irgendeine Besserung hoffen können. Wir werden bis zuletzt durchhalten, aber wir werden natürlich schwächer, und das Ende kann nicht mehr weit sein. Es ist wohl bedauerlich, aber ich glaube, ich kann nicht mehr weiterschreiben. R. Scott.« Das Tagebuch endet mit einem dahingekritzelten Appell: »Kümmert Euch um Gottes willen um unsere Angehörigen!« Darin liegt ein bitteres Pathos. Seit seiner frühen Kindheit hatte Scott die Last der Verantwortung für andere getragen, mit all den damit einhergehenden Gefühlen von Schuld und Unzulänglichkeit. Jetzt ließ er Mutter, Frau und Kind allein zurück sowie die Angehörigen derer, die ihm bis zum Pol gefolgt waren.

Als sie frierend und hungernd in ihrem kleinen Zelt draußen auf dem Ross-Schelfeis lagen, müssen Scott, Wilson und Bowers sich gefragt haben, ob der Rest der Welt je von ihrem Schicksal erfahren würde – ihr Zelt hatten sie zwar akkurat entlang der Linie von Steinhaufen zwischen den Depots aufgeschlagen, aber es würde schon bald von dem treibenden Schnee zugeweht sein. In der Tat sollte es acht Monate dauern, ehe ihre Leichen entdeckt wurden und ihre gramerfüllten Kameraden ihre Briefe und Tagebücher finden und Scotts leidenschaftliche »Botschaft an die Öffentlichkeit« lesen sollten: »Hätten wir überlebt, hätten wir eine Geschichte zu erzählen gehabt über die Entbehrungen, das Durchhaltevermögen und den Mut meiner Gefährten, die das Herz jedes Engländers angerührt hätte. Nun aber müssen diese unbearbeiteten Notizen und unsere toten Körper die Geschichte erzählen...«

KAPITEL 17

Wir müssen dem nun ins Auge sehen

Unterdessen hielten im McMurdo Sound die anderen Mitglieder der Expedition Ausschau und warteten. Die erste Hilfsgruppe, bestehend aus Atkinson, Cherry-Garrard, Wright und Keohane, erreichte am 16.Januar wohlbehalten Hut Point, obwohl ein ausgehungerter Atkinson sich beim One Ton Depot den Bauch so voll geschlagen hatte, dass er sich auf der letzten Etappe der Reise überhaupt nicht wohl fühlte. Den ersten Hinweis darauf, dass mit der Pol-Gruppe irgendetwas nicht in Ordnung war, erhielten sie etwa drei Wochen später. Am 19. Februar fingen um 3.30 Uhr morgens die Hunde an zu bellen, und ein erschöpfter Crean taumelte in das Lager von Hut Point. Er war 56 Kilometer über mit Spalten überzogenes Eis gelaufen, um ihnen die Nachricht zu überbringen, dass Teddy Evans lebensgefährlich an Skorbut erkrankt in der Nähe vom Corner Camp lag und dass Lashly bei ihm geblieben war, um ihn zu pflegen. Es war reiner Zufall, dass Atkinson und Dimitri mit den Hundegespannen in Hut Point waren. Entgeistert über die Nachricht bereiteten sie sich in großer Hast darauf vor, Evans zu Hilfe zu kommen, doch eine knappe halbe Stunde nach Creans Ankunft brach ein Sturm mit dichtem Schneetreiben los und verzögerte ihren Aufbruch. Am Nachmittag eilten sie über das Eis, und Dimitri machte das schwarze Tuch aus, das Lashly an den Schlitten befestigt hatte, um ihre Aufmerksamkeit zu erregen.

Evans, Lashly und Crean waren die Männer der letzten Hilfsgruppe. Sie hatten sich am 4. Januar in einer Entfernung von weniger als 280 Kilometern vom Pol von Scott und dem Pol-Team verabschiedet und auf ihrer Rückreise beinahe 1300 Kilometer zurückgelegt. Wie Scott hatten sie beim Abstieg vom Beardmore-Gletscher eine entsetzliche Zeit durchlebt, was selbst den phlegmatischen Lashly mitgenommen hatte:

»Wir haben heute etwas erlebt, von dem jeder von uns wünscht, dass es ihm niemals wieder zustoßen möge. Ich kann das Labyrinth, in das wir gerieten, und das Entkommen mit knapper Not – alles, was wir heute durchstehen mussten, nicht beschreiben... Je mehr wir uns bemühten herauszukommen, umso schlimmer wurde das Presseis; manchmal schien es uns fast unmöglich weiterzukommen, und als wir diese Gegend endlich hinter uns gelassen hatten, war es schier unerträglich, über eine Rückkehr auch nur nachzudenken, obwohl wir den falschen Weg eingeschlagen hatten.«

Er schrieb von unermesslichen Abgründen und tiefen Spalten, »in die man das größte Schiff der Welt hätte hineinwerfen und versenken können.«[1] Teddy Evans nahm seine Brille ab, um bei der Suche nach dem Weg zu helfen, und litt so sehr unter den Qualen der Schneeblindheit, dass er nicht mehr ziehen konnte. Er konnte nur hilflos neben dem Schlitten einhergehen und hoffen, dass eine Kompresse aus überbrühten Teeblättern eine gewisse Linderung bringen würde. Die Belastung forderte ihren Tribut. Evans fühlte sich niedergeschlagen und schuldig, weil er seine Männer in ein solches Schlamassel geführt hatte. Er schrieb später darüber, was er in dem Moment fühlte, als er sah, dass »zwei winzige niedergeschlagene Gestalten« sich gegen die Sonne abzeichneten, »die eine sitzend, die andere stehend...«, die ge-

duldig auf ihn warteten, um aus dem Labyrinth herauszufinden.

Am 22. Januar brachten sie die Schindereien der Glet-
scherbezwingung hinter sich, doch am selben Tag zeigte
Evans Symptome von Skorbut und klagte über eine Ver-
steifung in den Knien. Lashly erriet sofort, um was es sich
handelte: »Heute Abend sah ich mir sein Zahnfleisch an,
und ich bin überzeugt, dass er auf jeden Fall irgendetwas
ausbrütet… Es hat den Anschein, dass wir jetzt noch mehr
Probleme bekommen werden. Aber hoffen wir das Beste.«
Doch das Beste trat nicht ein. In den letzten Tagen des
Monats bekam Evans Schwierigkeiten mit dem Stuhlgang.
Am 29. Januar schrieb Lashly: »Der Zustand seiner Beine
verschlechtert sich, und wir sind ganz sicher, dass er Skorbut hat, zumindest verfärbt er sich schwarz und blau und
weist auch einige andere Farben auf.« Anfang Februar litt
Evans unter starken Schmerzen. Er musste auf seine Skier
geschnallt werden, weil er nicht imstande war, seine Beine
zu heben. Um die Mitte des Monats sonderte er Blut
ab und wurde immer hilfloser. Mit seiner körperlichen
Schwächung ging, wie er später einräumte, eine gewisse
geistige Qual einher: »Die Enttäuschung darüber, nicht in
die Pol-Gruppe aufgenommen worden zu sein, war mir
nicht besonders gut bekommen.« Obwohl er sich vor den
Männern versteckte, hatte seine Moral ganz ähnlich gelitten, wie es der Pol-Gruppe ergangen war, als diese feststellte, dass Amundsen sie geschlagen hatte. Bowers hatte
am 1. Januar geschrieben: »Teddy war schrecklich erbost,
weil er nicht zum Pol gehen durfte – er hatte sein Herz so
sehr daran gehängt… Ich bin sicher, er wollte wegen seiner Frau dorthin gehen.«

Auf dem Marsch verlor Evans das Bewusstsein: »Crean
und Lashly hoben mich hoch, und Crean hielt mich für
tot. Seine heißen Tränen tropften auf mein Gesicht, und

als ich wieder zu mir kam, gab ich so etwas wie ein schwaches Lachen von mir.« Bei den niedrigen Temperaturen kamen sie mit einer immer stärker beunruhigenden Langsamkeit voran, und schließlich meinten Lashly und Crean, die einzige Lösung bestehe darin, Evans auf dem Schlitten zu transportieren. Sie warfen alles bis auf das Allernotwendigste ab und legten ihn behutsam darauf. Er bat sie, ihn zurückzulassen, aber wie Lashly schrieb: »An so etwas konnten wir nicht denken.« Jetzt litt Lashly unter Erfrierungen an einem Fuß, und Evans schlug vor, er solle den Fuß auf seinen, Evans', Bauch legen, damit er ihn aufwärme. Lashly stimmte widerstrebend zu, und es half. In seinem Tagebuch zollte er ihrer gegenseitigen Sorge füreinander Tribut: »Ich glaube, wir hätten jede Unannehmlichkeit auf uns genommen, um einander beizustehen.« Er ahnte nicht, wie ironisch Evans dies später kommentieren würde: »Es ist etwas Anstößiges daran, wenn einem Mann mitten auf dem Ross-Schelfeis bei Temperaturen um minus 45 Grad der erfrorene, feuchte Fuß eines anderen in den Bauch bohrt.«[2] Sie marschierten weiter und benutzten bisweilen ein Segel, das ihnen helfen sollte, schneller voranzukommen, während Evans vor Schmerz mit den Zähnen knirschte. Sie hofften, auf die Hundegespanne zu stoßen, die auf ihrem Weg nach draußen waren, um mit der Pol-Gruppe zusammenzutreffen. Am 17. Februar glaubten sie, im trügerischen Licht des Ross-Schelfeises ein Zelt ausgemacht zu haben, aber es stellte sich heraus, dass es sich nur um ein Stück von einer Zwiebackdose handelte. Sie marschierten weiter und gelangten zu einem der stehen gelassenen Motorschlitten; das hob ihre Stimmung, und sie schlugen dort ihr Lager auf. Doch am nächsten Morgen war absehbar, dass Evans sterben würde. Crean war den Tränen nahe. Sie trafen die kluge Entscheidung, dass Crean allein losziehen sollte, um Hilfe zu holen. Er brach mit nur ein wenig Schokolade und ein bisschen Zwieback auf, eine wackere Gestalt, die sich allein und zu Fuß vorankämpfte, weil die Skier zu jenem Teil der Ausrüstung gehörten, die sie abgeworfen hatten.

Evans' Bericht über ihr Warten zeigt, was Scott und seine Kameraden in ihren letzten Tagen durchlitten haben müssen: »Das Ende war beinahe gekommen, und es machte mir nichts mehr aus; wir hatten nichts zu essen, außer etwas in Paraffin getränkten Zwieback, und Lashly hätte in seinem geschwächten Zustand niemals weitermarschieren können, ohne etwas zu essen. Er – ein nobler Mann, treu wie Gold...« – nahm es gelassen. Doch am 20. Februar hörten sie ein Geräusch, das ihnen das Herz in der Brust hüpfen ließ. Lashly schilderte diesen wunderbaren Augenblick: »›Horch!‹ sagten wir beide. Ja, die Hunde sind in der Nähe. Endlich Hilfe.« Einer der Hunde sauste ins Zelt und sabberte über dem erschöpften Evans: »Vielleicht, um meine Gefühle zu verbergen, drückte ich in sein altes, haariges sibirisches Gesicht einen Kuss, der für Lashly bestimmt war. Unsere Rettung hatte uns schrecklich gerührt.«

Tatsächlich war die Freude über die Rettung der letzten Hilfsgruppe, verbunden mit deren Nachricht, dass Scott nach der Trennung von ihnen entschlossen auf den Pol zugehalten hatte, so groß, dass sie die Bedeutung dessen überdeckte, was Teddy Evans tatsächlich widerfahren war. Doch Tryggve Gran traf den Nagel auf den Kopf:

»Meine Unterhaltung mit Evans hatte nicht lange gedauert, aber nach dem, was ich hörte... waren die Aussichten unserer Fünf-Mann-Pol-Gruppe nicht so rosig, wie es sich die meisten Mitglieder der Expedition vorstellten. Evans' grauenhafte Rückreise war ein Hinweis auf das, was Scott und seine Leute durchmachen würden. Da war auch noch etwas anderes, was mir Sorgen machte.

Da man festgestellt hatte, dass der Beardmore-Gletscher durchaus für Hunde geeignet war, war mir klar, dass Amundsen den Pol vor Scott erreicht hatte. Das würde für unsere Pol-Gruppe wahrscheinlich eine Entmutigung bedeuten. Natürlich behielt ich diese düsteren Grübeleien für mich, denn... mein Pessimismus hätte sich nur schädlich auswirken können.«[3]

Es dauerte eine Weile, bis die übrigen Mitglieder der Gruppe bei Cape Evans anfingen, sich um Scott ernsthafte Sorgen zu machen. Sie waren hauptsächlich mit der Frage beschäftigt, ob und wie sie der Pol-Gruppe die Hundegespanne entgegenschicken sollten. Die verschiedenen Botschaften, die Scott zurückgesandt hatte, hatten Verwirrung gestiftet. Es war beabsichtigt gewesen, dass Meares und seine Hunde für die Rückkehrergruppen Extrarationen sowie Hundekuchen ins One Ton Depot bringen sollten für den Fall, dass sie in der ersten Dezemberhälfte von der Reise zum Pol zurückkehrten. Doch sie kehrten nicht rechtzeitig nach Cape Evans zurück. Eine Folge davon war, dass zwar von Day, Nelson, Clissold und Hooper einige Extrarationen, aber keine Hundekuchen auf Schlitten zum One Ton Depot gezogen wurden. Die Hundegespanne brachen erst am 13. Februar wieder auf, diesmal unter der Leitung von Atkinson, weil Meares mit der *Terra Nova* zurückkehrte. Ihre Aufgabe bestand darin, für die Rückkehrergruppe weitere Vorräte nach Süden, ins One Ton Depot, zu bringen. Die schicksalhafte Begegnung mit Crean bei Hut Point bedeutete, dass Atkinson jetzt gebraucht wurde, um Teddy Evans zu pflegen.

An seine Stelle trat Cherry-Garrard, der zusammen mit Dimitri am 3. März am One Ton Depot eintraf. Er fragte sich, ob er Scott dort bereits antreffen würde. Das war natürlich nicht der Fall. Scott war mit dem armen Oates, mit dem es rasch bergab ging, immer noch mehr als

185 Kilometer weit entfernt. Cherry-Garrard, der sich sowohl einem Mangel an Hundefutter als auch starken Winden gegenübersah, gelangte zu dem Schluss, dass es am besten sei, beim Depot zu warten. Wenn er nach Süden weiterzog, würde er womöglich Scott verpassen. Es kam ihm niemals in den Sinn, dass der Pol-Gruppe die Lebensmittel und der Brennstoff ausgehen würden – soweit er wusste, waren in den Depots Vorräte in ausreichender Menge zurückgelassen worden. Atkinson hatte auch betont, dass die Pol-Gruppe für die Heimkehr nicht auf die Hunde angewiesen war, und hatte ihn, Cherry-Garrard, an Scotts Befehl erinnert, dass das Leben der Hunde unter keinen Umständen aufs Spiel gesetzt werden dürfte. Die einzige Möglichkeit, wie Cherry-Garrard die Hunde nach Süden bringen konnte, war, sie unterwegs zu töten, damit sie ihrerseits als Hundefutter dienten. Deshalb wartete er sechs Tage, bis er sich am 10. März gezwungen sah, sich wieder nach Norden zu wenden, denn die Vorräte schwanden und Dimitri litt unter der Kälte. Wie er später erfuhr, war Scott nur 111 Kilometer entfernt. Es war eine Entscheidung, die er sich nie verzeihen sollte.

Scott war seit Anfang März, spätestens aber für Ende des Monats erwartet worden. Die Männer bei Cape Evans warteten auf ein Signal aus Hut Point, das ihnen mitteilen würde, dass die Pol-Gruppe zurück war. Da das Telefonkabel inzwischen ins Meer gespült worden war, hatten sie vereinbart, dass die Leute in Hut Point Raketen abschießen würden. Doch der Monat März ging zu Ende, und Hut Point schwieg sich bedrohlich aus, während die Stürme und Blizzards, die um Cape Evans herumtobten, für jeden, der sich draußen auf dem Ross-Schelfeis aufhielt, Unheil verkündeten. Wie Gran schrieb: »Es kann nicht leicht sein, bei so trostlosem Wetter auf dem Ross-Schelfeis unterwegs zu sein.«[4] Manchmal »sangen« die Hunde –

etwas, was sie oft taten, wenn eine Gruppe sich näherte. Die Männer in der Hütte rannten daraufhin ins Freie, nur um festzustellen, dass sie sich getäuscht hatten. Die Situation wurde mit jedem Tag, der verging, kritischer: »Atkinson und ich sehen einander an, und er sieht ganz sorgenverhärmt aus, und mir geht es auch so. Er sagt, er glaube nicht, dass sie Skorbut hätten«, schrieb Cherry-Garrard. Atkinson und Keohane unternahmen einen Ausflug hinaus auf das Schelfeis, konnten aber keine Spur von irgendeinem Lebewesen entdecken und wagten nicht, über Corner Camp hinaus vorzudringen. Ihre Rückkehr nach Cape Evans mit Dimitri weckte falsche Hoffnungen. Wie Gran es schilderte: »Ich hörte jemanden rufen: ›Die Pol-Gruppe kommt!‹ Ich eilte in die Hütte zum Grammophon, um zu Scotts Begrüßung die Nationalhymne abzuspielen. Ich stand da und wartete lange, aber niemand kam. Ich ging wieder hinaus, und da standen drei Männer mit Bärten, mit Eis bedeckt, schmutzig wie Schornsteinfeger.« Ein betrübter Cherry-Garrard vertraute Anfang April seinem Tagebuch Folgendes an: »Wir müssen dem nun ins Auge sehen. Die Pol-Gruppe wird höchstwahrscheinlich niemals zurückkommen. Und wir können nichts mehr tun.«

Als der einzige Marineoffizier, der noch übrig war, hatte Atkinson das Kommando übernommen. Teddy Evans war inzwischen mit der *Terra Nova* zurückgekehrt, während Campbell und seine Männer in einem Iglu bei Evans Coves, an der Küste auf der Höhe von Cape Adare eingeschlossen waren, wo sie gelandet waren, nachdem sie festgestellt hatten, dass Amundsen sich in der Bay of Whales niedergelassen hatte. Atkinson unternahm nun einen erfolglosen Versuch, zu Campbell durchzudringen. Doch am 24. April verschwand die Sonne und damit jede realistische Hoffnung, noch irgendjemanden zu retten. Die Mitglieder der Expedition waren bemüht, sich ständig zu beschäftigen und nicht in düstere Gedanken zu verfallen. Doch es war wohl ein unheimliches Gefühl, in der Hütte von Cape Evans stets mit den leeren Kojen ihrer Gefährten konfrontiert zu sein. Es gab keinen Scott mehr, der mit dem eifrigen Birdie an seinem mit Linoleum bezogenen Tisch saß und Rationen für die Schlittengruppen errechnete, keinen weisen Onkel Bill, der von seinen Skizzen aufblickte und ein freundliches Wort sagte, keinen Oates, der die Wissenschaftler aufzog und Quatsch machte, und auch keinen Edgar Evans, der auf dem Mannschaftsdeck herumbrüllte. Wie Ponting bemerkt hatte, waren die Männer mit den außergewöhnlichsten Persönlichkeiten für immer verschwunden.

Das Dilemma, in dem Atkinson steckte, war nun, ob er seine Kräfte für die Rettung Campbells einsetzen oder ob er versuchen sollte, sobald wieder die Zeit für Schlittenreisen gekommen sein würde, herauszufinden, welches Schicksal Scott ereilt hatte. Er hatte die Frage bei Wintereinbruch an Cherry-Garrard gerichtet, und dieser hatte geantwortet, dass er zu Campbell gehen solle: »Gerade damals erschien es mir undenkbar, dass wir wegen der Suche nach Toten lebende Menschen im Stich lassen sollten.« Doch möglicherweise wäre es der *Terra Nova* auf ihrer Reise nach Norden gelungen, Campbell und seine Leute aufzulesen. Andererseits: Wären Campbell und seine Leute nicht von der *Terra Nova* gerettet worden, hätten aber den Winter auf dem Eis überlebt, hätte das Schiff sie auf seinem Rückweg nach Süden, nach Cape Evans, erreichen können. Doch von Cape Evans aus hätte eine Landgruppe vielleicht früher zu Campbell und seinem Team gelangen können als die *Terra Nova*.

Es stand zweifellos fest, dass Scott und seine Kameraden umgekommen waren. Allgemein war man der Ansicht, dass sie – wahrscheinlich in dem höllischen Labyrinth des

Beardmore-Gletschers – in eine Spalte gestürzt waren, wenn auch Lashly und Crean glaubten, dass sie an Skorbut erkrankt seien. Doch tot oder lebendig – sie hatten sicherlich die Pflicht, einen Versuch zu unternehmen und herauszufinden, was tatsächlich geschehen war. Wie Cherry-Garrard bemerkte: »Das erste Ziel der Expedition war der Pol gewesen. Wenn keine Beweise gefunden würden, würde die Frage, ob sie erfolgreich oder gescheitert waren, für immer offenbleiben.« Selbst wenn die Chance, ihre Leichen zu finden, gering war, so hatte Scott doch peinlich genau darauf geachtet, dass in den jeweiligen Depots Nachrichten hinterlassen wurden. Am Mittwintertag versammelte Atkinson die ganze Gruppe um den Tisch und legte seine Argumente dar. Die Entscheidung fiel einstimmig. Wenn das Wetter es erlaubte, würden sie nach Süden aufbrechen und nach dem Schicksal der Pol-Gruppe forschen. Es war ein Beschluss, dessen Richtigkeit im Nachhinein bestätigt wurde, während Campbell und seine Gruppe Mitte November aus eigener Kraft wohlbehalten nach Cape Evans zurückkehrten.

Gegen Ende Oktober zog also die Suchmannschaft los. Am 12. November machten sie 20 Kilometer südlich des One Ton Depot ihre grauenhafte Entdeckung. Wright sah rechts von ihm etwas, was er für einen Steinhaufen hielt, daneben irgendetwas Schwarzes, und ging, vom Kurs abweichend, darauf zu. »Es ist das Zelt«, sagte er leise zu den anderen, die ihm nachgelaufen waren.[5] Jemand wischte eine Schneewehe beiseite und legte die grüne Klappe des Lüftungsfensters frei. Atkinson kroch hinein und nahm Lashly mit, weil dieser das älteste Mitglied der Gruppe und zugleich der Letzte war, der Scott und die Pol-Gruppe noch lebend gesehen hatte. Als er herauskam, sagte Lashly kein Wort, aber aus seinen Augen quollen Tränen.

Cherry-Garrard beschrieb, was sie vorgefunden hatten: »Bowers und Wilson schliefen in ihren Schlafsäcken. Scott hatte die Klappen seines Sacks am Ende zurückgeworfen. Seine linke Hand war zu Wilson, seinem Freund bis in den Tod hinein, hinübergestreckt. Unter dem Kopfteil seines Schlafsacks lag, zwischen dem Sack und der Zeltunterlage, die grüne Brieftasche, in der er sein Tagebuch aufbewahrte. Darin befanden sich die braunen Bände des Tagebuchs, und auf der Zeltunterlage lagen noch ein paar Briefe.«

Scott lag zwischen seinen beiden Kameraden, deren Ausdruck heiter war, als wären sie sehr ruhig gestorben. Bowers lag flach auf dem Rücken, mit verschränkten Armen; Wilson hatte sich halb aufgesetzt, den Kopf und den Oberkörper gegen die Zeltstange gelehnt und »Spuren eines feinen Lächelns« auf den Lippen.[6] Scott sah mit seinem emporgeworfenen Arm aus, als habe er »im Augenblick seines Todes schwer gekämpft«.[7] Ihre Haut war gelb und glasig und wies Narben auf, die auf die Frostbeulen zurückgingen. Neben Scott stand eine aus einer Dose angefertigte Lampe, für die er, während er schrieb, die Reste des Brennspiritusvorrats verwendet hatte. Etwas Tabak und eine Tüte Tee lagen auf der Höhe seines Kopfes. Das Zelt selbst war ordentlich aufgebaut und in tadellosem Zustand. Kein Schnee war durch das Innenfutter gedrungen, und ihre ganze Ausrüstung fein säuberlich verstaut – Kännchen, Ersatzkleidung, Chronometer, Schuhe aus Rentierfell, Socken und eine Fahne sowie weitere Briefe, und, rührenderweise, die »geschwätzigen kleinen Notizen«[8], die die Hilfsgruppen auf ihrer Rückkehr nach Cape Evans für Scott zurückgelassen hatten. Es fanden sich auch detaillierte Aufzeichnungen. Trotz aller Hindernisse und Entbehrungen hatten sie bis etwa zwei Wochen vor ihrem Tod ein Buch mit Wetterdaten geführt.

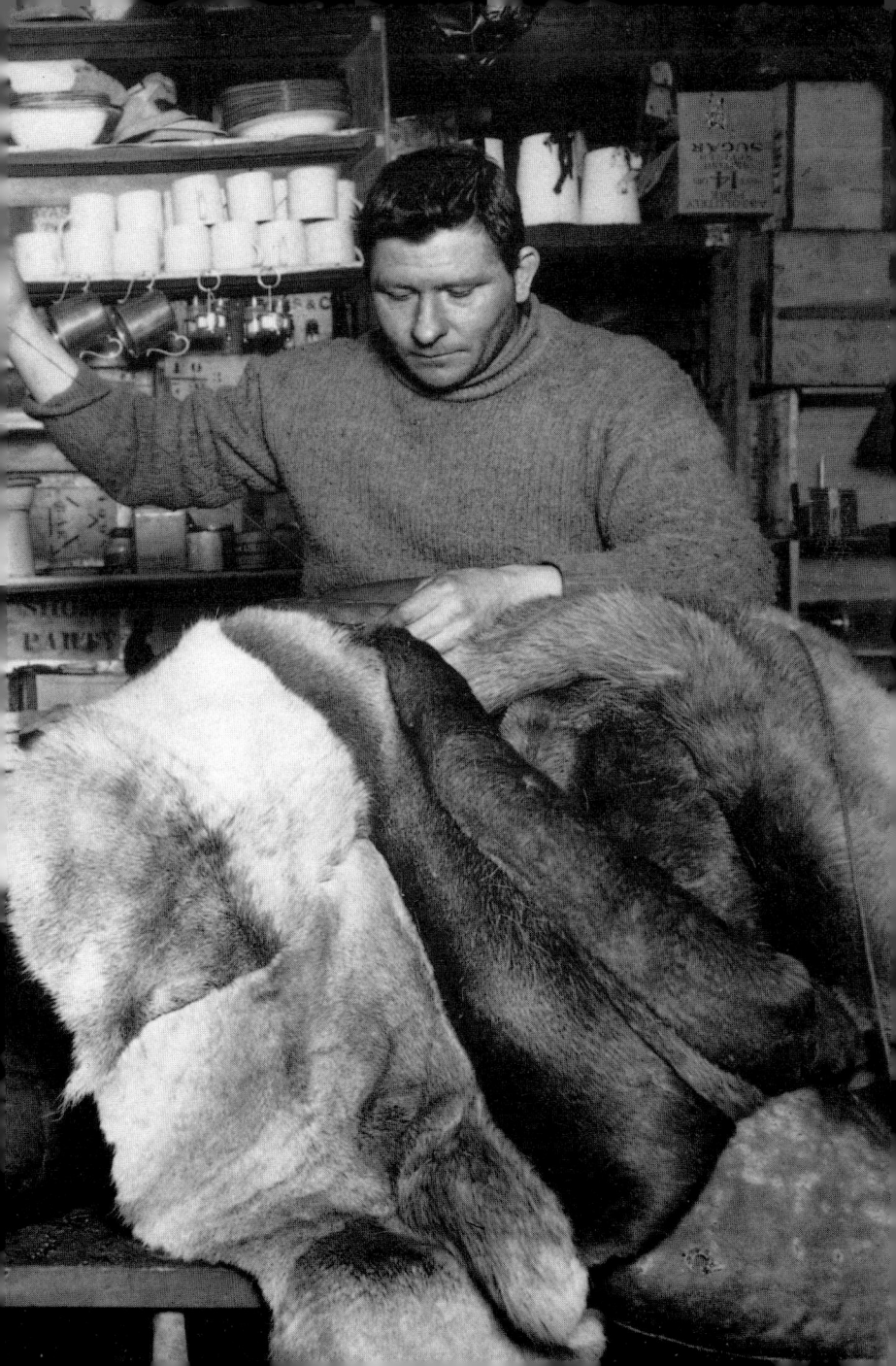

Scott hatte auf dem Einband seines Tagebuchs Anweisungen hinterlassen, dass der Finder es lesen und nach Hause bringen sollte. Atkinson las, bis er wusste, was der Pol-Gruppe widerfahren war. Dann versammelte er seine Kameraden um sich und las ihnen Scotts »Botschaft an die Öffentlichkeit« und den Bericht über Oates' Tod vor, den bekannt zu machen Scott ausdrücklich gebeten hatte.

Ihre Leichen fortzutragen erschien ihnen wie ein Sakrileg, denn während der Monate, die sie unter ihrem Schneebaldachin gelegen hatten, waren sie mit der weißen und feindseligen Welt, in die sie eingedrungen waren, eins geworden. Deshalb wurden nur die Bambusstangen ihres Zeltes entfernt, und sie ließen das Zelt über ihnen zusammenfallen. Die Männer schichteten dann einen Steinhaufen auf, richteten darüber ein von Lashly aus Grans Skiern zusammengebautes Kreuz auf, und Atkinson las einige Stellen aus den Korintherbriefen und andere Totengebete vor. Cherry-Garrard war tief bewegt und hinterließ uns eine Schilderung, die in ihrer Erhabenheit an die Artussage erinnert:

»Ich weiß nicht, wie lange wir uns dort aufhielten, aber als alles zu Ende und das Kapitel aus dem Korintherbrief verlesen war, war es Mitternacht… Die Sonne stand tief über dem Pol, das Ross-Schelfeis lag fast im Schatten. Und der Himmel schillerte… von übereinandergetürmten irisierenden Wolken. Der Steinhaufen und das Kreuz hoben sich düster vor einer Pracht aus poliertem Gold ab.«

Atkinson zollte ihnen seinen eigenen Tribut: »Dort nun werden sie in ihrer Größe ruhen, unverändert und unverwest, das angemessenste Grabmal der Welt über sich.«[9]

Nach einer grauenvollen, unheimlichen Nacht versuchten sie vergeblich, Oates' Leiche aufzufinden. Doch es wurde nur sein Schlafsack gefunden mit dem langen Schlitz an der Vorderseite, den er selbst angebracht hatte, damit er sich während des Schlafs die erfrorenen Füße eiskalt halten konnte, um sich so die Qual des Auftauens zu ersparen. Die Gruppe errichtete einen Steinhaufen für ihn an der Stelle, wo er hinaus- und seinem Tod entgegengegangen war, und hinterließen eine Botschaft, in der festgehalten wurde, wie dieser »überaus tapfere Gentleman« sich für seine Kameraden aufgeopfert hatte. Die Suchmannschaft machte sich dann auf den Rückweg, immer noch wie betäubt von dem Schrecken ihrer Entdeckung und der Erkenntnis, dass die Gruppe nur 20 Kilometer vom One Ton Depot umgekommen war. Gran legte sich Scotts Skier an, damit wenigstens sie ihre Reise zu Ende brachten. In der Nachricht, die sie am Steinhaufen hinterließen, wurden »das erbarmungslose Wetter und der Brennstoffmangel« als Todesursachen genannt – aber es war natürlich mehr als das.

KAPITEL 18

Die Sache wimmelt von ›Wenns‹

Die Frage, warum die Pol-Gruppe umkam, hat Scotts Zeitgenossen ebenso vor Rätsel gestellt wie nachfolgende Generationen. War es Pech, oder lag es an Fehleinschätzungen, oder wirkten beide Faktoren zusammen? Warum sollte Amundsen, der Abenteurer und Eindringling, erfolgreich sein, während eine sorgfältig organisierte britische See-Expedition in einer Katastrophe endete? Hatte man zu sehr auf die britische Begabung fürs »Durchwursteln« vertraut? War Scott lediglich ein talentierter Amateur, der die Dinge anders hätte anpacken müssen?

Scotts »Botschaft an die Öffentlichkeit«, die er unter enormem Druck abfasste, während seine beiden Freunde neben ihm im Sterben lagen, enthält eine vorsichtige Rechtfertigung seiner Leitung der Expedition. Er wollte die Öffentlichkeit darüber informieren, dass die Katastrophe nicht »auf fehlerhafte Organisation, sondern auf Pech bei allen eingegangenen Risiken« zurückzuführen sei. Er nannte den Verlust der Ponys im Laufe der Reise, auf der die Vorratslager angelegt wurden; dadurch war er gezwungen gewesen, später zu starten, als er beabsichtigt hatte, und sie konnten deswegen auch weniger Vorräte transportieren; ferner das schlechte Wetter und insbesondere die Stürme, die sie Anfang Dezember vier Tage lang aufhielten, sowie den weichen Schnee in den unteren Regionen des Beardmore-Gletschers. Scott behauptete, die Lebensmittelvorräte, die Kleidung und das Einrichten der Depots – all das sei in allen Details »perfekt« geplant worden;

nicht vorherzusehen sei allerdings das »erstaunliche Versagen« von Unteroffizier Evans gewesen, das, verschlimmert durch das schlechte Wetter, ihren Abstieg vom Beardmore verzögerte. Doch diese Ereignisse seien nichts gewesen im Vergleich zu »der Überraschung, die uns auf dem Ross-Schelfeis erwartete«. Scott behauptete, dass niemand mit so bitterkalten Temperaturen und schrecklichem Boden hätte rechnen können. Doch selbst dann, so glaubte er, wäre die Gruppe trotz eines höllischen Monats durchgekommen, hätten nicht die Kräfte von Rittmeister Oates nachgelassen, wäre nicht die unvorhergesehene Brennstoffknappheit eingetreten und der Sturm losgebrochen, der sie nur 20 Kilometer vom One Ton Depot zum Halten gezwungen habe. Scott räumte ein, wissentlich Risiken eingegangen zu sein, machte aber letzten Endes die Vorsehung für das Scheitern verantwortlich.

Scott schrieb nicht nur, um sich zu rechtfertigen und in seinen letzten Augenblicken Trost zu suchen, sondern um die finanzielle Unterstützung der Familien derer, die umgekommen waren, einschließlich seiner eigenen, sicherzustellen. Mit Kathleens voller Rückendeckung hatte er den größten Teil seines eigenen kleinen Vermögens, etwa 3000 Pfund, in die Expedition investiert. Die Expedition musste so gesehen werden, dass britische Männer tapfer gegen unvorhergesehene Schwierigkeiten ankämpften und schließlich von der Hand eines grausamen Schicksals zu Boden gestreckt wurden. Deshalb schrieb er, so lange er konnte, den Bleistift in seiner cisigen Hand haltend – seine letzten Worte waren ein dahingekritzeltes: »Kümmert Euch um Gottes willen um unsere Angehörigen!« Doch was glaubte Scott in seinem Innersten, als das Ende näher kam? Ein Mann, der so sehr zu Zweifeln, Besorgtheit und kritischer Selbstanalyse neigte, musste gewusst haben, dass mehr im Spiel war als bloßes »Pech« – obschon er wirklich Pech im Übermaße hatte – und dass seine Vorbereitungen eben doch nicht »perfekt« gewesen waren.

Die Gründe dafür, dass sie nicht mehr wohlbehalten nach Cape Evans zurückkehrten, waren vielschichtig. Ein bedeutsamer Faktor war Scotts ständiges Schielen nach den Leistungen seines britischen Rivalen Shackleton, an dessen Methoden und Route er sich orientierte. Scott analysierte Shackletons Erfahrung nicht, um festzustellen, warum es ihm nicht gelungen war, den Pol zu erreichen. Stattdessen konzentrierte er sich auf die Frage, warum Shackleton überhaupt so weit gekommen war. Folgerichtig lief Scotts Strategie einfach darauf hinaus, den grundlegenden Zutaten, also der Art, wie Shackleton in Bezug auf Männer und Ausrüstung gehandelt hatte, etwas hinzuzufügen, statt Shackletons Rezept zu variieren. Unglücklicherweise hatten sich seine Beziehungen zu Shackleton so verschlechtert, dass er dessen Rat nicht mehr direkt suchen konnte. Scott lernte seine Lektionen über Shackletons Expedition aus zweiter und dritter Hand und während der Expedition selbst aus dem Tagebuch von Frank Wild, das er mitgenommen hatte.

Die folgenreichste Konsequenz aus der Tatsache, dass er sich so sehr auf Shackletons Erfahrungen stützte, war Scotts Entscheidung, sich auf Ponys, statt auf Hunde zu verlassen. Beide Männer hatten die falschen Lehren aus der *Discovery*-Expedition gezogen, als Scott auf seiner Reise nach Westen, auf der Menschen die Schlitten zogen, viel bessere Geschwindigkeiten erreicht hatte als auf seiner Reise nach Süden mit den Schlittenhunden, und beide hatten eine Art Betriebsblindheit entwickelt. Sie bedachten nicht, dass die Probleme mit den *Discovery*-Hunden nicht unüberwindlich waren – diese rührten daher, dass sie selbst nicht wussten, wie man mit den Hunden richtig umging. Die Ironie an der Sache ist, dass wenn einer von ihnen ernsthaft mit Hunden trainiert und sie sorgfältig ausgewählt hätte, einer – wahrscheinlich Shackleton – sehr wohl als Erster am Pol hätte eintreffen können.

Doch von Shackletons Erfolg mit Ponys überzeugt, trat Scott sofort in seine Fußstapfen und schlug Erfahrungen von Arktisexpeditionen und den Rat Nansens und anderer in den Wind, die ihm dringend nahelegten, als wichtigstes Transportmittel Schlittenhunde einzusetzen. Er nahm zwar ungefähr 24 Hunde auf seine Reise nach Süden mit und räumte ein, dass Hunde einen Beitrag zu leisten hätten, aber er hielt es zu keinem Zeitpunkt für möglich, sie über das Ross-Schelfeis hinaus zu verwenden. Deshalb widmete er ihnen niemals die Aufmerksamkeit, die notwendig gewesen wäre, um sich über ihr Potenzial klar zu werden. So machte er sich zum Beispiel wenige Gedanken über die beste Größe eines Gespanns oder darüber, wie die Zuggurte angeordnet werden sollten, um eine optimale Leistung zu erzielen. Er überließ zu viel Meares, zu dem er ohnehin ein unglückliches Verhältnis hatte und der der Aufgabe im Grunde nicht gewachsen war und schon bald das Interesse daran verlor.

In vielerlei Hinsicht war Scotts Einstellung in Bezug auf die Hunde gespalten – in seinem Tagebuch erkannte er an, dass sie auf der Reise, auf der die Depots angelegt wurden, erfolgreich waren, erwog jedoch nicht, aufgrund dieser Erfahrungen seine Pläne für die Reise zum Pol zu ändern. Vielleicht fühlte er sich auch durch die Tatsache gehemmt, dass Amundsen sich erklärtermaßen auf Schlittenhunde verließ – er wollte nicht so erscheinen, als ändere er seine Pläne, nur um seinem Rivalen nachzueifern. Doch wie unrecht er hatte, wurde ihm wohl endgültig bewusst, als er am Pol ankam und feststellen musste, dass der vereiste Boden kreuz und quer mit Abdrücken von Hundepfoten übersät war – ein Beweis nicht nur dafür, dass es Amundsen gelungen war, seine Hunde die Gletscher zum Polarplateau hinaufzubringen, sondern dass sie ihn den ganzen Weg bis zu seinem Ziel schnell und sicher transportiert hatten. Tatsächlich schaffte Amundsen seine 2600 Kilometer lange Reise in nur 99 Tagen, während Scott mehr als 140 Tage brauchte, um eine vergleichbare Strecke zurückzulegen. Außerdem profitierte Amundsen während der gesamten Reise von seinen Hunden, sei es in Form von Transportmitteln, sei es als Nahrungsspender, während Scott und seine Leute sich vom Beardmore-Gletscher an auf ihre eigene Zugkraft verlassen mussten und nur gelegentlich von einem Segel unterstützt wurden, mit dem sie sich den Wind zunutze machten. (Es ist interessant, dass das der Scottschen Expedition zugrunde liegende Ethos – nämlich der wahrhaft männliche Ansatz, durch eigene Anstrengung und ohne fremde Hilfe zu kämpfen – von Polarreisenden späterer Zeit übernommen wurde. Forscher wie Fiennes und Mear haben, ebenso wie Scott, auf ihre eigene Kraft und Ausdauer, statt auf Tiere oder Motoren vertraut. Helmar Hansen, der zusammen mit Amundsen den Pol erreichte, irrte sich, als er schrieb: »Was soll man über Scott und seine Gefährten sagen, die ihre eigenen Schlittenhunde waren?... Ich glaube nicht, dass irgendjemand es ihnen je nachmachen wird.«[1] Tatsächlich findet sich bei seinem Landsmann Borge Ousland, der 1996 als Erster zu Fuß, allein und ohne fremde Hilfe Antarktika durchquerte, ein Widerhall von Scotts Gefühlen, als er hinterher sagte: »Auch in einer Plastikwelt, in der es wenige echte Dinge zu tun gibt, ist es immer noch möglich, die Schallmauer des menschlichen Durchhaltevermögens zu durchbrechen.«[2])

Trotz Shackletons Erfolg waren Ponys für die Antarktis offensichtlich ungeeignet. Das größte Problem war ihre Empfindlichkeit gegen Kälte. Ihr Fell gab ihnen wenig

Schutz, und es mussten Schneewälle aufgebaut werden, um sie gegen die Stürme abzuschirmen, während Hunde sich einfach ein Loch graben, sich zusammenrollen und schlafen konnten. Ponys hatten auch mit dem weichen Boden zu kämpfen und quälten sich bis zum Sprunggelenk darin herum, während Hunde leichtfüßig über den Grund traben konnten. Daher kamen die Ponys bei der entscheidenden, Anfang 1911 unternommenen Reise, auf der die Vorratslager angelegt wurden, nur schlecht voran. Dies bedeutete wiederum, dass das One Ton Depot 55 Kilometer weiter nördlich eingerichtet wurde, als Scott ursprünglich geplant hatte. Scott ignorierte Oates' Rat, die Ponys so weit wie möglich nach Süden zu treiben, sie dann zu töten und das Fleisch als Hundefutter für die Reise zum Pol einzulagern. Scott, Wilson und Bowers starben 35 Kilometer nördlich der Stelle, an der das One Ton Depot eigentlich hätte angelegt werden sollen. Natürlich ist es fraglich, ob sie, wenn sie das Vorratslager erreicht hätten, auch ihr Leben gerettet hätten – so schwach, wie sie waren. Außerdem hätten sie dann immer noch mehr als 185 Kilometer bis zum Hut Point gehen müssen. Es hätte ihnen aber immerhin eine Chance gegeben. George Bernard Shaw bemerkte später Kathleen gegenüber, Scott sei »nicht ein Mann der Klugheit, sondern des Gefühls [gewesen]; wenn seine Gefühle angesprochen waren, hörte seine Urteilskraft auf zu existieren«. Das ist vielleicht zu harsch ausgedrückt, aber es ist etwas Wahres daran. Zweifellos trübten Scotts Schuldgefühle wegen Tierquälerei gelegentlich sein Urteilsvermögen.[3]

Eine andere Folge des Einsatzes von Ponys war, dass Scotts Abreise zum Pol so lange hinausgezögert wurde, bis der November die für sie erträglichen wärmeren Temperaturen brachte. Er brach deshalb zwölf Tage nach Amundsen auf, und, was noch wichtiger war: Seine verspätete Abreise trug dazu bei, dass die Gruppe sich in bereits unheilvoll fortgeschrittener Jahreszeit draußen auf dem Polarplateau und auf dem Ross-Schelfeis wiederfand.

Angesichts der Tatsache, dass Scott sich auf Ponys verlassen wollte, erscheint es auch merkwürdig, dass er bei ihrer Auswahl keine größere Sorgfalt walten ließ. Er ließ sich von dem geschwätzigen und penetranten Teddy Evans überreden, Oates, den Pferdefachmann, bei sich in England zu behalten, damit er bei der Ausrüstung der *Terra Nova* mithalf, statt ihn, wie ursprünglich geplant, nach Sibirien zu schicken, damit er Meares beim Kauf der Ponys assistierte. Das Ergebnis war, dass es Cecil Meares, der mit Sicherheit kein Pferdekenner war, überlassen blieb, mit der Aufgabe fertigzuwerden. Außerdem befahl Scott Meares, nur weiße Ponys zu kaufen. Diese Instruktion – die auf einer bizarren Schlussfolgerung aus Shackletons Erfahrungen beruhte, nämlich, dass diese robuster sein müssten, weil sie am längsten überlebt hatten – schränkte Meares' Auswahlmöglichkeiten sehr stark ein und zwang ihn, jenen Haufen »Klepper« zu erstehen, der Oates so entsetzte.

Auch den Einsatz von Skiern machte sich Scott nicht richtig zunutze. Obwohl er selbst ein ganz guter Skifahrer war und einen erfahrenen, nämlich Tryggve Gran, auf die Expedition mitnahm und Skiunterricht anordnete, sorgte er nicht dafür, dass das Skifahren so ernst genommen wurde, wie es nötig gewesen wäre. Sowohl Edgar Evans als auch Rittmeister Oates blieben skeptisch. Möglicherweise wurde Scott auch durch die Tatsache beeinflusst, dass Shackleton auf seine Polarreise keine Skier mitgenommen hatte.

Doch andere Schwierigkeiten hatten weniger damit zu tun, dass Scott Shackleton nachahmte, als mit Scott selbst. Scott interessierte sich für die allerneueste Technologie;

auf die Reise mit der *Discovery* hatte er Ballone mitgenommen; auf der *Terra-Nova*-Expedition verwendete er ein Telephon in Antarktika und dachte darüber nach, ob er eine Funkausrüstung mitnehmen sollte, und er war auch von Pontings Kinematographie fasziniert. Daher war er natürlich von der Möglichkeit begeistert, Motorschlitten einzusetzen, stellte jedoch nicht sicher, dass das richtige Benzin, nämlich eines mit höherer Oktanzahl, verwendet wurde, was dazu führte, dass die Motorschlitten frühzeitig auf dem Ross-Schelfeis liegenblieben. Hätte er Skelton, der bei ihrer Entwicklung als treibende Kraft mitgewirkt hatte, auf die Reise mitgenommen, hätte eine bessere Leistung aus ihnen herausgeholt werden können.

Scott war selbstverständlich unglücklich, als ihm beim Abladen einer seiner drei Motorschlitten durch die Eisschollen rutschte und verloren ging, aber es gibt Argumente dafür, dass auch zwei Motorschlitten durchaus genügt hätten. Die zusätzlichen 1000 Pfund, die der dritte gekostet hatte, wären besser in Schlittenhunde oder sogar in Ponys investiert worden, die, wie Oates bemerkt hatte, jeweils nur etwa drei beziehungsweise fünf Pfund gekostet hätten. Doch Griffith Taylor berichtete, Scott habe in einem seiner Vorträge über die Motorschlitten gesagt: »Er hoffte, dass sie hilfreich sein würden; aber er schloss ihr Gewicht nicht in seine Kalkulationen ein. Ihm war klar, dass er hier zum Vorteil künftiger Expeditionen ein Experiment durchführte.«[4] Mit anderen Worten: Während er unter wissenschaftlichen und technischen Aspekten an der Leistung der Motorschlitten interessiert war, schätzte er sie für seine Pläne nicht als wesentlich ein.

Unzureichende Nahrung spielte bei der Katastrophe eine entscheidende Rolle, vor allem angesichts der langen Zeit, die Scott und seine Männer brauchten. Man muss immer eine Balance herstellen zwischen der Menge an

Lebensmitteln, die eine Expedition benötigt, und der Anstrengung, die ihr Transport erfordert. Doch trotz der komplizierten und peinlich genauen Planung gab es in den verschiedenen Depots nicht genug Lebensmittel und Brennstoff, um Männern, die mit der Zeit durch Erschöpfung, wegen kranker Kameraden und aufgrund schlechten Wetters langsamer vorankommen würden, eine Sicherheitsmarge zu bieten. Hinzu kam, dass die Vorratslager selbst nicht besonders gut markiert waren und wahrscheinlich zu weit auseinander lagen. Scott unterschätzte auch die Kalorienmenge, die Männer benötigten, welche ihre Schlitten selbst zogen. Für die ersten 36 Tage bis zum Beardmore-Gletscher sah Scotts »Schelfeis«-Ration etwa 4200 Kalorien pro Tag vor. Danach lieferte die »Gipfel«-Ration ungefähr 4600 Kalorien, die aus 210 Gramm Fett, 257 Gramm Protein und 417 Gramm Kohlenhydraten bestand.[5] Doch ähnlich wie das, was Amundsen verbrauchte, bevor er seine Rationen auf den Etappen seiner Rückreise vergrößerte, waren dies mindestens 1500 Kalorien zu wenig für Männer, die Schlitten zogen, statt Hunde zu treiben, und vielleicht sogar 3000 Kalorien zu wenig, wenn man von neueren Erkenntnissen mit dem Schlittenziehen mittels menschlicher Kraft ausgeht, die in Antarktika gewonnen wurden.[6] Selbst Mitglieder der Transantarktischen Expedition von 1955-58, die Sno-cats fuhren und die Vorteile moderner Polarkleidung genossen, verloren bei einer Kost, die zwischen 5000 und 7000 Kalorien schwankte, an Gewicht.[7] Ihre andauernde Unterernährung machte Scotts Leute auch viel empfindlicher für die Kälte. Außerdem wirkte sich die unzulängliche Nahrung sowohl auf ihre geistige als auch auf ihre körperliche Leistung aus. Wenn der Körper unterernährt ist, fängt er an, von seinen Fettreserven zu zehren, die wiederum chemische Stoffe – die Ketone

– produzieren, welche im Blutkreislauf zirkulieren und Erschöpfungszustände und Depressionen auslösen.[8]

Die Kost war nicht nur mengenmäßig unzulänglich, es fehlte ihr auch an Vitaminen. Welche Rolle Vitamine spielen, war damals natürlich noch nicht ganz klar. Mediziner räumten zwar ein, dass man mit frischer Nahrung, vor allem mit Gemüse, Skorbut heilen konnte. Doch sie wussten nicht, dass diese die Krankheit hauptsächlich deshalb verhinderten, weil sie etwas für den Körper Wesentliches enthielten. Stattdessen war die Vorstellung, dass Skorbut durch eine Form von Intoxikation durch Leichengifte oder Säure verursacht würde, nach wie vor verbreitet. Erst Anfang der 30er Jahre wurde endlich akzeptiert, dass Skorbut auf einen Mangel an Ascorbinsäure zurückzuführen ist. Scotts Rationen für die Schlittenzieher enthielten aber überhaupt kein Vitamin C! Die einzige Gelegenheit für die Männer, dieses aufzunehmen, bot sich, wenn ein Pony geschlachtet und dessen Fleisch verzehrt wurde. Vitamin-C-Mangel war wahrscheinlich dafür verantwortlich, dass Edgar Evans' Hand nicht heilte, und auch an möglichen Problemen mit dem Narbengewebe von Oates' Verwundung aus dem Burenkrieg schuld.[9] Ferner fehlten alle anderen wichtigen Vitamine, in erster Linie die aus der B-Gruppe, deren Mangel auf Dauer mentale und nervöse Störungen verursachen kann.

Doch hätten nicht auch andere Faktoren zusammengewirkt, um ihr Vorankommen zu verlangsamen, so hätte die Pol-Gruppe trotz der kärglichen Nahrung ihre Qualen überstehen können, und Scott kann schwerlich dafür verantwortlich gemacht werden, dass er im Jahr 1912 die Bedeutung von Vitaminen nicht richtig erkannt hatte. Allerdings muss seine recht sonderbare Entscheidung, fünf statt vier Männer zum Pol mitzunehmen und damit die Überlebenschancen aller zu vermindern, ihm allein angelastet werden. Zunächst einmal gab es für unterwegs weniger Lebensmittel und Brennstoff, weil man mit allen Vorbereitungen davon ausgegangen war, dass mit der letzten Hilfsgruppe vier Männer zurückkehren würden. Niemals war beabsichtigt gewesen, auf diesen zusätzlichen Meilen zum Pol und zurück einen fünften Mann zu ernähren. Das Essen war auch in Einheiten für jeweils vier Personen verpackt worden. Die Rationen mussten daher angebrochen und neu proportioniert werden – eine ebenso zeitaufwendige wie mühsame Prozedur, die Irrtümer zuließ. Außerdem dauerte das Kochen für fünf statt für vier Personen 20 Minuten länger und verbrauchte mehr Brennstoff. Das Zelt war für fünf nicht groß genug, und die sich daraus ergebende Unbequemlichkeit stellte für Männer, die bereits ohnehin unter Stress standen, eine zusätzliche Belastung dar.

Scott hätte auch untersuchen sollen, warum in der Antarktis der Brennstoff in seinen Behältern verdunstete. Dies war bereits bei der *Discovery*-Expedition der Fall gewesen, aber er war der Sache nicht nachgegangen, während Amundsen auf seinen Reisen in der Arktis denselben Problemen begegnet war und sie gelöst hatte. Folglich verfügte Scott über zu wenig Brennstoff zum Kochen und, was fast ebenso wichtig war, zum Schmelzen von Eis zu Trinkwasser. Austrocknung muss sich auf das körperliche Wohlbefinden der Gruppe beim Marsch über das hoch gelegene Plateau stark ausgewirkt haben. Der Körper braucht in der Höhe eine große Menge Flüssigkeit, und Austrocknung kann zur Höhenkrankheit führen.

In den Polargebieten ist der Luftdruck niedriger als am Äquator. Daher entsprachen die 3350 Meter auf dem Polarplateau ungefähr einer Höhe von 3960 Metern in Europa, was gerade hoch genug ist, um Kurzatmigkeit und letztlich ein Hirnödem auszulösen.[10] Eine weitere

Folge ihrer Brennstoffknappheit war, dass Scott und seine Leute ihre Kleider und ihre Ausrüstung nicht nach jedem Tagesmarsch gründlich austrocknen konnten. Deshalb wurden sie mit der Zeit immer kälter, schwerfälliger und steifer.

Selbst wenn der Brennstoff nicht verdunstet wäre, hätte Scott die benötigte Menge wahrscheinlich unterschätzt. Heute gelten große Brennstoffvorräte als so unerlässlich, dass der British Antarctic Survey schon bei warmem Wetter eine doppelt so große Brennstoffration wie Scott und davon noch einmal das Doppelte für die Kälte verwendet.[11]

Scotts Anweisungen, vor allem seine mündlichen Instruktionen an Atkinson und Evans, zur Unterstützung der Pol-Gruppe Hundegespanne auszusenden, waren zu vage und stützten sich darauf, dass die Nachrichtenübermittler wohlbehalten und rechtzeitig nach Cape Evans zurückkehrten. Scott scheint sich darüber, was für eine Leistung er von den Hundeteams erwarten sollte, nicht im Klaren und ständig mit dem Dilemma konfrontiert gewesen zu sein, ob er sie für die Schlittenreise im nächsten Jahr am Leben lassen oder sie zur Beschleunigung der Rückkehr der Pol-Gruppe einsetzen sollte. Doch gemeinsam mit den übrigen Mitgliedern der Expedition hatte er nie geglaubt, dass sie für das Überleben der Pol-Gruppe eine wesentliche Rolle spielen könnten. Wie viele andere Polarforscher unterschätzte Scott die Schwierigkeiten der Rückreise sehr stark, weil er sich zu sehr auf die Leistung der Poleroberung selbst konzentrierte. Dies erklärt wahrscheinlich auch, warum Scott nicht erwog, Hilfsgruppen auf das Ross-Schelfeis zu entsenden, die die Pol-Gruppe bei ihrer Rückkehr auf dieselbe Weise hätten unterstützen sollen, wie sie dies auf der Hinreise getan hatten.

Einige von Scotts anderen Entscheidungen waren ebenfalls fragwürdig – zumindest im Nachhinein betrachtet. So erlaubte er zum Beispiel Wilson und Birdie Bowers – Männern, die er mit Sicherheit auf die Reise zum Pol und, im Fall von Wilson zumindest, wahrscheinlich zum Pol selbst mitnehmen wollte –, drei Monate vor dem Aufbruch zum Pol die äußerst strapaziöse und schwächende Winterreise nach Cape Crozier. Nachdem Evans bereits tot war und Oates immer schwächer wurde, war es dann noch sinnvoll, etwa 16 Kilogramm Gesteinsproben auf dem Schlitten mitzuziehen? Gran meinte, sie hätten sich diese Last ersparen können. Es wäre besser gewesen, sie unter einem der Steinhaufen zu verstauen, um sie dann im nächsten Jahr, wenn wieder Schlittenreisen unternommen würden, zu holen und jetzt mit ihren schwindenden Kräften möglichst hauszuhalten. Doch vor allem Wilson beharrte darauf, dass sie sie mitnahmen, und wieder einmal konnte Scott es ihm nicht abschlagen. Es war auch eine Frage des Stolzes zu beweisen, dass sie dem wissenschaftlichen Geist der Expedition treu geblieben waren. Und sie waren für die Wissenschaft gewiss von Wert.

Bei der Planung und Durchführung der Expedition wurde Scott wahrscheinlich durch die rivalisierenden Ansprüche beim Wettlauf zum Pol (die die Spendenbereitschaft in der Öffentlichkeit förderten) und die Suche nach wissenschaftlicher Erkenntnis, die ihn aufrichtig begeisterte, behindert. Er hatte womöglich Schwierigkeiten gehabt, diese beiden Ziele auch in seinem Inneren miteinander zu versöhnen. Jedenfalls erforderte dieses doppelte Ziel ein erweitertes Management und eine größere logistische Anstrengung sowie eine höhere Summe an Spendengeldern, was ihn alles davon ablenkte, sich auf jeden einzelnen Aspekt zu konzentrieren. Im Gegensatz dazu lenkte Amundsen sein Augenmerk auf das einzige Ziel, den Pol zu erreichen, und ließ sich weder durch neue Technologien noch durch die Wissenschaft davon abbringen. Die Geheimnistuerei um sein wahres Ziel ermöglichte es ihm, seine Pläne relativ frei von Publicity und dem Druck öffentlicher Erwartungen auszuarbeiten, insbesondere, nachdem Peary für sich reklamiert hatte, den Nordpol erreicht zu haben. Als praktisch orientierter und erfahrener Profi plante er sorgfältig und machte sich alle Erfahrungen zunutze, die er in der Arktis gesammelt hatte. Auf seinen Anfang 1911 zur Anlage der Depots unternommenen Reisen führte er die Vorräte viel näher an den Pol heran, als Scott dies tat. Weniger empfindsam und emotional viel distanzierter als Scott verließ er sich ausschließlich auf Hunde als wohlerprobte Transportmittel und machte von ihnen als Nahrungsmittel unsentimentalen Gebrauch. In seinem Umgang mit Menschen erwies er sich als ähnlich effizient und unsentimental.

Alle diese Faktoren laufen auf die Frage hinaus, ob Scott ein guter Expeditionsleiter war. Man hat ihm vorgehalten, doktrinär, stur und unnahbar gewesen zu sein. Doch während er, im Nachhinein gesehen, sicherlich besser hätte planen können, waren seine Fehler oft das Resultat mangelnder Kenntnisse, die man von ihm auch nicht erwarten konnte, und verursacht durch Zeitmangel aufgrund seiner Mehrfachbelastung. Es ist falsch anzunehmen, dass seine Leistung als Expeditionsleiter von Natur aus mit Fehlern behaftet und daher zum Scheitern verurteilt war. Auch wenn er wegen seines Temperaments nicht unbedingt geeignet war, eine Expedition zu leiten, brachte er seine Schwächen im Großen und Ganzen unter Kontrolle. Er wurde von seinen Leuten allgemein gemocht und respektiert, von denen einige, unter anderen Wilson, Edgar Evans, Lashly und Crean Altgediente von der *Discovery*-Expedition waren und genau wussten, was für eine Art von Führer er war. Wilson, der kein Dummkopf und durchaus imstande war, seine Mitmenschen realistisch einzuschätzen, offenbarte Markham seine Gefühle für Scott: »Mit ihm wird es eine Ehre sein, in jede Gletscherspalte der Welt zu fallen! Ich habe ihn wirklich *sehr* gern.«[12]

Es kam unweigerlich zu Krisensituationen, vor allem während des langen antarktischen Winters. Isolation, Monotonie und Klaustrophobie fordern ihren Tribut, und der Führer wird dann schnell zur Zielscheibe von Kritik. Doch man muss sich davor hüten, in die Klagen über Scott, die sich in verschiedenen Tagebüchern und Briefen finden, zu viel hineinzulesen. Oates räumte das ein und schrieb seiner Mutter, sie solle seiner Kritik an Scott in früheren Briefen nicht zu großes Gewicht beimessen.[13] Tatsächlich lassen Mitglieder von Expeditionen in ihren Notizbüchern oft Dampf ab und bringen ihre Beschwerden und Klagen, die offen auszusprechen gefährlich wären, eben zu Papier.

Natürlich kam Scott mit einigen seiner Kollegen besser zurecht als mit anderen – so haben sich er und Meares eigentlich niemals verstanden, und auch mit dem lakonischen Oates klappte die Kommunikation nicht. Doch war die *Terra-Nova*-Expedition einigermaßen harmonisch. Es gab keine ernsthaften Reibereien wie auf Shackletons *Nimrod*-Expedition, auf der einer seiner Männer, Marshall, schrieb, er habe »kein Jota Respekt vor ihm«[14] und halte Shackleton für einen Feigling, einen Schurken und obendrein noch für inkompetent: »Sh. zum Pol zu folgen ist, wie einem altem Weib zu folgen. Immer in Panik.«[15] Auf derselben Expedition beschwerte sich Wild regelmäßig in seinem Tagebuch darüber, dass seine Gefährten Marshall und Adams die Schlitten nicht richtig zogen. Er bezeichnete Marshall als »großes, fettes, faules Schwein«.[16] Dieser und Adams seien »gefräßige, nichtsnutzige Bettler« und dafür verantwortlich, dass sie nicht bis zum Pol gelangten.[17] Auch gab es nichts Vergleichbares wie den Bruch, zu dem es zwischen Amundsen und Johansen kam, der die Kühnheit besessen hatte, Amundsen nach der fehlgeschlagenen ersten Exkursion zum Pol in Gegenwart der anderen zu kritisieren. Amundsen entfernte ihn aus der Pol-Gruppe und verzieh ihm niemals, sondern behandelte ihn als Paria. Johansen erschoss sich im Januar 1913.

Die Moral der *Terra-Nova*-Expedition kann auch mit der früherer Arktis- und Antarktisexpeditionen verglichen werden. Die amerikanische Arktisexpedition unter Charles Hall im Jahr 1871 stand unter dem Zeichen von Meuterei und Zwietracht. Hall selbst erlag einer plötzlich auftretenden schweren Krankheit, nachdem er nach der Rückkehr von einer Schlittentour einen Becher mit wärmendem Kaffee getrunken hatte. Es bestand der starke Verdacht, dass er ermordet worden war, und seine Leiche wurde 1968 aus seinem markierten Grab exhumiert. Untersuchungen in Amerika ergaben, dass Hall kurz vor seinem Tod tödliche Mengen Arsen zu sich genommen hatte. Auf seiner Antarktisexpedition in den frühen 1880er Jahren erreichte Adolphus Greely, Major der US-Armee, einen neuen südlichsten Punkt, aber als die Rationen knapp wurden, nahm die Proviantklauerei durch Expeditionsteilnehmer derart überhand, dass Greely später vor das Kriegsgericht zog und der schlimmste Übeltäter hingerichtet wurde.

Unter neueren Expeditionen ist im Bericht von Roger Mear und Robert Swan über ihre Reise »in Scotts Fußstapfen«, die Mitte der 1980er Jahre stattfand, häufig von Feindseligkeit, Intoleranz und Stress innerhalb der Gruppe die Rede. Sie konnten die Belastungen sehr leicht nachvollziehen:

»Stellen Sie sich die Frustration vor, als Scotts Gruppe auf der Rückkehr vom Pol, von Lebensmittelknappheit und Zeitmangel bedrängt, ihren einzigen Schlitten über den Schnee des Polarplateaus zog. Zuerst musste Bowers stehen bleiben und eine Socke hochziehen, die ihm Beschwerden verursachte, dann, zehn Minuten später, musste Wilson pinkeln, und Scott, der ihnen den Kurs vorgab, musste wiederholt anhalten, um ihre Orientierung zu überprüfen, und jedes Mal bedeutete dies eine Verzögerung. Stellen Sie sich den schwelenden, immer wieder zutage tretenden Verdacht vor, dass die anderen nicht so gut zogen, wie sie eigentlich könnten.«[18]

Scott musste führen, und weder die Marine noch eine Polarexpedition können nach demokratischen Grundsätzen geführt werden. Vor diesem Hintergrund wirken Scotts Rolle auf der *Terra-Nova*-Expedition und die allgemein dort herrschende Harmonie geradezu bemerkenswert. Das Marinereglement mit seiner Formalität und Disziplin trug wahrscheinlich dazu bei, dass das Gleichgewicht gewahrt wurde, auch wenn es die Kommunikation manchmal erschwerte.

Doch obwohl es auf der *Terra-Nova*-Expedition kameradschaftlich zuging, war ihr nicht besonders viel Glück beschieden. Scott hatte Recht, wenn er das Pech, zumindest bis zu einem gewissen Grad, für das verantwortlich machte, was alles schief ging. Die Aura des Pechvogels, die Kathleen zu Beginn ihrer Bekanntschaft erahnt hatte, haftete ihm während der gesamten Expedition an. Tatsächlich schrieb sie, nachdem sie aus Antarktika einen Brief von ihm erhalten hatte, an die Geographical Society: »Mein Mann wird immer vom entsetzlichsten PECH verfolgt!«[19] Amundsen hätte für diese Sicht der Dinge nicht viel Verständnis gehabt. Er glaubte, dass »denjenigen der Sieg erwartet, der für alle Fälle vorgesorgt hat – so etwas nennen die Leute Glück. Die sichere Niederlage steht demjenigen ins Haus, der versäumt hat, rechtzeitig die notwendigen Vorsichtsmaßnahmen zu ergreifen – das wird dann Pech genannt.«[20] Doch dies ist, auf Scott angewandt, ein zu strenges Urteil. Er wurde von einer Reihe von Schlägen überrascht, die mit der Unerbittlichkeit einer griechischen Tragödie aufeinander folgten.

Zunächst lenkten ihn während der gesamten Planungsphase die ständigen Sorgen über die Finanzierung der Expedition ab und verfolgten ihn sogar noch in Antarktika. Statt wie andere Forscher, die zur Gänze von ihren Regierungen finanziert wurden, freie Hand zu haben, um seine Expedition bis ins letzte Detail vorzubereiten, hatte Scott das Pech, Mittel an Land ziehen und nach Sponsoren Ausschau halten zu müssen – eine Zeit, die besser investiert worden wäre, wenn er Schlittenkleidung und -ausrüstung getestet, Kältebedingungen studiert und das Leben unter diesen Bedingungen geübt hätte – alles Dinge, die Scott, wie Kritiker hervorhoben, nicht gründlich genug vorbereitet hatte. Scott hatte auch insofern Pech, als er die *Discovery* nicht für die Expedition bekommen konnte. Sie war schneller und verbrauchte weniger Kohle als die *Terra Nova* und hätte ihm vielleicht geholfen, früher in Antarktika einzutreffen. Amundsen brauchte mit der *Fram* zehn Wochen weniger, um dorthin zu gelangen, allerdings lief er auch weniger Häfen an. Die *Terra Nova* hinkte, noch bevor sie überhaupt Kapstadt erreichte, bereits 22 Tage hinter ihrem Zeitplan her. Das Problem wurde dadurch verschlimmert, dass Scott viel weiter nördlich auf das Packeis stieß, als er vorhergesehen hatte. Folglich dauerte die Fahrt durch das Packeis 20 Tage, während die *Discovery* dazu nur vier Tage benötigt hatte. Seine späte Ankunft verzögerte die Reise für die Anlage der Vorratslager beträchtlich. Wäre er früher aufgebrochen, hätte das One Ton Depot vielleicht weiter südlich eingerichtet werden können.

Ein weiterer Faktor, der eine große Rolle spielte, war schlicht und ergreifend das miserable Wetter. Schlechte

Wetterverhältnisse sorgten, sobald Scott abreisebereit war, für eine Verzögerung der Reise, auf der die Vorratslager angelegt wurden. Sie verzögerten auch die Reise zum Pol – die vier Tage, die durch den Blizzard am Fuß des Gletschers verloren gingen, waren von entscheidender Bedeutung. Wäre die Pol-Gruppe nur ein paar Tage früher zurückgekehrt, hätten sich ihre Chancen, das One Ton Depot zu erreichen, ehe der letzte Schneesturm losbrach, erheblich verbessert.

Im November 1999 veröffentlichten amerikanische Wissenschaftler Forschungsergebnisse, die Scotts in seiner »Botschaft an die Öffentlichkeit« geäußerte Ansicht bestätigten, dass er und seine Leute während der letzten Abschnitte ihrer Reise mit viel niedrigeren Temperaturen und mit viel schlechteren Bodenbedingungen konfrontiert waren, als sie normalerweise zu dieser Zeit des Jahres zu erwarten waren. Die Amerikaner wiesen nach, dass die täglichen Tiefsttemperaturen, die Scott »von Ende Februar bis zum 19. März 1912 aufzeichnete, im Durchschnitt sechs bis zwölf Grad unter denen lagen, die seit Beginn der routinemäßigen modernen Wetterbeobachtung im Jahr 1985 in derselben Gegend und in derselben Jahreszeit gemessen wurden«. Ferner wurde »nur in einem der 15 Vergleichsjahre« eine Kälteperiode verzeichnet, die ähnlich lange anhielt wie die, von der Scott berichtete.[21]

Durch die zunehmende Kälte verschlechterte sich auch die Schneequalität, und es kam schneller zu Erfrierungen. Welches Ausmaß die Erfrierungen erreichten, zeigt die Tatsache, dass Oates gegen Ende offensichtlich seinen später von der Suchmannschaft gefundenen Schlafsack aufschlitzte, um seinen erfrorenen Fuß aus dem Sack herausstrecken zu können. Er tat das, um sich den qualvollen Schmerz des nächtlichen Auftauens zu ersparen. Diese neuen Erkenntnisse amerikanischer Meteorologen beweisen, dass Scott in Bezug auf die Beobachtungen, die er während dieser letzten Tage über das Wetter anstellte, ehrlich und aufrichtig war, und widerlegen damit jene Biographen jüngerer Zeit, die behaupteten, Scott habe das schlechte Wetter und andere, vom Zufall abhängige Faktoren übertrieben, um seine eigenen Fehler bei der Führung und Planung der Reise zu kaschieren.

So schrecklich das Wetter auch war –, den Gipfel der Pechserie bildete – zumindest unter psychologischen Gesichtspunkten – wohl Amundsens Intervention und die Art, wie er sie durchführte. Trotz der damals starken Rivalität zwischen den Nationen und Scotts bekannter Empfindlichkeit gegenüber anderen, die ihm in dem, was er für sein Privatgehege hielt, in die Quere kamen, war Wilhelm Filchner nach London gekommen, um alle konfliktträchtigen Fragen im persönlichen Gespräch zu klären. Amundsen zog es vor, seine Pläne zu schmieden und den Beginn seiner Reise zu verheimlichen. Von dem Augenblick an, als Scott in Melbourne erfuhr, dass der Norweger nach Süden reiste, stand er unter Druck. Wie sollte er reagieren? In seinen Augen hatte sein Widersacher schlitzohrig und nicht wie ein Gentleman gehandelt. Sollte er nun seine eigenen Pläne ändern? Was würde geschehen, wenn Amundsens Ansatz sich als überlegen erweisen würde? Was würde die Welt über ihn, Scott, sagen, wenn er von Amundsen geschlagen würde? Seine Hoffnungen auf Ruhm und Ehren schienen plötzlich auf schwachen Füßen zu stehen. Die Tatsache, dass er Amundsen in der Bay of Whales antraf, musste in den Monaten vor dem Aufbruch der Pol-Gruppe Scotts inneren Frieden zutiefst erschüttert haben, auch wenn er vielleicht eine tapfere Miene zur Schau stellte. Und dann kam die entsetzliche Entdeckung am Pol selbst. Scott übertrieb nicht, wenn er schrieb, dass »das Schlimmste geschehen war«. Erschöpft, unterernährt und angesichts einer ihnen noch bevorstehenden grauenhaften Rückreise muss die Enttäuschung fürchterlich gewesen sein. Nach all den Jahren des Kampfes und der Anstrengung gab es nur den zweifelhaften Trostpreis, als Erster mit der Neuigkeit zurückzukehren.

Persönlich war es für Scott ein vernichtender Schlag. Er würde nicht als heroischer Eroberer zu seiner Frau zurückkehren, die er mit so großer Ehrfurcht betrachtete und die ihn ermuntert hatte, nach Süden zu reisen. Wie er in seinem letzten an sie gerichteten Brief schrieb: »Du hast mich gedrängt, eine Führungsrolle zu übernehmen... Ich habe mich die ganze Zeit der Herausforderung gestellt, nicht wahr?« Oates hatte viel früher scharfsinnig kommentiert: »Wenn [Amundsen] als Erster den Pol erreicht, werden wir mit eingekniffenem Schwanz nach Hause kommen, so viel ist gewiss. Ich muss sagen, wir haben viel zu viel Wirbel um uns gemacht, diese ganze Fotografiererei, das Jubelgeschrei, die großartige Verabschiedung durch die Flotte usw.«[22] Während Scott mühsam wieder nach Norden marschierte, müssen solche Gedanken ihren physischen und mentalen Tribut gefordert haben. Er neigte, wie er selbst zugab, zur Selbstbeobachtung und zu Depressionen. Er litt wahrscheinlich auch unter dem Stress – daher die auf der *Discovery*-Expedition und am Fuße des Beardmore-Gletschers immer wieder auftretenden Verdauungsstörungen, die ihn befürchten ließen, gar nicht bis zum Pol gehen zu können. Diese Charaktereigenschaften traten wahrscheinlich auf der Rückkehr vom Pol stärker zutage. Seine Tagebücher zeigen, dass er tapfer versuchte, sich von Bowers' und Wilsons Fröhlichkeit trösten zu lassen, weisen aber auf ein furchtbar schweres Herz hin.

Edgar Evans war ebenfalls bitter enttäuscht. Seit den Tagen der *Discovery* war er Scott treu ergeben, und der Misserfolg am Pol hatte vielleicht das Vertrauen in seinen Kapitän erschüttert und damit seine geistige Widerstandskraft gegen seinen körperlichen Zusammenbruch geschwächt. Natürlich spielte bei der ganzen Katastrophe das Nachlassen seiner Körperkräfte eine Rolle. Es war nicht nur zermürbend zuzusehen, wie der Zustand des groß gewachsenen Walisers sich bis zur Hilflosigkeit verschlechterte; die anderen gerieten durch ihn auch in Verzug. In Scotts Tagebuch findet sich denn auch aufrichtige Erleichterung über Evans' natürlichen Tod. Manche meinen, dass Evans deshalb unter Druck stand, weil er in einer Gruppe von Offizieren als Einziger vom Mannschaftsdeck stammte. Doch dagegen spricht, dass Evans Scott gut kannte – er hatte sich auf der *Discovery*-Expedition mit ihm einen Schlafsack geteilt und hatte Scott überreden können, ihn wegen seiner Zecherei in Neuseeland nicht aus der *Terra-Nova*-Expedition zu verbannen. Von Belang war allerdings, dass Evans – vielleicht aus Loyalität gegenüber Scott und wegen seines Ehrgeizes, zum Pol zu gehen – ihm nicht offen sagte, wie schwer er sich beim Umbau der Schlitten die Hand verletzt hatte.

Die Persönlichkeiten der anderen Mitglieder der Pol-Gruppe spielten auch eine Rolle. Rittmeister Oates verkörperte den lakonischen Offizier des edwardianischen Zeitalters. Er wäre wahrscheinlich erleichtert gewesen, wenn er aufgefordert worden wäre, mit der letzten Hilfsgruppe zurückzukehren; denn seine Kriegsverletzung machte ihm wohl zu schaffen. Mit seinem verkürzten Bein würde er, nachdem er bereits so viele Kilometer gegangen war, sein Rückgrat und sein Becken sehr stark belasten. Darüber hinaus teilte er nicht die leidenschaftliche

Ergebenheit, die die anderen gegenüber Scott an den Tag legten. Er war viel mehr als Edgar Evans ein Außenseiter – ein Mann des Militärs aus einer anderen sozialen Schicht, der aufgrund der Tatsache, dass er zur Pol-Gruppe gehörte, wenig zu beweisen oder zu gewinnen hatte. Doch er war sich der Ehre seines Regiments und des Militärs bewusst und verfügte wie andere Angehörige seiner Generation über ein ausgeprägtes Pflichtgefühl. Es wäre ihm niemals in den Sinn gekommen, darum zu bitten, entweder mit Atkinson oder mit Teddy Evans zurückzukehren. Dennoch wurde ihm sein Pflichtgefühl zum Verhängnis. Hätte er seine zunehmende Schwäche eingestanden, dann wäre er nicht zum Pol gegangen. Oates' Zusammenbruch hielt wie der von Evans seine Kameraden erheblich auf. Unglücklicherweise erkannte Wilson, der seit einigen Jahren kein praktizierender Mediziner mehr war, die Probleme nicht, die Oates und Evans hatten. Hätte er seine Kollegen in der Phase, in der eine Rückkehr noch möglich gewesen wäre, trotz der Kälte auch nur einer rudimentären Untersuchung unterzogen, hätte er vielleicht festgestellt, in welch ernstem Zustand sich Evans' Hand und Oates' Fuß befanden, und damit womöglich Scotts Auswahl der Mitglieder der Pol-Gruppe beeinflusst. Scotts Überlebenschancen wären womöglich beträchtlich gestiegen, wenn er statt Edgar Evans und Oates Lashly und/oder Crean mitgenommen hätte.

Wilsons und Bowers' körperliches und geistiges Durchhaltevermögen und ihre Ergebenheit gegenüber Scott bildeten ein Gegengewicht zum Kräfteverfall von Evans und Oates und stellten für Scott eine Quelle der Kraft dar. Doch Wilson und Bowers hielten ihrem Führer vielleicht zu sehr und zu bedingungslos die Treue. Bowers hatte früher einmal geschrieben, er sei Kapitän Scotts Mann und werde bis zum Ende bei ihm bleiben. Selten, wenn überhaupt stellten sie seine spontanen Entschlüsse und seine bisweilen unlogischen Entscheidungen infrage oder gingen seiner Unschlüssigkeit auf den Grund. Paradoxerweise wurde dadurch vielleicht Scotts Last als Führer noch erschwert, weil es seine Isolation, seine Schuldgefühle und sein Verantwortungsgefühl verstärkte. Ihre Loyalität machte es ihnen auch schwer, ihn am Ende allein zu lassen, um zu versuchen, zum One Ton Depot durchzubrechen. Bowers – und in geringerem Umfang – Wilson waren besser in Form als Scott, der durch seine Erfrierungen lahmgelegt war, und hätten vielleicht weitermachen können. Bowers schrieb in seinem letzten Brief an seine Mutter: »Ich bin immer noch stark und hoffe, [das One Ton] Depot zu erreichen.«

Aus den Tagebüchern wird nicht deutlich, warum sie es nicht versuchten. Niemand wird je erfahren, was in diesem kalten grünen Zelt tatsächlich geschah. Vielleicht war das Wetter einfach zu schlecht. Es gibt keine Beweise dafür, dass Scott versuchte, es ihnen auszureden. Ebensowenig gibt es Hinweise darauf, dass Scott versuchte, es Rittmeister Oates nachzutun und sich zu opfern, um ihnen die Entscheidung zu erleichtern. Selbst wenn er es versucht hätte, hätten sie es wahrscheinlich nicht zugelassen. Über welche Möglichkeiten sie auch immer diskutiert haben mögen, es hat den Anschein, dass sie es vorzogen, sich neben ihren Führer zu legen und entweder auf das Nachlassen des Sturms oder auf ihren Tod zu warten. Natürlich waren beide nicht nur Scott gegenüber zutiefst loyal, sie waren auch beide tief religiös und glaubten, dass alles in Gottes Hand liege. Dies ermöglichte es ihnen, ihr Schicksal ruhig zu akzeptieren, und beide gingen gelassen in den Tod. Nicht so Scott, der in den letzten Augenblicken seines Lebens gekämpft zu haben scheint, weil er vielleicht versuchte, sich aus seinem Schlafsack zu befreien, damit die Kälte sein Ende beschleunigte. Wenn er, wie oft behauptet wurde, als Letzter starb, musste es für einen einfühlsamen Agnostiker wie ihn wirklich entsetzlich gewesen sein, neben den Leichen seiner Kameraden dazuliegen und auf den Tod zu warten.

Woran starben die Mitglieder der Pol-Gruppe? Die wahrscheinlichste Erklärung für Edgar Evans' Zusammenbruch war, dass Hunger, verschlimmert durch Skorbut, seine Blutgefäße schwächte und dass der Schlag gegen seinen Kopf, den er beim Sturz in eine Spalte erlitten hatte, eine Hirnblutung auslöste. Am Ende litt er wahrscheinlich auch an Unterkühlung – Taumeln und Ohnmachtsanfälle sind Symptome davon.[23] Eine andere Vermutung geht dahin, dass er sich durch den Kontakt mit den Ponys und ihrem Geschirr einen Milzbrand zugezogen hatte, aber dies ist wohl weniger wahrscheinlich.[24] Rittmeister Oates war das Opfer schwerer Erfrierungen an seinem Fuß. Seine Schmerzen müssen unerträglich und seine Fähigkeit, zügig zu marschieren, eingeschränkt gewesen sein – daher sein Entschluss, in den Schnee hinauszugehen und den Tod zu suchen. Die Erfrierungen wurden wahrscheinlich durch Kreislaufprobleme verschlimmert. Diese waren durch seine alte Kriegswunde ausgelöst worden, die sich ihrerseits vielleicht durch beginnenden Skorbut wieder geöffnet hatte. Scott, Wilson und Bowers verhungerten und erfroren.

Wie Cherry-Garrard traurig bemerkte: »Die ganze Sache wimmelt nur so von ›Wenns‹.«[25] Doch im Nachhinein ist es allzu leicht zu kritisieren, und obwohl es verlockend ist, sich auf das zu konzentrieren, was schief ging, bleibt es eine Tatsache, dass Kapitän Scott und seine Gefährten eine beachtliche Leistung vollbrachten, und dabei Mut, Loyalität und außergewöhnliches physisches Durchhaltevermögen an den Tag legten. Das übrig gebliebene

Kleeblatt kämpfte sich 2685 von 2963 Kilometern unter den schlimmsten Bedingungen auf Erden durch. Hätten sie auf ihrer Rückkehr vom Pol pro Tag nur 320 Meter mehr geschafft, hätten sie das One Ton Depot erreicht. Worauf es ankommt, ist nicht, dass sie letzten Endes scheiterten, sondern dass sie den Erfolg nur um Haaresbreite verfehlten.

Streben, suchen, finden und nicht aufgeben

Am 18. Januar traf eine auf Hochglanz gebrachte und festlich geschmückte *Terra Nova* unter dem Kommando eines gesunden und völlig wiederhergestellten Teddy Evans mit flatternden Fahnen in Cape Evans ein. Er und seine Besatzung stützten sich auf die Reling, begierig auf die Nachricht, aber die Gestalten auf dem Eis wirkten merkwürdig bedrückt. Teddy Evans rief durch ein Megaphon: »Geht es euch allen gut?«[1] Es herrschte eine unheilschwangere Stille, ehe es Campbell über sich brachte zu antworten, dass Scott und seine Gruppe den Pol zwar erreicht hatten, aber alle umgekommen waren. Die Fahnen wurden sofort auf Halbmast gesetzt, die Spruchbänder und Schleifen, mit denen die Offiziersmesse dekoriert war, wurden abgenommen, und der Champagner und die Zigarren, die man für die zurückkehrenden Helden bereitgestellt hatte, weggeräumt. Was ein freudiges Wiedersehen hätte werden sollen, wurde zu einem trauervollen Abschied von einer Gegend, die viele niemals wiedersehen wollten. Ehe sie an Bord der *Terra Nova* gingen, versammelten sich die Männer um das schlichte, 2.75 Meter hohe Kreuz aus Dscharrah-Holz, das sie auf dem Observation Hill errichtet hatten und das auch heute noch dort steht. Auf dieses Kreuz hatten sie die Namen der fünf Umgekommenen eingeritzt, und ihr Epitaph war auf Cherry-Garrards Vorschlag hin Tennysons *Ulysses* entnommen worden: »Streben, suchen, finden und nicht aufgeben.« Dieses Zitat war handschriftlich in einen Band mit Browning-Gedichten eingetragen worden, den man im Zelt neben Scotts Leiche gefunden hatte.

Die außergewöhnliche Erfahrung und der gemeinsam erlittene Verlust einten die Überlebenden in ihrem Kummer. Doch bei ihrer Rückkehr in die Zivilisation stellten sie fest, dass ihre Gefühle im großen Ausmaß geteilt wurden. Wie Cherry-Garrard beschrieb, landeten sie, »um das Empire – fast die ganze zivilisierte Welt – in Trauer anzutreffen«. Die Nachricht, die die Männer der *Terra Nova* telegraphisch übermittelten, wurde Anfang Februar 1913 in Großbritannien bekannt. Nach Amundsens Sieg hatte das Interesse an Antarktika nachgelassen, und andere Themen, wie die Militanz der Suffragetten, Bergarbeiterstreiks und Spannungen in Ulster, hatten die Schlagzeilen beherrscht. Jetzt aber überboten sich die Zeitungen an emotionalen und patriotischen Ergüssen. Die *Times* erklärte am 11. Februar: »Nach dem Eintreffen der Nachricht gaben die Menschen eine Zeit lang trotz allem die Hoffnung nicht auf und fragten sich, ob die Mitteilung nicht falsch verstanden worden war, denn zunächst waren Nachrichten über die Arktis und die Antarktis fast immer von Gerüchten umrankt gewesen.«[2] Sie erinnerte auch an Tennysons Vers über den Tod von Sir John Franklin, der auf der Suche nach der Nordwestpassage umkam; Tennyson hatte darin ein Wort verwechselt und »Süden« statt »Norden« geschrieben.

Schlagzeilen wie »Wie Kapitän Scott starb«, »Acht Tage des Verhungerns«, »Sein letzter Appell an England«, »Huldigung an Helden« und »Ein Oates kapituliert nicht« hielten die Öffentlichkeit in ihrem Bann. Scott war zur nationalen Ikone geworden. Im Beileidsschreiben des Königs spiegelt sich die allgemeine Stimmung wider, in der von »dieser schockierenden Katastrophe« die Rede ist, »die das

englische Volk und die ganze Welt der Wissenschaft be-
klagen«. Nur zehn Monate zuvor hatte die Nation über
den Untergang der *Titanic* getrauert. Jetzt hieß es in einem
Leitartikel: »Kapitän Scott kam unter schrecklicheren Umständen um als die Titanic.« Die St. Paul's Cathedral war
am 14. Februar voller emotional aufgewühlter Menschen,
die zu einem Gedenkgottesdienst gekommen waren, den
auch der König besuchte, während Tausende sich draußen
vor der Kirche drängten. Am Mittag desselben Tages wurde
den 750 000 Kindern der Schulen des Londoner County
Council von ihren Lehrern die Geschichte von Scotts Tod
erzählt. Sie entfachte die Phantasie der jungen Leute – so
nannten etwa die Mitford-Schwestern ihre eiskalte Toi-
lette »The Beardmore«. Am 20. Februar hatte Madame
Tussaud ihr Wachsfigurenkabinett um eine lebensgroße
Figur von Kapitän Scott bereichert.

Beileidsbekundungen von Staatsoberhäuptern und Vertretern der Welt der Wissenschaften trafen in Massen und
von überall her ein. Auch der Präsident der Vereinigten
Staaten, Taft, schickte ein Kondolenzschreiben, und die
Times berichtete, der Kaiser habe »eine Botschaft« gesandt,
»die tiefes Mitgefühl mit der [britischen] Nation und aufrichtige Bewunderung für die Helden von Kapitän Scotts
Expedition zum Ausdruck brachte«. Filchner und die
Deutsche Geographische Gesellschaft in Berlin bekunde-
ten ebenfalls ihre Anteilnahme.

Während die Nachricht in Großbritannien bekannt
wurde, erinnerte ein Journalist des *Evening Standard* seine
Leser daran, dass es »jemanden gab, der noch immer nichts
von der entsetzlichen Tragödie wusste: diese Frau ohne
Fortüne, unterwegs auf hoher See, strahlend vor Hoffnung
und Erwartung und darauf brennend, ihren Mann zu treffen und den Triumph seiner Rückkehr mit ihm zu teilen«.
Kathleen, der es nicht gefallen hätte, sich so dargestellt zu

sehen, war im Januar abgefahren. Nachdem sie in Mexiko mit Cowboys auf einer Ranch »herumvagabundiert« war, an einem Lagerfeuer aus Zedernholzscheiten geschlafen und während der rasenden Fahrt durch die mexikanischen Prärien auf Lokomotiven gesessen hatte, hatte sie in San Francisco die RMS *Aorangi* bestiegen. Am 19. Februar, als das Schiff irgendwo zwischen Tahiti und Raratonga dampfte, überreichte ihr ein nervöser Kapitän eine über Funk gemeldete Botschaft: »Kapitän Scott und sechs [sic] andere in einem Blizzard umgekommen, nachdem sie den Südpol erreicht hatten.« Eine fassungslose Kathleen dankte ihm höflich und ging zu ihrer Spanischstunde, zum Mittagessen und las dann in einem Buch über die *Titanic*. Doch hinter ihrer für sie so typischen Zurschaustellung von Stärke verbarg sich tiefe Qual. Sie schrieb, sie hätte sich, wenn sie »fest an ein Leben nach dem Tode« geglaubt hätte, über Bord geworfen. Doch da sie das nicht tat, sah sie ihre Pflicht darin, das Beste daraus zu machen und sich in jener »vollkommenen Selbstbeherrschung« zu üben, die sie von Scott gelernt hatte. Sie tröstete sich mit der Hoffnung, dass vor seinem Tod »das Grauen seiner Verantwortlichkeit von ihm gewichen ist, denn ich glaube, dass es niemals einen Menschen mit einem solchen Verantwortungs- und Pflichtgefühl gegeben hat«. Interessanterweise wurde in ihrem veröffentlichten Tagebuch »das Grauen« durch »die Last« ersetzt.

Als Kathleen in Neuseeland eintraf, überreichte Atkinson ihr Scotts Tagebücher und seinen letzten Brief. Deren überzeugende, schöne Sprache und der sie tragende Geist entsprachen dem, was sie erwartet hatte. Doch während der folgenden Monate musste sie die Ironie beeindruckt haben, dass Scott so viele Dinge, die ihm zu Lebzeiten versagt geblieben waren, nun posthum im Übermaß verliehen wurden. Kathleen selbst erhielt den Status der Gemahlin eines Knight Commander des Bath-Ordens mit der Begründung, dass Scott, hätte er überlebt, diese Auszeichnung zuteil geworden wäre. Das Geld, um das er immer hatte kämpfen müssen, begann hereinzuströmen, weil die Nation jetzt auf seine »Botschaft an die Öffentlichkeit« reagierte. Bis Juli 1913 war der Scott Memorial Fund auf 75 000 Pfund angewachsen; das war mehr, als Scott zu seinen Lebzeiten je aufgetrieben hatte. Dies ermöglichte eine Unterstützung von je 8500 Pfund für Kathleen und Oriana, mit zusätzlichen 3500 für Peter, 6000 Pfund für Hannah Scott und ihre Töchter, 4500 für Bowers' Mutter und ihre Töchter und 1250 Pfund für Lois, Edgar Evans' Witwe. Da Oates ein wohlhabender Mann gewesen war, wurde eine Stiftung für ein Denkmal eingerichtet, das sein Regiment geplant hatte. Auch von der Regierung wurden Leibrenten und Pensionen ausgesetzt – Lois Evans erhielt jährlich 48 Pfund für sich und ihre drei Kinder, während Kathleen 100 Pfund im Jahr sowie ihre Pension von der Admiralität bekam, die aus 200 Pfund für sie plus 25 Pfund im Jahr für Peter bestand. Der Rest aus dem Fonds belief sich auf etwa 12 000 Pfund und wurde, nachdem die Schulden beglichen waren, in die Gründung des Scott Polar Research Institute der Universität Cambridge investiert.

Kathleen nahm ihr unabhängiges und geselliges Leben wieder auf, suchte gelegentlich Trost in Reisen ins Ausland, um »den Lobeshymnen, den Beileidsbekundungen und der traurigen Berühmtheit der Katastrophe in der Antarktis« zu entfliehen,[3] und widmete sich mit leidenschaftlicher, geradezu zwanghafter Hingabe ihrem Sohn. Als Bildhauerin erfreute sie sich wachsender Anerkennung, und zu ihren Werken zählten nunmehr Büsten und Statuen ihres geliebten Con, wie etwa die Bronzefigur in voller Schlittenausrüstung, die 1916 auf dem Waterloo Place in London enthüllt wurde. Andere wurden in Portsmouth und in Christchurch, Neuseeland, aufgestellt. Nachdem sie mit der Idee kokettiert hatte, sich von T.E. Lawrence, den sie in Marmor verewigte, den Hof machen zu lassen, heiratete sie 1922 den Politiker Edward Hilton Young, der später zum Lord Kennet of the Dene ernannt wurde. Sie erlebte noch, dass ihr Sohn Peter Scotts Ehrgeiz erfüllte und ein berühmter Naturforscher wurde. Sie starb 1947.

Was aber geschah mit den anderen, deren Leben von der Tragödie überschattet wurde? Amundsen war über Scotts Tod zutiefst bewegt. »Entsetzlich, entsetzlich«, lautete seine Reaktion, als er die Nachricht in Madison, Wisconsin, erfuhr.[4] Scotts Tragödie warf einen finsteren Schatten auf seine eigene Leistung. In der Bevölkerung wuchs das Gefühl, Amundsen habe dadurch, dass er Scott den ihm rechtmäßig zustehenden Preis weggeschnappt hatte, diesem auch das Herz gebrochen. Amundsen quälte sich darüber hinaus wegen seiner Entscheidung, am Pol keinen Ersatzkanister mit Brennstoff für Scott zurückzulassen, denn jetzt wusste er, dass dies sich auf den Ausgang der Reise entscheidend ausgewirkt hätte.

Amundsen, der niemals heiratete, fuhr fort, nach neuen Möglichkeiten der Grenzüberschreitung zu suchen. 1923 versuchte er, von Alaska nach Spitzbergen zu fliegen, aber sein Flugzeug stürzte schon beim Start ab. 1925 begaben er und einige Begleiter sich in zwei Flugzeugen auf einen Flug von Spitzbergen zum Nordpol, wurden aber zu einer Landung auf dem Packeis gezwungen. 1926 leitete er die erste Expedition, die die Arktis mit einem von dem Italiener Umberto Nobile gesteuerten Luftschiff namens *Norge* überqueren sollte. Zwei Jahre später stürzte Nobile auf einem Flug zum Nordpol an Bord des Luftschiffes *Italia* ab. Amundsen startete in einem kleinen Wasserflugzeug, um ihn zu retten, flog in einen eiskalten Winterhimmel hinein und wurde nie wieder gesehen. Ein paar Monate später wurden die Schwimmer und ein Benzintank des Flugzeugs gefunden. Amundsen und seine Kameraden hatten sie eindeutig als Rettungsflöße benutzt, waren aber dennoch umgekommen.

Scotts anderer großer Rivale, Shackleton, befand sich in New York, als er die Nachricht von Scotts Tod erfuhr. Reuters zitierte ihn mit folgenden Worten: »Es ist unvorstellbar, dass eine so gut ausgerüstete Expedition wie die von Kapitän Scott in einem Schneesturm umkommen konnte«, und er fügte hinzu, er selbst habe die stärksten Blizzards ohne Katastrophe überstanden.[5] Auch Shackleton setzte seine Tätigkeit als Forschungsreisender fort. 1914, am Vorabend des Krieges, brach er zu einer Expedition mit dem ehrgeizigen Ziel auf, Antarktika vom Weddell- bis zum Ross-Meer zu durchqueren. Doch sein Schiff, die *Endurance*, wurde vom Eis zermalmt. Die Besatzung, die unter dem Kommando von Frank Wild stand, suchte Zuflucht auf der Elephant Island, während Shackleton und fünf seiner Männer, darunter auch Thomas Crean, einen verzweifelten, aber erfolgreichen Versuch unternahmen, fast 1850 Kilometer nach Südgeorgien zu rudern, um dort auf einem 6.70 Meter langen Walfangschiff Hilfe zu holen. Die Mannschaft wurde schließlich gerettet. 1922 brach ein unbeirrter Shackleton wieder mit Frank Wild als seinem Stellvertreter auf, um das Grahamland zu erforschen, aber die physische Schwäche, die zu überwinden er sich so beharrlich bemüht hatte, wurde ihm zum Verhängnis. Er starb an Bord des Schiffes an Herzversagen und wurde auf Südgeorgien bestattet. Er war 47 Jahre alt. Wild ging nach Afrika, bekam aber Probleme mit dem Alkohol. 1930 starb er in Transvaal an einer Lungenentzündung.

Sir Clements Markham traf Scotts Tod tief ins Herz. Sein eigener Tod ließ nur noch drei Jahre auf sich warten.

Da er es vorzog, bei Kerzenlicht zu lesen, fing sein Bettzeug eines Nachts Feuer, und er starb im hohen Alter von 85 Jahren an den Folgen dieses Schocks.

Hannah Scott wurde ehrenhalber eine Wohnung in Hampton Court überlassen – einem Ort, den sie mit angenehmen Erinnerungen verband, da hier die Hochzeit ihres Sohnes stattgefunden hatte. Oriana Wilson, die, als die *Terra Nova* ihren Mann von ihr forttrug, so still und sphinxähnlich dagesessen hatte, erwies sich, ähnlich wie Kathleen, aber in der ihr eigenen Weise als praktische Frau. Sie stürzte sich in Aktivitäten und wurde für die Arbeit, die sie während des Ersten Weltkriegs für das neuseeländische Rote Kreuz geleistet hatte, mit dem Orden des Britischen Weltreichs ausgezeichnet. Später verfolgte sie dann mit Interesse die Tätigkeit des Scott Polar Research Institute. Sie heiratete nicht wieder und starb 1945 im Alter von 70 Jahren.

Rittmeister Oates' Mutter Caroline – die einzige Frau, die er, wie er Wilson kurz vor seinem Tod gestand, jemals geliebt hatte – konnte ihren Verlust nie verwinden. Jede Nacht schlief sie in seinem ehemaligen Zimmer in Gestingthorpe und trug stets eine der Epauletten seiner Regimentsuniform in ihrer Tasche mit sich herum. An der Nordwand der Kirche von Gestingthorpe ließ sie auch eine Bronzetafel anbringen, die sie jede Woche säuberte, und ordnete an, dass sein Tagebuch vernichtet werden sollte – das geschah allerdings erst, nachdem ihre Tochter Violet heimlich Auszüge aus ihm abgeschrieben hatte. Beileidsschreiben strömten herein – die Art, wie Oates in den Tod gegangen war, erregte in der ganzen Welt Bewunderung als Inbegriff dessen, was von einem englischen Offizier und Gentleman zu erwarten war.

Lois Evans, die von der *Western Mail* herablassend als »großartiges, feines Frauchen« bezeichnet wurde, errichtete ihrem Mann in der Kirche von Rhosili ein Denkmal und ließ sich in einem Vorort von Swansea in einem Haus nieder, das sie »Terra Nova« nannte. Sie war dankbar dafür, dass ihrem Mann das spätere Leiden der anderen erspart geblieben war, musste sich aber mit einer ständigen Unterstellung in der Presse herumschlagen, dass Edgar Evans' geistiger und körperlicher Zusammenbruch die anderen das Leben gekostet habe. 1948 besuchte sie die Premiere des Royal-Command-Films *Scott of the Antarctic* und sah James Robertson in der Rolle ihres Mannes. Sie starb 1952.

Die überlebenden Teilnehmer der Expedition hatten unterschiedliche Schicksale. Teddy Evans durchlief eine überaus erfolgreiche Marinelaufbahn, bekam den Orden für hervorragende Dienste, stieg bis zum Vizeadmiral auf, wurde 1946 zum Labour-Peer ernannt und erhielt den Titel Lord Mountevans of the Broke. *Broke* war der Name des Zerstörers, den er 1917 während eines verlustreichen Einsatzes gegen eine Gruppe deutscher Zerstörer unerschrocken befehligte. Eine der wenigen Gelegenheiten, bei denen er Furcht zeigte, war, als Kathleen Scott in der Charing Cross Station nach seiner Rückkehr nach England und nachdem er beinahe an Skorbut gestorben war, auf ihn zuging, um ihm einen Kuss zu geben: Ein Journalist bemerkte amüsiert, wie er dabei das Gesicht verzog.

Oates' Seelenfreund, Dr. Atkinson, überlebte den Krieg, wurde ebenfalls mit dem Orden für hervorragende Dienste und später mit der Albert Medal dafür ausgezeichnet, dass er im Hafen von Dover Menschen aus einem brennenden Schiff gerettet hatte – ein Einsatz, bei dem er ein Auge verlor. Er starb 1929 im Alter von nur 46 Jahren.

Apsley Cherry-Garrard, der empfindsame, kurzsichtige junge Mann, der zusammen mit Wilson und Bowers die denkwürdige Winterreise nach Cape Crozier unternahm, um Eier der Kaiserpinguine zu sammeln, kam nie über den Verlust seiner Kameraden hinweg. Er wurde für den Rest seines Lebens von dem Gedanken gequält, dass er im März 1912 die Hunde bis über das One Ton Depot hinaus hätte führen sollen, um nach der Pol-Gruppe zu suchen, die sich, was er nicht wissen konnte, in einer Entfernung von nur etwa 111 Kilometern auf dem Ross-Schelfeis befand. Er wurde immer wieder von einem Traum heimgesucht: »Die Tür der Hütte öffnet sich, ein Schwall kalter Luft dringt ein, und die Pol-Gruppe spaziert herein, schüttelt sich den Schnee von den Kleidern und das Eis von den Gesichtern... Die Enttäuschung festzustellen, dass es nur ein Traum war, wirkt dann tagelang nach.«[6] 1913 brachte er als einziger Überlebender der Winterreise die Eier ins Natural History Museum, wo sie ohne ein Wort des Dankes in Empfang genommen wurden. Er musste sogar beharrlich um die Ausstellung einer Quittung bitten. Im Ersten Weltkrieg befehligte er ein Panzergeschwader. Danach lebte er zurückgezogen und starb 1959.

Thomas Crean, der stramme Ire, der Teddy Evans das Leben gerettet hatte, erhielt für seine Mühen die Albert Medal. Er starb 1938 in Irland, erst 62 Jahre alt. Sein Begleiter auf der Rückreise nach Cape Evans, William Lashly, erhielt ebenfalls die Albert Medal. Nachdem er nach seiner Rückkehr aus Antarktika mit einer Pension aus der Marine entlassen worden war, meldete er sich am nächsten Tag zur Reserve. Im Ersten Weltkrieg kämpfte er an Bord der HMS *Irresistible*, die in den Dardanellen unterging, und wechselte dann auf die HMS *Amethyst*. Er beendete sein Arbeitsleben als Zollbeamter in Cardiff und verbrachte seinen Ruhestand in einem Haus, das er nach der Klippe zwischen dem Corner Camp und dem Beardmore-Gletscher Minna Bluff nannte. Er starb 1940 und verfügte, dass für ihn kein Grabstein errichtet werden solle.

Cecil Meares, der Freibeuter und Abenteurer, der für die Schlittenhunde verantwortlich gewesen war, setzte seine exotische Laufbahn fort. Im Ersten Weltkrieg ging er zum Britischen Fliegerkorps und stieg bis zum Rang eines Oberstleutnant auf. 1921 war er im Auftrag der britischen Regierung mit dem Flugzeug in Japan tätig und erhielt den japanischen Orden vom Heiligen Schatz, Dritter Klasse. Er zog sich nach British Columbia zurück und starb 1937 als 60jähriger.

Herbert Ponting oder »Ponko«, der begabte Fotograf der Expedition, setzte nach der *Terra-Nova*-Expedition seine Karriere fort und erwarb sich sowohl aufgrund seiner Standfotografien als auch seines Films *90° South* großes Ansehen. Doch in den folgenden Jahren scheiterte er mit einigen Geschäftsunternehmungen und starb 1935.

Tryggve Gran, das jüngste Mitglied der Mannschaft, ging während des Weltkriegs ebenfalls zum Britischen Fliegerkorps und löste so sein Oates gegebenes Versprechen ein, dass er, wenn es darauf ankäme, für Großbritannien kämpfen würde. Er schloss sich später dem Norwegischen Fliegerkorps an und nahm auch an der Suche nach Amundsen teil. Als letzter Überlebender der *Terra-Nova*-Expedition starb er 1980 im Alter von 91 Jahren.

Frank Debenham, der 1926 das Scott Polar Research Institute gründete, durchlief eine glänzende Karriere als Wissenschaftler und starb 1959. Sein Landsmann, der Australier Griffith Taylor, zeichnete sich ebenfalls in den Wissenschaften aus und wurde Professor für Geographie, zuerst in Chicago und dann an der Universität Toronto; er lebte bis 1964. Charles Wright, der einzige Kanadier der Expedition, diente im Ersten Weltkrieg als Funkoffizier und wurde mit dem Military Cross ausgezeichnet und in die Ehrenlegion aufgenommen. Er stand als hochgeachteter Wissenschaftler im Dienste der Admiralität, wurde in den Adelstand erhoben und starb 1975.

Die *Discovery*, die Scott auf seine erste Expedition brachte, war danach noch oft im Einsatz, zunächst als Handelsschiff für die Hudson Bay Company, dann als Forschungsschiff und schließlich mehr als 40 Jahre lang als Schulungsschiff für Sea Scouts auf der Themse. 1979 wurde sie dem Marine Trust übergeben, der mit der Restaurierung begann, und 1986 unter dem Klang von Dudelsackpfeifen in ihr heimatliches Dundee zurückgeführt. Heute steht sie Besuchern offen und bildet den Höhepunkt einer einfallsreichen Ausstellung über Antarktisexpeditionen. Die *Terra Nova*, das »kleine, merkwürdig geformte Schiff«, als die Debenham sie bezeichnete, ging während des Zweiten Weltkriegs vor der Südwestküste Grönlands unter. Sie hatte zwar ein schreckliches Leck, erwies sich aber als so unzerstörbar, dass die *Atak*, ein Boot der US-Küstenwache, 23 Salven von einem Dreizoll-Geschütz abfeuern musste, um sie zu versenken.

Die auf beinahe verstörende Weise stimmungsvoll wirkende Hütte bei Cape Evans gibt es immer noch. Einem Polarreisendem aus jüngerer Zeit »war es unmöglich, sich in dem schattigen Raum wohl zu fühlen, und obwohl die Atmosphäre nicht bösartig war, verließ mich, während ich meine Nase in ihre dunklen Ecken steckte, keinen Augenblick das Gefühl eines Vorwurfs... Keiner von uns... brachte jemals genug Mut auf, dort auch nur eine einzige Nacht zu verbringen.«[7] Andere waren so kühn und schliefen sogar in Scotts Koje, aber allgemein wird behauptet, die Atmosphäre dort sei die eines Heiligtums, in dem die Menschen instinktiv nur noch flüsterten.

Die Hütten bei Cape Evans und Hut Point enthalten immer noch Gegenstände der mit der *Discovery* und der *Terra Nova* unternommenen Expeditionen. Es gibt sehr menschliche Dinge, die an die Männer erinnern, die einst zwischen ihnen lebten und arbeiteten – Stiefel, Konservendosen, Ausrisse aus Zeitungen, Zeitschriften und vergilbte Fotografien. Bei Cape Evans zeugt Pontings saubere kleine Dunkelkammer noch immer von der Arbeit dieses »Kamerakünstlers«, als den er sich selbst gern bezeichnete. Die Ausrüstung, die er hinterließ, ist an den Regalen festgefroren. Das gilt auch für die wissenschaftlichen Geräte in Atkinsons ehemaligem Labor. In der Hütte der *Discovery*-Expedition wurde im Zuge von Restaurierungsarbeiten das Skript eines der Schauspiele gefunden, die im »Royal Terror Theatre« aufgeführt wurden. Auf dem Boden sieht man noch die Hufspuren der indischen Maultiere, die Atkinson auf seiner Suche nach der Pol-Gruppe begleiteten und die er, um sie vor der Kälte zu schützen, in die Hütte brachte.[8]

Mithilfe eines Arbeitsprogramms werden die Hütten vor den Auswirkungen der Zeit und des Klimas geschützt, und es wird sichergestellt, dass sie nicht von Touristen beschädigt werden. Nicht dass die Hütten für Besucher leicht zugänglich wären! Dies mussten mein Mann und ich im Zusammenhang mit den Recherchen für dieses Buch erfahren. Unser Versuch, wie Scott von Neuseeland zum McMurdo Sound zu fahren, scheiterte, als unser kleines russisches Zweitausendtonnen-Forschungsschiff im Februar 1997 unweit von Cape Adare in einen Orkan geriet. Das Wetter war umgeschlagen. Winde mit einer Geschwindigkeit von 250 Kilometern in der Stunde fegten über das Polarplateau, 20 Meter hohe Wellen, die die Wände unseres Schiffes eindellten, ein eingefrorenes Radargerät und Eis, das sich rasch auf den Aufbauten ansammelte – all das überzeugte unseren Kapitän davon, dass ihm nichts anderes übrig blieb, als wieder nach Norden zurückzuweichen. Unsere Enttäuschung hielt sich bei dem

Gedanken, dass wir nicht die Ersten waren, die die Launen dieses schönen, aber unberechenbaren und im Grunde unwirtlichen Endes der Erde zu spüren bekamen, in Grenzen. Wir waren auch nicht die Einzigen, die sich über »nicht der Jahreszeit gemäßes Wetter«, unerfüllte Erwartungen oder Schiffe mit zwei Geschwindigkeiten, »langsam oder noch langsamer«, Sorgen machten. Zumindest waren wir noch am Leben, und wir werden es eines Tages wieder versuchen.

Unterdessen liegen die Körper von Scott und seinen beiden Kameraden, »nun in ihrer Größe... unverändert und unverwest«, wie Atkinson sich ausdrückte, so da, als würden sie unter ihrem Eisbaldachin nur schlafen.[9] Eines Tages, wenn die Schelfeistafel sich zum Meer hinunterbewegt, wird das Stück Eis, das ihre Leichen beherbergt, abbrechen und sie wieder nach Norden tragen. Vielleicht ist dies schon geschehen.

Doch hier müssen wir uns von einer Geschichte verabschieden, die zwar ganz und gar Teil ihrer eigenen Zeit ist, uns aber doch nach wie vor fasziniert. Tatsächlich gewinnt – je geschäftiger, voller und einengender unsere Umwelt wird – Scotts Unzufriedenheit mit dem, was er diese »schrecklich zivilisierte Welt« nannte, immer mehr an Bedeutung. Wir können den Geist verstehen, der diese fünf Männer auf ihrer seltsamen Suche antrieb, und eher ihre Leistung schätzen, als sie für ihr Versagen kritisieren. Wie Cherry-Garrard es im Namen seiner toten Kameraden ausdrückte: »Wir vollbrachten zwar eine Tragödie ersten Ranges... aber die Tragödie war nicht unsere Sendung.«[10]

DANK

Immer, wenn ich an der South Hampstead High School für Mädchen zwischen den verschiedenen Sälen hin- und hereilte, stach mir ein mit großen gotischen Lettern geschriebenes und in Eiche gerahmtes Zitat in die Augen: »Hätten wir überlebt, hätte ich eine Geschichte zu erzählen gehabt, die das Herz jedes Engländers gerührt hätte – R.F. Scott.« Viele Jahre später entschloss ich mich, diese Geschichte zu erzählen, und zwar nicht nur wegen der ihr eigenen Überzeugungskraft und ihrer fortwirkenden Melancholie, sondern auch, weil sie etwas über den britischen Charakter und unsere Vorstellung von einem Helden aussagt. Bei meinen Recherchen erfuhr ich, dass South Hampstead eine der vielen Schulen war, die sich von Scotts Expedition im Jahre 1910 aufrütteln ließen und auf seine Bitte um Hunde und Ponys reagierten. Mir wurde endlich klar, warum diese Worte 50 Jahre nach seinem Tod immer noch an so prominenter Stelle gezeigt wurden.

Wieder einmal bin ich meinem Mann Michael für seine Hilfe und seinen Rat, für seine umfangreichen Recherche- und Redaktionsarbeiten sowie für seine Idee für den Schutzumschlag zu Dank verpflichtet. Für seine Freundlichkeit danke ich auch Lord Kennet, der mir Zugang zum Familienarchiv, das in der Bibliothek der Universität Cambridge aufbewahrt wird, verschaffte; Elspeth Huxley für ihre Mitteilungen über die Persönlichkeiten einiger der Protagonisten; Bob Headland, Shirley Sawtell und Philippa Hogg vom Scott Polar Research Institute für ihre Hilfe bei der Auswertung der im Besitz des Instituts befindlichen Quellen; der London Library für ihre Effizienz und Geduld bei der Beschaffung vieler der wichtigsten veröffentlichten Quellen; Clive Bunyan, dem stellvertretenden Kurator der Aeronautics Collection am Science Museum, für seine Informationen über die Entwicklungen der Luftfahrt in den ersten Jahren des Jahrhunderts; Deidre Sheppard von Antarctica New Zealand, Paul Chaplin vom Antarctic Heritage Trust und Baden Norris, Kurator der Antarktis-Abteilung des Canterbury Museum in Christchurch, Neuseeland, für Auskünfte über Scotts Reisen nach Neuseeland und über den Zustand und die Instandhaltung von Scotts Hütte im McMurdo Sound; meinem Agenten Michael Thomas für seine Ermutigung; Vera Faith für ihre Nachforschungen in den damaligen Zeitungen; Kim Lewison für konstruktive Kritik und Beratung in einer entscheidenden Phase meiner Arbeit; der Cunard Line dafür, dass sie es mir ermöglichte, Kapstadt, wie Scott, vom Meer aus anzufahren, um dort Forschungsarbeiten durchzuführen; der Air New Zealand und den Mount Cook Airlines dafür, dass sie uns mit den Flügen auf die Südinsel von Neuseeland halfen, damit wir uns einer Antarktisexpedition anschließen konnten, und schließlich der Southern Heritage Expeditions Ltd., Christchurch, Neuseeland, die meinem Mann und mir einen Versuch ermöglichte, Scotts und Shackletons Hütten am McMurdo Sound zu besuchen.

364

ANMERKUNGEN

EINLEITUNG

1. Cherry-Garrard, *The Worst Journey in the World*, S. 475.
2. Scott, Brief an Kathleen Bruce, 11. Mai 1908.
3. Scott, *The Voyage of the* ›Discovery‹, Bd. I, S. 467.
4. Gran, *The Norwegian with Scott*, S. 33.
5. Cherry-Garrard, *The Worst Journey in the World*, S. 58.

KAPITEL 1

Die wichtigsten Quellen für dieses Kapitel sind die Tagebücher von Kapitän Cook, aus denen fast sämtliche Cook-Zitate stammen, J.C. Ross' *A Voyage of Discovery and Research in the Southern and Antarctic Regions*, dem alle Ross-Zitate entnommen sind, sowie L.P. Kirwans ausgezeichnetes Buch *The White Road*, das der Geschichte der Polarforschung gewidmet ist.

1. Kirwan, *The White Road*, S. 43.
2. Scott, *The Voyage of the* ›Discovery‹, Bd. I, S. 14.
3. Kirwan, op. cit., S. 230.
4. Zitiert bei Huxley, *Scott of the Antarctic*, S. 4.
5. Markham, *The Lands of Silence*, S. 447.

KAPITEL 2

1. Scott, Brief an Kathleen Bruce, 26. Mai 1908.
2. Thompson, Sir Courtauld, Brief zitiert von J.M. Barrie, Einführung zu *Scott's Last Expedition* (1927).
3. Scotts Tagebuch, zitiert in Seaver, *Scott of the Antarctic*, S.18.

4. Scott, Brief an Kathleen Scott, 1. Januar 1911.
5. Scott, Brief an seinen Vater, 29. September 1894.
6. Scott, Brief an seine Mutter, 1898.
7. Scott, Brief an seine Mutter, 2. Dezember 1898.
8. Scott, Brief an seine Mutter, 15. Oktober 1898.

KAPITEL 3

Die wichtigsten Sekundärquellen in Bezug auf Wilson sind G. Seavers hervorragende Bücher *Edward Wilson of the Antarctic* und *The Faith of Edward Wilson*. Die wichtigste Sekundärliteratur über Edgar Evans ist G.C. Gregors *Swansea's Antarctic Explorer*, in dem sich einige interessante Details über die frühen Jahre dieser einnehmenden und bedeutenden, aber manchmal vernachlässigten Persönlichkeit finden.

1. Markham, *Antarctic Obsession*, S. 125.
2. Ibid., S. 133.
3. Die Geschichte der Antarktisexpedition, die Professor von Drygalski (1865-1949) 1901-03 durchführte, wird in seinem Buch *Zum Kontinent des eisigen Südens* erzählt. Er machte für die Wissenschaft bedeutende Entdeckungen und erforschte vor allem jene Gegend, die er Kaiser-Wilhelm-II.-Land nannte.
4. Armitage, *Cadet to Commodore*, S. 129.
5. Ibid., S. 130.
6. Ibid., S. 141.
7. Shackleton, zitiert in Huntford, *Shackleton*, S. 13.
8. Scott, Brief an Oriana Wilson, März 1912.
9. Seaver, *Edward Wilson of the Antarctic*, S. 17.
10. Ibid., S. 56.
11. Ibid., S. 72.
12. Markham, *Antarctic Obsession*, S. 83.
13. Ibid., S. 102.
14. Ibid., S. 17.
15. Brief, *Cambria Daily Leader*, 13. Februar 1913.
16. Markham, *Antarctic Obsession*, S. 96.
17. Ibid., S. 88.

KAPITEL 4

1. Hare, Brief an Pound, 21. Juni 1965.
2. Lashly, *Antarctic Diaries*, S. 27, 10. Februar 1902.
3. Ibid., S. 35, 28. März 1902.
4. Zitiert bei Bernacchi, *The Saga of the ›Discovery‹*, S. 47.
5. Ibid., S. 44.
6. Wilson, Brief an seine Eltern, zitiert in Seaver, *Edward Wilson of the Antarctic*, S. 84.
7. Scott, *The Voyage of the ›Discovery‹*, Bd. I, S. 312.
8. Ibid., S. 313.
9. Ford, zitiert in Seaver, *Edward Wilson of the Antarctic*, S. 95.

KAPITEL 5

1. Hare, Brief an Pound, 21. Juni 1965.
2. Wilson, Brief an seine Eltern, zitiert in Seaver, *Edward Wilson of the Antarctic*, S. 84.
3. Wilson, zitiert in Seaver, s.o., S. 104.
4. Wilson, *Diary of the Discovery Expedition*, S. 175.
5. Wilson, zitiert in Seaver, s.o., S. 106.
6. Armitage, op. cit., S. 132.
7. Scott, *The Voyage of the ›Discovery‹*, Bd. I, S. 544.
8. Shackleton, Tagebuch, 9. November 1902.
9. Ibid., 21. November 1902.
10. Scott, Brief an die *Daily Mail*, 7. November 1904.
11. Wilson, zitiert in Seaver, s. o., S. 114.
12. Armitage, Mitteilung an H.R. Mill, 24. Mai 1922.

KAPITEL 6

1. Wilson, *Diary of the ›Discovery‹ Expedition*, S. 332.
2. Colbeck, zitiert in Savours, *The Voyage of the ›Discovery‹*, S. 97.

KAPITEL 7

1. Markham, Rede vor der Royal Geographical Society und der Royal Society beim Begrüßungs-Lunch, 16. September 1904.
2. Wharton, Kommentare zu Scotts anfänglichem Bericht an die Admiralität, 13. Mai 1904.
3. Scott, Rede beim Begrüßungs-Lunch, 16. September 1904.
4. Scott, Brief an H.R. Mill, 1904.
5. Scott, Rede vor der Royal Geographical Society anlässlich der Verleihung der Goldmedaille der American Geographical Society, April 1906.
6. Barrie, Einleitung zu *Scott's Last Expedition*, S. xii (Ausgabe von 1927).

KAPITEL 8

1. Scott, Brief an Kathleen Bruce, 8. November 1907.
2. Zitiert in Seaver, *Scott of the Antarctic*, S. 13.
3. Bernacchi, op. cit., S. 114.
4. »Podge« (Kathleen Bruces Schwester), undatierte, mit Bleistift geschriebene Notiz an Kathleen mit Erinnerungen an ihre gemeinsame Kindheit.
5. Scott, Brief an Kathleen Bruce, 25. Juli 1908.
6. Scott, Brief an Kathleen Bruce, November 1907.
7. Scott, Brief an Kathleen Bruce, Anfang 1908.
8. Bruce, Kathleen, Brief an Scott, 4. Januar 1908.
9. Scott, Brief an Kathleen Bruce, 5. Januar 1908.
10. Austausch von Briefen, s. Lady Kennets *Self-Portrait of an Artist*, S. 85.
11. Scott, Brief an Kathleen Bruce, 26. Mai 1908.
12. Scott, Brief an Kathleen Bruce, 3. Juni 1908.
13. Bruce, Kathleen, Brief an Scott, zitiert in Young, *A Great Task of Happiness*, S. 98.
14. Gran, zitiert in Huntford, *Scott and Amundsen*, auf der Grundlage eines Interviews mit dem Autor, S. 278.
15. Scott, Brief an Kathleen Bruce, 27. Juli 1908.
16. Scott, Brief an Kathleen Bruce, 18. August 1908.
17. Scott, Brief an Kathleen Bruce, 27. August 1908.

18. Bruce, Rosslyn, Brief an Rachel Gurney, zitiert in Anderson, *The Last of the Eccentric*, S. 184.
19. Scott, Brief an Kathleen Bruce, 28. Juli 1908.
20. Sir Lewis Beaumont, zitiert in Gwynn, *Captain Scott*, S. 104.
21. Scott, Brief an Kathleen Bruce, 11. Mai 1908.
22. Berichtet von Dr. Atkinson, Memorandum aus Vorträgen der British Antarctic Expedition, 1910-13.

KAPITEL 9

Die wichtigste Quelle für Oates' frühe Jahre ist, außer den Briefen an seine Mutter, das Buch *Captain Oates* von S. Limb und P. Cordingley. Die Hauptquelle in Bezug auf den jungen Bowers war neben den Familienbriefen G. Seavers Biographie *Birdie Bowers of the Antarctic*.

1. Wilson, zitiert in Seaver, *Edward Wilson of the Antarctic*, S. 190.
2. Oates, Brief an seine Mutter, 2. Mai 1899.
3. Scott, Tagebuch, 22. Oktober 1911, in der veröffentlichten Version gestrichen.
4. *Army and Navy Gazette*, 22. Februar 1913.
5. Oates, Brief an seine Mutter, 12. März 1910.
6. Evans (Teddy), Artikel im *Strand Magazine*, »Captain Oates – My Recollection of a Gallant Comrade«, 1913.
7. Amundsen, *The South Pole*, Bd. I, S. 57.
8. Zitiert in S. Limb und P. Cordingley, *Captain Oates*, S. 95.
9. Debenham, *The Quiet Land*, S. 126.
10. Bowers, Brief an seine Mutter, 28. August 1910.
11. Bowers, zitiert in Seaver, *Birdie Bowers of the Antarctic*, S. 10.
12. Ibid., S. 72.
13. Bowers, Brief an seine Schwester, 17. Juli 1907.
14. Bowers, Brief an seine Mutter, 6. September 1907.
15. Bowers, Brief an seine Schwester, 14. November 1907.
16. Bowers, Brief an seine Mutter, 9. April 1910.
17. Evans (Teddy), *South with Scott*, S. 8.
18. Scott, Brief an Edgar Evans, zitiert in Gregor, *Swansea's Antarctic Explorer*, S. 30.

19. Cherry-Garrard im denkwürdigen Anfangssatz seiner Einleitung zu *The Worst Journey in the World.*
20. Wright, C., *Silas, the Antarctic Diaries and Memoir of Charles S. Wright*, 10.Oktober 1910.
21. Ibid.
22. Debenham, op. cit., S. 109.
23. Oates, Tagebuch, zitiert in S. Limb und P. Cordingley, op. cit., S. 100.
24. Zitiert bei Young, op. cit., S. 109-110.
25. Meares, Brief an seinen Vater.
26. Ponting, *The Great White South*, S. 2.
27. Scott, Brief an Kathleen Scott, 13. Februar 1910.
28. Scott, Brief an Kathleen Scott, Oktober 1911.
29. *Daily Mail*, 12. Februar 1910.
30. Wilson, *Diary of the Terra Nova Expedition to the Antarctic*, 22. Juni 1910.
31. Gran, op. cit., S. 85.
32. Wright, op. cit., 2. Oktober 1910.
33. Scott, Brief an den Vorsitzenden der Royal Geographical Society, 29. März 1910.
34. Zitiert in Pound, *Scott of the Antarctic*, S. 187.

KAPITEL 10

1. Cherry-Garrard, op. cit., S. 4.
2. Wright, op. cit., 2. Oktober 1910.
3. Simpson, Antarctic Journals, 14. August 1910.
4. Wilson, Brief an Scott, 25. Juni 1910.
5. Bowers, Brief an seine Schwester, 1. September 1910.
6. Wright, op. cit., Bd. I, S. 42.
7. Amundsen, op. cit., Bd. I, S. 42.
8. Ibid., S. 43.
9. Scott, zitiert in Ludlum, *Captain Scott – The Full Story*, S. 151.
10. Bowers, Brief an seine Schwester, 28. November 1910.
11. Oates, zitiert in Limb und Cordingley, op. cit., S. 100.
12. Oates, Brief an seine Mutter, 28. November 1910.
13. Bowers, Brief an seine Mutter, 7. Dezember 1910.
14. Oates, Brief an seine Mutter, 23. November 1910.

KAPITEL 11

1. Bowers, Brief an seine Schwester mit Beschreibung des Sturms, Dezember 1910.
2. Evans (Teddy), *Strand Magazine*, 1913.
3. Evans (Edgar), Brief an seine Mutter, 3. Januar 1911.
4. Bowers, Brief an seine Schwester mit Beschreibung des Sturms, Dezember 1910.
5. Oates, Brief an seine Mutter, 22. Januar 1911.
6. Cherry-Garrard, op. cit., S. 92.
7. Bruce, Wilfred, zitiert in Pound, op. cit., S. 221.
8. Scott, Brief an seine Mutter, 25. Januar 1911.
9. Scott, Brief an Kathleen Scott, 12. Januar 1911.
10. Aufschlussreicher Wortwechsel zwischen Oates und Scott, wie Gran ihn Huntford gegenüber schilderte, der ihn in *Scott and Amundsen*, S. 367 zitiert.
11. Bruce, Wilfred, Brief an Kathleen Scott, zitiert in Anderson, op. cit., S. 203.
12. Cherry-Garrard, op. cit., S. 147.
13. Ibid.
14. Evans, (Teddy), *Strand Magazine*, 1913.
15. Zitiert in Seaver, *Edward Wilson of the Antarctic* auf der Grundlage einer Diskussion zwischen dem Autor und Debenham, S. 230.
16. Scott, Brief an Kathleen Scott, 28. Dezember 1910.

KAPITEL 12

Mit einigen gekennzeichneten Ausnahmen bildet Cherry-Garrards Schilderung der Winterreise, wie sie sich in *The Worst Journey in the World* findet, die Grundlage für den Bericht über die außergewöhnliche Expedition nach Cape Crozier.

1. Debenham, Brief an seine Mutter, 14. November 1911, zitiert in Debenham, op. cit., S. 125.
2. Wilson, Brief an seine Frau, zitiert von Seaver in seinem Vorwort zu op. cit., S. lxiv.
3. Cherry-Garrard, *The Worst Journey in the World*, S. 240.

4. Wilson, Brief an seine Frau, zitiert in Seaver, s. Anm. 2 oben.

5. Bowers, Brief an seine Schwester mit Beschreibung der Winterreise, Oktober 1911.

6. Scott, *Scott's Last Expedition*, S. 362.

KAPITEL 13

1. Bowers, Brief an Kathleen Scott, 27. Oktober 1911.

2. Oates, Brief an seine Mutter, 24. Oktober 1911.

3. Ponting, zitiert von Seaver in *Scott of the Antarctic* auf der Grundlage eines Gesprächs mit dem Autor, S. 140.

4. Oates, Tagebuch, zitiert in S. Limb und P. Cordingley, op. cit., S. 136.

5. Oates, Brief an seine Mutter, 24. Oktober 1911.

6. Oates, Brief an seine Mutter, 28. Oktober 1911.

7. Debenham, Brief an seine Mutter, 14. November 1911, zitiert in op. cit., S. 125.

8. Scott, Brief an Kathleen Scott, Oktober 1911.

9. Scott, Brief an seine Mutter, Oktober 1911.

10. Scott, Brief an Edgar Evans' Frau, 28. Oktober 1911.

11. Scott, Brief an Bowers' Mutter, Oktober 1911.

12. Gran, zitiert bei Huntford in *Scott and Amundsen* auf der Grundlage des Interviews, das der Autor im November 1973 mit Gran führte, S. 422.

13. Evans (Teddy), *South with Scott*, S. 71.

14. Lashly, zitiert von Cherry-Garrard, *The Worst Journey in the World*, S. 322.

15. Evans (Teddy), *Strand Magazine*, 1913.

16. Ibid.

17. Amundsen, op. cit., Bd. II, S. 63.

18. Scott, Brief an Kathleen Scott, 10. Dezember 1911.

19. Scott, Brief an Kathleen Scott, Oktober 1911.

20. Amundsen, op. cit., Bd. II, S. 122.

21. Amundsen, op. cit., Bd. I, S. 59.

22. Lashly, zitiert in Cherry-Garrard, *The Worst Journey in the World*, S. 387.

23. Scott, Brief an Kathleen Scott, 21. Dezember 1911.

KAPITEL 14

1. Wilson, Brief an seine Frau, 21. Dezember 1911, zitiert von Seaver in *Edward Wilson of the Antarctic*, S. 274.
2. Lashly, zitiert von Cherry-Garrard, *The Worst Journey in the World*, S. 386.
3. Bowers, zitiert von Teddy Evans in *South with Scott*, S. 203.
4. Gran, op. cit., S. 200.
5. Cherry-Garrard, Tagebuch, 4. April 1912.
6. Oates, Brief an seine Mutter, 25. Oktober 1911.
7. Oates, Brief an seine Mutter, 3. und 4. Januar 1912.
8. Cherry-Garrard, Tagebuch, 4. Dezember 1912.
9. Cherry-Garrard, Einleitung zu Seavers *Edward Wilson of the Antarctic*, S. xv.
10. Scott, Brief an Kathleen Scott, 3. Januar 1912.
11. Cherry-Garrard, Einleitung zu Seavers *Edward Wilson of the Antarctic*, S. xxvii.
12. Fiennes, *To the Ends of the Earth*, S. 255.
13. Huntford, *Scott and Amundsen*, S. 545. Siehe auch den Austausch von Artikeln in *Encounter* zwischen Huntford und Wayland Young (Lord Kennet) im Jahr 1980 sowie Louisa Youngs *A Great Task of Happiness*, S. 141.
14. Young, op. cit., S. 141.
15. Bowers, Brief an seine Mutter, 17. Dezember 1912.
16. Oates, zitiert in Limb und Cordingley, op. cit., 18. Januar 1912.
17. Amundsen, Schlitten-Tagebuch, zitiert bei Huntford, *Scott and Amundsen*, S.484, 11. Dezember 1911.
18. Scott, *Scott's Last Expedition*, Bd. I, S. 546.

KAPITEL 15

1. Scott, *Scott's Last Expedition*, Bd. I, S. 547.
2. Amundsen, op. cit., Bd. II, S. 135.
3. Scott, *Scott's Last Expedition*, Bd. I, S. 549.
4. Stroud, British Medical Journal, 1986, S. 1652-1653.
5. Scott, *Scott's Last Expedition*, Bd. I, S. 569.
6. Amundsen, op. cit., Bd. II, S. 571.
7. Scott, *Scott's Last Expedition*, Bd. I., S. 571.

8. Evans (Edgar), Brief an seine Frau, 14. Februar 1913, zitiert von der *South Wales Daily Post.*

KAPITEL 16

1. Pound, op. cit., S. 290.
2. Shackleton, *The Heart of the Antarctic*, Bd. I, S. 363.
3. Einführung zu Wilson, *Diary of the Terra Nova Expedition to the Antarctic*, S. xx.
4. Cherry-Garrard, op. cit., S. 587.
5. Ibid.
6. Scott, *Scott's Last Expedition*, Bd. I, S. 593.
7. Wilson, Brief an seine Frau, Ende März 1912.
8. Anderson, op. cit., S. 207.

KAPITEL 17

Nach ihrer Rückkehr aus Antarktika fragte Cherry-Garrard Lashly nach seinen Erinnerungen an die Expedition und bat ihn um die Tagebücher, die er geführt hatte. Cherry-Garrard nahm dann Lashlys farbige Schilderung in *The Worst Journey in the World* auf, und alle in diesem Kapitel angeführten Zitate von Lashly stammen mit wenigen, gekennzeichneten Ausnahmen aus Cherry-Garrards Buch.

1. Lashly, zitiert in Cherry-Garrard, *The Worst Journey in the World*, S. 404.
2. Evans, (Teddy), zitiert in Pound, *Evans of the Broke*, aus einem unveröffentlichten Manuskript, S. 116.
3. Gran, op. cit., S. 177.
4. Ibid., S. 182.
5. Cherry-Garrard, *The Worst Journey in the World*, S. 497.
6. Gran, zitiert in der Einführung zu Wilson, *Diary of the Terra Nova Expedition to the Antarctic*, S. XXI.
7. Gran, op. cit., S. 216.
8. Cherry-Garrard, *The Worst Journey in the World*, S. 498.
9. Atkinson, zitiert von Teddy Evans, *South with Scott*, S. 254.

KAPITEL 18

1. Hansen, zitiert bei Huntford, *Scott and Amundsen*, S. 563.
2. *The Guardian*, 23. Januar 1997.
3. Shaw, Brief an Kathleen Scott, 23. März 1923.
4. Taylor, op. cit., S. 241.
5. Rogers, in *Starving Sailors*, hrsg. von Watt, Freeman und Bynum, S. 166.
6. Stroud, *Shadows on the Wasteland*, S. 99, sowie Mear und Swan, op. cit., S. 64.
7. Rogers, in *Starving Sailors*, S. 166.
8. Stroud, op. cit., S. 100.
9. Rogers, *Practitioner*, 1974, S. 2-12, »The Death of Chief Petty Officer Evans«.
10. Stroud, op. cit., S. 134-135.
11. Rogers, in *Starving Sailors*, S. 172.
12. Undatierte Anmerkung Kathleen Scotts auf der ersten Seite ihres Tagebuchs für das Jahr 1913, das sich im Archiv der Familie Kennet befindet.
13. Oates, Brief an seine Mutter, 28. Oktober 1911.
14. Marshall, zitiert in Huntford, *Shackleton*, S. 220.
15. Ibid., S. 263.
16. Wild, Tagebuch, zitiert in Huntford, *Shackleton*, S. 263.
17. Ibid., S. 267.
18. Mear und Swan, op. cit., S. 160.
19. Scott, Kathleen, zitiert in *Polarboken*, 1978, S. 55-86. (A.G.E. Jones – *Scott's Transport*).
20. Amundsen, zitiert in Thomas, op. cit., S. 233.
21. Proceedings of the National Academy of Sciences, Bd. 96, Nr. 23: 13012-13016, 9. November 1999.
22. Oates, Brief an seine Mutter, 28. November 1911.
23. Rogers, *Practitioner*, 1974, 2-12, »The Death of Chief Petty Officer Evans«.
24. Falckh, *Polar Record*, 1987 (145): 397-403, »The Death of Chief Petty Officer Evans«.
25. Cherry-Garrard, *The Worst Journey in the World*, S. 565.

1. Cherry-Garrard, *The Worst Journey in the World*, S. 584.
2. *The Times*, 18. Februar 1913.
3. Scott, Kathleen, zitiert in Young, op. cit., S. 163.
4. *The Times*, 11. Februar 1913.
5. Ibid.
6. Cherry-Garrard, Einführung zu Seaver, *Edward Wilson of the Antarctic*, S. xii.
7. Mear und Swan, op. cit., S. 86.
8. Gespräch zwischen der Autorin und Baden Norris, Antarctic Curator, Canterbury Museum, Christchurch, Neuseeland.
9. Atkinson, zitiert von Teddy Evans in *South with Scott*, S. 254.
10. Cherry-Garrard, *The Worst Journey in the World*, S. 562.

BIBLIOGRAPHIE

UNVERÖFFENTLICHTE QUELLEN
(SPRI: Scott Polar Research Institute)

Armitage, A.B., Mitteilung an H.R. Mill, 24. Mai 1922 (SPRI)

Barne, M., *Discovery*-Tagebücher (SPRI)

Bowers, H.R., Auszüge aus dem Tagebuch und maschinengeschriebene Kopie des Tagebuchs der Polarreise (SPRI)

Bowers, H.R., Briefe an seine Mutter und Schwestern (SPRI)

British National Antarctic Expedition Papers 1910-1913 (SPRI)

Browning, F., Tagebuch 1910-1911 (SPRI)

Cherry-Garrard, A., Tagebücher und Notizbücher 1910-1913 (SPRI)

Hodgson, T.V., *Discovery*-Tagebuch 1901-1904 (SPRI)

Kennet Papiere, Tagebücher und Briefe von Kathleen Bruce (Lady Scott und später Lady Kennet) 1901-1920 (Cambridge University Library)

Lashly, W., Tagebücher 1901-1904 und 1911-1912 (SPRI)

Meares, C.H., Briefe und Vorträge (SPRI)

Oates, L.E.G., Briefe an seine Mutter 1899-1912 (SPRI)

Pound, R., Korrespondenz im Zusammenhang mit den Recherchen für sein Buch *Scott of the Antarctic* (SPRI)

Scott, R.F., Korrespondenz mit Kathleen Bruce, R.V. Skelton, E.H. Shackleton, Sir J.J. Kinsey, Hannah Scott (Mutter) und anderen (SPRI)

Shackleton, E.H., Tagebuch der Reise nach Süden (SPRI)

Simpson, G., Antarktische Tagebücher 1910-1912 (SPRI)

Skelton, R.V., *Discovery*-Tagebücher und Schlittentagebücher 1901-1904 (SPRI)

Wild, F., Schlittentagebuch, Reise nach Süden 1908-1909 (SPRI)

Wilson, E.A., Korrespondenz mit seiner Frau, seinen Eltern und mit A. Cherry-Garrard (SPRI)

377

VERÖFFENTLICHTE QUELLEN

Amundsen, R., *The South Pole* (2 Bände) 1912
Anderson, V., *The Last of the Eccentrics* 1972
Armitage, A.B., *Cadet to Commodore* 1925
Baden Powell, Lord, *Scouting for Boys* 1908
Bainbridge, B., *The Birthday Boys* 1991
Beaglehole, J.C. (Hrsg.), *The Journals of Captain Cook Vols 1 and 2* 1961
Bernacchi, L., *The Saga of the ›Discovery‹* 1938
Brent, P., *Captain Scott and the Antarctic Tragedy* 1974
Campbell, V., *The Wicked Mate*, hrsg. von H.G. King 1988
Cecil, R., *Life in Edwardian England* 1969
Cherry-Garrard, A., *The Worst Journey in the World* 1922
Cook, Captain J., *Voyage Towards the South Pole and Around the World* 1977
Debenham, F., hrsg. von J. Debenham Back, *The Quiet Land* 1992
Doorly, G.S., *The Voyage of the Morning* 1995
Drygalski, E. von, *Zum Kontinent des eisigen Südens* 1904
Evans, E.R.G.R., *South with Scott* 1921
Fiennes, Sir R., *To the Ends of the Earth* 1982
Filchner, W., *Ein Forscherleben* 1951
Filchner, W., *Zum sechsten Erdteil* 1922
Fisher, M. und J., *Shackleton* 1957
Fothergill, A., *Life in the Freezer* 1993
Glyn, E., *Romantic Adventure*, 1937
Gran, T., *The Norwegian with Scott. Tryggve Gran's Antarctic Diary, 1910–1913*, hrsg. von G. Hattersley-Smith 1984
Gregor, G.C., *Swansea's Antarctic Explorer* 1995
Gwynn, S., *Captain Scott* 1929
Hanley, W.S., Hrsg., *The Griffith Taylor Collection – Diaries and Letters of a Geographer in Antarctica*
Hough, R., *Captain James Cook – A Biography* 1994
Huntford, R., *Scott and Amundsen* 1993
Huntford, R., *Shackleton* 1985
Huxley, E., *Peter Scott – Painter and Naturalist* 1993
Huxley, E., *Scott of the Antarctic* 1977
Hynes, S., *The Edwardian Turn of Mind* 1968
Kennet, Lady (Kathleen, Lady Scott), *Self-Portrait of an Artist* 1949

Kirwan, L.P., *The White Road* 1959

Lashly, W., *Under Scott's Command. W. Lashlys Diaries*, hrsg. von A.R. Ellis 1969

Limb, S. und Cordingley, P., *Captain Oates* 1982

Ludlum, H., *Captain Scott – The Full Story* 1965

Markham, Sir C., *Antarctic Obsession* 1986

Markham, Sir C., *The Lands of Silence* 1921

Mear, R. und R. Swan, *In the Footsteps of Scott* 1987

Mill, H.R., *The Life of Sir Ernest Shackleton* 1923

Mitford, N., *The Water Beetle* 1965

Ponting, H.G., *The Great White South* 1921

Pound, R., *Evans of the Broke* 1963

Pound, R., *Scott of the Antarctic* 1966

Ross, Captain Sir J.C., R.N., *A Voyage of Discovery and Research in the Southern and Antarctic* 1947

Savours, A., *The Voyage of the Discovery* 1994

Scott, R.F., *Scott's Last Expedition* (2 Bände) 1913

Scott, R.F., *Scott's Last Expedition* mit einer Einführung von J.M. Barrie 1927

Scott, R.F., *The Voyage of the ›Discovery‹* 1905

Seaver, G., *Birdie Bowers of the Antarctic* 1938

Seaver, G., *Edward Wilson, Nature Lover* 1937

Seaver, G., *Edward Wilson of the Antarctic* 1933

Seaver, G., *The Faith of Edward Wilson* 1948

Seaver, G., *Scott of the Antarctic* 1940

Shackleton, E.H., *The Heart of the Antarctic* 1909

Spufford, F., *I May Be Some Time – Ice and the English Imagination* 1996

Stroud, M., *Shadows on the Wasteland* 1993

Taylor, G., *With Scott: The Silver Lining* 1916

Thomas, D., *Scott's Men* 1977

Watt, J., Freeman, E.J. und Bynum, W.F. (Hrsg.), *Starving Sailors* 1981

Wilson, E.A., *Diary of the ›Discovery‹ Expedition*, hrsg. von A. Savours 1966

Wilson, E.A., *Diary of the Terra Nova Expedition to the Antarctic 1910–12*, hrsg. von H.G.R. King 1972

Wright, C., *Silas, the Antarctic Diaries and Memoir of Charles S. Wright*, hrsg. von C.Bull und Pat F. Wright 1993

Young, L., *A Great Task of Happiness* 1995
Anon., *Like English Gentlemen* 1915

ZEITUNGEN

Cambria Daily Leader
Daily Chronicle
Daily Express
Daily Mail
The Daily Telegraph
Evening Standard
The Guardian
Morning Post
South Polar Times (sowohl für die *Discovery*- als auch für die
  Terra-Nova-Expedition) (SPRI)
South Wales Daily Post
South Wales Evening Post
The Times
Western Mail

ABBILDUNGEN

ERSTER BILDTEIL

1. Scotts zweite Antarktis-Expedition – die *Terra Nova* im Packeis (© Popperfoto)
2. Hundeschlitten vor dem Mount Erebus (© Royal Geographical Society)
3. Am Ofen, rechts Oates (© Popperfoto)
4. Die Station wird aufgebaut, Januar 1911, (© Royal Geographical Society)

ZWEITER BILDTEIL

1. (linkes Bild) Robert Falcon Scott, (© Royal Geographical Society)
2. (rechtes Bild) Eishöhle, die *Terra Nova* im Hintergrund (© Popperfoto)
3. Feier zur Wintersonnwende, 6. Juni 1911 (© Royal Geographical Society)
4. Am Südpol wartete die Enttäuschung, von links: Wilson, Bowers, Evans, Scott, Oates (© Scott Polar Research Institute)
5. (oben) Einer der Motorschlitten (© Royal Geographical Society) (unten) Scott hielt es für männlicher, den Schlitten selbst zu ziehen (© Royal Geographical Society)

DRITTER BILDTEIL

1. Die *Terra Nova* im Packeis (© Popperfoto)
2. Beim Nähen von Fellschlafsäcken, rechts Unteroffizier Evans (© Popperfoto)
3. Pemmikandosen werden geöffnet und das Fleisch aufgeschnitten, links Bowers (© Popperfoto)

4. Die Offiziersunterkunft, zweiter von links Bowers, in der Mitte
   Oates (© Popperfoto)
5. Sturm im Südatlantik (© Popperfoto)

Karten: © Ditta Ahmadi und Peter Palm